과정중심평가를 위한
프로젝트수업

Prologue

수업이 즐거워야
선생님도 학생도 행복해요!

시대가 변하고 있다. 책 한 권과 분필로 교실을 평정하던 시대는 아쉽게도 끝이 났다. 적어도 이 책을 펼쳐 든 선생님이라면 더욱 공감하고 있으리라 생각한다. 수업은 오래전부터 활동 중심 수업으로 바뀌기 시작했고, 다양한 수업 방법, 활동 도구들이 넘쳐난다. 어느 순간부터 과정중심평가를 통해 학생들의 인지적, 정의적 영역을 모두 평가하게 되었고 순위를 매기기보다는 학생의 성장을 지원하는 평가가 중요하다고 강조한다. 우리 교사들은 헷갈린다. 그렇다면 우리가 하던 교육은 잘못되었는가? 무조건 새로운 흐름을 따라야 하는가? 예전의 교육은 예전의 시대가 요구하는 교육이었으니 틀렸거나 잘못된 것은 아니다. 우리는 시대가 요구하는 교육을 해온 것이다. 그렇다면 미래 교육은 우리에게 무엇을 요구하는가?

21세기 교육은 우리에게 핵심 역량을 키우는 것이 중요하다고 강조한다. 이른바 4C가 그것이다. 4C란 비판적 사고력(Critical thinking), 창의성(Creativity), 의사소통 능력(Communication), 협업 능력(Collaboration)을 말한다. 미래 사회는 지식을 많이 습득하는 것보다 학습한 내용을 바탕으로 문제를 해결하고 새로운 가치를 생성할 수 있는 4C를 갖춘 사람이 필요하다고 한다. 2015 개정 교육과정은 문·이과가 통합되고 인문학적 상상력과 과학기술 창조력을 두루 갖춘 창의·융합형 인재를 양성하는데 초점을 맞추고 있다.

수업 현장에서 핵심 역량을 키우기에 가장 적합한 수업 방법은 프로젝트 수업이라고 강조하고 싶다. 학생들은 프로젝트 수업 수행과정에서 모둠 활동을 경험한다. 협업할 때의 어려움, 주의점, 가치 등을 자연스럽게 체득할 수 있다. 한 번, 두 번, 세 번……그 이상의 모둠 활동을 통해 협업의 중요성을 직접 알아가는 것이다. 협업을 잘 하기 위해서는 의사소통이 원활하게 일어나야 한다. 그렇기에 협업 능력과 의사소통 능력을 따로 떼어 생각할 수는 없다. 프로젝트 수업은 수행과정 속에서 결과물을 산출해야 한다. 그것은 모둠별로 다양한 형식과 내용을

갖출 수 있다. 창의성을 발휘하여 모둠만의 결과물을 만들어 낼 수 있다. 또, 프로젝트 수업 속에는 여러 가지 수업 방법이 녹아 있다. 논쟁이 필요한 경우 토론을, 합의가 필요한 경우 토의를, 서로 가르치는 하브루타 활동을, 이미지와 글로 표현하는 비주얼씽킹 활동을 얼마든지 프로젝트 활동 속에 적용할 수 있다. 이 활동 속에서 비판적 사고력 역시 휴지가 물을 흡수하듯 함양시킬 수 있다.

처음부터 프로젝트 수업을 참신하고 자연스럽게, 부담 없이 시작할 수 있는 사람은 드물다. 아니 없다. 기존에 가지고 있었던 수업 조각들을 하나로 꿰면 아름다운 프로젝트 수업을 만들 수 있다. 나뿐만이 아닌 주위에 많은 동료 교사들이 시대의 변화, 학교의 변화, 수업과 평가의 변화에 힘겨움을 겪고 있다. 이제 우리 교사들이 협력하여 서로의 고민을 나누고 변화를 만들어가야 한다. "어디에나 처음은 있다. 또, 처음엔 험한 산길이었던 길이 끊임없이 오르다보면 '나만의 새 길'이 되는 마법 같은 일이 누구에게나 일어날 수 있다. 나뭇가지에 팔을 긁히기도 하고 풀잎에 다리가 쓸리며 셀 수 없이 여러 차례 같은 길을 걷다보면 길이 아니던 길은 나에게 '새로운 길'이 되는 것이다. '프로젝트 수업'도 이와 같지 않을까?" 이 책이 힘겹게 떼는 발걸음에 작은 위로와 도움이 되었으면 한다.

아울러 이번 책 출간을 위해 수고를 아끼지 않은 집필진 선생님들께 감사의 말씀을 올린다. 부족한 자료들이 수업을 위해 고민하는 교사들의 실천으로 학교 현장에서 빛을 발하기를 바란다.

2019년 12월

저자 일동

Contents

제1장 설레는 프로젝트 수업 이야기

01. 프로젝트 수업에 대한 오해와 진실 … 08
02. 학생들이 생각하는 프로젝트 수업 … 15
03. 프로젝트 수업의 필수 구성 요소 실제성(實際性) 이해하기 … 24
04. 관심과 흥미를 유발하는 프로젝트 주제 선정하기 … 29
05. 3M으로 시작하는 프로젝트 주제 마련하기 … 39
06. 성공적인 과제 수행을 위한 주제망 그리기 … 43
07. 상상력과 창의성의 산물! 프로젝트 결과물 완성하기 … 65
08. 프로젝트 수업 학습목표 제대로 진술하기 … 85
09. 상상과 기대를 현실로 바꿔 줄 로드맵, 프로젝트 수업 및 평가 안내문 … 91
10. 프로젝트 수업 첫단추 끼우기 … 111
11. 망각하기 쉬운 한 가지, 프로젝트 수업의 핵심 놓치기 오류 … 126
12. 프로젝트 수업 및 평가 설계 A.I. 일람표 … 131

제2장 폭삭 망한 나의 프로젝트 수업 2人 2色 이야기

01. 병아리 교사의 프로젝트 수업 폭망기 … 136
02. 자랑스러운(?) 나의 수업 폭망기 … 153

제3장 프로젝트 수업은 애물단지가 아니라 보물단지!

01. 프로젝트 수업, 할 수밖에 없는 상황을 만들어라. … 174
02. 프로젝트 수업! 너의 이름은? … 178
03. 프로젝트 수업, 한 발 내디뎌 보실래요? … 183
04. 세상과 소통하는 수학…뭐 그게 어려운가? … 188
05. 학생과 교사 진일보에 최적 프로젝트 수업 … 192
06. 프로젝트 수업으로 과학 달인 되어 보자 … 196
07. 프로젝트 액츄얼리 Project actually is all around … 201
08. 학생들이 사는 세상! 프로젝트 수업으로 만나보세요! … 204

제4장 프로젝트수업을 위한 모둠활동

01. 모둠학습 Log-In, 모둠 구성을 통한 살아 숨 쉬는 교실 만들기 … 212
02. 이기적인 '나'에서 이타적인 '우리'로 성장하는 모둠 활동 … 217
03. 모둠 활동 시 말하고, 듣고, 질문하기 … 222
04. 'NGT'와 '다중투표'로 모둠 이름 정하기 … 228
05. 학생들의 적극적인 학습 활동을 유도하는 피드백 … 236
06. '쌍비교 분석법'으로 모둠의 아이디어 평가하기 … 241

제5장 프로젝트 수업의 과정중심평가

- 01. 과정중심평가의 의미와 특징 · 250
- 02. 교육과정 성취기준 이해하기 · 257
- 03. 프로젝트 수업 과정중심평가 채점 기준표 개발하기 · 264
- 04. 교과별 과정중심평가 채점 기준표 · 279
- 05. 프로젝트 수업 평가 계획 세우기 · 292
- 06. 프로젝트 수업 평가 요소와 채점 기준 · 305
- 07. 프로젝트 수업 평가 시 어려움과 해결책 · 309

제6장 프로젝트 수업 제대로 하기

- 01. 프로젝트 수업 절차 · 322
- 02. 프로젝트 준비하기 · 325
- 03. 프로젝트 계획하기 · 330
- 04. 프로젝트 수행하기 · 348
- 05. 프로젝트 발표하기 · 362
- 06. 성찰하기 · 366

제7장 프로젝트 수업 기록하기

- 01. 교과 세부능력 및 특기사항 기록(1) · 376
- 02. 교과 세부능력 및 특기사항 기록(2) · 377
- 03. 교과 세부능력 및 특기사항 제대로 기록하기 · 378
- 04. 교과별 프로젝트 수업 교과 세부능력 및 특기사항 기록 사례 · 380

제8장 교과별 프로젝트 수업 사례

- 01. 교과별 프로젝트 수업 사례 · 392
- 02. 교과별 프로젝트 수업 사례 자료 받기 · 399

제9장 프로젝트 수업 중요 요소

- 01. 프로젝트 수업 이해하기 · 402
- 02. 프로젝트 수업 계획하기 · 406
- 03. 프로젝트 수업 안내하기 · 409
- 04. 프로젝트 수업 평가하기 · 411

제1장

설레는 프로젝트 수업 이야기

01. 프로젝트 수업에 대한 오해와 진실
02. 학생들이 생각하는 프로젝트 수업
03. 프로젝트 수업의 필수 구성 요소 실제성(實際性) 이해하기
04. 관심과 흥미를 유발하는 프로젝트 주제 선정하기
05. 3M으로 시작하는 프로젝트 주제 마련하기
06. 성공적인 과제 수행을 위한 주제망 그리기
07. 상상력과 창의성의 산물! 프로젝트 결과물 완성하기
08. 프로젝트 수업 학습목표 제대로 진술하기
09. 상상과 기대를 현실로 바꿔 줄 로드맵, 프로젝트 수업 및 평가 안내문
10. 프로젝트 수업 첫단추 끼우기
11. 망각하기 쉬운 한 가지, 프로젝트 수업의 핵심 놓치기 오류
12. 프로젝트 수업 및 평가 설계 A.I. 일람표

프로젝트 수업에 대한 오해와 진실

경기 양오중학교 **유희선**

1. 프로젝트 수업의 이해

프로젝트 수업에 대한 관심이 뜨겁다. 새로 시작된 2015 개정교육과정이 중학교 1학년부터 고등학교 3학년까지 적용되는 현시점에 교육과정-수업-평가-기록의 일체화가 교육현장에 커다란 반향을 일으키고 있다. 어떻게 하면 학생 참여 중심 수업과 과정중심평가를 동시에 아우를 수 있을까 고민하던 중 '프로젝트 수업'을 만난 건 매우 반가운 일이다.

프로젝트 수업은 비교적 장기간에 걸쳐 진행되므로 단원을 연계해서 통합하거나 순서를 바꿔보는 교육과정 재구성이 필요한 수업이기도 하다. 프로젝트 수업은 주어진 과제를 학생들이 주도적으로 역할을 분담하여 조사하고 그 결과물을 공유하는 수업이다. 따라서 프로젝트 수업은 학생들의 다양한 활동과 모둠의 협력을 끌어내기에 아주 안성맞춤인 수업이다.

프로젝트 수업은 의사소통 역량, 지식정보처리 역량, 문제해결 역량 등 협력을 통해 도달해야 할 과제가 있는 수업이다. 혼자가 아닌 다수의 보다 합리적이고 바람직한 결과를 위해 토론을 하고, 아이디어를 모으고, 과제를 수행한다. 그래서 프로젝트 수업은 학생과 교사 모두가 평가의 주체로 참여한다. 교사 평가에 대한 공정성과 신뢰도를 학생들 스스로도 확인하는 수업이다.

프로젝트 수업은 협력의 빈도가 많아질수록 소외되는 학생이 줄어드는 수업이다. 수업 속에서 관찰된 리더의 자질을 갖춘 학생, 조력자로 책임을 다하는 학생, 갈등의 중재를 잘 하는 학생, 아이디어가 풍부한 학생, 발표를 잘하는 학생, PPT나 UCC 제작에 뛰어난 학생, 심지어 묵묵히 뒷정리를 잘하는 학생 등의 특징을 교과세부 능력 및 특기사항에 기록해주기 좋은 수업이다.

프로젝트 수업의 꽃은 모둠의 탐구와 조사 활동을 마치고 결과를 발표하는 시간이지만 우리 모둠의 발표만큼 다른 모둠의 발표에 대한 경청도 중요하기에 친구의 발표를 듣고 피드백 해주는 시간을 갖는다. 프로젝트 수업을 통해 경험한 과정중심평가는 배움을 확인하고 자신을 성찰하며 피드백을 통해 장점은 살리고 단점은 보완해가는 성장을 위한 평가다.

2. 프로젝트 수업을 망설이는 이유

가. 교육과정 재구성을 해야 하나?

　교과서에 있는 내용을 하나도 빠뜨리지 않고 학생들에게 전달해주려면 학생의 참여나 모둠 활동 같은 수업방법이 진도를 방해하는 걸림돌로 작용하여 좋은 수업 모형이긴 하지만 지속적으로 시행하는데 어려움을 겪곤 한다. 하브루타, 거꾸로 수업, 비주얼씽킹, 토론 수업, 프로젝트 수업 등. 새로운 수업 모형과 수업 기법들이 소개되고 선생님들은 시간을 쪼개 연수를 듣고 수업 공개 때 멋지게 활용해 보지만 정해진 진도를 소화하기엔 늘 시간 부족이 문제가 된다.

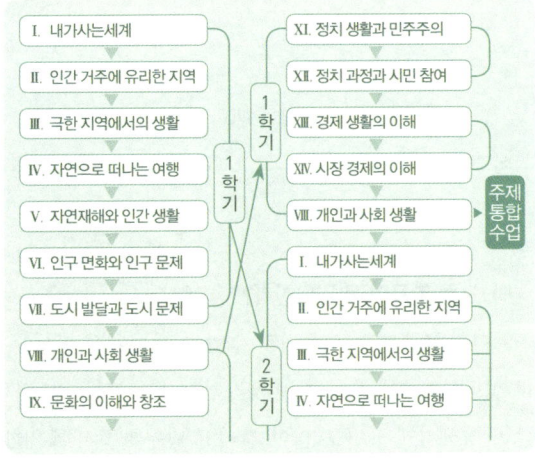

1학기에 배울 단원과 2학기에 배울 단원의 순서를 바꾼 교육과정 재구성 사례

　단원별 성취기준을 토대로 주제 중심 또는 수업 전략 중심으로 재구성을 하면 교사가 의도하는 수업을 진도 때문에 포기하지 않고 효과적으로 수행할 수 있다. 교육과정 재구성을 통해 교과서 속의 방대한 내용을 압축할 수도 있고, 성취기준이 아닌 주변 내용을 생략할 수도 있고, 보다 풍부한 이해를 위해 수업 내용을 추가할 수도 있고, 아예 단원의 순서를 바꿀 수도 있다. 교사가 판단했을 때 성취기준의 중요성이나 난이도에 따라 차시를 다소 늘리거나 줄여서 다룰 수 있다.

나. 몇 차시 정도가 좋을까?

　모둠 활동으로 진행되는 일반 수업에서 도입부의 동기유발과 전시학습 복습, 그날 교사가 가르칠 내용 전달, 학생들의 탐구활동 식으로 진행하다 보면 블록타임 수업인 경우가 아니면 모둠 활동에서 얻어진 결과물을 발표하거나 친구들과 공유하는 시간이 부족하다. 따라서 교육과정을 재구성하여 최소 4차시에서 6차시 정도로 주제와 연관된 내용을 묶어 교사와 학생이 프로젝트 수업을 함께 설계하면 계획-수행-발표 단계로 나누어 학생들의 다양한 참여를 유도할 수 있다. 프로젝트 수업은 1차시로 끝나는 수업이 아니라 최소 4시간 이상

걸리는 장기간에 걸친 수업이라 주제나 단원이 바뀔 때마다 평가를 실시하면 평가에 대한 부담과 불안은 줄어들고 수업에 임하는 자세도 달라질 것이다. 그러나 10차시 이상 너무 길어지면 애초에 의도했던 목표에 도달하기까지 방향성과 동력이 떨어질 수 있고 과정중심평가의 횟수가 늘어나 부담스러워질 수 있다.

총 6차시 프로젝트 수업(학생 참여 중심 수업 사례)

학습 주제	수업 모형(평가과제)
• 민주정치 발전 과정 • 자유학기제 정책평가 • 자유학기제 문제점과 해결방안 • 선거를 왜 할까? • 남양주 시장 모의선거 • 민주주의에서 선거의 의미	• 발문과 스토리텔링 • 하브루타 / 플로우맵 • 모둠 토론 / 갤러리워크 • 5WHY 토론 • 연꽃 기법 / 비주얼씽킹 • 프리즘 카드 정의 내리기

다. 모둠 활동이 꼭 필요한가?

교사가 주도하는 수동적인 수업에 길들여진 학생들은 개별적으로 칭찬받고 인정받고 싶어한다. 친구들과 협력하는 활동을 귀찮게 생각하거나 불편해하기도 한다. 그러나 프로젝트 수업은 혼자서 주도해서 목표를 달성하기엔 시간도 많이 걸리고 탐구활동이 폭넓게 이루어지기 어렵다. 다시 말하면 프로젝트 수업은 모둠의 협력을 이끌어 문제해결하기에 좋은 수업모형이다. 하지만 대부분의 학생들은 모둠을 새로 편성할 때부터 불만을 토로하다가 그 모둠을 새로 바꾸면 또 새 모둠원이 마음에 안 든다고 투덜댄다. 여학생은 남학생이 비협조적이라고 하고 남학생은 여학생들이 자기들을 무시한다고 한다. 서로 도와가며 좋은 관계로 활동에 임해주는 모둠은 참 드물고 귀하다. 그래서 프로젝트 수업은 협력적 문제해결력을 키우는 수업임을 학생들 스스로 깨달을 수 있는 기회가 될 수 있다. 다양한 역량을 가진 학생들이 다각적인 탐구활동을 통해 개성있고 창의적인 결과물을 완성하는 수업이며, 중간 중간 과정 평가를 통해 지속적으로 모둠 내 자신의 수행능력을 업그레이드 시킬 수 있는 수업이다.

라. 어떤 주제로 어떻게 접근할까?

프로젝트 수업은 학생들의 몰입도가 커야 팀워크를 잘 발휘할 수 있다. 몰입도가 크려면 학생들이 흥미와 관심을 가지고 있으며 실생활에서 쉽게 접할 수 있는 주제가 좋다. 너무 뻔하거나 참신성이 떨어지면 지루해지기 쉬우므로 교사는 모둠에서 주제를 선정하는데 신경을 많이 써야 하고 학생들이 민주적인 절차를 거쳐 주제에 대해 합의할 수 있는 분위기를 조성해 주어야 한다. 물론 교사가 주제를 미리 선정하여 모둠별로 나눠

주는 방법도 있지만 학생들이 주도하여 주제를 찾아갈 수 있으면 더 좋다. 모둠은 주제에 접근하기 위해 빙고 게임이나 사다리 타기 등 재미 요소를 도입할 수 있으며 모둠원들의 의견을 액션러닝을 활용하여 정하면 모둠원들의 불만 요소를 줄이는 동시에 방향성을 잃지 않고 목표를 향해 갈 수 있다. 다른 모둠에서 똑같거나 비슷한 주제를 동시에 선정했을 때는 가위바위보로 한 쪽에 양보할 수도 있다. 프로젝트 수업을 시작하기 전에 학생들의 의식을 두드릴 수 있는 동영상을 준비해 주면 아이디어를 효과적으로 끄집어낼 수 있다.

마. 활동지가 중요할까?

프로젝트 수업은 모둠원이 협력해서 좋은 결과물을 만들고 발표를 잘하면 끝난다고 생각할 수 있지만 어떤 수업보다도 잘 만들어진 개별 활동지와 모둠 활동지가 필요한 수업이다. 개별 활동지는 성취기준에 근거한 학습 내용이 하브루타 토론이나 짧은 논술로 표현할 수 있도록 만들어야 하며, 모둠 활동지엔 역할 분담이나 참여도를 자기성찰평가나 동료 평가 할 수 있도록 만들면 그 자체가 훌륭한 과정중심평가의 근거가 된다. 모둠원의 실제 참여 정도를 그대로 보여줄 수 있게 포스트잇에 작성한 결과물을 붙이면 시간도 절약하고 서로 방해받지 않고 자신의 수행과정을 나타낼 수 있어서 매우 효과적이다. 모둠 활동지는 계획 단계, 수행 단계, 발표 단계, 그리고 피드백과 스토리보드 작성을 위한 여분의 활동지를 나눠준다. 차시별로 준비한 활동지를 완성해가며 학생들은 시간 계획을 더욱 세밀히 짤 수 있으며 친구들과 협력하여 활동지의 빈 칸을 채울 수 있다. 친구들의 생각과 의견을 즉시 확인할 수 있으며 자신의 빈 칸도 의미있게 채워질 수 있도록 노력한다. 특히 스토리보드를 작성하는 시간이 주어지면 모둠별로 성공적인 발표에 이르는 다양한 전략을 구상하며 마인드맵, 비주얼씽킹, 시나리오 대본, PPT 슬라이드 내용들이 펼쳐진다. 따라서 프로젝트 수업 진행중 작성한 모둠 활동지와 개별 활동지 내용은 과정중심평가 자료(자기성찰평가, 모둠 내 동료 평가, 모둠 간 동료 평가)가 된다.

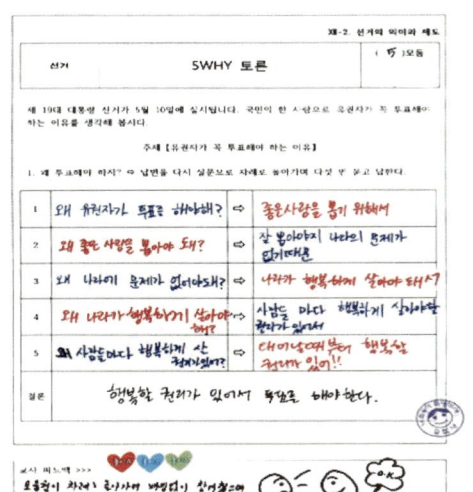

모둠 토론을 촉진하는 5why 기법을 활용한 모둠 활동지

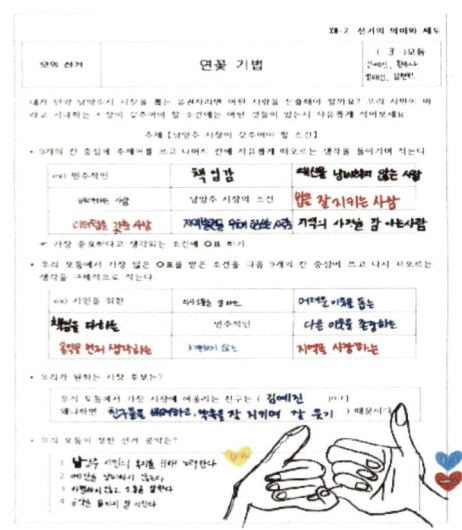

모둠 구성원들의 아이디어를 효과적으로 나누기 좋은 연꽃 기법

플로우맵을 활용한 하브루타 활동지 속 토론 수업의 흐름

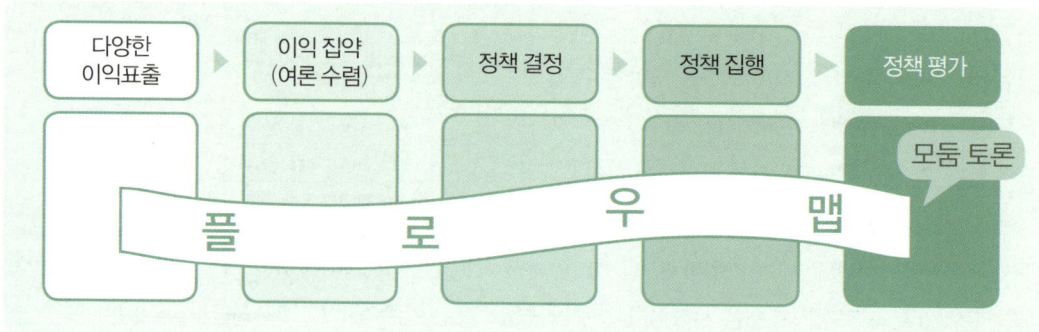

액션러닝으로 문제점과 해결방안을 다룬 토론 활동지

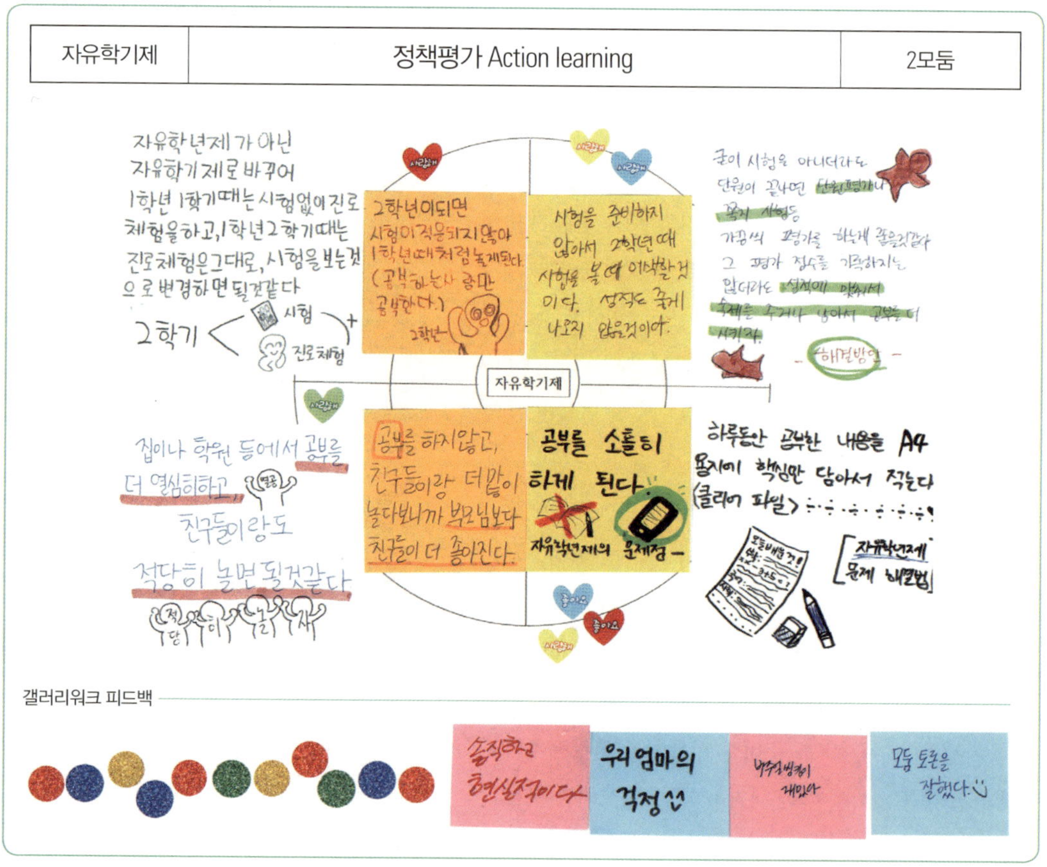

바. 과정중심평가가 수업태도에 긍정적인 영향을 줄 수 있을까?

평가가 제대로 이루어지려면 수업과 분리되거나 괴리되지 않는 수업 밀착형 평가가 되어야 한다. 수업이

끝난 후 과제로 평가하지 않고 수업 진행 중에 이루어지는 과정중심평가여야 한다. 그리고 더욱 중요한 것은 과정중심평가를 통해 학생들의 실력과 역량이 향상되고 성장할 수 있어야 한다. 프로젝트 수업의 또 하나의 큰 장점은 과정중심평가하기에 최적화된 수업이라는 점이다. 프로젝트 수업을 제대로 설계하면 프로젝트 수업의 여러 단계를 과정중심평가 항목으로 만들어 그때 그때 활용하기 좋다. 물론 배점이나 채점 기준 만들기도 수월하다. 나의 수업 참여도는 내가 가장 잘 안다. 모둠 안에서의 협력 정도는 모둠원들이 잘 안다. 모둠 간 발표나 결과물의 평가도 자기 모둠을 뺀 나머지 모둠이 평가에 참여하면 예상 범주를 크게 벗어나지 않는 평가 결과가 나올 확률이 높다. 평가에 대한 훈련이 거듭될수록 공정하고 믿을만한 평가가 나올 것이고, 나 또한 좋은 평가를 받기 위해 노력하게 된다. 프로젝트 수업을 진행하며 학생들의 참여도가 높아졌다는 건 과정중심평가의 긍정적인 영향력을 보여주는 것이다. 학생에게 나의 참여가 모둠의 좋은 결과물을 만드는데 기여할 수 있다는 자존감과 책임의식을 갖게 하는 것도 과정중심평가를 염두에 두고 설계한 프로젝트 수업의 매우 의미있는 일이다.

프로젝트 수업의 결과물인 미래 남양주시장 선거 미니포스터

미래 남양주시장 선거 미니포스터에 모둠 간 동료 평가하는 장면

사. 피드백 안하면 안 되나?

과정중심평가의 중요한 의미는 평가를 통해 성장을 도모하는 데 있다. 처음부터 잘하는 학생도 있지만 열심히 해도 성과가 잘 나타나지 않는 학생도 있다. 하지만 프로젝트 수업을 진행하다 보면 모둠원들과의 협력을 통해 자신의 단점이 보완되고 친구들의 도움이 자신이 성장하는 발판이 되기도 한다. 자기가 속한 모둠에서도 배움이 일어나고 다른 모둠의 발표를 통해서 더 큰 배움이 촉진되기도 한다. 피드백은 성장을 위한 조언이며 장점은 살리고 약점은 보완하여 지금보다 분발해서 더 잘할 수 있게 하는 격려이다. 2015 개정교육과정의 핵심 역량을 수업 속에서 키워주려면 그 역량을 배우고, 체험하고, 발휘할 수 있는 기회가 필요하다. 모둠 활동은 친구들과 협력하며 어려운 문제도 해결하고, 합리적 해결방안을 민주적인 절차로 도출해내는 훈련장이다. 계속적인 배움이 일어나며 더 나은 배움으로 발전하려면 친구들의 의견에 경청하고, 자기 자신을 성찰하는 자세가 중요하다. 과정중심평가를 실시하며 교사가 피드백 장치를 고안하여 친절히 안내해서 학생들에게 실천하게 하면 기대 이상 학생들의 따뜻한 인성이 담긴 피드백을 유용하게 나눌 수 있다. 하물며 교사의 관심과 사랑이 담긴 관찰 피드백은 학생들의 핵심 역량 계발에 훌륭한 자양분이 될 것이다.

• 역량과 인성이 담긴 교과 세부능력 및 특기사항 기록 사례

> 정치 과정과 시민 참여 단원의 매 차시에서 성취동기와 성취수준이 높은 편이며 새로운 수업에 대해 호기심이 많고 교사의 발문과 스토리텔링에 적극적인 상호작용을 보임. 하브루타를 활용한 짝 토론에서 정치 과정의 5단계를 체계적으로 이해하고 있으며, 자유학기제와 관련된 신문기사에서 시사하는 바를 정확히 읽어내고 플로우맵 작성과 모둠 토론을 잘 이끌어감. 수업 중간중간 의미 있는 질문으로 수업 내용을 정확하고 깊이 있게 자기 것으로 만듦. 평소의 높은 수업참여도를 반영하듯이 자유학기제의 문제점과 해결 방안을 다룬 토론 수업과 논술 평가에서도 자기 생각을 논리정연하게 표현하고 친구들에게 설득력 있게 전달함.

3. 프로젝트 수업을 위한 제언

교육과정-수업-평가-기록의 일체화가 교육 현장의 화두로 자리잡게 된 건 교육계에 바람처럼 지나가는 유행이 아니다. 진작에 우리 교사들이 고민하고 실천했어야 할 과제이다. 가르치는 일에 급급하고, 평가하는 일에 쩔쩔매다 보니 우리가 왜, 어떻게, 교육과정-수업-평가-기록을 일체화해야 하는지 본질을 성찰하지 못한 채 오랜 시간이 흘렀다. 2015 개정교육과정이 시행되고 이제 학교 전반에서 수업과 평가가 바뀌어야 한다는 요구가 커지고 있다. 그에 따른 기록도 학생 각자의 역량이 사실에 근거하여 상세하게 반영되어야 함을 외치고 있다. 수업의 방향은 교사 중심 수업에서 학생이 주인공이 되어 참여하는 학생 중심 수업으로, 평가의 방향은 결과 중심의 평가에서 수업과 밀착되고 학생의 성장을 북돋워 주는 과정중심평가로 변화하고 있다. 그런 이유로 학생 중심 수업과 과정중심평가를 동시에 아우르는 프로젝트 수업이 우리에게 관심과 주목을 받게 된 것이다. 프로젝트 수업이 좋은 대안이고 최적의 수업 모형이라 할지라도 교사가 가르칠 모든 단원을 프로젝트로 묶을 수도 없고 때마다 프로젝트 수업을 여러 차례 진행하기도 어려운 것이 현실이다. 그렇지만 교사가 수업을 설계하며 한 학기에 한 번, 1년에 두세 번 정도 프로젝트 수업을 계획하는 일이 그리 힘든 일만은 아니다.

아직도 프로젝트 수업에 대한 두려움과 수업 실패에 대한 불안으로 용기를 내지 못한 선생님들이 계시다면 선행 연구 사례를 참고로 한 번만이라도 시도해보시길 바란다. 누군가의 시행착오 체험담이 내 수업에 큰 도움이 된다는 걸 경험하신 분은 다 안다.

실패를 각오하고 용기 내어 시도해본다면 그 수업은 진정한 내 것이 되어 수업 속에서 나를 성장시킬 것이며 그 최대 수혜자는 학생이 될 것이다.

프로젝트 수업을 마치며 민주정치에 대하여 프리즘 카드로 정의내리기 하는 장면

학생들이 생각하는 프로젝트 수업

C-프로젝트 수업 연구소 **우치갑**, 경기 민락중학교 **양혜인**, 경기 늘푸른중학교 **임성은**
경기 양오중학교 **유희선**, 경북 동산여자중학교 **장영희**, 세종시 고운중학교 **이경숙**

1. 학생들이 생각하는 프로젝트 수업

1학기 프로젝트 수업을 실시한 후에 〈①프로젝트 수업 전 준비해야 할 것은 무엇이라고 생각하나요?, ②프로젝트 수업에서 가장 중요하게 여겨야 할 것은 무엇이라고 생각하나요?, ③'프로젝트 수업'하면 떠오르는 것을 생각해보세요.〉 주제로 중학교 학생들을 대상으로 설문 조사를 실시했다. 다음은 설문 결과를 정리한 내용이다.

가. 프로젝트 수업 전 준비해야 할 것은 무엇이라고 생각하나요?
① 열심히 하려는 마음가짐/열정

'귀찮다', '하기 싫다'라는 마음보다 열심히 해야겠다는 마음가짐과 의욕이 있어야 수업에 집중하여 결과물을 잘 완성할 수 있다. 그리고 팀원들과 열심히 협력하여 열정을 가지고 역할을 수행하면 좋은 결과를 만들어낼 수 있다. 또한 내가 열정 없이 하기 싫은 태도로 임하면 다른 친구들도 하기 싫어할 것이다.

② 의지

의지가 없다면 활동에 참여하기 싫어지고 귀찮아지기 때문이다. 아무리 똑똑하다 할지라도 수업에 참여할 의지가 없으면 무의미하다.

③ 친분

친분이 있다면 친구들과 즐겁게 프로젝트를 완성할 수 있기 때문이다.

④ 배려심/친구들을 위한 마음

　서로를 배려해야 싸우지 않고 잘 할 수 있다. 친구들을 위한 마음이 없으면 자신만 생각해서 전체적인 분위기를 망치고 모둠의 단합을 깨뜨린다.

⑤ 경청하는 태도

　모둠원들의 이야기를 잘 들어야 의견 조율이 잘 된다.

⑥ 존중하는 마음

　모둠원들의 의견을 존중하고 서로의 개인차를 인정하는 것이 매우 중요하다고 생각한다.

⑦ 지식

　프로젝트 수업의 주제와 관련된 지식을 갖추거나 자료 조사를 잘 할 수 있는 능력이 있으면 더욱 편하게 프로젝트 수업에 참여할 수 있다. 자료를 찾아 적절하게 활용해야 결과물을 잘 만들 수 있기 때문이다.

⑧ 책임감

　프로젝트 수업에서 자신의 역할을 책임감 있게 수행해야 한다.

⑨ 나만의 생각(기획력)

　스스로 생각하는 힘이 있어야 어떻게 해야 할지 계획을 세우고 진행할 수 있기 때문이다.

나. 프로젝트 수업에서 가장 중요하게 여겨야 할 것은 무엇이라고 생각하나요?

① 모둠원

모둠 친구들과 함께 하는 수업이 즐거워서이다. 또한 프로젝트 수업의 활동은 해야 할 양이 아주 많기 때문에 친구의 도움 없이 혼자 완성할 수 없다.

② 역할

모둠 활동을 할 때 역할을 분담해야 쉽고 빠르게 무언가를 만들 수 있다. 각자 역할을 맡아 성실히 수행하는 것이 필요하다.

③ 협동

프로젝트 수업은 대부분 모둠 활동으로 이루어지므로, 모둠원들끼리 협동이 잘 이루어져야 완성도 있는 프로젝트를 힘들지 않게 완수할 수 있다.

④ 팀워크

팀워크가 맞지 않으면 팀원들끼리 불화가 생겨 수업이 제대로 진행되지 않기 때문이다.

⑤ 모두의 적극적인 참여

모두가 아닌 일부만 적극적으로 참여하면 프로젝트 수업을 하기가 어렵다.

⑥ 리더십

리더십 있는 사람이 모둠원들을 이끌어 모둠 프로젝트를 완수하는 것이 중요하다.

⑦ 배려

말과 행동으로 서로를 배려하면 기분이 좋아져서, 더 잘할 수 있을 것 같다. 또한 모둠원들의 실수를 이해해주는 마음이 중요하다.

⑧ 도움

어려움을 겪는 친구를 도와줘서 함께 할 수 있게 하는 것이 중요하다.

⑨ 소통

모둠원들과 소통하면 협동이 더욱 잘 되고, 모둠의 분위기가 좋아지며 모두의 마음에 드는 성과를 낼 수 있다.

⑩ 화합/연합

모둠원들과 연합하고 화합해야 활동이 원활하게 이루어지고 몇 배 더 나은 결과물을 만들 수 있다.

⑪ 끈기

한 가지를 포기하지 않고 끝까지 하는 것이 중요하다고 생각한다.

⑫ 열정

무임승차자 없이 모두가 열정을 가지고 임하면 수업이 더 원활하게 진행되고 더 나은 결과물을 만들 수 있다. 나의 열정은 다른 모둠원들에게 힘을 주고, 열정이 없는 태도는 모둠원들에게 피해를 준다.

⑬ 양심

무임승차자가 너무 싫다. 내가 하지 않으면 함께 하는 친구에게 피해를 줄 수 있다는 것을 알았으면 좋겠다.

⑭ 적당한 긴장감

적당한 긴장감은 오히려 수업에 집중하는 데 도움이 된다.

⑮ 자료 조사

자료 조사를 성실히 하면 좋은 결과물을 만들 수 있다. 자료 조사를 하지 않으면 참고할 것이 없으며 결과물을 잘 만들기도 힘들다.

⑯ 창의성

모둠원들의 협력을 통해 많은 다양한 창의적인 아이디어를 만들어야하기 때문이다.

⑰ 공유

모둠원들끼리 다양한 아이디어를 공유해야 더 좋은 생각들이 많이 나온다.

⑱ 흥미

프로젝트 수업에 흥미와 관심을 갖고 활동해야 모둠 활동이 잘 되기 때문이다.

⑲ 성실함

프로젝트 수업은 과제 수행을 위해 시작부터 끝까지 열심히 해야 하는 수업이기 때문이다.

⑳ 발표

또박또박 정확하게 친구들 앞에서 큰 소리로 발표하면 기억에 잘 남고 뿌듯하다.

㉑ 교과 지식

교과에 대한 지식이 없으면 제대로 된 정보를 파악할 수 없기 때문이다. 수업에서 잘 배워야 모둠원에게 도움이 될 수 있다.

㉒ 선생님의 말씀

프로젝트 수업의 방법과 관련한 선생님의 말씀을 잘 들어야 프로젝트 수업에서 좋은 결과물을 만들 수 있다.

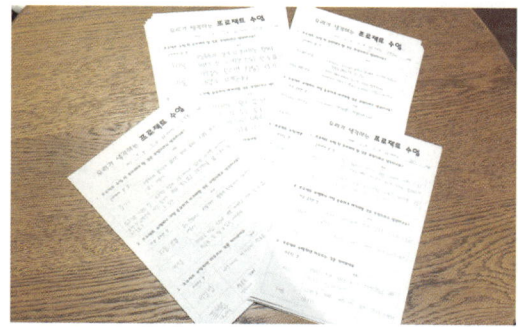
프로젝트 관련 설문조사지

프로젝트 관련 설문조사 하고 있는 학생

다. '프로젝트 수업'하면 떠오르는 것은 무엇인가요?

① 모둠 활동

프로젝트 수업을 할 때 모둠 활동을 주로 하기 때문이다.

② 함께 했던 친구들

함께 했던 친구들과의 즐거운 시간이 생각났다.

③ 협력

협력을 통해 4명의 모둠원이 한 목표를 성취하는 것이 대단하다고 느꼈던 수업이기 때문이다.

④ 샌드위치

빵, 야채, 햄이 조화로운 맛을 만들듯이 서로 각기 다른 매력을 가진 여러 요소들이 모여 조화를 이뤄 아름다운 결과를 만들어내기 때문이다.

⑤ 다같이!

내가 배우고 습득한 것을 남에게 알려주어 다같이 배울 수 있는 것이 프로젝트 수업이라고 생각한다.

⑥ 우정

같이 협동하여 프로젝트 수업에 참여하다보면 우정이 단단하게 다져지기 때문이다.

⑦ 하드캐리

모든 친구들이 하드캐리해야 성공하기 때문이다. (하드캐리: 게임에서 유래된 용어로 게임을 승리로 이끄는 유저를 말한다.)

⑧ 무지개

다양한 활동들로 이루어졌고 모둠원들이 자기만의 역할을 하기 때문이다.

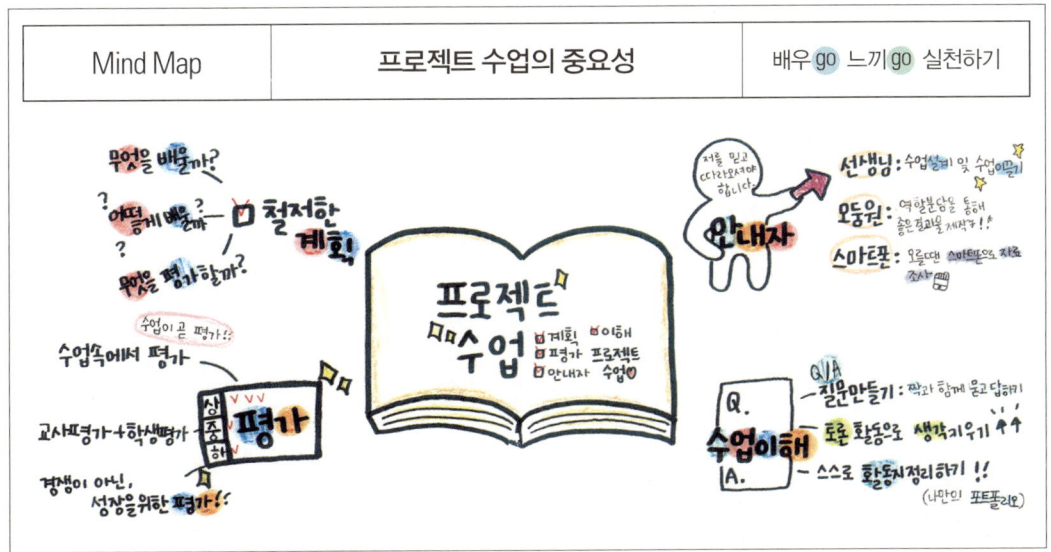

경기 양오중학교 학생 활동결과물 _ 유희선선생님 제공

⑨ 여러 가지 색

모둠원 여러 명이 다른 생각과 내용으로 만든 것을 모은 것이므로 여러 가지 다양한 내용이 들어 있기 때문이다.

⑩ 물감

여러 가지 색의 물감을 섞으며 또 다른 색을 만들 듯이 친구들의 여러 생각들을 조합해서 무언가를 만들 수 있기 때문이다.

⑪ 세계

여러 사람들이 모여서 세계를 이루듯 프로젝트 수업도 여러 가지 자료로 이루어지기 때문이다.

⑫ 필통

필통에는 볼펜, 샤프, 지우개 등등 여러 필기구가 있듯이 프로젝트 수업도 여러 가지 활동이 있기 때문이다.

⑬ 동물

동물에도 다양한 종류가 있듯이, 프로젝트 수업도 쓰기, 읽기, 조사하기, 그리기 등 다양한 종류들로 구성이 되어있기 때문이다.

⑭ 비빔밥

다양하게 여러 가지 활동을 할 수 있기 때문이다.

⑮ 새로움/특별함

평범한 주입식 수업과는 다르게 새롭게 느껴지는 수업이다.

⑯ 호기심

프로젝트 수업을 하면 새롭게 아는 부분도 생기니 호기심이 생긴다.

⑰ 시베리아 횡단열차

시베리아 횡단열차가 도착할 때까지 오랜 시간이 걸리는 것처럼, 프로젝트 수업도 굉장히 오랜 시간을 투자하는 수업이기 때문이다.

⑱ 날씨

활동들이 가끔 힘들기는 하지만 때로는 즐거워서 변화가 있는 날씨 같이 느껴진다.

⑲ 자료 조사

많은 자료를 찾아가며 세상에 관하여 여러 가지를 알게 되었기 때문이다.

⑳ 뿌듯함

힘들었지만 끝낸 후 성취감을 느낄 수 있었다.

㉑ 볼펜

볼펜은 종이에 쓰면 지워지지 않듯이 프로젝트 수업도 머리에서 지워지지 않는다.

2. 학생들에게 프로젝트 수업이란?

"프로젝트 수업은 _____ 이다. 왜냐하면 _____ 때문이다."로 학생들의 생각을 알아보았다.

① 프로젝트 수업은 '연필'이다.
왜냐하면 쓰면 쓸수록 짧아지지만, 그만큼 많은 가치있는 것들을 창조해 내기 때문이다.
② 프로젝트 수업은 '아이스크림'이다.
왜냐하면 마음속에 즐거움이 녹아 내리고 행복함이 가득한 시간이기 때문이다.
③ 프로젝트 수업은 '비빔밥'이다.
왜냐하면 비빔밥의 여러 가지 재료들이 서로 조화를 이루듯이 우리 프로젝트 팀도 각자의 개성을 드러내면서도 서로 의견을 조율하여 조화를 이뤄야 하기 때문이다.
④ 프로젝트 수업은 '슬라임'이다.
왜냐하면 친구들끼리 뭉치면 더 좋은 결과를 가져오기 때문이다.
⑤ 프로젝트 수업은 '정사각형'이다.
왜냐하면 한 사람만 하는 것이 아니라 모두가 동일하게 참여하고 활동해야 하기 때문이다.
⑥ 프로젝트 수업은 '꽃'이다.
왜냐하면 꽃마다 향과 색이 다 다르듯이 프로젝트마다 얻는 것이 다르기 때문이다.
⑦ 프로젝트 수업은 '오르막길'이다.
왜냐하면 하는 과정은 어렵고 힘들지만 그것을 다 끝내면 힘듦이 없어지고 뿌듯하기 때문이다.
⑧ 프로젝트 수업은 '물감'이다.
왜냐하면 섞이면 멋진 한 편의 그림을 만들 수 있는 재료가 될 수 있기 때문이다.
⑨ 프로젝트 수업은 '연필'이다.
왜냐하면 자기가 생각하는 것을 쓰고 싶은 대로 쓸 수 있는 연필처럼 프로젝트도 자기가 생각하는 것을 펼칠 수 있기 때문이다.
⑩ 프로젝트 수업은 '등산'이다.
왜냐하면 등산하는 과정은 힘들지라도 꼭대기에 오르면 뿌듯한 것처럼 프로젝트를 하는 과정은 힘들지만 완성하면 뿌듯하기 때문이다.
⑪ 프로젝트 수업은 '새싹'이다.
왜냐하면 계속 성장하고 미래가 푸른 새싹처럼 이 시간을 통해 많이 성장할 수 있기 때문이다.
⑫ 프로젝트 수업은 '한 편의 책'이다.
왜냐하면 친구들과 나의 이야기가 한 편의 스토리처럼 써지고 펼쳐지기 때문이다.

⑬ 프로젝트 수업은 '다이아몬드'이다.

왜냐하면 프로젝트 수업도 처음에는 다이아몬드 원석처럼 거칠 것 같은데 배우고 나면 다이아몬드처럼 우리 머릿 속을 빛내주기 때문이다.

⑭ 프로젝트 수업은 '쉬는 시간'이다.

왜냐하면 다른 수업과는 다르게 여러 매체를 이용하고 친구들과 많은 소통과 협력을 하며 즐겁게 수업할 수 있기 때문이다.

⑮ 프로젝트 수업은 '나무'이다.

왜냐하면 뿌리처럼 단단하게 친구들과 협력하고, 나뭇가지와 잎들처럼 프로젝트 수업을 통해 친구들과 성장하고 있기 때문이다.

⑯ 프로젝트 수업은 '볼펜'이다.

왜냐하면 볼펜으로 그린 선을 수정테이프로 지워도 그 밑에 그대로 남아있는 것처럼 우리 머릿속에 그 수업이 쌓여 남아있기 때문이다.

⑰ 프로젝트 수업은 '비빔밥'이다.

왜냐하면 나물을 하나씩 먹으면 맛이 없지만, 고추장과 계란을 더해 밥과 비벼 먹으면 맛있듯이 친구들과 더해져 더 맛있는 결과물을 만들 수 있다.

경북 동산여자중학교 학생 활동결과물-장영희선생님제공

⑱ 프로젝트 수업은 '색연필'이다.

왜냐하면 다양한 색깔을 가지고 있고 우리들이 그것을 가지고 더 예쁘게 색칠을 하면서 완성할 수 있기 때문이다.

⑲ 프로젝트 수업은 '카메라'이다.

왜냐하면 카메라로 찍으면 남는 사진처럼 우리의 머릿 속에 문제해결을 위해 많은 것들이 남기 때문이다.

⑳ 프로젝트 수업은 '형광펜'이다.

왜냐하면 형광펜으로 중요한 부분에 밑줄을 치면서 알아가는 것처럼 프로젝트 수업을 통해 중요한 내용들과 결과물을 해결해 나갈 수 있기 때문이다.

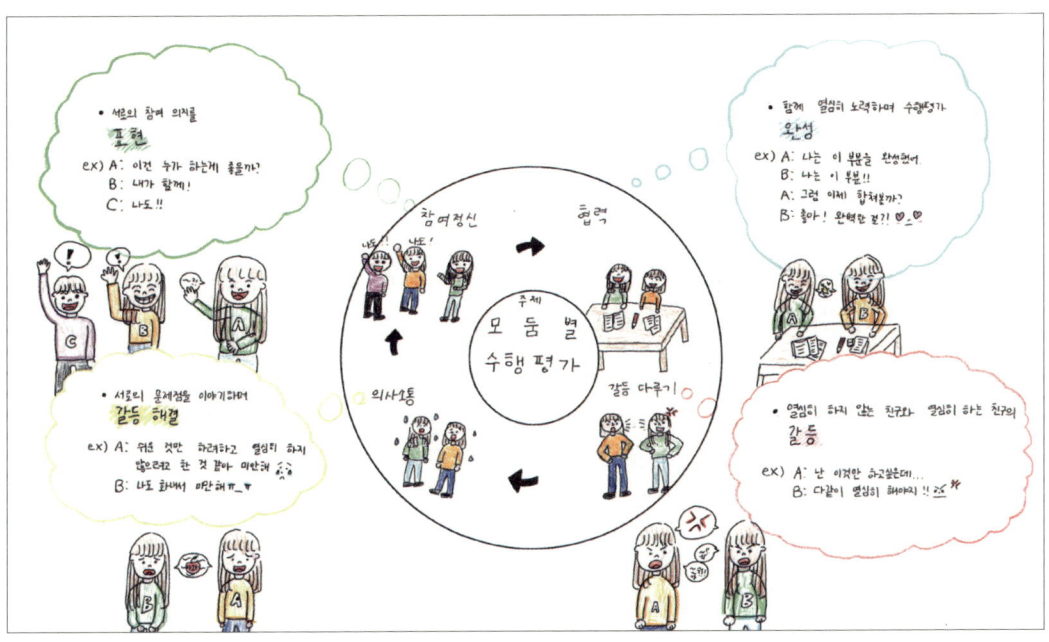

경북 동산여자중학교 학생 활동결과물·장영희선생님제공

프로젝트 수업의 필수 구성 요소
실제성(實際性) 이해하기

C-프로젝트 수업 연구소 **우치갑**
경기 관양고등학교 **고영애**, 대구 화원중학교 **이지영**

실제성은 생생한 날 것이다. 우리가 언제든지 부딪히고, 겪고 경험할 수 있는 것이다. 우리 눈에 자주 보이고, 현실에서 많이 들어 보았거나, 자신이 언젠가 겪어야 할 문제이거나, 사회 구성원으로 행동해야 할 가치가 있는 내용이 프로젝트 수업의 필수 구성 요소인 실제성이다.

1. 실제성(實際性)

실제성의 사전적 의미는 현실에 존재하는 성질이다. 프로젝트 수업에서의 실제성은 학생들에게 현실적으로 유의미한 것 또는 현실적인 목적이나 문제해결을 위해 적용할 만한 것을 말한다. 즉, 실생활과 연결하여 생각해 보고, 실제로 현실에서 실천할 수 있는 것을 말한다.

2. 실제성의 특징

가. 실제성은 학생들의 적극적인 참여를 도와준다.

프로젝트 수업은 매우 어렵고 힘든 과정이다. 그럼에도 불구하고 학생들을 끝까지 참여시킬 수 있는 것이 바로 실제성의 특징이다. 학생들에게 현실적으로 의미가 있거나, 직접 경험을 통해 배움까지 갈 수 있을 때 학생들의 적극적인 참여가 가능하기 때문이다.

나. 현실에서 살아 움직이는 지식을 배우게 한다.

프로젝트 수업은 교과서 안에서 안주하는 지식이 아닌, 현실에서 자신의 삶에 영향을 주고, 자신이 배운 지식을 활용하여 직접 실천할 수 있도록 살아있는 지식을 제공한다. 다시 말하면 지식, 학생들의 삶 그리고 현실적인 상황을 유기적으로 연결시켜 주는 것이 실제성의 또 다른 특징인 것이다.

3. 수업에 실제성 적용하기

가. 프로젝트 수업의 주제 또는 핵심질문이 실제적이어야 한다.

프로젝트 수업의 주제는 어떤 문제에 대한 해결방안을 찾는 내용이 많다. 이때 문제가 현실적인 내용인 즉 실제성을 가질 때 학생들은 자신이 살고 있는 세상의 문제일 때 보다 적극적으로 임하게 된다.

나. 프로젝트 수업의 과정이 실제로 학생들이 할 수 있는 활동이어야 한다.

프로젝트 수업의 과정에서 학생들이 해야 하는 활동들이 너무 어렵거나 너무 비현실적일 때 활동의 동력이 떨어지게 된다. 학생들이 충분히 그러나 노력과 협력이 필요한 활동일 때 몰입하게 된다.

다. 프로젝트 수업의 결과물은 실제로 실천할 수 있는 내용이어야 한다.

프로젝트 수업을 통해 산출한 결과물을 실제로 직접 실천할 수 있다면 스스로에 대한 성취감이 올라가게 될 것이다. 그 활동이 프로젝트 결과물을 단순히 발표하고 공유하는 것만이 아닌, 캠페인 활동, SNS를 통한 활동, 제품 제작 활동 등 직접 실천까지 이어질 때 의미는 더욱 확장될 것이다.

4. 국어과 수업 실제성 적용사례

학습 주제 세계시민으로서 기아에 고통받는 이들의 어려움을 알고 작은 실천을 시작하다.
「맛있는 진흙 과자, 함께 드실래요?」프로젝트
대상 학년 중학교 1학년 국어
관련 단원 비판적으로 읽기(진흙 과자를 물려주지 말자.)

가. 실제성과 프로젝트 수업

'얼마나 많은 사람들이 배고픔 속에 살아갈까?' 이런 질문을 던지면 학생들은 가벼운 농담에 응하듯 대수롭지 않게 대답하곤 한다. 교과서 속 기아와 관련된 논설문 한 편을 읽고 깊이 있는 생각, 학생들의 성장을 이끌어내기란 쉽지 않다. 보다 구체화된 것, 실제적인 삶을 반영한 활동이 필요하다고 생각한다. 학생들은 글과 실제적인 삶이 연결될 때, 프로젝트 수업의 주제가 세상의 일과 동떨어진 활동일 때 보다 적극적으로 프로젝트 수업에 참여한다.

실제성의 중요함을 인식하고 학생들에게 삶의 문제, 실제 세상에서 일어나고 있는 문제, 세계시민으로서 우리가 관심을 가지고 함께 고민해야 할 '기아문제'를 주제로 프로젝트 수업을 준비하였다. 모둠별로 협력적인 의사소통 단계를 거쳐 캠페인 활동을 디자인하고 적극적으로 문제를 해결하기 위해 아이디어를 나누는 활동을 중심으로 수업을 설계하였다. 이번 프로젝트는 캠페인 활동에 대한 계획을 발표하고 실제로 캠페인 활동을 해 보는 것인데 이를 통해 학생들이 자신의 생각이 변하는 것에 그치는 것이 아니라 다른 사람에게도 긍정적인 영향을 끼칠 수 있음을 알게 되리라 기대한다. 그로 인해 우리의 배움과 실천이 한 개인을 바꾸고, 더 나아가 공동체의 생각을 바꿀 수 있는 작은 몸짓이 될 수 있음을 직접 체험해보는 계기가 되었다.

나. 교수-학습 방향

학습 주제	수업 형태
• 본문 읽고 생각 나누기(질문 만들며 문제 상황 파악하기)	개별학습, 협력학습
• 캠페인 활동 이해하기(캠페인이란? 이전 경험 나누기)	개별학습, 협력학습
• 캠페인 활동 계획 실제 (캠페인에 사용할 구호, 캠페인송, 문구와 다양한 실천 사례가 적힌 팻말, 실천 다짐 양식, 이벤트 등 다양한 아이디어로 구성하기)	개별학습, 협력학습
• 캠페인에 필요한 자료 제작하기	개별학습, 협력학습
• 캠페인 자료 발표하기	개별학습, 협력학습
• 의견과 근거를 담은 한 편의 글 작성하기(모둠)	개별학습, 협력학습

다. 프로젝트 참여 소감

윤○○ 캠페인 활동을 준비하면서 모둠끼리 대화가 잘 되지 않아 답답한 적도 있었다. 하지만 실제로 배고픔으로 고통받는 어린이들을 도울 수 있는 캠페인을 직접 해보고 나니 무언가 뿌듯한 느낌이 들었다. 작은 노력이지만 모이면 큰 힘이 될 수 있다는 것을 알게 되었다.

권○○ 처음에는 우리가 직접 캠페인을 할 수 있을 것이라 생각을 하지 못했다. 친구들과 함께 의논하면서 중학생이지만 도움을 줄 것이 많

모둠별로 캠페인 자료를 발표하는 모습

다는 것도 알게 되었다. 주위의 문제를 외면하면 안된다는 것도 깨닫게 되었다. 나도 모르게 적극적으로 서명도 받고 설명도 했는데 그러다보니 재밌는 활동이라는 생각이 들었다.

5. 사회과 수업 실제성 적용사례

학습 주제 "어서와~ 한국문화는 처음이지!" 문화탐방 프로그램 제안서 작성하기 프로젝트
대상 학년 고등학교 1학년 통합사회
관련 단원 Ⅶ-01. 문화권의 특징, Ⅶ-02. 문화 변동의 양상, Ⅶ-03. 문화를 이해하는 태도

가. 실제성과 프로젝트 수업

세계화 시대, 지구촌 시대라는 용어가 우리에게 매우 익숙해진 현실에서 지금도 그리고 앞으로도 우리는 많은 다양한 문화를 접하게 될 것이다. 특히, 우리 학생들이 살아가야 하는 사회는 다양한 문화를 가진 사람들과 어울리며 살게 될 것이다. 이런 시대적 흐름에서 문화를 이해한다는 것은 매우 의미가 있으며 '학생들에게도 실제적인 도움이 될 것이다'라는 생각으로 프로젝트 수업을 진행하였다.

넓은 의미의 문화는 한 사회 집단에서 나타나는 의식주, 사고방식 등 인간의 모든 생활양식을 말한다. 그리고 문화는 자연환경과 인문환경의 영향을 받아 구조화된 생활양식 체계인 것이다. 학생들은 우리와 다른 문화 속에 살아가는 여러 사람들과 접촉할 기회가 많아질 것이다. 다른 나라를 여행하거나 인터넷 상에서 대화 할 때, 그리고 다른 문화권의 사람들과 협력해야 할 때, 그들을 이해할 수 있어야 한다. 그러기 위해서는 문화상대주의적 태도가 필요하며, 다양한 문화권에 대한 폭넓은 이해를 해야 한다. 더불어 우리 전통문화 및 우리나라의 문화에 대한 이해가 필요할 것이다. 최근 한류문화의 폭발적인 증가에 따라 우리나라 문화에 대한 관심이 세계적으로 증가하고 있다. 외국인 친구가 생긴다면 우리나라 문화에 대한 소개도 필요할 것이다. 이러한 다양한 실제성에 입각하여 프로젝트 수업을 계획하였다.

프로젝트 수업은 다양한 문화권의 특징을 조사하고 정리한 후, 관심이 가는 문화권의 고등학생을 초청하여 특정한 테마(주제)로 우리나라의 문화를 소개하고, 초청한 문화권의 문화를 소개받을 수 있는 문화체험 2박 3일 프로그램을 작성하게 하는 것이다. 동일한 고등학생이라는 대상도 학생들로 하여금 보다 실제성을 느끼게 하고 싶었던 점이다. 초청할 문화권의 문화도 소개 받는 과정을 포함시킨 이유는 다른 문화권의 특징을 이해한다는 것은 문화의 다름을 인정하는 것이고, 우리의 입장에서 다른 문화를 쉽게 판단하지 않는다는 것이다. 또한, 서로 조심해야 할 것들에 대해 환기하는 의미도 있다. 즉, 문화 상대주의의 필요성을 느끼게 하고자 하였다.

나. 교수-학습 방향

학습 주제	수업 형태
• 문화의 의미, 요소, 특징, 변동의 양상, 문화를 이해하는 태도 학습하기	개별학습, 협력학습
• 다양한 문화권의 특징 넓게 정리하기	개별학습
• 하나의 문화권을 선택하여 특징 깊게 정리하기	협력학습
• 프로젝트를 위한 프로그램 대상 문화권 및 테마(주제) 선정하기	개별학습, 협력학습
• 프로그램 제안서 작성하기	개별학습, 협력학습
• 프로그램 제안서를 인포그래픽으로 제작하기	개별학습, 협력학습
• 프로그램 제안서 홍보하는 발표하기	개별학습, 협력학습

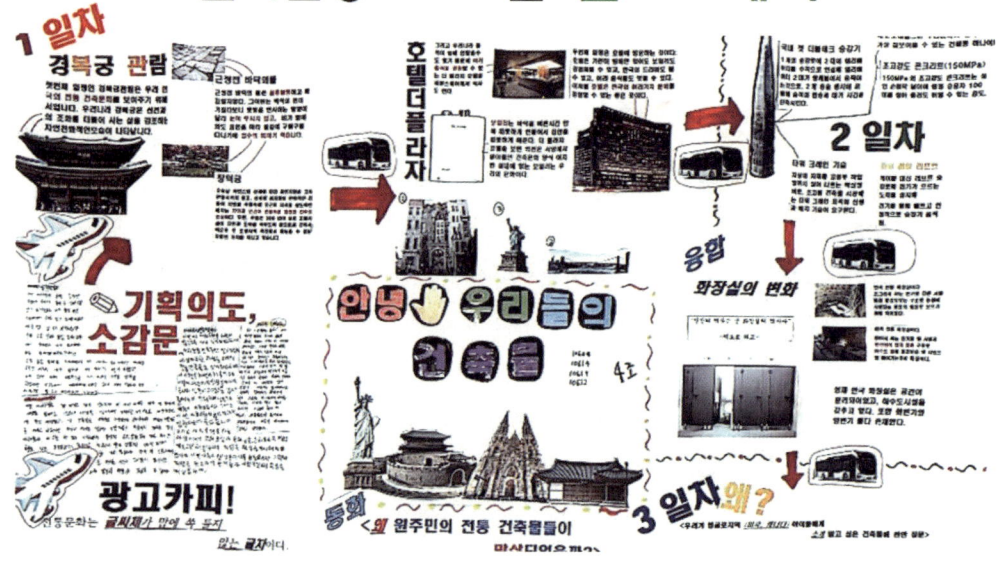

문화탐방 프로그램 제안서 활동 결과물(인포그래픽)

다. 프로젝트 참여 소감

권○○ 문화권의 특징을 조사하면서 하나의 문화권에 대해 좀 더 이해할 수 있었다. 그리고 그 문화권을 직접 가서 보고 싶다는 생각이 들었다.

김○○ "어서와~한국문화는 처음이지!" 프로그램처럼 우리 나라에 여행올 수 있는 외국인 친구가 생긴다면 우리 모둠에서 만든 프로그램으로 그 외국인 친구들과 여행하고 그 여행을 안내하고 싶다. 그 전에 우리 학교에도 자매결연 학교가 생겨 서로를 이해할 수 있는 프로그램이 생겼으면 좋겠다.

관심과 흥미를 유발하는 프로젝트 주제 선정하기

C-프로젝트 수업연구소 **우치갑**

경기 민락중학교 **양혜인**, 경기 관양고등학교 **고영애**

프로젝트 수업은 미래세대에게 필요한 핵심 역량으로 도구의 상호작용적 활용 능력, 이질적 집단에서의 상호작용 능력, 자율적인 행동력이라는 3개의 범주를 자율성, 창의력, 공감 및 소통 능력, 협업 능력 등과 같은 사회적인 삶의 맥락에서 키울 수 있는 학습 유형이다.

프로젝트 수업을 시도하고자 하는 교사들의 많은 고민 중에 하나는 "내 교과도 프로젝트 수업을 할 수 있는 주제가 있는가?"이다. 이것은 "내 교과의 어떤 단원이 프로젝트 수업에 적합할까?"와 "어떤 주제를 선정해야 학생들이 흥미를 가지고 의도된 프로젝트를 성공적으로 수행할 수 있을까?"로 말할 수 있다.

1. 프로젝트 주제

> 1) 2015 개정교육과정에서 제시한 각 교과별 교과 역량을 반영할 수 있어야 하며,
> 2) 학생들의 호기심을 자극(흥미 유발, 학습 동기 부여)할 수 있어야 하고,
> 3) 과제 수행을 통하여 학생의 협력적 문제해결력 신장에 도움이 되는 것이어야 하며,
> 4) 교과의 주요 내용을 포함하고 실생활과 밀접한 관련이 있어야 한다.

미래를 살아갈 학생들에게 필요한 것은 암기능력이 아닌 '지식활용 능력'이기 때문에 실제 현실 상황에서의 경험을 통해 삶을 체험할 수 있는 실생활과 관련된 주제를 선정해야 한다. 즉, 학생들이 선정된 주제를 자신들이 체험했거나, 체험할 수 있는 주제라고 느낄 수 있어야 한다.

2. 프로젝트 주제 선정

주제 선정은 수업 설계 전 가장 먼저 이루어지는 매우 중요한 단계이다.

가. 협력적 문제해결력을 필요로 하는 성취기준

한 학기 동안 학생들이 배워야 할 성취기준을 살펴 본다. 그 중 학생들이 프로젝트 과제에 대한 공통의 합의를 도출하고 다양한 해결책을 찾을 수 있는 특히, 혼자서 탐구하는 것 보다는 협력적 문제해결력이 필요한 성취기준이 있는지를 찾아본다. 프로젝트 수업은 협력적 문제해결력이 필요하므로 프로젝트 주제 선정에서 매우 중요한 일이다.

나. 의미있는 배움을 이끄는 주제

성취기준을 정하였으면 그 다음은 성취기준을 분석하여 학생들에게 의미 있는 배움을 이끄는 주제가 무엇인지 고민한다. 이 시대를 살아가는 학생들에게 질문을 던지고, 생각할 수 있는 기회를 제공하며 더 나아가 자신의 진로 설정에도 도움이 될 수 있는 주제를 찾는 것이다. 예를 들어, 사회 교과에서는 민주 시민, 더불어 세계시민으로의 역량을 키우고, 올바른 가치관을 기를 수 있는 의미 있는 배움으로 이끄는 주제로 선정한다.

다. 교과 역량을 함양시키는 주제

2015 개정교육과정에서는 핵심 역량의 함양이라는 목표가 있다. 그리고 핵심 역량을 교과마다 구체적으로 구현할 수 있도록 교과 역량을 키우도록 하고 있다. 따라서 프로젝트 수업의 주제 또한 교과 역량을 기를 수 있는 주제로 선정한다.

라. 학생들의 흥미를 유발하는 주제

아무리 의미 있는 프로젝트 주제를 선정하더라도 학생들의 흥미를 유발하지 못한다면 프로젝트 수업을 진행하는 과정에서 어려움이 발생한다. 이런 문제점을 줄이기 위해서는 의미 있는 배움에 학생들의 관심과 흥미를 유발시킬 수 있는 내용을 포함하여 주제를 선정해야 한다. 주제 자체가 어렵거나 무겁고, 학생들의 흥미를 유발하기 어렵다면 프로젝트 결과물(산출물)의 유형이라도 학생들의 관심과 흥미를 끌 수 있어야 한다.

마. 사회적 이슈, 뉴스를 중심으로 주제 선정

교과 성취기준을 분석한 후 사회적 이슈나 관심을 끄는 뉴스를 중심으로 관련있는 단원을 2~3개 선정하여 핵심질문을 제시할 수 있다. 또한 핵심 개념을 중심으로 학습 내용을 재구조화하여 학생들과 협의하여 (주제망, 써클맵, 연꽃기법을 활용) 의미 있고, 실생활과 연관된 주제를 선정할 수 있다.

3. 프로젝트 주제 선정 절차

프로젝트 주제의 선정은 학생들이 '무엇을 알아야' 하고 '어떤 능력을 가져야' 하는지를 파악하여 수업 설계를 하기 위한 기초적이고 매우 중요한 단계이다. 프로젝트 주제 선정을 통해 교사는 '무엇을 어떻게 가르치고 평가할 것인지' 방향을 잡을 수 있다.

주제를 선정하는 절차는 여러 방법이 있다. 먼저 교과 성취기준을 분석한 후 교과 단원을 선정하는 방법을 선택해도 상관 없다.

```
① 교과 단원 설정하기
프로젝트 수업을 위한 단원 선정하기
          ▼
② 교과 교육과정 읽기
성취기준, 내용체계, 학습요소,
교수-학습 방법 및 유의 사항, 평가 방법 및 유의 사항
          ▼
③ 교과 성취기준 분석하기
내용 요소 및 기능 요소
          ▼
④ 교과 단원 분석하기
내용 요소 및 기능 요소
          ▼
⑤ 교과 역량 반영하기
          ▼
⑥ 프로젝트 주제 선정하기
```

4. 통합사회과 프로젝트 주제 선정하기

가. 교과 단원 설정하기
1) 교과 및 대상: 통합사회, 고등학교 1학년

2) 교과 단원 (미래엔)
　　Ⅶ-01. 문화권의 특징, Ⅶ-02. 문화 변동의 양상, Ⅶ-03. 문화를 이해하는 태도

나. 교과 교육과정 읽기
1) 성취기준

> [10통사07-01] 자연환경과 인문환경의 영향을 받아 형성된 다양한 문화권의 특징과 삶의 방식을 탐구한다.
> [10통사07-02] 문화 변동의 다양한 양상을 이해하고, 현대사회에서 전통문화가 갖는 의의를 파악한다.
> [10통사07-03] 문화적 차이에 대한 상대주의적 태도의 필요성을 이해하고, 보편 윤리의 차원에서 자문화와 타문화를 성찰한다.

* 출처: 사회과 교육과정 p132, (교육부 고시 제2015-74호 [별책 7])

2) 내용체계

영역	핵심 개념	일반화된 지식	내용 요소 고등학교 1학년	기능
사회 변화와 공존	문화	문화의 형성과 교류를 통해 나타나는 다양한 문화권과 다문화 사회를 이해하기 위해서는 바람직한 문화 인식 태도가 필요하다.	• 문화권 • 문화 변동 • 다문화 사회	예측하기 탐구하기 평가하기 비판하기 종합하기 판단하기 성찰하기 표현하기

* 출처: 사회과 교육과정 p121, (교육부 고시 제2015-74호 [별책 7])

3) 성취기준 해설 및 유의사항
　　가) 학습요소
　　　문화권, 문화 변동, 문화 상대주의, 보편 윤리

나) 성취기준 해설

[10통사07-01]

자연환경과 인문환경의 영향을 받아 형성된 다양한 문화권의 특징과 삶의 방식을 탐구한다.

[10통사07-01]에서 문화권은 문화적 특성이 유사하게 나타나는 지표 공간을 의미하는데, 문화권의 형성에 영향을 주는 요인으로 자연환경은 기후와 지형을, 인문환경은 종교와 산업에 초점을 두어 다룬다. 그리고 자연환경과 인문환경의 영향을 받아 형성된 다양한 문화권의 특징과 삶의 방식은 비교 문화의 관점에서 고찰하도록 한다.

[10통사07-02]

문화 변동의 다양한 양상을 이해하고, 현대사회에서 전통문화가 갖는 의의를 파악한다.

[10통사07-02]에서는 문화 병존, 문화 융합, 문화 동화 등 문화 변동의 다양한 양상을 구체적인 사례를 통해 다루도록 하며, 현대사회에서 전통문화가 갖는 의의와 더불어 전통문화를 창조적으로 계승·발전시키기 위한 방안에 대해서도 언급한다.

[10통사07-03]

문화적 차이에 대한 상대주의적 태도의 필요성을 이해하고, 보편 윤리의 차원에서 자문화와 타문화를 성찰한다.

[10통사07-03]에서는 지역에 따라 문화적 차이가 나타나는 맥락을 파악하게 함으로써 문화 상대주의의 필요성을 인식할 수 있도록 하며, 자문화와 타문화를 보편 윤리 차원에서 성찰함으로써 극단적 문화 상대주의로 흐르지 않도록 경계한다.

다) 교수·학습 방법 및 유의사항

① 개별 활동 및 모둠 활동을 통해 다양한 문화권의 특징과 삶의 방식을 조사하고 이를 정리할 수 있으며, 문화 변동에 관한 다양한 사례를 찾아 분석하게 함으로써 그 변동 양상을 이해할 수 있다.

② 문화의 특성을 통해 문화 상대주의 필요성을 깨닫고, 프로젝트 수행을 통해 문화의 변동과 전통문화의 우수성, 문화 상대주의가 필요한 이유를 찾아낼 수 있다.

라) 평가 방법 및 유의사항

① 다양한 문화권의 특징, 다양한 문화 변동 양상, 문화 상대주의의 의의 등을 찾아 분석하고 정리하는 능력을 평가할 수 있다.

② 기준에 대한 안내를 학생들에게 미리 제공하여 학생들이 숙지할 수 있도록 한다. 이 경우 자료 선정 및 논거의 타당성, 내용 전개의 논리성 등을 평가 내용에 포함시킴으로써 학생들의 프로젝트 수행 과정 및 논리적 사고 과정을 일정한 기준에 의거하여 측정하도록 한다.

* 출처: 사회과 교육과정 p132-p134, (교육부 고시 제2015-74호 [별책 7])

다. 교과 성취기준 분석하기

성취기준을 구성하는 내용 요소와 기능 요소를 분석한다. '내용 요소'는 학생들이 교과를 통해 배워야 할 내용이고 '기능 요소(행동특성)'은 수업 후 할 수 있거나 할 수 있기를 기대하는 수행능력이다.

• **통합사회과의 영역**

(1) 인간, 사회, 환경과 행복, (2) 자연환경과 인간, (3) 생활공간과 사회, (4) 인권 보장과 헌법, (5) 시장경제와 금융, (6) 사회 정의와 불평등, (7) 문화와 다양성, (8) 세계화와 평화, (9) 미래와 지속가능한 삶

(7) 문화와 다양성 영역은 "다양한 문화권의 특징은 무엇이며, 문화 다양성을 어떻게 유지해야 할까?"라는 핵심 질문의 답을 찾아가는 과정으로, 이 단원에서는 문화의 형성과 교류를 통해 나타나는 다양한 문화권과 다문화 사회를 이해하기 위해서는 바람직한 문화 인식 태도가 필요함을 파악하는 것이다.

1) [10통사07-01] 성취기준 분석

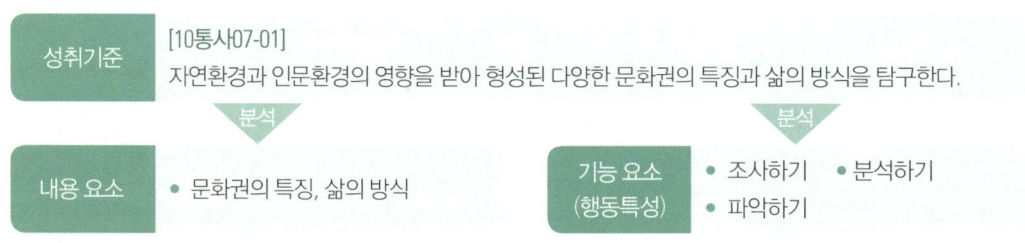

2) [10통사07-02] 성취기준 분석

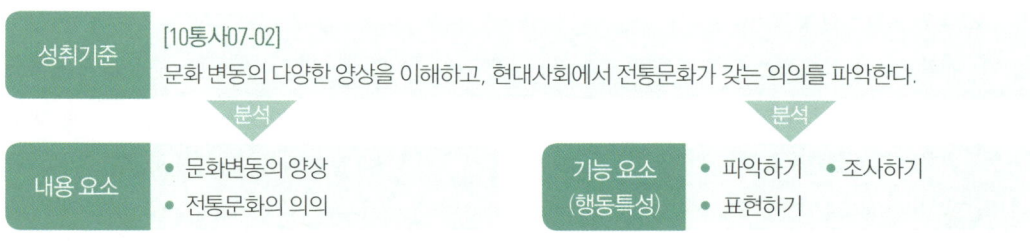

3) [10통사07-03] 성취기준 분석

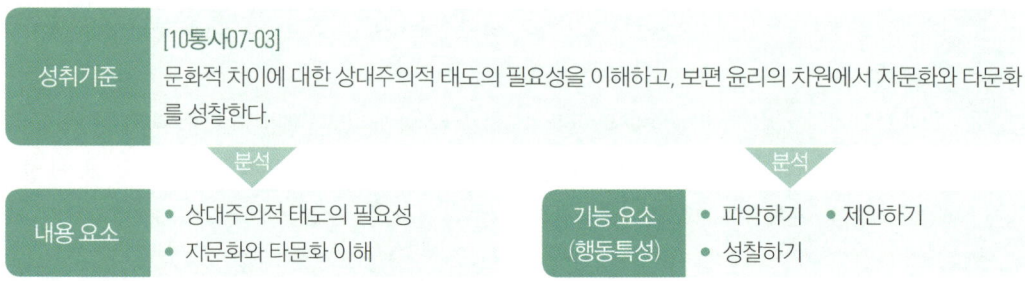

라. 교과 단원 분석하기

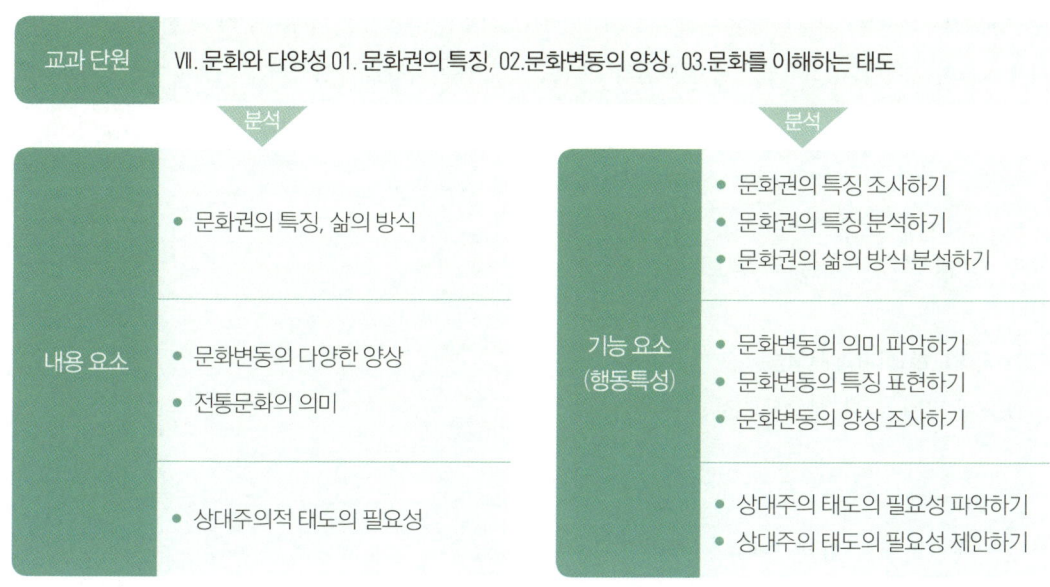

마. 교과 역량 반영하기

교과 역량은 '교과 지식, 기능, 가치 및 태도'가 실제상황에서 통합적으로 발현되어 나타나는 능력이다. 이는 교과를 통해 할 수 있어야 할 능력이며, 교과 학습의 결과로서 기대되는 능력이다. 교과 역량은 수업 활동 결과로서 기대되는 수행 능력인 '기능'과 수업활동으로서 '수행'으로 구현된다.

바. 프로젝트 주제 선정하기

1) 프로젝트 주제

'어서와~ 한국문화는 처음이지!' 문화탐방 프로그램 제안서를 인포그래픽으로 작성하기

2) 프로젝트 주제 선정 의도

프로젝트는 성취기준 3개를 묶어서 진행하였다. 문화라는 단원에서 학생들에게 문화는 다양한 자연환경과 인문환경에 의해 형성되기 때문에 다양할 수 밖에 없으며, 문화상대주의적 태도로 문화를 이해함은 물론, 전통 문화의 의미를 깨닫게 하기 위해 거창한 프로젝트 수업을 계획하고 실행하였다.

좀 더 자세하게 설명하자면, 다양한 문화권의 특징을 조사하고 정리한 후, 관심이 가는 문화권의 고등학생을 초청하여 특정한 테마(주제)로 우리나라의 문화를 소개하고, 초청한 문화권의 문화를 소개받을 수 있는 문화 체험 2박 3일 프로그램을 인포그래픽으로 작성하게 하는 것이다. 테마에 따라 우리나라 문화를 소개할 때, 우리 전통문화는 물론, 다양한 문화 변동의 양상을 보여주는 사례도 소개하게 했다. 또한 우리나라 문화만을 소개하는 것이 아니라, 초청할 문화권의 문화도 소개 받는 과정을 포함하여 문화상대주의가 필요함을 느끼게 하였다.

5. 교과별 프로젝트 주제

가. 국어교과 (이지영 선생님)

1) 교과 및 대상: 국어, 중학교 3학년

2) 교과 단원
  Ⅰ 말과 글의 울림 (1) 문학의 표현 -양반전

3) 성취기준

> [9국01-04] 토의에서 의견을 교환하여 합리적으로 문제를 해결한다.
> [9국02-10] 읽기의 가치와 중요성을 깨닫고 읽기를 생활화하는 태도를 지닌다.
> [9국05-09] 자신의 가치 있는 경험을 개성적인 발상과 표현으로 형상화한다.

4) 프로젝트 주제
'양반전' 풍자 뉴스 대본 제작 프로젝트 (♬산출물: 풍자 뉴스 대본)

5) 프로젝트 주제 선정 의도
이번 프로젝트 수업은 소설 내용에 대한 이해를 바탕으로 하여 풍자 뉴스 대본 제작이라는 과제를 창의적으로 해결하는 것이다. '양반전'을 읽고 개별, 모둠으로 질문 만들기를 통해 소설의 내용을 보다 깊이 있게 이해할 수 있도록 지도하였다. 단계적 활동을 통해 새로운 문제를 만들고 선정하여 모둠별 토의를 진행하였다. 이후 토의 내용과 과정을 대본으로 작성하여 모둠별 피드백과 협의를 거쳐 수업 과정을 완성하였다. 풍자적 요소를 활용하여 새롭게 표현하기 위해 '풍자 뉴스 대본 제작'을 위한 계획서를 작성하도록 하였다. 모둠별 코너와 공통 코너를 통해 자신들의 생각을 다양하고 창의적으로 표현하여 프로젝트 수업의 결과물을 완성할 수 있도록 하였다. 이 프로젝트를 통해 학생들은 스스로 탐구하는 즐거움, 소통과 협력의 중요성을 경험할 수 있을 것이며 '양반전'이라는 고전소설이 현대 사회와 연결되는 지점이 있음을 파악할 수 있었다. 또, 뉴스 대본을 제작해 보며 우리가 자주 접하는 매체가 어떤 형식과 내용을 담고 있는지에 대해 생각해 볼 수 있는 계기로 삼고자 하였다.

나. 과학교과 (소은숙 선생님)

1) 교과 및 대상: 과학, 중학교 1학년

2) 교과 단원
Ⅲ 생물의 다양성, 3. 생물 다양성의 보전

3) 성취기준

[9과03-03] 생물 다양성 보전의 필요성을 이해하고, 생물 다양성 유지를 위한 활동 사례를 조사하여 발표할 수 있다.

4) 프로젝트 주제
'생물 다양성 보전을 위한 활동 방법 제안하기'(♬산출물: 생물 다양성 보전 활동 제안서)

5) 프로젝트 주제 선정 의도
많은 환경의 변화가 예측되는 미래에도 안전하고 행복한 삶을 유지하는 일은 매우 중요하다. 이를 위해 학교에서 환경과 생물에 관심을 갖도록 교육하는 것은 의미 있는 일이다. 따라서 '생물 다양성 보전'이라는 단원을 프로젝트 수업을 위한 단원으로 선정하게 되었다.

이 단원의 교육과정에서는 학습을 통해 생물 다양성 보전의 필요성을 이해하고, 개인적, 사회적, 국가적, 국제적으로 어떤 노력을 하고 있는지를 조사하여 분석하고 정리한 후에, 이를 발표하기 위해 서로의 생각을 소통하며 나누는 것을 중요하게 다루고 있다. 뿐만 아니라 학생들이 모둠에서 생물 다양성 보전 활동 사례에 대해 새롭게 제안할 수 있는 기회를 제공하도록 하고 있다.

즉, 이 단원에서 교사는 생물 다양성 보전의 필요성을 이해하고 관련된 자료를 다양하게 조사할 수 있도록 하여야 한다. 그리고 발표를 위해 서로 의사소통하고, 모둠원의 합의에 기반을 둔 제안을 할 수 있도록 도와야 한다. 이 모든 것을 위한 학습 방법으로 프로젝트 수업을 선택하였고, 탐구하고 의사소통하는 교과 역량을 포함하여 실생활과 밀접하고 흥미 있는 프로젝트 학습을 위해 주제를 '생물 다양성 보전을 위한 활동 방법 제안하기'로 선정하였다. 결과물은 모둠별로 생물 다양성 보전을 활동 제안서로 하였고, 제안 방법은 다양하게 할 수 있도록 허용했다.

다. 수학교과 (이보라 선생님)

1) 교과 및 대상: 확률과 통계, 고등학교 2학년

2) 교과 단원

Ⅲ-02. 통계적 추정

3) 성취기준

  [12확통03-06] 표본평균과 모평균의 관계를 이해하고 설명할 수 있다.
  [12확통03-07] 모평균을 추정하고, 그 결과를 해석할 수 있다.

4) 프로젝트 주제

'수학으로 세상을 바라보다' 사회불평등 요소 탐구보고서 작성하기
(♬산출물: 모평균 추정을 통한 사회문화적 불평등 요소 분석보고서)

5) 프로젝트 주제 선정 의도

본 프로젝트 수업은 2가지 성취기준 중 [12확통03-06]은 모평균을 추정하고 해석하는 것에 중점을 둔다. 수학적 지식을 이해하고 정형화되고 잘 짜여진 문제상황을 해결하고 그 값을 찾는 것에만 집중하는 것이 아니라 객관적 수치를 통해 사회를 분석하고 이해하는 것이 이 성취기준과 관련된 수업의 목표라 할 수 있다. 더 나아가 이러한 분석을 바탕으로 학생들이 사회를 정의롭게 바라보고 민주시민성을 갖춘 미래의 주인공으로 자라나기를 희망하며 프로젝트 수업을 구성하고 운영하였다.

이 프로젝트 수업을 통해 학생들은 사회인으로서의 세상을 좀 더 정의롭고 날카롭게 보는 성숙한 눈을 가지게 되었다. 학생이기에 아직 미성숙하고 사회인으로서의 책임감이나 권리에 대하여 고민하지 않았던 학생들이 사회의 불평등 현상들에 대하여 깊이 공감하고 아파하기 시작했다. 좀 더 나은 사회를 위한 방안을 찾기 위해 서로의 의견을 나누는 모습들도 보였다. 또한, 수학교사로서 수학에 대한 학생들의 불편한 인식을 개선하는 데 도움이 되었으며 '수포자' 없는 수업을 진행할 수 있었다. 교실에는 수학자가 되기를 희망하는 학생들만 존재하는 것이 아니다. 나와 함께 수업을 하는 대다수의 학생들은 수학자가 꿈이 아니라 각기 다른 역량과 재능을 지니고 각자의 아름다운 꿈을 지니고 있다. 학생들에게 수학이란 지식이 자신의 생활을 안락하고 편안하게 영위할 수 있는 역할을 하길 바라는 마음이 그대로 학생들에게 전해질 수 있는 수업을 진행할 수 있었다.

3M으로 시작하는 프로젝트 주제 마련하기

대구 화원중학교 **이지영**

1. 3M으로 시작하는 프로젝트 주제 마련하기

프로젝트 수업에서 가장 중요하면서도 신중하게 선정해야 하는 것은 두말할 필요 없이 프로젝트의 주제를 마련하는 것일 것이다. 하지만 프로젝트 수업 주제를 선정하는 것은 생각 이상으로 어려운 일이다. 대부분의 교사들은 학생들에게 보다 참신하고, 좀 더 실제성 있는 주제를 성취기준과 관련지어 제시하고 싶은 욕구가 있기 때문에 주제 선정에 더욱 신중해질 수밖에 없다. 프로젝트 수업을 설계하기 위해서는 무엇이 필요할까? 어떤 고민이 필요할까? 아래에 두서없이 몇 가지를 정리해 보았다.

- 단원 진도계획, 평가계획, 교육과정, 성취기준, 교과서 등 필요
- 이번 학기 과정중심평가는 몇 가지로? 어떻게?
- 프로젝트의 평가 반영 비율은?
- 몇 차시의 프로젝트 수업으로 진행?
- 학생 고려, 실생활 반영은?
- 어떤 산출물(수행 결과물)
- 시기는 언제?
- 동학년 동교과 협의는?
- 활동지, 평가지 준비는 어떻게?
- 이번 학기에 학습할 영역, 핵심 단어들은?

과정중심평가를 실현하기 위한 여러 방식이 있지만 그중에서도 프로젝트 수업이 적합하다는 것은 굳이 설명하지 않아도 될 사실이다. 하지만 프로젝트 수업을 설계하고 실천하는 데는 여전히 현실적 문제에 부딪히는 것은 물론 심적인 부담까지 따른다. 교육과정을 잘 반영하면서 학생과 교사가 모두 만족할 만한 프로젝트 수업을 설계한다는 것은 분명 어려운 일이기 때문이다. 그래도 교사라는 이름의 무게를 안고 몇 가지 프로젝트 수업을 진행해 왔다. 그 과정에서 나름대로 프로젝트 주제를 마련하고자 이런저런 생각을 하던 중 3M을 통해 주제를 선정하는 방법을 찾을 수 있었다. 3M이란 "Memo, Method, Matching"의 첫 글자를 딴 것이다. 우선 프로젝트 주제를 선정하기 위해서는 다양한 생각을 떠올려 메모해야 한다. 가능한 많은 생각을 떠올리면 된다. 이후 그 메모들 속에서 적합한 방법을 찾아 선택하는 것이 좋다. 두 번째로는 Method 단계에서는 메모 과정에서 생각을 떠올려 둔 것을 주제 선정과 관련하여 최선의 방법을 찾아보는 것이다. 즉, 다시 한번 성취기준과 교과서 등을 중심으로 꼼꼼하게 살펴보며 핵심 단원, 핵심 요소, 학생 활동 등을 다듬고 구체화하는 하는 것이다. 마지막으로 Matching 단계에서는 프로젝트 주제와 관련하여 제반 사항을 점검하고 확인 및 수정을 하도록 한다.

2. 3M으로 시작하는 프로젝트 주제 마련하기 3단계

가. Memo: 생각 떠올리기

※ 직접 생각을 떠올려 메모를 해 보세요~

프로젝트 수업 준비를 위해 질문 만들고 답하기, 브레인스토밍, 마인드맵 등을 활용해 생각을 쏟아낼 필요가 있다. 그렇지만 단순히 생각을 쏟아내는 작업은 프로젝트 수업 설계 자체에 큰 도움이 되지는 않을 것이다. 다만 교사의 부담을 최소화하기 위한 작업으로 프로젝트 수업 설계를 위한 고민을 담아내면 된다. 프로젝트 수업을 중심으로 어떤 형식 없이 생각을 글자로 표현해 보는 것이므로 성취기준을 떠올려 핵심 사항들을 정리해 보도록 한다.

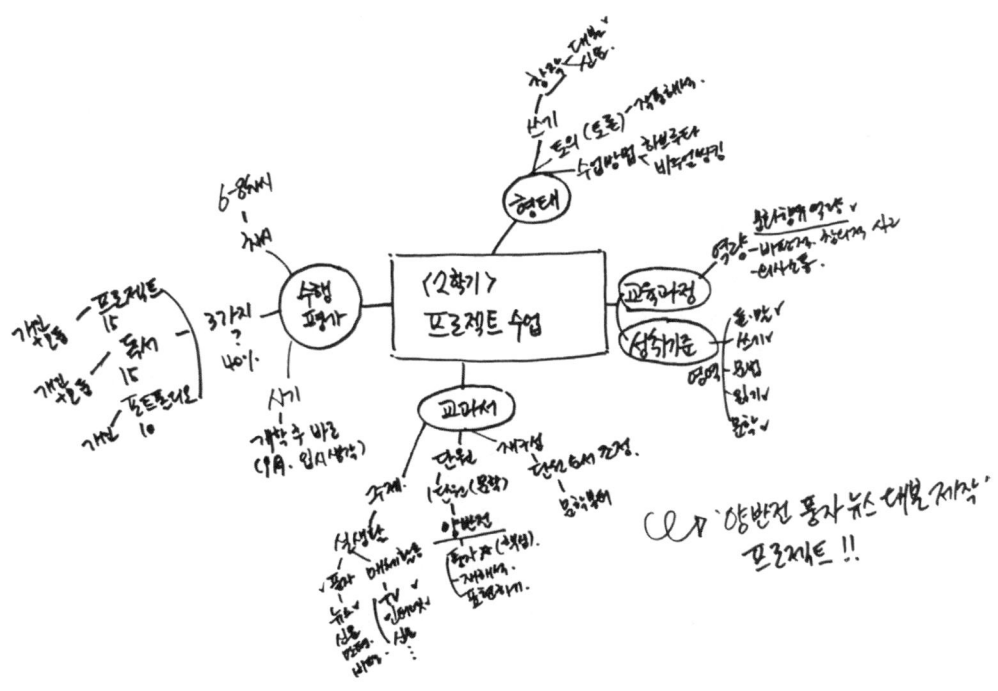

프로젝트 수업 주제를 마련하기 위한 메모하기 예시

새 학기 프로젝트 수업을 설계하기 위해 메모하며 질문을 만들고 답해 보는 과정을 거쳐 보니 생각이 체계적으로 정리되는 경험을 할 수 있었다. 빈 종이를 준비하자!

나. Method: 최선의 방법 찾기

1) 단원 진도표와 평가 계획을 준비하며 함께 프로젝트 수업 설계에 대해 대략적인 내용을 생각한다. 단원 진도표와 평가 계획에는 한 학기의 일정이 제시되어 있다. 교육과정, 교과서를 참고하여 어떤 프로젝트 수업을 몇 월에, 몇 차시로 진행해야 좋을지에 대한 대략적인 내용을 생각해 두는 것이 좋다.

2) 다시 교과서를 펼쳐 보자. 이번에는 보다 꼼꼼하게 교과서 단원 분석을 해야 한다. 차시 계획이 세워졌다면 교육과정 재구성도 같이 이루어질 수 있다. 프로젝트 수업은 생각보다 많은 차시가 소요될 수 있으

프로 교육과정 재구성을 통해 성취기준을 몇 가지 제시하고 단원을 통합하는 것도 방법이 될 수 있다.

3) 핵심단원, 핵심 개념을 중심으로 프로젝트 수업 주제를 몇 가지 정리해 본다. 해당 학기의 단원들을 영역별로 살펴보고 통합하는 과정을 거쳐 프로젝트 수업의 주제를 선정할 수 있다. 프로젝트 주제 속에 산출물의 형태도 같이 제시해 보도록 한다.

4) 프로젝트 수업의 어려운 점은 프로젝트 수업의 주제가 학생들의 흥미를 유발하는 것에 그치는 것이 아니라 실생활과 관련된 주제, 문제해결을 위한 다양한 생각을 도출하는 과정이 들어있기 때문이라고 생각한다. 이런 점을 감안하여 사회문화적 요소, 학생문화, 매체 활용 등에 대해 다각도로 생각을 확장할 필요가 있다. 그러기 위해서는 학생들의 요구를 한번 확인해 보는 것도 좋다. 어떤 활동에 관심이 있는지, 어떤 프로젝트 수업이 가장 기억에 남았는지 등을 조사해서 반영해 보는 것도 의미가 있다.

다. Matching: 확인 및 점검하기

핵심 사항들이 정리가 되었으므로 이제 프로젝트 수업 주제가 정확하지는 않지만 윤곽이 드러난 상태가 되었다. 프로젝트 수업 설계 시에는 수업 주제 선정 후 차시에 따른 활동지 제작, 평가지 등을 준비해야 한다. 중간에 수업 주제가 바뀌거나 프로젝트 활동이 성취기준에 맞지 않을 경우 그 다음 수업이 줄줄이 차질을 빚기 때문에 확인 및 점검하는 과정이 필요하다.

① 성취기준을 잘 반영하여 프로젝트 수업 주제가 선정되었는가?
② 프로젝트 주제는 성취기준 및 교육과정 재구성에 따라 핵심 학습 요소를 담고 있는가?
③ 프로젝트의 주제는 학생들의 흥미와 능동적인 참여, 성장을 이끌기에 적합한가?
④ 프로젝트 주제가 학생 수준에 맞으며 학생 활동 중심으로 수업을 준비하기에 적절한가?
⑤ 프로젝트 주제가 실생활을 반영하였으며 협력적 문제해결력이 필요한 과제인가?
⑥ 프로젝트 주제에 따른 결과물 유형이 적절하게 제시되었는가?

자신만의 점검 사항을 정해 확인 및 재검토한 결과 이상이 없다면 구체적인 수업 차시를 디자인한 후 학생 활동지 등을 마련하고 순차적으로 프로젝트 수업을 진행하면 된다.

성공적인 과제 수행을 위한 주제망 그리기

C-프로젝트 수업연구소 **우치갑**, 경기 민락중학교 **양혜인**

1. 주제망 그리기

가. 주제망 그리기

　모둠 주제 선정을 위한 '주제망 그리기'는 프로젝트 수업 활동에 들어가기 전 프로젝트 계획 단계에서 학생들이 주제 탐색으로 마인드맵을 활용하여 조사해 보는 것이다. 즉, 주제에 대하여 현재 가지고 있는 지식, 개념, 아이디어 등을 모두 생각해 내어 망의 형태로 조직하는 것이다.
　마인드맵으로 주제망 그리기는 프로젝트를 위해 수행해야 할 과제와 그 과제에 대한 진행 내용을 이해하기 위해서 생각해보는 활동이다.

나. 마인드맵(Mind Map)

　토니 부잔(Tony Buzan)이 개발한 학습과 기억의 새로운 방법으로 '생각의 지도'라 할 수 있다. 사람의 생각을 표현할 때 종이 위에 키워드, 이미지로 중심 주제를 적고 가지를 쳐서 핵심어, 이미지, 컬러, 기호, 심볼 등을 사용해 방사형으로 펼침으로써 사고력, 창의력 및 기억력을 높이는 두뇌 사용 기법이다. 마인드맵 구성요소는 ① 중심주제(중심 이미지), ② 키워드, ③ 색깔, ④ 이미지화(시각적인 표현)이다.

- 마인드맵 작성 원칙 (출처: 위키백과)
　1) 종이의 중심에서 시작하며, 중심 생각을 나타내기 위해 이미지나 사진을 이용한다.

2) 전체적으로 색깔을 사용하고 중심 이미지에서 주가지로 연결한다. 주가지의 끝에서부터 부가지로 연결한다. 그리고 부가지의 끝에서 세부가지를 연결한다.
3) 구부리고 흐름 있게 가지를 만들고 각 가지당 하나의 키워드만을 사용한다.
4) 전체적으로 이미지를 사용한다.

다. 활동 내용 및 지도 방법

1) 활동 내용

이번 프로젝트 수업의 주제는 '신규교사 학교 생활 길라잡이' 카드 뉴스 만들기 활동이다. 이 활동은 학교생활과 관련된 분야를 설정한 후 카드 뉴스를 제작하는 것이다. 따라서 본 프로젝트 수업 활동에 앞서 학교생활 길라잡이에 대해 고민하고 정리하는 과정이 필요하여 프로젝트 수업주제망 그리기 주제망 그리기 활동을 실시하였다.

* 참고 : ① 2019년 8월 학생 참여 중심 연수에 참여한 선생님들과 함께 프로젝트 수업 활동을 했다.
② 이 책에 제시한 주제망 그리기 자료는 연수에 참여한 선생님들의 활동 결과물이다.

2) 지도 방법

① 선생님은 프로젝트 주제에 대한 이해와 분석이 명확하게 이루어질 수 있도록 주제와 관련된 내용을 자세하게 설명해주어야 한다.
② 소주제별로 떠오르는 생각을 자유롭게 마인드맵으로 구성하도록 안내한다.
③ 프로젝트 주제를 '신규교사 학교 생활 길라잡이'로 설정하여 표제 정하기, 마인드맵 그리기, 유목화, 주제망 구성 과정을 설명하고 주제에 맞게 적용해 보도록 한다.
④ 자신의 의견을 누구에게도 방해받지 않고 자유롭게 제시할 수 있도록 마인드맵 개별 활동지를 제공한다.

라. 활동 준비물

① 12색 사인펜 ② 마인드맵 활동 예시자료 ③ 주제망 그리기 개별 활동지 ④ 주제망 그리기 모둠 활동지

마. 활동 절차

1) 1단계: 짝 활동 (중심 주제의 소주제 정하기)

① 개별 활동 마인드맵을 그리기 전에 먼저 중심 주제 〈학교 생활〉에 대한 소주제를 선정해야 한다.
② 모둠원들은 4개의 소주제를 선정하기 위해서 짝 활동으로 대주제 〈학교 생활〉에 대한 소주제를 생각한다.
③ 자신이 생각한 '소주제'(예시: 담임, 업무, 수업, 전문성 신장 등)를 짝에게 설명하고 궁금한 점을 묻고 대답한다.
④ 각 모둠에서는 짝 활동으로 4개의 소주제를 선정한다. 선정 후에 학생들은 '소주제'와 관련된 내용을 마인드맵에 그린다.

짝 활동으로 선정한 모둠별 소주제 예시

중심 주제	모둠	소주제
신규교사 학교 생활 길라잡이	1모둠	담임, 업무, 수업, 전문성 신장
	2모둠	수업, 업무, 워라벨, 생활지도
	3모둠	수업, 담임 업무, 자기개발, 부서 업무
	4모둠	생활지도, 학습, 업무, 학부모 상담

2) 2단계: 마인드맵 그리기(개별 활동)

선생님은 '마인드맵'를 활용하여 학생들이 12색 사인펜 중 선택한 사인펜으로 소주제를 쓰고 자신이 생각한 내용을 마인드맵으로 그리도록 안내한다. 학생들은 소주제별로 자신의 생각을 적어나간다.

반드시 학생들에게 미리 마인드맵 예시 자료를 제공하고 자세하게 설명을 해야한다.

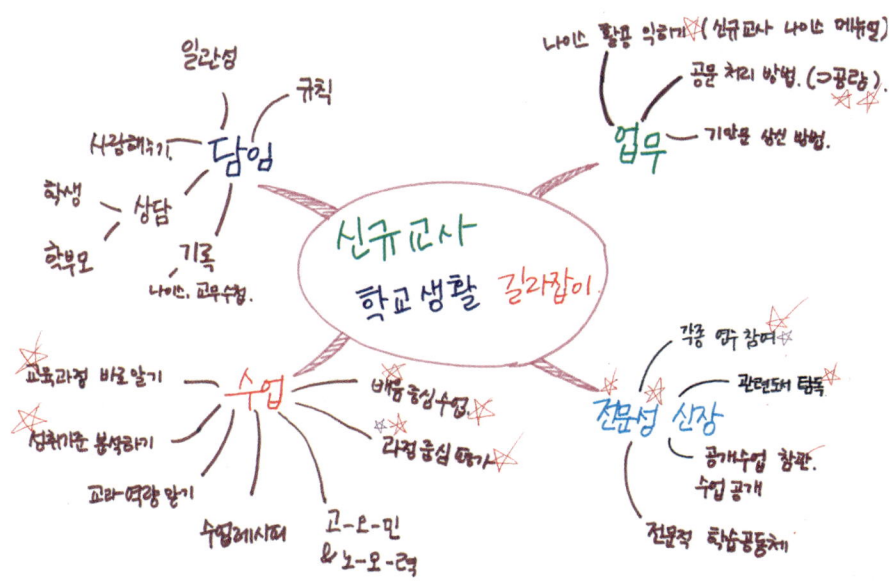

3) 3단계: 릴레이 읽기로 평가하기

릴레이 읽기로 평가하기는 모둠원들이 작성한 마인드맵 활동지를 돌아가면서 읽은 후에 공감이 되는 내용에 투표로 평가하여 그중에서 가장 좋은 아이디어를 찾아내는 방법이다.

각 모둠의 모둠원들이 활동한 마인드맵 활동지를 옆의 모둠원에 돌리면, 활동지를 받은 후 읽으면서 공감이 되는 의견에 12색 사인펜으로 별표 모양을 그려 평가한다. 그리고 난 후에 다시 다른 모둠원에게 마인드맵 활동지를 돌린다. 모둠원은 의견을 평가한 후 다시 옆의 모둠원에게 연속적으로 돌리며 평가한다.

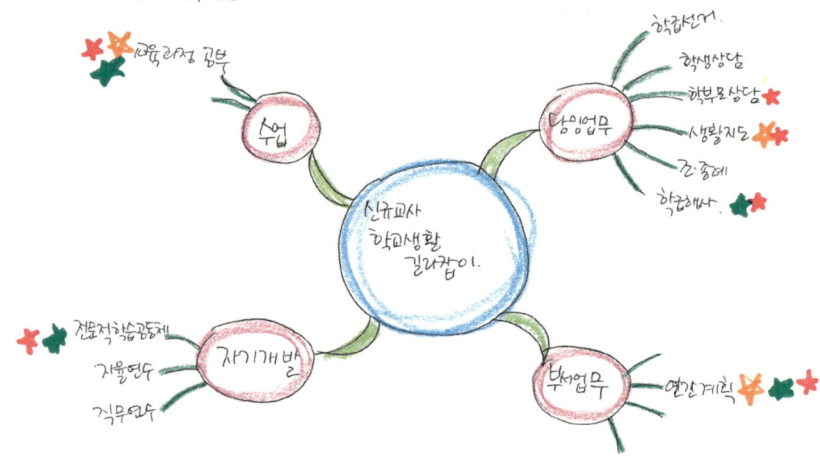

4) 4단계: 마인드맵 그리기 정리 (모둠 활동)

모둠 주제망 만들기에서는 개별 활동의 정리 활동이 매우 중요하다. 릴레이 읽기로 평가한 후, 정리 활동으로 선정된 의견의 주요 특성을 파악할 수 있다. 각 마인드맵 활동에서 도출된 핵심 주제를 중심으로 과제 해결방안을 생각할 수 있다.

① 각 모둠원의 마인드맵 활동지에서 별표를 많이 받은 내용을 찾는다.
② 별표를 많이 받은 내용을 찾아서 서로 토의하여 최종 아이디어를 선정한다.
③ 최종 아이디어 선정한 후에는 소주제별로 마인드맵으로 정리한다.

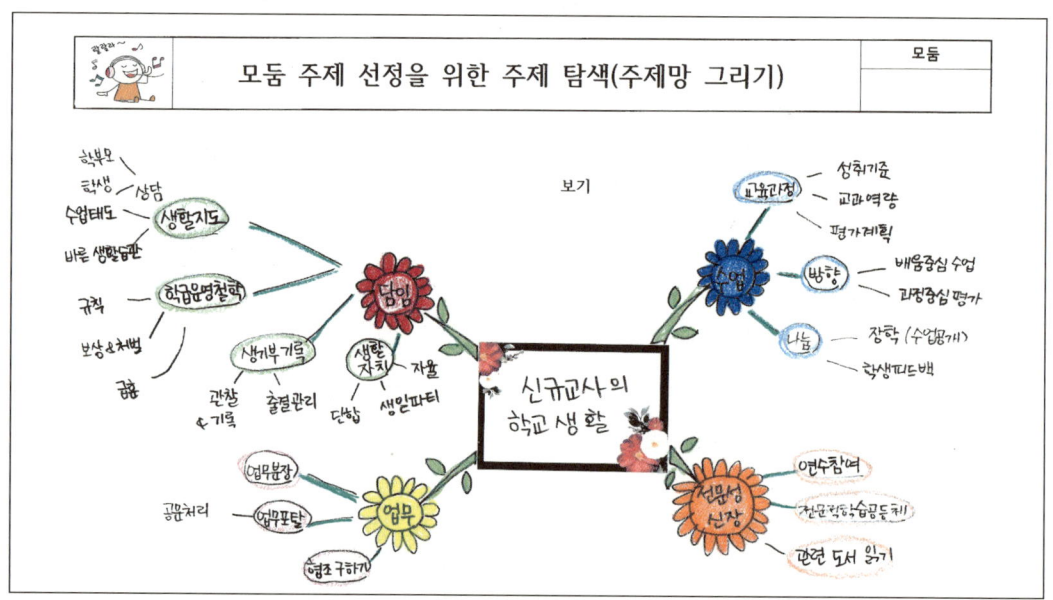

5) 과정중심평가

① 자기성찰평가

평가 요소	채점 기준	평가 척도		
		상	중	하
사고의 확장	마인드맵 활동으로 다양한 생각을 표현했으며 유목화 활동에서 구체적인 아이디어를 제시하였다.			
책임감	주제망 만들기 활동 시 단계마다 구체적인 의견을 제시하여 모둠 활동에 도움을 주었다.			

② 모둠 내 동료 평가

평가 요소	채점 기준	평가 척도(상, 중, 하)			
		모둠원1	모둠원2	모둠원3	모둠원4
문제 해결력	마인드맵 활동 시 풍부한 의견을 제시하였고 다양한 내용을 서로 연관된 것끼리 분류하여 적절한 표제를 만들어 제시하였다.				
의사소통	모둠원과의 적극적인 협의를 통해 주제망 만들기를 완성하였다.				
참여도	모둠 활동 시 마인드맵 정리 활동에 적극적으로 참여 하였다.				

③ 모둠 간 동료 평가

평가 요소	채점 기준	평가 척도(상, 중, 하)							
		1모둠	2모둠	3모둠	4모둠	5모둠	6모둠	7모둠	8모둠
내용의 적절성	주제망 구성 시 주제와 연관 지어 내용을 구성하고 작성하였다.								
표현의 창의성	주제망 작성 시 참신하고 독창적인 아이디어를 포함하여 표현하였다.								
발표 태도	주제망 작성 과정과 내용을 구체적으로 설명하였으며 질문에 성의 있게 답하였다.								

④ 교사 평가(개인 평가, 모둠 평가)

평가 요소	채점 기준	평가 척도		
		상	중	하
책임감	자신이 맡은 역할을 알고, 의견을 제시하는 등 구체적인 활동을 하고자 노력하였다.			
협동력	모둠원들과의 활발한 협의를 바탕으로 유목화 및 주제망의 내용을 완성하였다.			
의사소통, 공감	릴레이 읽기 평가 활동 후 정리 활동에서 나온 다양한 의견을 공감하여 조정하였다.			
내용의 정확성	마인드맵 정리 활동에서 유목화의 표제에 오류가 없으며, 참신하고 적절한 핵심어로 나타내었다.			
구성의 적절성	주제망을 마인드맵형으로 정리하였으며, 적절한 이미지와 설명으로 표현하였다.			

⑤ 평가 Tip

　예비 프로젝트 수업에서는 위에서 제시한 자기성찰평가, 동료 평가, 교사 평가를 실시할 필요는 없다. 그러나 선생님들이 실질적으로 프로젝트 수업을 진행할 때 위의 채점 기준표를 참고할 수 있다.

2. '카드 뉴스 제작하기 프로젝트' 주제망 그리기 이야기

프로젝트 수업의 초기 단계에서 필수적으로 수행해야 하는 활동은 주제망 그리기이다. 많은 선생님들이 프로젝트 수업에서 필수적인 단계로 생각하지 않아 자칫 간과하기 쉬운 이 단계는 학생들이 주제에 대해 깊이 있게 생각할 수 있는 기회를 부여한다. 또한 교사가 제시한 대주제에서 학생들이 소주제를 직접 선정하여 진행하는 프로젝트 수업의 경우에는 학생들이 문제 의식을 가지고 대주제에 접근하여 다양한 아이디어를 낼 수 있게 한다. 본격적으로 프로젝트 수업을 설계하기 전, 프로젝트 수업 필수 단계인 주제망 그리기 활동을 학생 참여 중심 수업 연수에서 배우게 되었다. 프로젝트 수업에 첫걸음을 내딛는 때, 주제망 그리기 활동에 대해 우치갑선생님께 직접 배울 기회라니…… 벌써부터 기대감에 가슴이 뛴다. 다음 활동은 <2019년 8월 학생 참여 중심 수업 연수> 참여하신 선생님들과의 가상의 프로젝트 수업을 위한 주제망 그리기 활동이다.

주제망 그리기 활동 절차

1. 주제망 그리기와 마인드맵 설명하기
2. 프로젝트 수업 중심 주제 제시
3. 모둠별로 프로젝트 주제 관련 중심 소주제 선정하기
4. 모둠별로 선정된 중심 소주제 발표하기
5. 개별 활동 (선정된 중심 소주제로 마인드맵 그리기)
6. 모둠 활동 (우리 모둠의 최종 의견 선정하기)
7. 모둠 활동 (마인드맵 주제망 그리기)
8. 모둠별 발표하기 (주제망 그리기 활동 결과)
9. 프로젝트 수행을 위한 모둠별 주제 정하기
10. 카드 뉴스 제작하기 모둠 활동 계획서 작성하기

가. 주제망 그리기와 마인드맵 설명하기

우치갑선생님 선생님! 오늘은 프로젝트 수업 초기에 필수적으로 수행해야 하는 주제망 그리기 활동에 대해 선생님들과 함께 수업 실습을 해볼 거예요. 초등학교에서 프로젝트 수업을 하는 선생님들께서는 거의 모두 하는 활동이지만, 중고등학교에서는 많이 하지 않고 있습니다. 하지만 초등학교, 중고등학교 할 것 없이 프로젝트 수업에서 주제망 그리기 활동은 대단히 중요한 필수 단계입니다. 왜냐하면 주제망 그리기 활동은 학생들이 주제에 관해 다양한 생각들을 해보고 이를 체계적으로 정리해볼 수 있게 하기 때문입니다. 이는 프로젝트 수업의 방향을 잡는 활동으로 프로젝트 수업의 성공과 실패에 매우 큰 영향을 줍니다.

	주제망 그리기 활동은 학생들이 프로젝트 활동의 계획단계에서 교사가 제시한 대주제에 관한 생각을 나름대로 조사해 보는 것입니다. 즉, 주제에 대하여 소주제를 선정하여 학생들이 가지고 있는 지식, 개념, 아이디어 등을 모두 생각해내어 망의 형태로 조직하는 것입니다. 주제망 그리기 활동은 보통 두 가지 방법으로 할 수 있습니다. 한 가지는 브레인라이팅(Brainwriting) 활동이고, 다른 하나는 마인드맵(Mind Map) 활동이에요. 지금 화면에 보이는 것은 중국어과 마인드맵의 학생 활동 결과물입니다.
연수선생님들	(TV 화면을 본다.)
우치갑선생님	마인드맵(Mind Map)은 토니 부잔(Tony Buzan)이 개발한 학습과 기억의 새로운 방법으로 '생각의 지도'라 할 수 있습니다. 사람의 생각을 표현할 때 종이 위에 키워드, 이미지로 중심 주제를 적고, 핵심어, 이미지, 칼러, 기호, 심볼 등을 사용해 가지를 쳐서 방사형으로 펼칩니다. 이 기법은 사고력, 창의력 및 기억력을 신장할 수 있습니다.
연수선생님들	(고개를 끄덕인다.)
우치갑선생님	화면을 보면 가운데의 대주제에 바로 연결된 것들이 있죠? 하나씩 읽어 볼까요?
연수선생님들	외국어, 학습, 기간, 난이도, 동작이요.
우치갑선생님	이것들은 소주제입니다. 대부분의 선생님들의 경우 마인드맵에서 소주제를 제시하지 않는 실수를 하세요. 소주제를 제시하면 학생들이 교사의 안내에 따라 주제를 쉽게 구체화할 수 있어요. 특히 마인드맵을 처음 적용해보는 선생님이라면 소주제를 제시하는 것을 추천합니다.

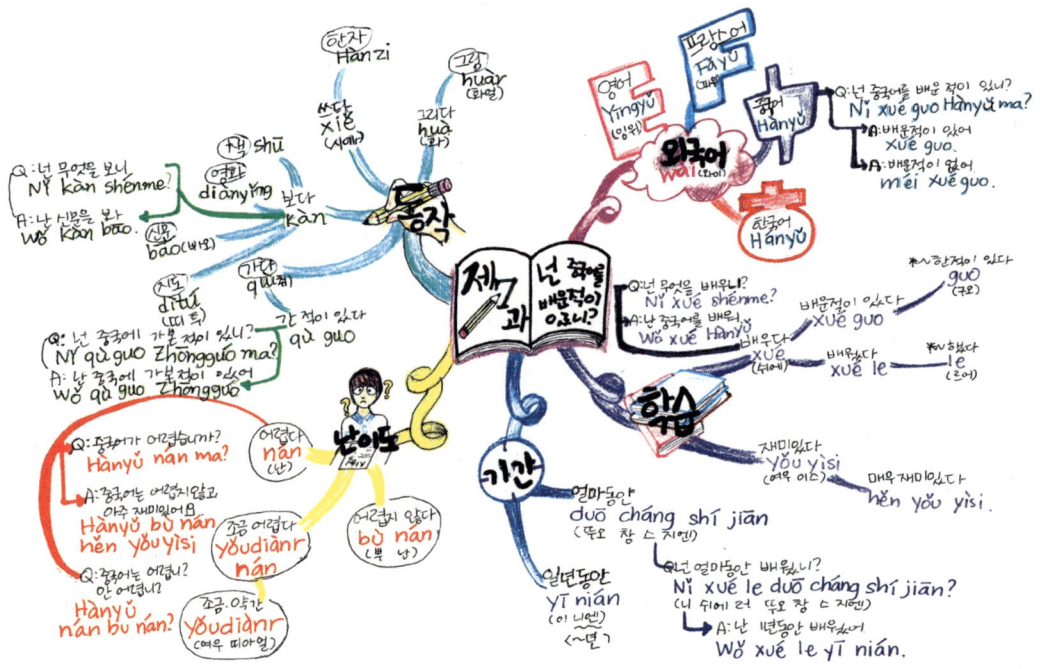

연수선생님들	(고개를 끄덕인다.)
우치갑선생님	오늘은 마인드맵을 활용하여 주제망 그리기 활동을 할 거예요. 일단 중국어과 마인드맵 활동 결과물을 계속 볼게요. 가운데의 대주제와 바로 연결된 소주제는 어떤 선으로 연결되어 있나요?
연수선생님들	조금 두꺼운 선이요.
우치갑선생님	맞습니다. 소주제는 대주제와 두꺼운 선으로 연결되어 있어요. 소주제를 구체화한 아이디어들은 어떤 선으로 연결되어 있나요?
연수선생님들	얇은 선으로 연결되어 있어요.

나. 프로젝트 주제 제시

우치갑선생님	맞습니다. 선생님들은 이제부터 마인드맵을 활용한 주제망 그리기 활동을 수업 실습 활동을 할 거예요. 지금 하게 될 수업 실습 활동은 '카드 뉴스 제작하기'라는 가상의 프로젝트 수업을 위한 주제망 그리기 활동입니다. 모두 빈 종이를 한 장씩 받으세요.
연수선생님들	(빈 종이를 한 장씩 받는다.)
우치갑선생님	오늘의 대주제를 제시하겠습니다. 화면의 글씨를 함께 읽어볼게요.
연수선생님들	'신규교사 학교 생활 길라잡이'입니다.
우치갑선생님	네. 카드 뉴스의 주제는 '신규교사 학교 생활 길라잡이'입니다. 프로젝트 수업의 최종 결과물은 신규교사들의 학교 생활 적응을 돕는 카드 뉴스입니다. 이 프로젝트 수업의 주제망 그리기 활동을 위해 먼저 빈 종이의 가운데에 동그라미를 그리고 '신규교사 학교 생활 길라잡이'를 적으세요.
연수선생님들	(빈 종이에 동그라미를 그리고 '신규교사 학교 생활 길라잡이'라고 적는다.)

다. 모둠별로 프로젝트 주제관련 소주제 선정하기

우치갑선생님	자 그러면 이제 옆에 있는 짝 선생님과 함께 5분간 토의하여 소주제 네 가지를 정하여 적어보세요. 소주제의 예시는 '학생 상담', '수업' 등이 있습니다. 모둠별로 선생님들과 토의하여 주제와 관련된 소주제를 네 가지를 정해보세요. 소주제가 선정되면 모둠별로 소주제의 내용을 발표 할거에요.
연수선생님들	(모둠별로 선생님들과 토의하여 주제와 관련된 소주제 네 가지를 정한다.)

라. 모둠별로 선정된 소주제 발표하기

우치갑선생님	모둠별로 소주제가 선정되었으면 어떤 소주제가 선정되었는지 발표해볼까요? 그럼 각 모둠에서는 발표할 선생님을 선정해주세요.

연수선생님들 네.

우치갑선생님 모둠별로 발표하실 선생님들은 모두 손을 들어주세요. 그럼 1모둠부터 먼저 발표하겠어요.

연수 선생님들 (발표를 한다.)

우치갑선생님 네. 정말 잘하셨습니다. 다음 모둠 발표해보세요.

> 모둠별로 '신규교사 학교 생활 길라잡이'의 소주제를 1모둠부터 5모둠까지 모두 발표하였다. 소주제로는 수업, 업무, 생활 지도, 워라벨, 교과 지도, 학급 담임, 업무 처리, 직장 생활, 부서 업무, 자기 개발, 수업 전문성 신장 등이 선정되었다.

마. 개별 활동 (선정된 소주제로 마인드맵 그리기)

우치갑선생님 학생들과 함께 마인드맵으로 주제망 그리기 활동을 할 때는 먼저 개별 활동으로 시작합니다. 이후에 모둠 활동으로 나아가는 것이 좋습니다. 먼저 개별 활동으로 선생님들께서도 실습해 보세요. 두꺼운 선으로 소주제를 연결하고 세부적인 아이디어를 얇은 선으로 연결하여 써 보면 됩니다.

연수선생님들 (개별 활동으로 '신규교사 학교 생활 길라잡이' 마인드맵을 완성하고 있다.)

모둠 주제 선정을 위한 주제망 그리기 개별 활동 결과물 ①

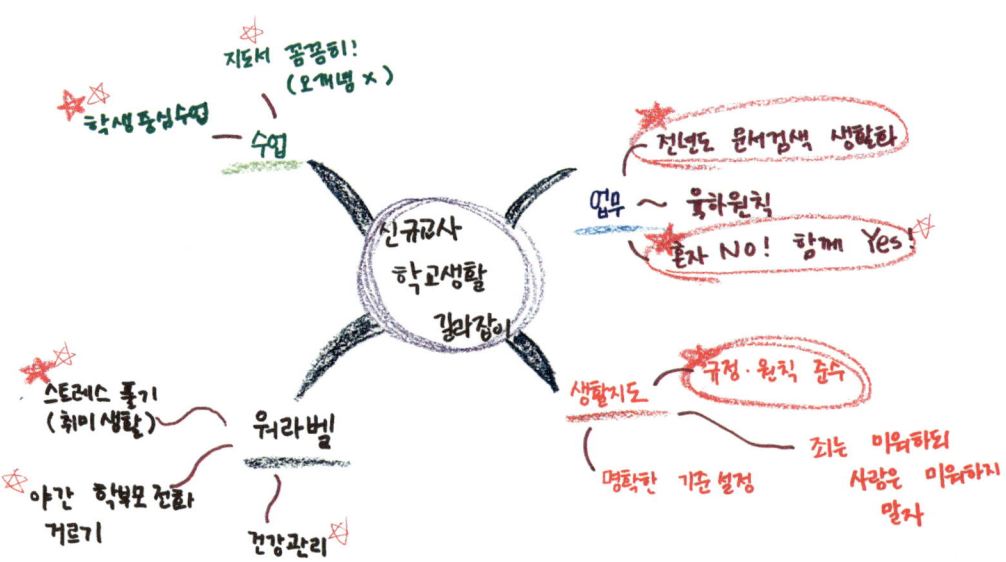

모둠 주제 선정을 위한 주제망 그리기 개별 활동 결과물 ②

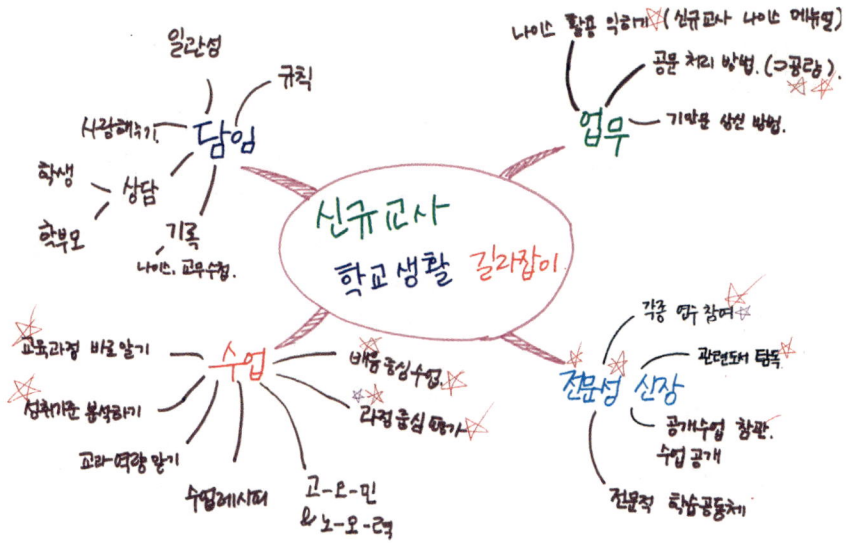

신규 교사 연수에서 만나 연수 친구가 된 옆 선생님과 현재 신규교사로서 알고 싶은 네 가지 주제가 무엇일까 이야기를 솔직하게 나눈 후, 수업, 생활지도, 행정 업무, 전문성 신장을 네 가지 소주제로 정했다. 마인드맵의 소주제에 가지치기를 하며 차근차근 마인드맵을 완성하다 보니 소주제에 대해 더욱 깊이 생각할 기회를 가질 수 있었고, 머릿속에 뒤엉킨 주제와 관련한 생각들을 체계적으로 정리할 수 있었다.

바. 모둠 활동 (우리 모둠의 최종 의견 선정하기)

우치갑선생님 이제 4명씩 한 모둠이 되어 앉아 보세요. 앞에 계신 선생님 두 분께서 의자를 돌리시면 됩니다.

연수선생님들 (4명이 한 모둠이 되어 앉는다.)

우치갑선생님 방금 전까지는 개별 활동을 했지만, 지금부터는 모둠 활동을 해 볼 거예요. 함께 따라해 보세요. '우리 모둠의 최종 의견 선정하기!'

연수선생님들 우리 모둠의 최종 의견 선정하기!

우치갑선생님 지금부터 각자 개별적으로 완성한 마인드맵을 오른쪽 방향으로 돌려서 소주제나 세부 아이디어에서 마음에 드는 것에 별표를 그려 보세요.

연수선생님1 개수 상관없이 마음에 드는 것에 별표를 치면 될까요?

우치갑선생님 네! 개수 상관없이 마음에 드는 것에 별표를 치시면 됩니다. 오른쪽으로 개별 마인드맵을 돌려서 보신 후 계속 해보세요.

연수선생님들 (각자 완성한 마인드맵을 돌려보며 마음에 드는 아이디어에 별표를 치고 있다.)

마인드맵의 아이디어에 별표를 그린 개별 활동 결과물

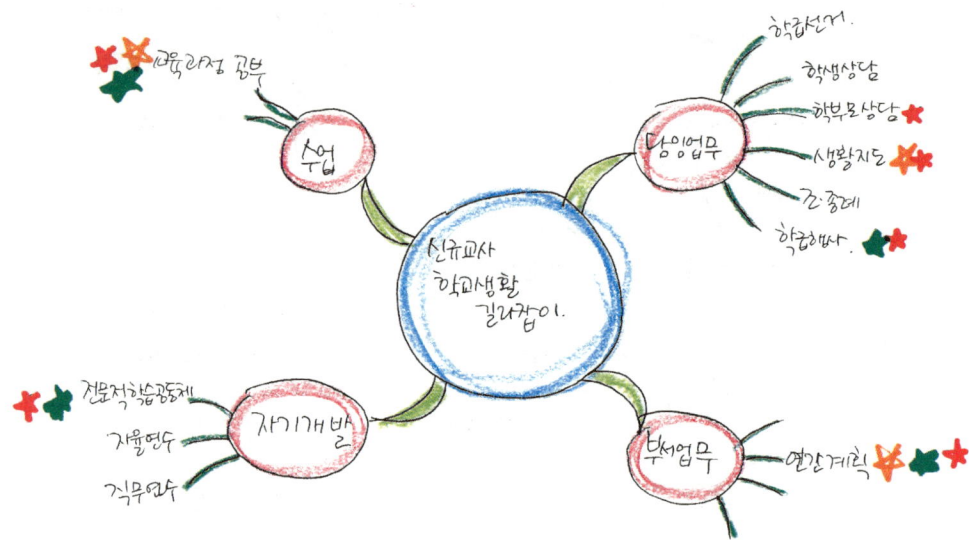

> 의자를 뒤로 돌려 앉은 후 함께 모둠 활동을 하게 된 선생님들과 각자 완성한 개별 마인드맵을 돌려 보았다. 나보다 훨씬 경력자이신 두 선배 선생님들의 마인드맵을 보며, '이 분야에서 나보다 더 많은 경험을 하신 분은 이것까지 신규 교사들에게 알려주고 싶으셨구나.'라는 생각을 했다. 순간, 내가 지금 하는 이 생각을 나의 학생들도 서로의 마인드맵을 돌려보며 할 수 있겠구나 싶었다. 학생들도 친구들이 완성한 마인드맵을 보며 미처 자신이 생각하지 못한 점들을 발견할 수 있을 것이다. 또한 서로의 아이디어에 별표를 쳐주는 과정에서 말로는 하진 않지만 서로를 격려하고 칭찬하는 마음 따뜻해지는 경험도 할 수 있을 것이다.

우치갑선생님 다 정하셨나요? 그러면 이제부터 모둠별로 소주제를 정해보세요. 둘씩 소주제를 정했으니 둘의 소주제는 같지만 네 명이 모일 경우 소주제가 다를 거예요. 네 분께서 소주제를 무엇으로 정할지 토의하여 정해보세요. 별표를 보시면 소주제를 선정하는 데 큰 도움이 될 거예요.

연수선생님들 (토의하여 소주제를 정한다.)

사. 모둠 활동 (마인드맵 주제망 그리기)

우치갑선생님 선생님. 이제 소주제를 정했으니 지금부터 나누어 드리는 〈마인드맵 주제망 그리기 모둠 활동지〉에 소주제를 써보세요. 소주제를 어떻게 썼었죠?

마인드맵 주제망 그리기 모둠 활동지

 모둠 주제 선정을 위한 주제 탐색(주제망 그리기)	모둠

주제 : '신규교사의 학교 생활'을 마인드맵으로 그려보기

```
┌─────────────┐
│  신규교사의  │
│   학교 생활  │
└─────────────┘
```

연수선생님2 두꺼운 선으로 대주제와 연결하면 돼요.

우치갑선생님 네, 맞습니다. 그러면 이제부터 사인펜을 활용해서 모둠별로 소주제를 써 보세요. 그리고 색연필로 소주제의 테두리를 칠해주시면 더 보기 좋습니다. 모둠별로 한번 해보세요.

연수선생님들 (모둠별로 소주제를 모둠 활동지에 쓰고 있다.)

우치갑선생님 지금부터 마인드맵에 세부적인 내용을 한번 써 보세요. 역시 별표가 그려진 내용을 참고하시면 좋습니다. 세부내용은 소주제에 일반적인 선으로 연결하면 됩니다.

연수선생님3 우치갑선생님. 질문이 있습니다.

우치갑선생님 네. 말씀하세요.

연수선생님3 모둠별로 토의한 내용을 모둠 활동지에 정리할 경우 한 학생이 보통 도맡아 하게 됩니다. 그럴 경우 나머지 학생들은 할 일이 없어 놀기 마련입니다. 이 경우 어떻게 활동을 진행하는 것이 좋을까요?

우치갑선생님 좋은 질문입니다. 보통 모둠 활동에는 '기록이'라는 역할을 맡은 학생이 모둠 활동지를 작성하게 됩니다. 하지만 '기록이'를 제외한 나머지 학생들이 무임승차를 하게 될 가능성이 있습니다. 이 경우에는 여분의 종이와 가위, 그리고 풀을 모둠별로 주면 됩니다. '기록이'를 포함한 네 명의 학생이 각각 소주제를 하나씩 맡고, 모둠별로 토의한 내용을 토대로 여분의 종이에 마인드맵을 완성합니다. 그리고 이것을 가위로 잘라서 풀로 모둠 활동지에 붙이면 됩니다. 이렇게 하면 네 명이 소주제 마인드맵을 하나씩 맡아 책임감 있게 완성해야 하므로 무임승차라는 부작용을 없앨 수 있습니다.

연수선생님3 감사합니다!

우치갑선생님 네. 그러면 지금부터 모둠별 주제망 마인드맵을 완성해보세요.

연수선생님들 (모둠별로 주제망 마인드맵을 완성하고 있다.)

모둠 주제 선정을 위한 주제망 그리기 활동

주제망 마인드맵을 완성하기 위해 선생님들과 별표를 많이 받은 소주제와 세부 내용을 살펴본 후 '수업', '행정 업무', '생활 지도', 그리고 '전문성 향상'을 소주제로 선정하였다. 그리고 각 소주제에 선으로 연결할 세부내용까지 모든 선생님들이 함께 토의하여 결정하였다. 확실히 개별 활동으로 마인드맵을 완성하고 별표 투표를 거친 후 모둠 마인드맵을 완성하니 개별 활동으로 마인드맵을 완성했을 때보다 더욱 풍성한 아이디어들로 모둠 마인드맵을 완성할 수 있었다. 또한 더 나은 수업을 학생들에게 해주고 싶다는 열정으로 토요일에 모인 선생님들인 만큼 무임승차자 없이 모두의 참여로 마인드맵을 완성할 수 있었다. 하지만 우리 학생들은 배움에 대한 열정이 언제 발현되는지에 확연한 개인차가 있다. 수업에서 활용할 때는 우치갑선생님께서 알려주신 대로 가위와 풀을 활용하여 무임승차를 미연에 방지해야겠다는 생각을 했다.

모둠 활동을 하는 중에 교사의 역할이 무엇인지도 우치갑선생님을 보며 배울 수 있었다. 모둠 활동을 하는 중에 우치갑선생님께서는 각 모둠을 돌아다니시며 피드백을 해주고 계셨다. 나 또한 수업에서 학생들이 배움의 과정에서 어려움을 겪고 있지는 않은지 면밀히 살피고 개별적인 피드백을 해주어 모든 학생들이 어려움 없이 수업에 따라올 수 있게 도와야겠다는 생각이 들었다.

우치갑선생님 지금부터는 모둠별 마인드맵에 쓴 내용들을 비주얼 씽킹으로 표현해보세요. 밑그림은 볼펜으로 그리고 색칠은 색연필로, 패턴을 그릴 때는 사인펜으로 그리면 됩니다.

연수선생님들 (비주얼 씽킹으로 마인드맵의 내용을 표현하고 있다.)

모둠 주제 선정을 위한 주제망 그리기 모둠 활동 결과물 ①

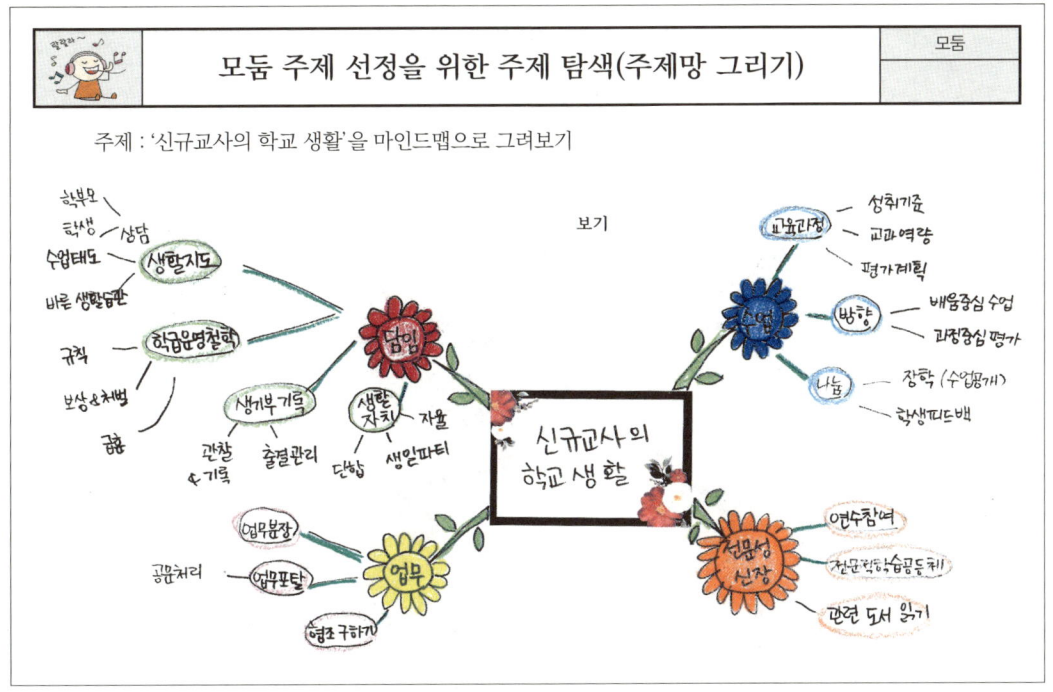

모둠 주제 선정을 위한 주제망 그리기 모둠 활동 결과물 ②

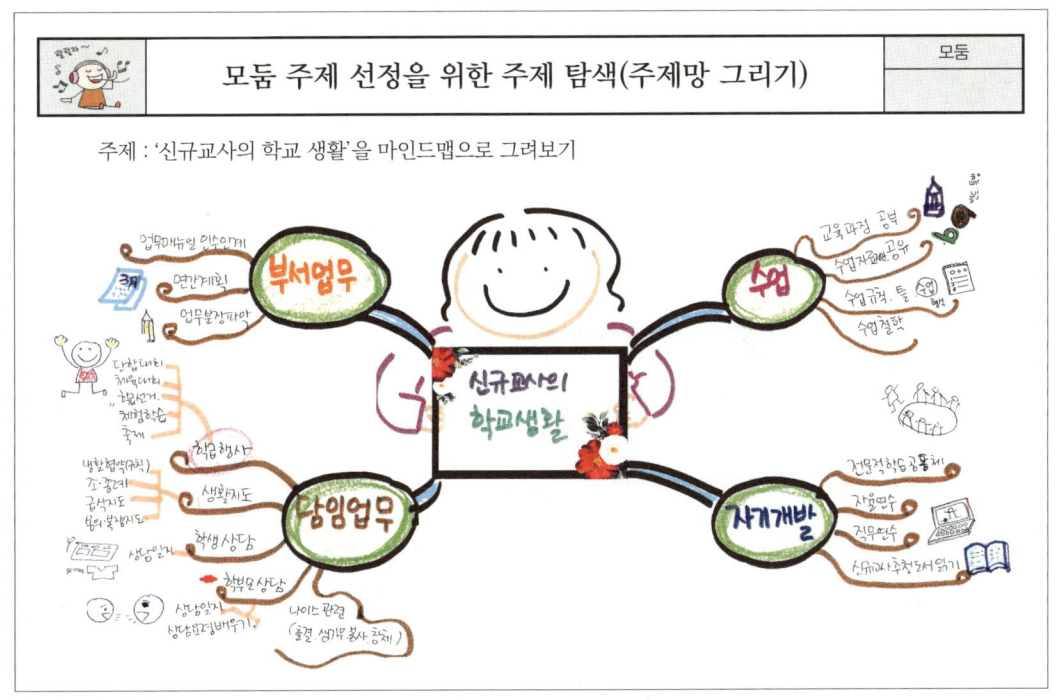

모둠 주제 선정을 위한 주제망 그리기 모둠 활동 결과물 ③

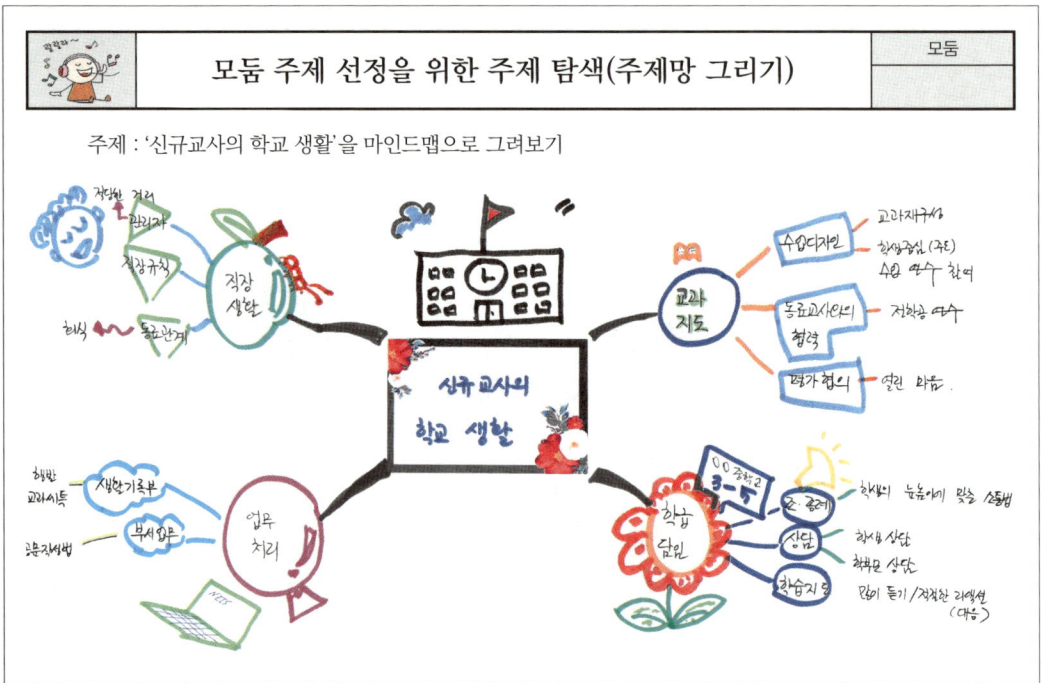

모둠 주제 선정을 위한 주제망 그리기 모둠 활동 결과물 ④

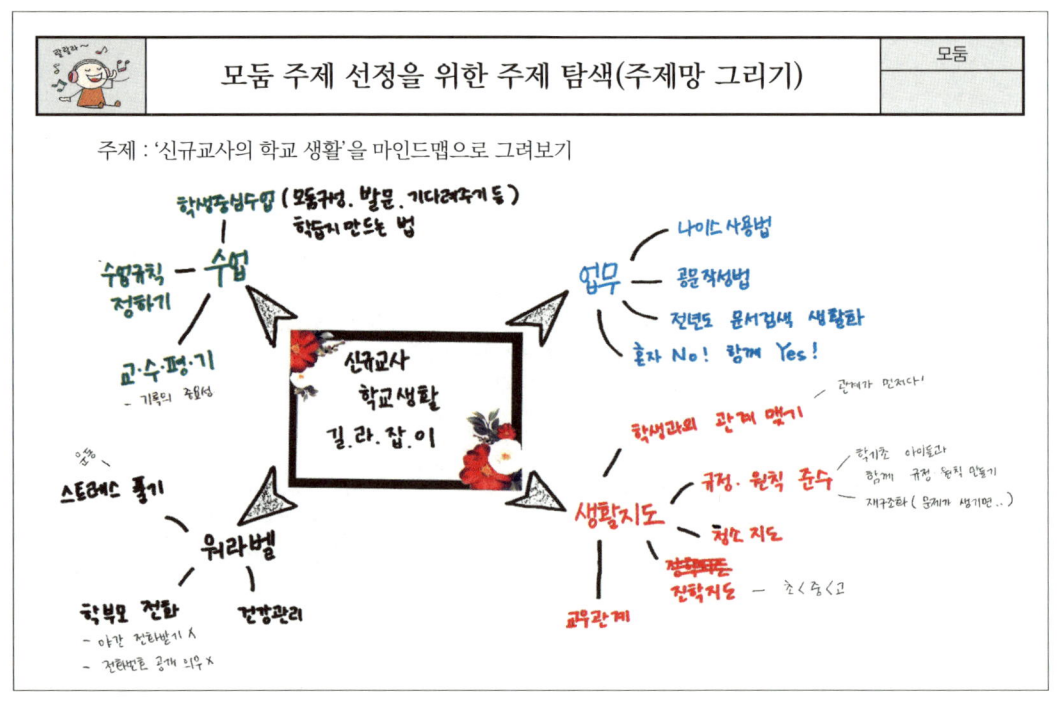

아. 모둠별 발표하기 (주제망 그리기 활동 결과)

우치갑선생님   선생님들, 지금부터는 모둠별로 주제망 그리기 활동 결과를 발표를해볼게요. 모둠별로 무엇을 소주제로 선정했고, 세부 내용으로 무엇을 썼는지 간단하게 발표하시면 됩니다. 먼저 1모둠부터 발표하겠습니다.

연수선생님4   저는 1모둠의 발표를 맡은 ○○○입니다. 저희 모둠은 '수업', '생활 지도', '업무', '워라벨'을 소주제로 잡았습니다. 그리고 '수업'의 세부내용으로는 '학생 중심 수업'과 '수업 규칙 정하기' 등을 적었고, '워라벨'의 세부 내용으로는 '스트레스 풀기', '건강 관리' 등을 적었습니다. '생활 지도'에는 '학생과의 관계 맺기'와 '청소 지도' 등을 적었고, '업무'에는 '나이스 사용법'과 '공문 작성법'을 적었습니다.

우치갑선생님   네. 정말 잘하셨습니다. 다음 모둠 발표해보세요.

연수선생님들   (각 모둠의 발표자가 이어서 발표하고 있다.)

모든 모둠의 발표를 듣고 나니 개별 활동과 모둠 활동으로 모았던 아이디어들 외에 더욱 참신하고 의미 있는 아이디어들을 알 수 있었다. 솔직히는 신규교사로서 학교 생활에 보다 빠르게 적응하기 위해 무얼 더 배워야할 지에만 신경 썼었는데, 선배 선생님들은 '워라벨'을 추구하는 삶도 중요하다고 말씀하신다. 모둠별 발표라는 과정을 통해 보다 다양한 아이디어들을 얻으며 '신규교사 학교 생활 길라잡이'라는 주제를 더욱 다양한 관점으로 보는 경험을 하고 나니 '이것이 집단 지성의 힘이구나.'라는 생각을 했다. 분명 우리 학생들도 수업에서 다른 친구들의 발표를 들으며 주제를 더욱 깊이 이해하고, 더 나아가 자신의 사고를 확장하는 경험을 할 수 있을 것이다.

우치갑선생님   지금까지 한 활동이 주제망 그리기 활동입니다. 활동을 하시면서 어떤 생각이 드셨나요?

연수선생님5   개별 활동 후 모둠 활동으로 나아가는 과정이 좋았습니다. 먼저 개별적으로 깊이 주제에 관해 생각해보는 과정이 좋았습니다. 그리고 모둠별로 의견을 모으며 내가 생각지도 못했던 부분을 새롭게 알게 되는 것이 재미있었어요.

우치갑선생님   네. 맞습니다. 개별 활동을 먼저 하게 되면 학생들이 주제에 관한 생각을 스스로 정리해볼 수 있습니다. 그 후 모둠 활동을 하면 학생들이 주제에 관해 어느 정도 생각이 쌓인 상태로 참여하는 것이므로 더욱 열정적으로 모둠별 주제망을 완성하기 위한 토의에 참여할 수 있어요.

연수선생님들   비주얼씽킹으로 표현해보는 활동도 재미있었어요. 간혹 배움이 느린 학생들이 그림을 잘 그리는 경우가 있는데, 그 학생들도 재미있게 활동할 수 있을 것 같다는 생각이 들었습니다.

우치갑선생님   네. 비주얼씽킹은 다양한 재능을 가진 학생들이 참여하기에 참 좋은 활동입니다. 생각을 그림으로 표현하는 것이므로 창의성 신장에도 큰 도움이 됩니다.

연수선생님들   (고개를 끄덕인다.)

자. 카드 뉴스 제작하기 수행 계획서 작성하기

우치갑선생님 지금부터는 '카드 뉴스 제작하기 모둠 활동 계획서'를 작성해보세요. 먼저 이 모둠 활동지를 받으세요.

연수선생님들 (카드 뉴스 제작하기 모둠 활동 계획서를 받는다.)

우치갑선생님 탐구 주제를 함께 읽어 봅시다.

연수선생님들 '신규교사 학교 생활 길라잡이' 카드 뉴스

우치갑선생님 그 다음 칸에는 뭐가 있죠?

연수선생님들 '카드 뉴스 모둠 주제 정하기'요.

우치갑선생님 여기에 카드 뉴스의 주제를 정합니다. 주제를 정할 때는 '신규 교사 학교 생활 안내서' 등 딱딱하게 정하기보다는 보는 이들이 호기심을 가질만한 제목으로 정해야 합니다. 그리고 모둠 주제를 선정한 이유와 카드 뉴스를 제작한 의도 및 기대 효과도 적어보세요.

연수선생님들 (고개를 끄덕인다.)

우치갑선생님 그리고 다음 칸에 무엇을 조사해야 하는지, 조사를 통해 모둠이 무엇을 알고자 하는지, 실생활과 어떤 연관성이 있는지 적어보세요. 역할 분담 칸에는 각 모둠원이 어떤 소주제를 조사할지 구체적으로 적어보세요. 실제 수업에서 활용하실 때는 이 부분을 자세하게 적게 하셔야 학생들의 무임승차가 줄어듭니다.

연수선생님들 네.

우치갑선생님 주제와 관련한 참고 자료와 조사 방법까지 쓰셔야 계획서가 완성됩니다. 그러면 한번 해 보셔요.

연수선생님들 네.

모둠 선생님들과 머리를 맞대고 토의한 결과 신규 교사들이 가장 어려워하는 것은 담임 업무라는데 의견을 모았다. 어떻게 참신한 제목을 지을까 고민하던 중 한 선생님께서 5월 말 본색을 드러내는 학생들을 본 경험을 말씀해 주셨다. 우리 모둠은 사춘기의 정점을 찍으며 질풍노도의 시기를 겪는 학생들을 생각하며, 카드 뉴스의 제목을 '5월, 담임 생존기'로 정했다. 스스로도 혼란스러울 학생들 30명을 한 학급에서 만나 정서적인 면과 학습 면에서 도움을 주는 일이 신규 교사에게 어렵다 보니, 선정 이유를 간단하게 '제일 괴로움'이라고 적었다. 신규 교사로서 모든 것이 서툴고 어렵지만 특히 학생들과 정서적인 유대를 유지하는 것이 어려운 일이므로 깊이 공감이 가는 바였다. 제작 의도 및 기대 효과는 학생들을 지도하며 겪는 신규 교사의 정서적 고통을 감면하고 실질적으로 학급을 운영하는 데 도움이 되는 팁을 얻는 것이라고 적었다. 이를 위해 카드 뉴스 내용은 사안별로 어떻게 대응해야 하는지, 어떻게 집단 상담을 진행해야 하는지, 어떻게 학부모님들을 상담해야 하는지, 동료 선생님들에게 어떤 조언을 얻을 수 있는지로 적었다. 역할 분담은 각각 하나씩 맡아서 조사하는 것으로 정했다. '카드 뉴스 제작하기 모둠 활동 계획서'를 완성하면서 '신규교사 학교 생활 길라잡이 카드 뉴스'

프로젝트 수업이 보다 더 구체화되는 느낌이 들었다. 주제, 선정 이유, 제작 의도 및 기대 효과, 조사 내용, 실생활과의 연관성, 그리고 역할 분담 등을 차근차근 적다보니 이 프로젝트 수업이 어떤 방향으로 전개될지 보였고, 우리 모둠이 완성할 카드 뉴스가 어떤 내용을 담을 수 있을지가 머릿속에 그려졌다. 직접 해보고 나니 모둠 활동 계획서 작성하기는 필수적인 단계라는 생각이 들었다. 모둠 활동 계획서를 작성하는 활동은 학생들이 프로젝트 수업의 청사진을 직접 그려볼 수 있게 하는 단계이다. 학생들이 프로젝트 수업을 막연하게 생각하지 않고 모둠별 프로젝트의 방향을 잡을 수 있는 계획서 작성의 단계를 반드시 내 프로젝트 수업에 넣어야겠다고 다짐했다.

우치갑선생님 선생님들 모두 수고하셨어요! 모둠 활동 계획서를 써보셨는데 어떠셨나요?

연수선생님6 확실히 어떻게 모둠 활동이 진행될지 보여요. 계획서를 쓰니 어떻게 프로젝트 수업이 진행될지 구체적으로 그려져서 좋았습니다.

우치갑선생님 네. 프로젝트 수업은 교사의 철저한 준비를 토대로 학생들이 직접 계획하고, 준비하고, 수행하고, 발표하고, 성찰하기 단계로 구성됩니다. 학생들에게 모둠 활동 계획서를 직접 쓰게 하는 것은 학생들에게 스스로 할 수 있다는 자율성을 부여함과 동시에 프로젝트 전 과정을 학생들 나름대로 대강 그려볼 수 있게 합니다. 또한 어떤 역할을 할지 구체적으로 쓰게 하므로 학생들이 책임감을 가지고 프로젝트 수업에 참여하게 합니다. 이와 더불어 학생들이 각각 맡은 역할이 다르므로 학교생활기록부에 각 학생들의 특성과 기여도를 반영하여 기록하기에도 좋지요.

연수선생님들 (고개를 끄덕인다.)

우치갑선생님 프로젝트 수업을 할 때 제가 개별 활동과 모둠 활동을 위한 활동지를 준비하고, 모둠별로 피드백을 주었지요?

연수선생님들 네.

우치갑선생님 이렇듯 프로젝트 수업은 교사의 철저한 준비가 반드시 바탕이 되어야 합니다. 교사의 철저한 준비가 있어야 학생들이 프로젝트 수업을 위한 여러 활동을 자율적으로 수행할 수 있습니다. 프로젝트 수업 뿐만이 아닙니다. 모든 수업에서 교사는 학생들을 위한 안내자 역할을 수행해야 함을 잊지 마세요.

연수선생님들 네.

우치갑선생님 지금부터는 모둠별로 나와서 모둠별 마인드맵과 모둠 활동 계획서를 게시할게요. 모두 가지고 나오시고, 테이프로 벽에 붙여주시면 됩니다. 쉬는 시간 동안 모둠별 결과물을 보시면서 아이디어를 얻어 보셔요. 수고하셨습니다.

이번 연수 또한 정말 많은 것을 배우고 느낄 수 있었다. 솔직히 초기 설계 단계였지만 내 프로젝트 수업에는 주제망 그리기 활동이 없었다. 주제망 그리기 활동이 무엇인지 몰랐으므로 중요성 또한 실감하지 못했기 때문이다. 하지만 직접 실습해보니 주제망 그리기 활동은 주제를 심도 있게 이해하고, 관련된 아이디어들을 확장하는 데도 큰 도움이 된다는 것을 알 수 있었다. 이와 더불어 모둠별로 계획서를 작성하는 활동을 통해 프로젝트 수업의 청사진을 그려보니, 가상의 프로젝트 수업이었지만 앞으로 어떻게 프로젝트 수업이 전개될지 어느 정도 구체화할 수 있었다. 프로젝트 수업 초보자라 걱정이 많이 앞섰었는데, 프로젝트 수업 시작 전 주제망 그리기 활동을 배울 수 있어서 다행이었다. 사랑하는 내 학생들이 조금 더 나은 프로젝트 수업을 경험해 볼 수 있을 것이라는 기대감이 생겼다.

프로젝트 수업의 주제 :

나는 선생님 기자다! '신규교사 학교 생활 길라잡이 카드뉴스' 만들기

선생님들과 함께 프로젝트 수업 실습을 진행하면서 함께 해본 모둠별 활동결과물을 소개한다

1. 모둠 주제: 마음을 톡톡 두드리는 상담 Talk Talk
   https://ssam.teacherville.co.kr/aabb@8556
   http://gg.gg/kkk777

2. 모둠 주제: 신규교사! 칠갑산선생님 학급에서 살아남기
   https://ssam.teacherville.co.kr/aabb@8578
   http://gg.gg/kkk888

3. 모둠 주제: 신규교사의 첫걸음! 학생 상담 성공기
   https://ssam.teacherville.co.kr/aabb@8696
   http://gg.gg/aaa777

카드 뉴스 제작하기 수행 계획서 활동 결과물 ①

카드뉴스 제작하기 수행 계획서

	모둠	

탐구 주제	'신규교사 학교 생활 길라잡이' 카드뉴스
카드뉴스 모둠 주제 정하기	담임업무 A TO Z
선정 이유	학교 생활의 가장 큰 비중을 차지하는 일이 담임업무이고 신규교사에게는 부담이자 숙명이기에 도움이 되는 마음에서 정
제작 의도 및 기대 효과	항목에 따라 이해하기 쉽게 작성이 되었기에 도움이 필요할 때 정리, 활용이 수시로 가능.
카드 뉴스 1. 무엇을 조사해야 하나? 2. 조사를 통해 모둠이 무엇을 알고자(얻고자) 하는가? 3. 실생활과 어떤 연관성이 있는가?	꼭 필요한 파트별로 파트별 1~2컷 제작 학교 생활지도 ~~학생~~ 상담 나이스업무 ㅣ / \ ㅣ ㅣ 학급행사 사안처리 일반생활지도 학생·학부모 1컷 1컷 1컷 1컷 1컷
역할 분담	모둠원(학번 / 이름) | 내가 조사해야 할 소주제 공 | 학급행사. 김 | 생활지도 이 | 상담 박 | 나이스관련. 모둠장( ), 기록자( ), 발표자( )
주제와 관련된 조사 '참고 자료'	교사 119, 학교생활 인권규정, 나이스매뉴얼, 학교교육과정
조사 방법	책 등에서 중요부분 발췌.

카드 뉴스 제작하기 수행 계획서 활동 결과물 ②

카드뉴스 제작하기 수행 계획서

모둠

탐구 주제	'신규교사 학교 생활 길라잡이' 카드뉴스
카드뉴스 모둠 주제 정하기	우리에게 "학급 담임"이란?
선정 이유	신규 교사에게 가장 어렵고 궁금한 학교 생활은 무엇인가 고민해 보면 학급 담임으로서의 업무가 아닐까 한다
제작 의도 및 기대 효과	신규교사의 학교 생활 적응을 도움. 교사로서의 자존감을 높임.
카드 뉴스 1. 무엇을 조사해야 하나? 2. 조사를 통해 모둠이 무엇을 알고자(얻고자) 하는가? 3. 실생활과 어떤 연관성이 있는가?	1. 담임의 역할, 자세 (조·종례 / 학생상담 / 학부모상담 / 학습지도) 2. 좋은 교사, 좋은 담임이 되는 길 3. 학급 담임 매뉴얼 제작으로 즐겁게 생활하기

역할 분담	모둠원(학번 / 이름)	내가 조사해야 할 소주제
	신	조·종례
	부	학부모 상담
	이	학생 상담
	김	학습 지도

모둠장(김), 기록자(김), 발표자(부)

주제와 관련된 조사 '참고 자료'	동료 교사와의 "회식"
조사 방법	면담, 관찰, 교육청 매뉴얼

상상력과 창의성의 산물!
프로젝트 결과물 완성하기

C-프로젝트 수업연구소 **우치갑**
대구 화원중학교 **이지영**, 경기 민락중학교 **양혜인**

1. 프로젝트 결과물(산출물)

프로젝트 수업에서 결과물은 주제와 관련된 수행 결과물을 의미한다. 프로젝트 수업은 학생들이 프로젝트 과제를 수행하면서 단순히 무엇을 학습하고 기억하는 것이 아니라 무언가를 산출하게 하는 것이다. 프로젝트 수업에서는 결과물을 제작하고 공개하는 것이 매우 중요한 일이다.

모둠별로 학생들이 적극적으로 참여하고 각자의 역할 수행으로 프로젝트 결과물을 완성한다. 교사는 프로젝트 수행 기간 동안 학생들이 모든 과정에 참여하고, 결과물을 제작하는데 어떻게 기여하는지를 세심하게 살펴야 한다.

프로젝트 수업을 통해 산출되는 결과물은 프로젝트 수행과정에서 지속적인 수정과 보완을 통해서 완성 되어야 한다. 프로젝트 결과물 제작 과정에서 일부 학생만 참여하는 일이 없도록 교사는 프로젝트 협업 과정을 잘 관찰하여 학생들이 역할분담에 대한 책임을 다할 수 있도록 개인별, 모둠별로 피드백을 강화해야 한다.

가. 프로젝트 결과물 유형 안내
1) 프로젝트 준비하기 단계의 〈프로젝트 수업 안내문〉에서 프로젝트 결과물 유형을 학생들에게 안내한다.
2) 프로젝트 계획하기 단계의 프로젝트 수행계획 세우기 활동 전에 프로젝트 결과물의 형태나 내용, 제작 방법 안내(결과물 유형별 제작 안내문)를 제공한다. 그 이유는 안내문을 제공하면 학생들이 프로젝트 결과물 제작에 관한 다양한 아이디어를 낼 수 있을 뿐만 아니라 능력에 맞게 역할을 분배할 수 있기 때문이다.

나. 좋은 프로젝트 결과물이 되기 위한 중요 조건

1) 프로젝트 결과물이 학습목표를 충족시키고 성취기준을 달성할 수 있어야 한다.
2) 프로젝트 결과물이 실제적이어야 한다. 학생들의 삶과 연계된 현실적인 것, 즉 실제 생활에서 만날 수 있거나 실제 생활과 어울릴 만한 결과물이어야 한다.
3) 프로젝트 결과물이 학생들이 체험했거나 앞으로 체험할 수 있는 실현 가능한 결과물이어야 한다.

다. 교사의 역할

1) 학생들이 프로젝트 결과물 제작 방법을 잘 협의하여 분석한 자료의 특성에 맞게 결과물 제작 방법을 탐색하도록 안내하기
2) 정해진 결과물 제작 방법을 적용하기 위해 필요한 세부적인 역할을 모둠원들의 능력에 맞게 나눌 수 있도록 학생들에게 안내하기
3) 누가 어떤 역할을 맡아 프로젝트 결과물을 제작할 것인지, 역할은 공평한지, 필요한 준비물은 무엇인지를 학생들에게 구체적으로 자세히 안내하기
4) 프로젝트 결과물이 모둠원들의 능력으로 할 수 있는 방법인지를 관찰하여 피드백 제공하기
5) 학생들이 결과물 제작 방법을 쉽게 이해하고 활용할 수 있도록 프로젝트 결과물의 제작 방법 안내서를 제시하기

2. 프로젝트 결과물(산출물) 유형

실제로 프로젝트 수업에서 결과물은 다양한 형태로 제작될 수 있고, 학생들이 프로젝트 수업의 결과물을 직접 선택하게 하는 것이 좋다. 하지만 대부분의 경우 학생들은 프로젝트 수업이 익숙하지 않으므로 교사는 구체적인 산출물 형태를 제시하고, 주제에 따라서 명확한 결과물을 요구해야 한다. 다음은 프로젝트 수업에서 제시할 수 있는 다양한 결과물 유형이다.

가. 프레젠테이션
광고물(공익 광고, 상업 광고), 홍보물, 포스터, 지도, 웹툰, 인포그래픽, 리플릿, 팸플릿, 북아트, 캠페인

나. 텍스트
대본(시나리오), 소책자, 보고서(조사, 연구)

다. 영상

영상(광고, 홍보, 인터뷰), 애니메이션, 뮤직비디오, 노래(가사 바꾸기), 캠페인 송, UCC(User Created Contents: 사용자 제작 콘텐츠)

라. 뉴스

신문, 카드 뉴스, 동영상 뉴스

마. 계획서

제안서, 사업 계획서, 제품 디자인(설계서)

바. 구조물

모형, 발명품, 소비 제품

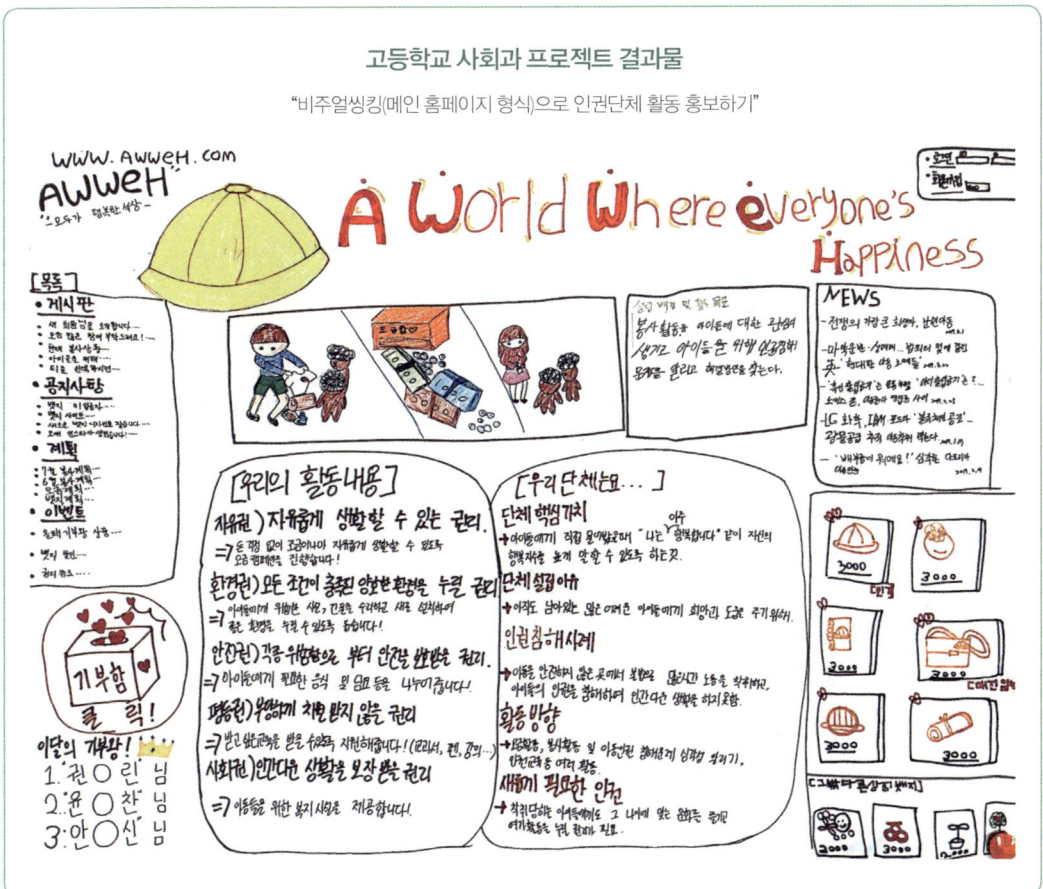

* 일부 산출물 유형은 BIE(벽교육협회) 자료를 참고 했음

3. 좋은 프로젝트 결과물을 위한 교과별 실천사례

가. 중학교 3학년 국어(이지영 선생님)

- 프로젝트 주제:【'양반전' 풍자 뉴스 대본 제작 프로젝트】
- 프로젝트 결과물:【풍자뉴스 대본】
- 성취기준 : [9국05-09] 자신의 가치 있는 경험을 개성적인 발상과 표현으로 형상화한다.
  [9국01-04] 토의에서 의견을 교환하여 합리적으로 문제를 해결한다.
  [9국02-10] 읽기의 가치와 중요성을 깨닫고 읽기를 생활화하는 태도를 지닌다.

1) 프로젝트 결과물이 학습목표를 충족시키고 성취기준을 달성할 수 있어야 한다.
▶ 학습목표 충족 및 성취기준 달성 여부

'양반전' 풍자 뉴스 대본 제작 프로젝트는 8차시의 학습 과정을 통해 3가지의 성취기준을 달성하도록 설계 하였다. 읽기, 토의하기, 개성적인 발상과 표현하기가 프로젝트 과정 속에서 구체적으로 실현되도록 하기 위해 프로젝트를 세 부분으로 나누었다. [9국02-10] 1-2차시는 '양반전' 읽고 질문 만들기, 최종 질문 선정하기, 새로운 질문 만들기로 구성하였다. [9국01-04] 작품 이해를 바탕으로 3-4차시에서는 사고를 보다 확장하여 새로 만든 질문으로 토의하기, 토의하며 내용을 대본으로 만들기, 뉴스 대본 제작 계획서 작성하기를 실시하였다. [9국05-09] 5차시: 만평 만들기, 6-7차시: 풍자 뉴스 대본 제작하기(실제), 8차시: 풍자 뉴스 대본 제작 활동 결과물 발표 및 평가하기를 실행하였다. 이 학습 과정을 통해 체계적으로 학습목표를 충족시키고 성취기준에 도달하고자 하였다.

2) 프로젝트 결과물이 실제적이어야 한다. 학생들의 삶과 연계된 현실적인 것, 즉 실제 생활에서 만날 수 있거나 실제 생활과 어울릴 만한 결과물이어야 한다.
▶ 삶과의 연계성

고전 작품은 우리 학생들의 삶과 동떨어진 것일까? 고전 작품을 가르치면서 자주 접하는 질문은 '예전의 이야기라 어려워요.', '지금 사회랑은 다르잖아요.' 등이었다. 학생들이 이런 생각을 하는 것은 무리는 아니다. 하지만, 고전 속에는 그 시대의 삶이 있고, 삶의 모습은 우리 사회의 어떤 모습과도 맞닿아 있다. 특히 '양반전'은 사회의 모순, 권력층의 횡포에 대한 비판 등 이 시대를 사는 우리가 곰곰이 생각해 볼 부분이 분명히 있다. 그래서 학생들이 좀 더 쉽게 접근할 수 있도록 프로젝트 주제를 '뉴스 대본'으로 설정하였다. 뉴스라는 매체는 우리 삶의 이야기, 사건·사고 등을 전달하며 매일 접할 수 있는 것이다. 우리가 공부할 고전 작품을 뉴스 대본 형식으로 바꾸어 보면 자연스럽게 진실한 삶의 이야기, 우리 사회의 모습과 연결되어 재해석하는 데 도움이 되리라 생각한다. 학생들은 뉴스 속 인터뷰, 칼럼, 패널의 이야기 등의 대본을 작성해보며 '양반전'이 우리의 삶과 연결되고 있음을 체득할 수 있다.

3) 프로젝트 결과물이 학생들이 체험했거나 앞으로 체험할 수 있는 실현 가능한 결과물이어야 한다.

▶ 실현 가능한 결과물

이번 프로젝트 주제는 '양반전' 풍자 뉴스 대본 제작하기이다. 3학년 학생들은 '[9국03-08] 영상이나 인터넷 등의 매체 특성을 고려하여 생각이나 느낌, 경험을 표현한다.' 등의 성취기준으로 대본 쓰기에 대한 배경지식 및 학습 경험을 가지고 있다. 매체들의 특성을 고려하며 대본 만들기, 광고 콘티 짜기 등은 이미 학생들이 접해 본 활동이다. 또, 진로와 관련하여 뉴스 대본 제작하기 활동이 작가, 아나운서, 기자라는 직업에 대해 생각해 보는 계기가 되었다. 학생들은 다양한 직업에 대해 잠시나마 생각해 보는 기회를 가졌으며, 결과물 발표를 통해 자신의 생각을 정리할 수 있었다.

나. 중학교 1학년 영어(양혜인 선생님)

- **프로젝트 주제:** 【세상을 바꾸는 민락특공대】
- **프로젝트 결과물:** 【사회문제/환경 문제의 해결을 촉구하는 캠페인 포스터 만들기】
- **성취기준:** [9영02-04] 일상생활에 관한 방법과 절차에 대해 설명할 수 있다.
  [9영03-08] 일상생활이나 친숙한 일반적 주제의 글을 읽고 일이나 사건의 원인과 결과를 추론할 수 있다.
  [9영04-03] 일상생활에 관한 그림, 사진, 또는 도표 등을 설명하는 문장을 쓸 수 있다.
  [9영04-04] 개인 생활의 경험이나 계획에 대한 문장을 쓸 수 있다.

1) 프로젝트 결과물이 학습목표를 달성시키고 성취기준을 충족할 수 있어야 한다.

▶ 학습목표 충족 및 성취기준 달성 여부

위의 네 가지 성취기준은 영어의 4기능(듣기, 말하기, 읽기, 쓰기) 중 세 기능(말하기, 읽기, 쓰기)을 활용하여 일상생활을 파악하거나 표현하는 데 중점을 둔다. 이 성취기준은 사회문제/환경 문제의 해결을 촉구하는 캠페인 포스터를 만드는 '세상을 바꾸는 민락특공대' 프로젝트를 통해 달성할 수 있다. 학생들은 문제의식을 가지고 직접 선정한 사회문제/환경 문제의 원인과 해결책을 영문 기사를 읽고 내용을 파악한 뒤 명령문을 써서 캠페인 포스터를 제작하고 캠페인 활동을 통해 이를 외치는 활동을 수행한다. 이 과정에서 영어의 4기능 중 세 기능의 활용하여 일상의 문제 해결에 동참하게 되는 것이다.

2) 프로젝트 결과물이 실제적이어야 한다. 학생들의 삶과 연계된 현실적인 것, 즉 실제 생활에서 만날 수 있거나 실제 생활과 어울릴 만한 결과물이어야 한다.

▶ 삶과의 연계성

"세상을 바꾸는 민락특공대" 프로젝트 수업에서 학생들은 더 나은 세상을 만들기 위해 가장 시급하게 해결해야 하는 사회문제나 환경 문제는 무엇인지 곰곰이 생각하고 토의하는 과정을 거쳐 모둠별 주제를 선정한다. 또한 선정한 문제의 원인과 해결책을 직접 파악하고, 캠페인 포스터를 만든 후 캠페인 활동을 진행한다. 이 프로젝트 수업은 미래 사회에서 변화의 주체로 자라날 학생들이 세상에 만연한 문제들을 해결하는 데 필요한 의미 있는 움직임을 교내에서 학우들을 대상으로 하여 작은 단계부터 경험해볼 수 있다.

3) 프로젝트 결과물이 학생들이 체험했거나 앞으로 체험할 수 있는 실현 가능한 결과물이어야 한다.
➡ 삶과의 연계성

세상을 바꾸는 민락특공대 프로젝트 수업에서 결과물로 제시한 캠페인 포스터는 학교에서의 교과 활동 뿐 아니라 일상생활 속에서도 개인의 의사를 밝히기 위해 활용할 수 있는 양식이다. 또한 캠페인 포스터에서 사회문제/환경 문제의 해결책을 제시하는 데 활용한 명령문은 일상 대화에서 흔히 쓰이는 언어 양식이므로 학생들이 이후 영어로 대화에 참여할 때 충분히 활용할 수 있다.

다. 고등학교 2학년 확률과 통계 (이보라 선생님)

- 프로젝트 주제: 【수학으로 세상을 바라보다 - 사회 불평등 현상을 객관적으로 탐구하고 분석하기】
- 프로젝트 결과물: 【탐구보고서】
- 성취기준: [12확통03-06] 표본평균과 모평균의 관계를 이해하고 설명할 수 있다.
  [12확통03-07] 모평균을 추정하고, 그 결과를 해석할 수 있다.

1) 프로젝트 결과물이 학습목표를 충족시키고 성취기준을 달성할 수 있어야 한다.
➡ 학습목표 충족 및 성취기준 달성 여부

성취기준과 학습목표의 가장 중요한 부분은 '표본평균과 모평균의 관계를 이해하고 표본 집단의 통계치를 이용하여 모평균을 추정할 수 있는가'이다. 학생들이 설문 조사 결과를 분석할 때 필요한 개념을 이해하고 적용하는 과정에서 배움, 깨달음, 그리고 성장을 이루었는지를 말한다. 특히, 수학이라는 교과의 특성상 이해하는 것과 적용, 활용하는 것의 간극은 매우 크며, 대부분의 학생들이 수학적 개념을 이해하고 정형화된 문제의 풀이과정에 이를 적용하는 수준에 머물러 있다.

2) 프로젝트 결과물이 실제적이어야 한다. 학생들의 삶과 연계된 현실적인 것, 즉 실제 생활에서 만날 수 있거나 실제 생활과 어울릴 만한 결과물이어야 한다.
➡ 삶과의 연계성

무엇을 배울 것인가는 교사와 학생들이 함께 결정해야 하며, 삶을 살아가는 주체자로서의 학생들에게 필요한 역량과 도전정신을 성장시킬 수 있었다.

본 프로젝트 수업의 목표는 세상 곳곳에 내재된 불평등 요소를 통계청에서 유의미한 자료를 조사하여 분석하고 계산한 통계치의 의미를 사회문화적으로 해석하여 세상을 이해할 수 있다. 또한, 수학을 지식이 아닌 삶을 바라보는 객관적 근거로써 인식했다. 학생들이 삶 속에서 문제를 파악하고 해결하는 프로젝트 수업을 운영했다. 학생들에게는 미래의 민주시민으로서 주인의식을 갖고 책임을 다할 수 있는 교육이 필요하다. 미래 민주시민으로서의 자질을 함양하기 위해 단순 지식의 전달이 아닌 실질적으로 활용 가능한 내용을 직접 경험하는 결과물을 산출하였다.

3) 프로젝트 결과물이 학생들이 체험했거나 앞으로 체험할 수 있는 실현 가능한 결과물이어야 한다.
▶ 실현 가능한 결과물

프로젝트 결과물을 통해 학생들은 각자의 관심분야를 찾아 진로를 결정하고 미래사회의 주인으로 성장하였다. 그러므로 사회의 구성원으로서 이 사회의 불평등하거나 불합리한 것들에 대해 비판적으로 바라보고 개선할 수 있는 역량을 키워서 프로젝트 활동을 통해 세상을 바라보는 시각의 변화와 사회의 주인으로서 올바름에 대한 가치를 정립하고 사회 개선을 위한 노력을 할 수 있도록 구성하였다. 특히, 학생들은 프로젝트 활동을 통해 사회를 성숙하고 객관적인 눈으로 바라보고 개선하기 위해 고민하고 함께 만들어가야 한다는 캠페인의 내용을 담은 결과물을 제작하여 작게나마 사회의 일원으로서의 역할을 하였다.

라. 중학교 1학년 사회(유희선 선생님)

- **프로젝트 주제**: 【배움을 찾아 떠나는 여행】
- **프로젝트 결과물**: 【여행 지역 보고서】
- **성취기준**: [9사(지리)02-01] 기온과 강수량 자료를 분석하여 이를 기준으로 세계 기후지역을 구분하고, 인간 거주에 적합한 기후 조건에 대해 논의한다.

1) 프로젝트 결과물이 학습목표를 달성시키고 성취기준을 충족할 수 있어야 한다.
▶ 학습목표 충족 및 성취기준 달성 여부

6차시에 걸친 프로젝트 수업의 각 차시는 인간의 생활이 기후의 영향을 많이 받고 있음을 확인하며 기후는 그 지역의 자연경관, 의식주, 생활방식 등에 폭넓게 관여하여 지역의 특색을 만드는 데 큰 영향을 준다는 것을 이해할 수 있다. 세계의 여러 기후 지역(열대, 건조, 온대, 냉대, 한대)의 특징을 하브루타 활동과 모둠 활동을 통해 인지하고 인간의 거주지가 확대되어 가는 과정에서 개발에 따른 문제점 등을 토론하며 자신의 의견을 제시할 수 있다.

2) 프로젝트 결과물이 실제적이어야 한다. 학생들의 삶과 연계된 현실적인 것, 즉 실제 생활에서 만날 수 있거나 실제 생활과 어울릴 만한 결과물이어야 한다.

➡ 삶과의 연계성

기후의 특성은 크게 기온과 강수량에 의해 차이가 나타난다. 우리가 일기예보에 귀 기울여 추위나 더위에 대비하고 우산을 준비하듯 기후는 일상생활과 밀접하게 연결되어 있다. 세계의 기후 지역이 다양하게 펼쳐지며 우리가 살아가는 지역에서는 보기 힘든 특이하고 멋진 관광지가 만들어지기도 하며 휴양이나 체험을 위한 여행지로 많은 사람들이 찾기도 한다. 프로젝트 수업의 결과물은 모둠 활동을 통해 수집한 여행지의 정보를 친구들 앞에서 발표하며 그 지역의 위치, 자연환경, 의식주, 대표적인 관광지 등을 소개하며 여행에 대한 호기심과 지역과 관련된 귀중한 정보를 친구들과 공유하게 된다.

3) 프로젝트 결과물이 학생들이 체험했거나 앞으로 체험할 수 있는 실현 가능한 결과물이어야 한다.

➡ 실현 가능한 결과물

이번 여행 프로젝트 수업에서 학생들은 스마트폰을 활용하여 선정한 여행지에 관한 정보를 검색하는 과정에서 보다 현장감 있는 최신 자료를 찾을 수 있었다. 또한 모둠별로 조사한 여행지 사진과 동영상을 사회교과실의 큰 프로젝트 TV 화면으로 함께 보는 흥미로운 경험도 할 수 있었다. 특히 여행에 대한 욕구와 관심이 높은 학업 스트레스에서 자유롭지 못한 학생들의 높은 참여를 이끌 수 있었던 수업이었다. 프로젝트 수업 과정에서 학생들은 연꽃기법을 통해 모둠별로 조사·탐구할 자료를 선정하고, 보다 효과적인 발표를 기획하기 위해 사전에 스토리보드도 작성하였다. 프로젝트 수업의 마지막 단계에선 모둠별 결과물 발표와 더불어 모둠 간 평가도 진행하였다. 학생들이 다른 모둠의 발표에도 집중할 수 있도록 모둠별 발표 후 따로 피드백 시간을 주기도 하였다. 이 과정에서 학생들은 단순히 지식을 배운 경험을 한 것을 넘어 친구들과 서로 따뜻한 조언을 나누는 함께하는 성장을 경험했을 것이다.

마. 고등학교 1학년 통합사회(고영애 선생님)

- **프로젝트 주제**:【환경 문제 해결을 위한 정책 제안서 작성하기】
- **프로젝트 결과물**:【정책 제안서】
- **성취기준**: [10통사02-03] 환경 문제 해결을 위한 정부, 시민사회, 기업 등의 다양한 노력을 조사하고 개인적 차원의 실천 방안을 모색한다.

1) 프로젝트 결과물이 학습목표를 달성시키고 성취기준을 충족할 수 있어야 한다.

➡ 학습목표 충족 및 성취기준 달성 여부

성취기준에서 중요한 것은 환경 문제 해결을 위한 다양한 실천 방안 모색이다. 이 성취기준을 정책 제안서 작성하기라는 프로젝트 수업을 통해 달성할 수 있는 것이다. 또한 프로젝트 수업 결과물인 정책 제안서를 작성하는 가운데 다양한 방안을 모색하게 되는 것이다.

2) 프로젝트 결과물이 실제적이어야 한다. 학생들의 삶과 연계된 현실적인 것, 즉 실제 생활에서 만날 수 있거나 실제 생활과 어울릴 만한 결과물이어야 한다.

▶ 삶과의 연계성

환경 문제 해결을 위한 정책 제안서 작성하기 프로젝트 수업에서 환경 문제 해결은 학생들의 삶과 현실적으로 밀접하게 관련된 아주 중요한 문제이다. 해결되지 않은 환경 문제는 학생들이 살아가야 할 세상에 부정적인 영향을 줄 것이기 때문이다. 현실적으로 환경 문제를 해결하는 데 가장 효과적인 방법은 친환경적인 정책을 정부가 입안하도록 하는 것이다. 정부의 정책은 우리 삶의 곳곳에 지대한 영향을 미치기 때문이다. 민주주의 사회에서 우리는 시민으로서 우리의 요구를 정책제안서를 비롯한 다양한 방식으로 피력할 수 있다. 따라서 환경 문제 해결을 위한 정책 제안서를 작성하는 과정에서 정부, 기업, 시민단체가 해야 할 일이 무엇인지를 고민해 보고 의미 있는 정책의 경우 시민으로서 제안할 수 있도록 안내하였다.

3) 프로젝트 결과물이 학생들이 체험했거나 앞으로 체험할 수 있는 실현 가능한 결과물이어야 한다.

▶ 실현 가능한 결과물

환경 문제 해결을 위한 정책 제안서 작성하기 프로젝트 수업의 결과물은 개인 차원에서 실천해야 할 내용을 포함하므로, 학생들은 실제 삶에서 실천할 수 있는 다양한 환경 문제 해결 방안들을 고안하게 된다. 학생들은 직접 고안한 방법들을 실제 생활에 실천함으로써 환경 문제 해결의 한 주체가 될 수 있다.

바. 중학교 1학년 도덕(이영옥 선생님)

- **프로젝트 주제:** 【행복한 사람에겐 비밀이 있다】
- **프로젝트 결과물:** 【행복의 비밀코드 보고서】
- **성취기준:** [9도01-04] 본래적 가치에 근거한 삶의 목적 추구가 도덕적으로 정당화될 수 있음을 도덕공부를 통해 이해하고, 자신의 삶의 목적을 도덕적 이야기로 구성할 수 있다.
  [9도01-05] 행복한 삶을 위해 좋은 습관과 건강의 필요성을 설명하고, 정서적 건강과 사회적 건강을 가꾸기 위한 방안을 제시하고 실천 의지를 함양할 수 있다.

1) 프로젝트 결과물이 학습목표를 충족시키고 성취기준을 달성할 수 있어야 한다.

▶ 학습목표 충족 및 성취기준 달성 여부

이 프로젝트 수업의 학습목표 및 성취기준은 행복의 다양한 모습을 알고, 자신이 추구하는 행복한 삶의 모습을 정립할 수 있는 것이다. 이 때 학생들은 행복한 삶의 모델들을 조사·탐구하면서 행복한 삶이 특별한 사람들만의 것이 아니며, 행복에는 가시적인 성공의 모습뿐 아니라 정서적·사회적으로 건강한 가치도 담고 있다는 것을 프로젝트 수행 중에 인지할 수 있다. 또한 현재 일상의 스트레스로 짜증이 많고, 행복감을 느끼지 못하는 자신의 삶을 성찰하며, 행복 요소를 스스로 찾아 발표하고 친구들에게 안내할 수 있다.

2) 프로젝트 결과물이 실제적이어야 한다. 학생들의 삶과 연계된 현실적인 것, 즉 실제 생활에서 만날 수 있거나 실제 생활과 어울릴 만한 결과물이어야 한다.

➡ **삶과의 연계성**

행복의 비밀코드 프로젝트 수업에서 학생들은 행복 컨설턴트로서의 역할을 수행하며, 모둠에서 행복의 조건과 다양한 행복 요소들을 찾아보고, 행복에 대한 관점의 차이를 존중할 수 있다. 가장 관심 있는 주제를 선정하여 자신들이 생각하는 행복한 사람의 모델을 조사하는 과정에서 그들의 삶의 역경과 도전 속에서도 행복의 긍정요소를 이끌어 낼 수 있는 힘을 찾아 자신의 삶의 태도와 연결 지을 수 있도록 안내하였다.

3) 프로젝트 결과물이 학생들이 체험했거나 앞으로 체험할 수 있는 실현 가능한 결과물이어야 한다.

➡ **실현 가능한 결과물**

행복의 비밀코드 프로젝트 수업에서 자료 조사의 결과물은 PPT이다. 행복한 사람들의 삶의 태도와 신념을 이해하고, 핵심 가치를 발견해 친구들에게 전달하는 프레젠테이션의 과정에서 자신의 삶에서 소소한 행복과 일상생활 속에서 실천 가능한 행복수칙을 직접 만들어 보면서 일상 속의 작은 실천이 행복의 원천임을 이해하고 자기 주도적 삶을 살아갈 수 있다. 또한 자료 검색을 통해 알맞은 자료를 탐색하고 모둠 간 논의하는 과정에서 협력적 문제해결 역량을 키울 수 있었다.

사. 중학교 1학년 과학(소은숙 선생님)

- **프로젝트 주제**: 【생물 다양성 보전을 위한 활동 방법 제안하기】
- **프로젝트 결과물**: 【생물 다양성 보전 활동 제안서】
- **성취기준**: [9과03-03]생물 다양성 보전의 필요성을 이해하고, 생물 다양성 유지를 위한 활동 사례를 조사하여 발표할 수 있다.

1) 프로젝트 결과물이 학습목표를 충족시키고 성취기준을 달성할 수 있어야 한다.

➡ **학습목표 충족 및 성취기준 달성 여부**

성취기준 [9과03-03]에서 '생물 다양성 유지를 위한 활동 사례를 조사하고 발표'는 기능적 측면에 해당하므로 프로젝트 수업으로 운영하기에 아주 적합하다. 주제는 '생물 다양성 보전을 위한 활동 방법 제안 프로젝트'로 하고, 학습목표는 성취기준에 의거하여 '생물 다양성 보전을 위한 활동을 조사할 수 있다'와 '생물 다양성 보전을 위한 활동 방법을 제안하는 발표를 할 수 있다'로 설정했다.

프로젝트 수업 활동으로는 '생물 다양성 보전을 위한 활동들을 조사·정리·분석'하는 활동과 이를 통해 '생물 다양성 보전 방법을 제안'하는 결과물을 만들어 발표하는 활동을 계획하였다. 적절한 결과물의 예시는 '멸종 위기 종에게 편지쓰기', '로드킬 대처방법 알기', 그리고 '농약 사용과 환경오염의 피해 인포그래픽' 등 생물 다양성 보전을 제안하는 결과물을 제시할 수 있다.

2) 프로젝트 결과물이 실제적이어야 한다. 학생들의 삶과 연계된 현실적인 것, 즉 실제 생활에서 만날 수 있거나 실제 생활과 어울릴 만한 결과물이어야 한다.

➜ 삶과의 연계성

일반적으로 종 복원, 서식지 보호, 종자 저장고 설치, 멸종 위기 생물 관리, 생물 다양성 협약, 생물 다양성 보전 및 이용에 대한 법률 등에 대해 조사하고 생물 다양성 유지를 위한 활동을 제안하는 일은 학생들의 흥미를 끌기 힘들뿐더러 학생들에게 쉬운 일도 아니다. 따라서 학생들의 삶과 연결되어, 학생들이 이미 경험하였거나 흥미를 가질 수 있는 결과물을 만들 수 있도록 수업을 설계하였다. 예를 들어, 학생들이 흥미를 가지고 참여하고 활용도가 높은 '생물 다양성 보드게임 만들기'와 '생물 다양성 보전으로 N행시 짓기', 그리고 '멸종 위기 종에게 편지쓰기'와 '외래생물의 피해를 소개하는 PPT 만들기' 등의 결과물을 만들도록 안내할 수 있다.

3) 프로젝트 결과물이 학생들이 체험했거나 앞으로 체험할 수 있는 실현 가능한 결과물이어야 한다.

➜ 실현 가능한 결과물

'생물 다양성 보전을 위한 보드게임 만들기'는 학생들이 큰 관심을 보이는 결과물 유형이다. 실제로 활용도가 높았던 보드게임을 즐겁게 해보는 과정에서 학생들은 자연스럽게 생물 다양성 보전을 위한 다양한 방안들을 제안할 수 있었다. 뿐만 아니라 동물을 좋아하는 학생들은 '로드킬 대처방법을 제안하기'에서 로드킬 신고번호(일반 도로에선 〈지역번호+120〉, 고속도로에선 〈1588-2504〉)를 제안하였다. 이는 실제 상황에서도 바로 활용할 수 있는 정보를 제공하는 것이므로 좋은 결과물의 예시라 할 수 있다.

아. 중학교 2학년 과학 (진연자 선생님)

> - 프로젝트 주제: 【디자인씽킹 기법을 활용한 전기와 자기 프로토타입 제작하기】
> - 프로젝트 결과물: 【전기와 자기 프로토타입 제작】
> - 성취기준: [9과09-01] 물체가 대전되는 현상이나 정전기 유도 현상을 관찰하고 그 과정을 전기력과 원자 모형을 이용하여 설명할 수 있다.
>   [9과09-04] 전류의 자기 작용을 관찰하고 자기장 안에 놓인 전류가 흐르는 코일이 받는 힘을 이용하여 전동기의 원리를 설명할 수 있다.

1) 프로젝트 결과물이 학습목표를 달성시키고 성취기준을 충족할 수 있어야 한다.
➡ 학습목표 충족 및 성취기준 달성 여부

[9과09-01] 학생들은 직접 고안한 아이디어를 바탕으로 프로토타입을 직접 제작하거나 시연하는 과정에서 물체가 대전되는 현상이나 정전기 유도 현상을 관찰할 수 있다. 또한 프로토타입에 적용된 과학적 원리를 전기력과 원자 모형을 활용하여 설명하도록 안내하였다.

[9과09-04] 학생들은 전자기력 원리를 적용한 전동기를 이용하여 프로토타입을 제작하고 프로토타입의 작동 과정을 살펴보며 전동기의 원리를 이해할 수 있다.

2) 프로젝트 결과물이 실제적이어야 한다. 학생들의 삶과 연계된 현실적인 것, 즉 실제 생활에서 만날 수 있거나 실제 생활과 어울릴 만한 결과물이어야 한다.
➡ 삶과의 연계성

학생들에게 '전기와 자기 원리를 활용하여 누군가에 도움 되는 장치를 만들 수 있을까'라는 시작 질문을 학생들에게 제시하며 활동을 시작하였다. 도움이 되는 장치라 함은 과학적 원리를 반영하여 생활을 편리하게 하여, 생활의 불편함을 해소할 수 있는 것들을 의미한다. 수업의 도입부에서 학생들에게 새로운 발상의 전환과 인간 삶에 대한 공감을 통해 자신의 삶과 직결된 구체적이고도 실제적인 프로토타입을 창의적인 문제 해결을 위한 전체 수업 과정을 거쳐 제작하도록 안내하였다.

3) 프로젝트 결과물이 학생들이 체험했거나 앞으로 체험할 수 있는 실현 가능한 결과물이어 야 한다.
➡ 실현 가능한 결과물

학생들이 조작할 수 있고 제대로 작동되는 프로토타입을 제작하여 그것을 직접 체험(조작, 발표 경청 등)할 수 있도록 수업을 구안하였다.

4. 프로젝트 결과물(산출물) 제작 안내문

가. 카드 뉴스 제작 안내문

1) 카드 뉴스

① 이미지를 주로 활용한 뉴스 포맷 중 하나로, 모바일을 위해 가독성과 이미지 비율을 높인 신개념 뉴스 포맷이다. 한컷 뉴스라고 불리기도 한다.

② 일반적인 뉴스 기사와는 달리, 짧은 글이 있는 여러 컷의 이미지만으로 이루어져 있으며 각 이미지마다 문구가 삽입되어 있어, 이미지들을 순서대로 읽는 스토리 형식의 뉴스라고 볼 수 있다.

2) 카드 뉴스 규격화된 양식

① 기본적으로 내용과 관련 있는 사각형 이미지를 배경으로 두고, 전하고자 하는 내용을 한두 줄 정도 줄여서 중앙에 배치한다.

② 모바일의 작은 화면, 스와이프(Swipe) 가능한 환경을 고려하여 상당히 큰 폰트로, 인용 텍스트를 한두 줄 정도로만 배치하며, 가독성을 최대한 높이기 위해 텍스트 뒤에 검은 박스를 배치하거나 배경 이미지를 블러(Blur) 처리하기도 한다. 경우에 따라서는 단색으로만 배경을 사용한다.

* 스와이프: 터치스크린에 손가락을 댄 상태로 화면을 쓸어 넘기는 것

3) 카드 뉴스 만드는 법

① 정보를 빠르게 전달하고 접근성을 높일 수 있도록 전달하고자 하는 정보를 최대한 요약한다.

② 딱딱한 뉴스와 다르게 이야기를 듣는 듯 재미를 느낄 수 있도록 스토리텔링 방식으로 효과적인 정보를 전달한다.

③ 무의미한 이미지를 의도적으로 중간에 끼워 넣어 독자들의 호기심을 유발한다.

카드 뉴스는 한 번에 한 이미지를 스와이프 할 수 있다. 따라서 의도적으로 무의미한 이미지를 끼워 넣어 다음번에 올 정보를 차단하면, 독자들은 이미지를 한 번 더 스와이프를 해야 하기 때문에 곧바로 다음 정보를 확인하기 어려우므로 다음 정보에 대해 궁금증을 가지게 된다. 예를 들어, "어떻게 된 것일까요?", "이때 OOO는 떠올렸습니다." 같은 문장을 사이에 끼워 넣으면 독자의 궁금증을 증폭시킬 수 있다.

*출처: 나무위키

카드 뉴스 예시

카드 뉴스 만들기 정보

네이버 카드 뉴스 예시

나. 풍자 뉴스 대본 제작 안내문

1) 대본이란?

연극·영화·텔레비전·라디오 등에서 대사나 동작 등 상연이나 제작에 필요한 사항을 적은 글로 각본이라고도 한다.

2) 풍자 뉴스 대본 작성 시 구성 조건

① 기사문의 형식을 따라 객관적이고 간결하게 작성한다. (참고: 육하원칙-누가, 언제, 어디서, 무엇을, 왜, 어떻게-)
② 뉴스 대본은 공정성, 타당성, 진정성이 있도록 작성한다.
③ 필요한 경우 지시문을 사용하여 구체적인 동작을 넣어 작성한다.
④ 풍자 요소가 잘 드러나도록 작품과 관련 있는 사건으로 작성한다.
⑤ 시청자의 이해를 돕기 위해 그림, 사진, 영상 등을 이용하여 작성한다.
⑥ 진행자(기자)의 경우, 맞춤법에 맞게 쓰며 경어체(~ㅂ니다)를 사용하여 작성한다.
⑦ 실제 뉴스처럼 진행자가 정보를 전달하기도 하고, 뉴스를 구성하는 인물들이 등장하여 대화하는 등 다양한 형식으로 작성한다.
⑧ 뉴스 프로그램을 시청한 후 코너 및 뉴스 제목에 대한 아이디어를 얻도록 한다.

시청한 뉴스 프로그램 내용

시청일: , 시청한 뉴스 프로그램:

시청 후 대본 제작과 관련하여 얻은 아이디어, 느낀 점

3) 뉴스 대본 예시

- **진행자**: 시청자 여러분, 안녕하십니까? 오늘의 뉴스를 시작하겠습니다. 첫 번째 소식입니다. 지난 ○○일 유관순 열사의 학창 시절 모습을 담은 사진이 최초로 공개되었다고 합니다. 이○○ 기자가 관련 소식 전해드립니다. (화면을 보며) 현장에 나가 있는 이○○ 기자~!
- **기 자**: 네, 서울 서대문구 ○○역사관에서 유관순 열사의 학창 시절 미공개 사진 2점을 최초로 공개했습니다. 관련 ○○단체는 이 사진들을 검증하여 유 열사의 학창시절 무렵의 것들이며 촬영 시기, 생김새 등으로 유 열사가 맞는 것으로 판단했다고 밝혔습니다. (두 장의 사진 화면에 제시) 이번에 발견된 유 열사의 사진 원본은 ○○까지 일반에 공개할 예정입니다. 이상 이○○ 기자였습니다.
- **진행자**: 네, 잘 들었습니다. 다음 소식입니다. (이하 생략)

다. UCC 제작 안내문

UCC(user created contents)는 전문가나 기관 등 콘텐츠 제공자가 아닌 일반 사용자들이 직접 만들어낸 콘텐츠를 뜻한다. UCC는 〈기획, 내용 구성, 자료 수집, 촬영, 편집, 게시/배포〉의 과정을 거쳐 완성된다.

1) 기획

기획 단계에서 제작자는 주제, 소재, 제작 형태 등을 결정한다. 영상의 주제와 전체적 줄거리를 만드는 단계를 시놉시스(Synopsis)라고 한다. 영상의 주제와 제작 의도, 영상을 통해 전달하고 싶은 메시지 등을 정하는 영상 제작 단계에서 가장 중요한 단계이다.

- 주제를 어떤 방법으로 사람들에게 강조할 것인가?
- 그 주제를 부각시킬 소스(음악, 영상, 그림 등)는 무엇인가?
- 그 소스를 어떻게 구할 것인가?
- 배경음악(BGM, Background Music)은 어떻게 할 것인가?
- 어떻게 편집할 것인가? (편집 프로그램 등 활용)
- 어떤 방법으로 게시할 것인가?

2) 내용 구성

기획이 어느 정도 수립되었으면 영상의 내용을 세부적으로 구성해야 한다. 이 단계에서는 주로 대본, 시나리오, 스토리보드, 콘티 등을 작성하며, 영상 제작을 위한 구체적인 내용을 글이나 그림으로 자유롭게 표현한다. 시나리오나 스토리 보드를 작성할 때는 배경음악을 함께 고려해서 기획한 영상과 잘 어울리는 음악을 먼저 선정하고 거기에 맞게 스토리를 구성하면 훨씬 완성도 높은 UCC를 만들 수 있다.

3) 촬영 및 자료수집

UCC에 필요한 동영상이나 사진, 음원 자료를 미리 계획하여 수집해야 한다. 직접 찍은 영상이나 사진을 활용하는 경우도 있지만, 다른 매체의 자료를 써야하는 경우도 있다. 이때 가장 중요한 것은 저작권 관련한 사항에 저촉 되는지 반드시 확인해야 한다. 사진 자료는 무료 사진 사이트나 구글 이미지 검색을 주로 활용한다. 구글에서 관련 이미지를 검색한 후, 도구에서 '재사용 가능'옵션을 선택하여 사용 가능한 자료만을 수집한다.

4) 편집
① **PC**: 무비메이커(Movie Maker-영상편집 중 가장 많이 알려진 사용이 간편한 프로그램) 등
② **스마트폰 앱**: 키네마스터. 비바비디오 등 (사용법은 NAVER에서 검색함)

5) 영상 분량: 3~4분 정도

라. 포스터 제작 안내문

1) 포스터의 의미

포스터(Poster)는 기둥을 뜻하는 'Post'에서 유래된 말로, 벽에 부착되는 광고, 벽보의 명칭으로 그 의미가 진화된 것이다. 포스터는 특정한 목적으로 제작되며, 전달하고자 하는 명확한 메시지가 내재된 커뮤니케이션 수단이다.

2) 포스터의 특징

포스터는 자유로운 표현과 다양한 색채 효과 등 조형적인 아름다움과 강한 시각적 소구력을 가지고 있다. 또한 대량 복사 후 다양한 장소에 장시간 부착할 수 있는 전달매체이므로 대중에게 효과적으로 의도한 메시지를 전달할 수 있다.

따라서, 포스터는 대중의 시각을 순간적으로 자극하여, 보는 사람의 잠재의식에 의한 반응과 연쇄작용을 일으킴으로써 강한 선전효과와 전달효과를 거두는 기능적 특징을 지닌다.

*소구력- 광고가 시청자나 상품 수요자의 사고나 태도에 영향을 미치는 힘.

3) 포스터의 종류

포스터는 광고의 목적과 내용에 따라 문화행사 포스터, 공공캠페인 포스터, 상품광고 포스터, 관광 포스터 등으로 구분된다.
① **문화행사 포스터**

행사의 정보를 알리기 위한 포스터로 전달하고자 하는 내용이 한눈에 들어오도록 제작한다.

② 공공캠페인 포스터

각종 사회 캠페인 매체로서의 기능을 수행하며, 목적하는 바에 따라 대중을 설득한다.

③ 상품광고 포스터

상품과 소비자를 연결하는 수단으로 다양한 내용을 담은 움직이는 정보전달매체로써의 기능한다.

④ 관광 포스터

사람들의 관광 동기와 욕구를 유발하여 관광 행위를 하도록 유도한다.

* 포스터 의미, 특징, 종류의 출처: 한국기술진흥원의 블로그

4) 포스터의 구성요소

포스터는 헤드라인, 보디카피, 일러스트레이션, 레이아웃으로 구성된다.

① 헤드라인은 광고의 내용을 집약적으로 전달하여 독자의 눈길을 끌어야 한다.
② 보디카피는 광고의 의도를 자세히 전달하기 위해서 헤드라인을 모두 읽은 독자가 보다 구체적인 정보를 얻기 위해 읽는 단어적 의미 그대로 카피 몸체 부분이다.
③ 일러스트레이션은 어두운 곳에서 빛을 비추면 그 실체가 밝게 드러나듯이 전하고자 하는 뜻을 보다 쉽고 편하게 명확히 알게 해 주는 그림이라는 의미이다.
④ 레이아웃은 시각 전달 목적을 달성하기 위해 문자, 사진, 일러스트레이션을 비롯한 시각 요소를 일정한 공간 내에 효과적으로 배열하여 보는 이의 시선을 유도하는 작업이다.

5) 포스터 디자인의 조건

① 포스터는 눈에 잘 띄어야 하며, 전달하려는 내용을 한 눈에 알아 볼 수 있도록 간결하고 명료해야한다.
② 주제, 문자의 크기 및 배색 등을 고려하여 아름답고 창의적이며, 참신한 감각으로 제작하여 설득력과 전달 효과를 높여야 한다.
③ 색의 수는 가능한 세 가지에서 다섯 가지로 제한하는 것이 좋으며, 눈에 잘 띄는 선명한 색을 쓰는 것이 효과적이다.
④ 이미지는 광고의 사실성을 높이고 한 눈에 내용을 이해할 수 있게 하는 것으로 선정해야 한다.

6) 포스터 디자인의 제작 방법

① 구성, 내용에 따른 구상 스케치를 한다.
② 포스터의 크기와 배색을 계획한다.
③ 그림, 글씨 등의 배치를 구상하고 일러스트와 사진을 이용하여 완성한다.

7) 포스터 평가 요소 및 채점 기준

① **주제 표현**

주제를 효과적이고 설득력 있게 표현하였는가?

주제 표현을 위한 화면 구성이 개성적이고 아름다운가?

② **표현 매체와 표현 방법**

매체(재료)를 주제에 맞게 선정하고 표현 방법이 독창적인가?

조형요소가 조화롭고 아름답게 구성되었는가?

③ **작품 제작 의도**: 작품 제작 설명 능력(작품 요약서)

작품의 주제 및 근거에 대하여 구체적으로 서술하고 제시하였는가?

마. 인권단체 홈페이지(메인) 제작 안내문

1) 메인 홈페이지의 목적

① 사람들에게 단체의 특징을 잘 보여주어야 한다.

② 사람들이 가장 궁금해 하는 내용을 바로 볼 수 있어야 한다.

③ 사람들의 관심을 끌 수 있어야 한다.

2) 인권단체 메인 홈페이지 제작 방법

① 필요한 홈페이지의 메뉴를 나열한다. (단체 설립 제안서의 항목은 모두 포함해야 함)

② 홈페이지의 디자인을 구상하고 디자인 콘셉트를 생각한다.

③ 메인 화면의 카피 문구를 정한다.

④ 홈페이지 구성 요소의 위치와 내용의 크기를 정한다.(많은 홈페이지를 방문하여 아이디어를 얻어도 됨)

⑤ 필요한 자료를 수집한다.

⑥ 공동 활동으로 제작한다.

⑦ 필요한 경우 관련 사진 또는 인쇄물을 부착한다.

• 인권단체 메인 홈페이지 예시

바. 인포그래픽 제작 안내문

1) 인포그래픽이란?

가) 인포메이션 그래픽(information graphics)의 줄임말이다.

정보를 시각화하여 메시지를 누구나 알기 쉽게 전달하는 것이다. 복잡한 정보를 빠르고 명확하게 설명해야 하는 기호, 지도, 기술 문서 등에서 사용된다. 차트, 지도, 다이어그램, 흐름도, 로고, 달력, 일러스트레이션, 텔레비전 프로그램 편성표 등이 인포그래픽에 포함된다.

나) 인포그래픽의 기본 요소는 비주얼(visual), 내용(content), 지식(knowledge) 등의 세 가지이다. 인포그래픽은 색깔과 그래픽으로 이루어진 비주얼 요소를 통해 나타내고자 하는 지식에 대한 통찰 결과를 내용으로 하고 있다.

2) 인포그래픽의 제작 방법

가) 주제 선정, 데이터 수집, 스토리라인 작성의 순서로 한다. 유의 사항은 다음과 같다.
① 정확하고 쉽게 의미를 전달하도록 제작한다.
② 스토리를 담아 흐름을 파악하도록 제작한다.
③ 복잡한 내용을 한눈에 보이도록 제작한다.

나) 인포그래픽을 통해 얻고자 하는 가치가 무엇인가 즉, 제작 목적을 분명히 한다. 전달하고자 하는 메시지를 효과적으로 전달해야 한다. 텍스트, 그림, 사진, 도표 등 다양한 방식과 도구를 적극 활용한다.

• 인포그래픽의 예시

고등학교 사회과 문화탐방 인포그래픽 사례

프로젝트 수업
학습목표 제대로 진술하기

C-프로젝트 수업연구소 **우치갑**
대구 화원중학교 **이지영**, 경기 민락중학교 **양혜인**

학습목표는 학생들이 수업을 통해 무엇을 알고 느끼고 깨닫고 실천하도록 하기 위함인지를 명확히 한다. 프로젝트 수업을 통해 학습하는 내용은 개별 단원의 학습을 통해 학습할 수 있는 것보다 더 범위가 넓거나 더 깊이 있는 내면화를 위한 것으로 학습 경험과 평가의 설계가 수업 목적을 향해 일관성 있게 이루어져야 한다.

교사라면 누구나 하는 고민은, 명확하면서도 군더더기 없는 학습목표를 진술하는 것이다. 때때로 학습주제만 간단히 적고 수업을 하기도 하지만 그 속에도 학습목표가 숨어 있다. 그렇다면 학습목표는 왜 이렇게 중요한 것일까? 무엇보다도 학습목표 속에 학생들이 도달해야 할 성취 내용이 담겨있고, 학습목표를 통해 학습 과정을 안내하기 때문일 것이다. 이를 바탕으로 학습 과정이 구체화되고 학습에 대한 평가까지 이루어질 수 있으니 무엇보다 중요할 수 밖에 없다.

많은 교사들은 학습목표에 대해 잘 알고 있다고 생각하지만, 중요한 조건을 놓치지 않고 학습목표를 진술하고 있는가에 대한 반성이 필요하다. 이제부터 어떻게 학습목표를 제시해야 하는지, 어떻게 학습목표를 진술하면 좋은지에 대해 함께 살펴보고자 한다.

1. 학습목표

1) 학습자가 교수-학습 과정을 통해 도달해야 하는 목표다.
2) 학습자가 교수-학습 과정을 통해 배우고 익혀야할 내용과 행동을 상세하게 진술한 문장이다.
3) 일련의 교수-학습 과정을 통해 학습자가 도달할 것으로 기대되는 학습자의 인지적, 행동적 결과를 의미한다.

2. 학습목표는 명시적 동사를 사용하여 구체적인 행동으로 진술

명시적 동사(明示的 動詞)는 학습목표를 진술할 때, 학생들에게서 나타나거나 변화되어야 할 행동을 직접적으로 관찰할 수 있도록 표시해 주는 동사이다.

> **[명시적 동사 예시]**
> ~을 구별할 수 있다, ~을 말할 수 있다, ~을 열거할 수 있다, ~을 종합할 수 있다, ~을 발견할 수 있다, ~을 조사할 수 있다, ~을 계산할 수 있다, ~을 사용할 수 있다, ~을 비교할 수 있다, ~을 식별할 수 있다, ~을 평가할 수 있다.

3. 타일러(Tylor)의 학습목표 진술 방법

1) 한 진술문 속에 구체적인 내용과 행동을 포괄하여 제시해야 한다.
2) 학생에게 기대되는 행동을 충분히 세분화하여야 한다.

예1) 지역별로 다양한 기후가 나타나는 이유를 이해할 수 있다.
                    내용   행동

예2) 봉사활동을 위한 홍보 포스터를 제작하고 발표할 수 있다.
                내용   행동

4. 메이거(Mager)의 학습목표 진술 방법

1) 조건(상황) - 학습자가 학습된 행동을 평가받을 때 제공되는 상황
2) 도달 기준 - 학습된 행동이 수업 목표에 어느 정도 달성되었다고 볼 수 있는 정도
3) 도착점 행동 - 학생이 학습 후에 학습의 결과로서 나타내는 행동

예) 다양한 강수 자료를 이용하여 세계의 기후를 파악할 수 있다.
        조건(상황)   도달 기준   도착점 행동

다양한 사회적 약자를 찾아 하나를 선정하여 프로젝트 계획서를 수립할 수 있다.
            조건(상황)   도달 기준   도착점 행동

5. 교과별 프로젝트 수업 학습목표 진술 예시

가. 국어과(이지영 선생님)
1) 교   과: 중학교 3학년
2) 단원명: 1. 말과 글의 울림 (1) 문학의 표현
3) 프로젝트 주제: 양반전 풍자 뉴스 대본 제작 프로젝트
4) 학습목표:
① 고전 작품을 통해 풍자의 의미를 파악하여 정리할 수 있다.
② '양반전' 속 풍자내용을 통해 작품 속 사회와 현재 사회의 모습을 비교하여 토의할 수 있다.
③ 풍자적 요소를 활용하여 새로운 형식(풍자 뉴스 대본 제작)으로 표현할 수 있다.

나. 사회과 ①(유희선 선생님)
1) 교   과: 중학교 1학년
2) 단원명: XII-01. 정치 과정과 정치 주체 / XII-02. 선거의 의미와 제도
3) 프로젝트 주제: 정치 과정을 이해하고 자유학기제에 대한 정책평가 하기
4) 학습목표:
① 플로우맵 활동과 정책평가 모둠 토론으로 정치과정의 5단계를 순서대로 설명할 수 있다.
② 정치주체로서 선거를 통해 주권을 행사하고 정치에 참여하는 자세를 가질 수 있다.
③ 시장이 갖추어야 할 조건을 제시하여 미래 남양주 시장 모의 선거용 포스터를 제작할 수 있다.

다. 사회과 ②(고영애 선생님)
1) 교   과: 고등학교 통합사회 1학년
2) 단원명: VII. 문화와 다양성 01. 문화권의 특징, 02.문화변동의 양상, 03.문화를 이해하는 태도
3) 프로젝트 주제: 어서와~ 한국문화는 처음이지!, 문화 탐방 프로그램 작성하기
4) 학습목표:
① 문화의 의미와 다양한 문화권의 특징을 파악할 수 있다.
② 문화변동의 다양한 양상을 이해하고 구체적인 사례를 조사하여 정리할 수 있다.
③ 문화 상대주의적 태도와 전통문화를 고려하여 문화탐방을 위한 프로그램 제안서를 제작할 수 있다.

라. 수학과 ①(장영희 선생님)

1) 교　과: 중학교 2학년

2) 단원명: Ⅲ. 부등식 3-1. 부등식과 그 해 / 3-2. 부등식의 성질 / 3-3. 일차부등식의 풀이

3) 프로젝트 주제: 나도! 스타강사 프로젝트 (학교 생활 속 일차부등식 상황 찾아 문제 해결하기)

4) 학습목표:

① 다양한 학교 생활 속 일차부등식 문제 상황을 이해하고 이를 통해 모둠별 문제 상황을 300자 스토리로 만들 수 있다.

② 300자 스토리를 이용하여 영상 제작을 위한 스토리보드를 작성할 수 있다.

③ 작성된 스토리보드를 바탕으로 문제 상황과 문제 해결 과정이 잘 드러날 수 있는 영상을 제작할 수 있다.

마. 수학과 ②(이보라 선생님)

1) 교　과: 고등학교 3학년 수학연습 I

2) 단원명: 전 단원

3) 프로젝트 주제: 내 인생의 첫발, 어디가 좋을까?

4) 학습목표:

① 각 단원의 수학적 개념을 바탕으로 정확한 자신의 진로 방향과 요건을 탐구할 수 있다.

② 진로희망과 관련된 주제를 비주얼씽킹 활동을 통해 선정할 수 있다.

③ 자신의 진로와 관련한 수학적 개념 요소를 반영하여 재해석한 영상물을 제작할 수 있다.

바. 수학과 ③(이보라 선생님)

1) 교　과: 고등학교 3학년 수학연습 I

2) 단원명: Ⅶ-03. 도함수의 활용/ Ⅷ-2-02. 정적분

3) 프로젝트 주제: 수학으로 바라본 나의 인생

4) 학습목표:

① 함수의 미분과 적분의 개념을 토론을 통해 만다라트 기법으로 8개의 키워드를 찾아낼 수 있다.

② 함수의 미분과 적분의 필수 요소로 함수 그래프를 분석하고 설명할 수 있다.

③ 함수의 미분과 적분 키워드 8개를 이용한 수학 시화를 제작하여 발표할 수 있다.

사. 영어과 ①(양혜인 선생님)

1) 교　　과: 중학교 1학년
2) 단원명: Lesson 3 Wisdom in Stories / Lesson 4 Small Things, Big Differences
3) 프로젝트 주제: 사회문제/환경 문제의 해결을 촉구하는 캠페인 포스터 만들고 캠페인 활동하기
 (세상을 바꾸는 민락특공대)
4) 학습목표:
① 영어 단어를 활용하여 사회문제/환경 문제를 소개하는 워드 클라우드를 제작할 수 있다.
② 사회문제/환경 문제와 관련된 글을 읽고 피쉬본으로 원인을 찾아 해결책을 제시할 수 있다.
③ 사회문제/환경 문제의 해결을 다짐하고 타인의 해결을 촉구하는 명령문 문장을 활용하여 캠페인 포스터를 제작하여 캠페인 활동을 할 수 있다.
④ 캠페인 포스터 만들기 프로젝트 수행 후에 자신의 배움을 성찰하는 글을 쓸 수 있다.

아. 영어과 ②(임성은 선생님)

1) 교　　과: 중학교 1학년
2) 단원명: Brother Eagle, Sister Sky
3) 프로젝트 주제: Trash into Treasure
4) 학습목표:
① 일상생활 속에서 버려지는 쓰레기의 심각성을 인식할 수 있다.
② 버려지는 쓰레기를 Upcycling하기 위한 실천방안을 제안할 수 있다.
③ '3R(Reduce, Reuse, Recycle)' 실천을 위한 캠페인 포스터를 제작하여 홍보할 수 있다.

자. 도덕과 ①(이영옥 선생님)

1) 교　　과: 중학교 2학년 도덕
2) 단원명: I-03.도덕적 자아상/ II - 01. 타인존중의 태도
3) 프로젝트 주제: 나, 너, 우리들의 평화로운 학교 만들기
4) 학습목표:
① 도덕적 자아상을 바탕으로 자신의 인생관을 세울 수 있다.
② 자기존중과 타인 존중의 상관관계를 연꽃기법으로 이해할 수 있다.
③ 일상생활 속에서 인간 존중의 태도를 실천하는 포스터를 제작할 수 있다.

차. 도덕과 ②(이영옥 선생님)

1) 교   과: 중학교 도덕 1학년
2) 단원명: I. 자신과의 관계 5. 행복한 삶
3) 프로젝트 주제: 행복한 사람에겐 비밀이 있다 (행복의 비밀코드를 풀어라).
4) 학습목표:
① 행복한 삶의 의미와 조건을 알고 좋은 습관과의 관계를 말할 수 있다.
② 행복한 삶을 사는 사람이 추구하는 가치와 태도를 조사하여 발표할 수 있다.
③ 신체적·정서적·사회적 건강과 행복한 삶의 관련성을 설명할 수 있다.

카. 과학과 ①(진연자 선생님)

1) 교   과: 중학교 2학년 과학
2) 단원명: 2. 전기와 자기
3) 프로젝트 주제: 디자인씽킹 기법을 활용하여 전기와 자기 프로토타입 제작하기
4) 학습목표:
① 실험을 통하여 마찰전기, 정전기 유도 현상, 옴의 법칙, 전자기력의 개념을 이해할 수 있다.
② 전기와 자기의 과학적 원리가 잘 반영된(실생활에 유용한) 프로토타입을 제작할 수 있다.
③ 발표, 투자, 평가지 작성, 발표회 과정을 통하여 프로젝트 활동을 스스로 평가·반성할 수 있다.

타. 과학과 ②(소은숙 선생님)

1) 교   과: 중학교 1학년
2) 단원명: Ⅲ-03. 생물 다양성의 보전
3) 프로젝트 주제: 생물 다양성 보전을 위한 활동 방법 제안하기
4) 학습목표:
① 생물 다양성이 감소하는 원인을 특성요인도 분석 활동으로 나타낼 수 있다.
② 생물 다양성 보전의 필요성을 5Why 활동으로 나타낼 수 있다.
③ 생물 다양성 보전을 위한 활동 사례를 조사하여 발표할 수 있다.
④ 생물 다양성 보전을 위한 활동 방법을 제안하는 프로젝트를 계획할 수 있다.
⑤ 생물 다양성 보전을 위한 활동 방법을 제안하는 프로젝트를 수행할 수 있다.
⑥ 생물 다양성 보전을 위한 활동 방법을 제안하는 프로젝트를 발표할 수 있다.

상상과 기대를 현실로
바꿔 줄 로드맵,
프로젝트 수업 및 평가 안내문

C-프로젝트 수업 연구소 **우치갑**, 경기 관양고등학교 **고영애**
경기 민락중학교 **양혜인**, 대구 화원중학교 **이지영**

프로젝트 수업의 첫 시간에 안내되는 〈프로젝트 수업 및 평가 안내문〉은 학생들이 앞으로 프로젝트 수행 과정에서 학생들 스스로 무엇을 할 것인지, 어떻게 해야 하는지에 대한 방향성을 갖게 된다.

프로젝트 수업의 시작은 멀고도 험하다. 하지만 시작이 반이라는 옛 말도 있듯이 시작을 위한 안내문 준비만 마무리되면 프로젝트 수업은 거의 완성이라고 볼 수 있다. 프로젝트 수업 및 평가 안내문은 프로젝트 수업의 길을 자세히 알려주는 네비게이션이다. 즉, 길을 잃지 않게 하는 길잡이와 같다.

프로젝트 수업 및 평가 안내문에는 하나의 프로젝트가 진행되는 시간별, 내용별로 수행해야 할 활동들과 평가 방법, 평가 요소들까지 모두 구성되어 있다. 교사와 학생 모두가 프로젝트 수업의 한 차시, 한 차시를 의미 있게 보낼 수 있도록 해 줄 수 있다. 또한, 프로젝트 수행 과정 중에 준비해야 할 것이 무엇(활동지, 활동 도구)이며, 학생들이 수행해야 할 과제가 무엇인지에 대한 흐름을 자세히 알려준다.

1. 프로젝트 수업 및 평가 안내문의 필요성

프로젝트 수업 및 평가 안내문에 대한 첫 생각은 '번거롭다, 너무 할 일이 많아져 부담스럽다, 안내문이 꼭 필요한 과정인가?' 등 부정적인 생각이 우선이었다. 하지만 막상 수업과 평가에 대한 안내문을 작성하여 활용해 보니 손에 딱 맞는 방망이를 만들기 위해 나무를 다듬고 또 다듬던 수필 속 한 장인처럼 마치 내가 수업 장인이 될 수 있다는 작은 기대감이 생기기도 했다.

왜냐하면, 이런 안내문을 통해 수업을 좀 더 자신감 있고 체계적으로 이어갈 수 있다고 느꼈기 때문이다.

수업에 대한 작은 노하우들이 쌓여 의미 있는 수업 장면을 만들어 간다는 것, 교사로서 그것보다 즐거운 일이 또 있을까? 프로젝트 수업 안내문, 평가 안내문의 좋은 점 몇 가지를 구체적으로 정리해 보며 생각을 나누도록 하겠다.

가. '안내문'이라는 용어가 가진 의미 그대로 교사 및 학생에게 충분한 안내를 할 수 있다.

운전을 할 때 목적지는 있지만 경로에 대한 안내가 없다면, 등산을 할 때 이정표가 없다면, 생각만 해도 어려움이 그려진다. 구체적으로 프로젝트 수업을 시작하기 전 학생들에게 제시할 수업 안내문을 작성해보면 교사는 스스로에게 한번 더 프로젝트 수업의 의미와 과정에 대한 로드맵을 정리할 수 있다. 그러면서 최종적으로 프로젝트 과정을 점검하거나 수정 및 보완할 수 있는 기회를 가지게 되는 것이다. 학생들은 수업 안내문과 평가 안내문을 통해 전체 프로젝트 과정을 인지할 수 있고 자신이 어떤 활동을 하게 되는지, 준비할 것은 무엇인지 등에 대해 구체적으로 이해할 수 있다.

나. 수업 안내문과 평가 안내문은 과정중심평가에 도움을 준다.

프로젝트 수업 안내문과 평가 안내문을 통해 교사는 핵심 내용을 학생들에게 반복하여 제공할 수 있다. 이는 프로젝트 수업에 있어 그 본질을 잃지 않게 하는 중요한 역할을 하며 학생들은 무엇이 핵심인지 통찰할 수 있다. 프로젝트 수업의 과정 하나하나, 한 차시 한 차시가 연결되어 일관성 있는 수업으로 이어짐을 수업 및 평가 안내문에서 확인할 수 있다. 안내문은 과정중심평가가 보다 의미 있게 이루어질 수 있도록 단서를 제공한다.

다. 수업 안내문과 평가 안내문을 통해 교사-학생 간 신뢰 관계를 형성할 수 있다.

프로젝트 수업은 여러 차시에 걸쳐 진행된다. 그렇기 때문에 교사도 학생도 어느 정도의 부담감은 가지고 있다. 하지만 수업 안내문과 평가 안내문을 통해 프로젝트 수업의 전 과정을 교사-학생이 공유하며 함께 활동을 이어간다면 그 부담감을 어느 정도 해소할 수 있다고 생각한다. 학생의 입장에서 교사가 제공한 수업 및 평가 안내문은 전체 프로젝트 수업 과정을 이해할 수 있는 안내서이자 동시에 교사의 수업을 믿고 따를 수 있는 지도이기도 하다. 안내문을 바탕으로 프로젝트 수업 과정을 공유하며 서로의 역할을 기대하는 등 신뢰 관계를 형성할 수 있다.

2. 교사에게 좋은 점

가. 구상한 수업 및 평가의 모든 차시를 상상해 보면서 질적 측면을 고려하여 사전에 진행과정을 수정할 수 있다.

교사와 학생들이 전개할 수업의 방향과 장면을 예측해 보면서 수업 시 발생할 수 있는 다양한 문제들을 고민해 볼 수 있다. 수업이나 평가를 머릿속으로 구상하고 진행해 보면서 수업시간, 준비물, 활동지뿐 만 아니라 학생들의 활동 상황의 수위를 결정할 수 있다. 또한, 결과물이나 과정 중에 작성해야 할 학습지, 개인 혹은 모둠별 과정, 평가 등을 학생 수준에 맞게 미리 고려하여 결정할 수 있다는 점이다. 이를 통해 교사는 처음 수업 및 평가 구상 시의 계획의도에 맞게 수정하거나 보완할 수 있게 된다.

나. 매 차시별 학습 목표와 결과물, 평가 방법, 평가 척도 등을 정확하게 안내할 수 있다.

교사의 수업 의도와 목적을 정확하게 안내할 수 있고 프로젝트 수업에 대한 전체 그림을 그릴 수 있다. 이를 통해 교사는 수업에 필요한 준비를 좀 더 철저하게 할 수 있다. 프로젝트 수업 및 평가는 1, 2차시로 진행할 수 없다. 또한, 매 차시마다 학생들이 수행해야 할 계획과 과정이 있으므로 교사가 수업마다 설명을 통해 안내할 시간이 부족하다. 뿐만 아니라 모둠의 역량에 따라 진행상의 차이가 있으므로 매 차시별 동일한 수행과정을 안내할 수 없다. 같은 프로젝트이지만 모둠별로 다른 과정을 수행하게 될 것이다. 따라서 프로젝트 활동 시 학생들에게 자신과 모둠의 위치, 수행 등을 수시로 확인하고 인지할 수 있는 기회를 제공하게 된다.

다. 다음 프로젝트 수업을 미리 구상해 보면서 교과의 연계성을 고려할 수 있다.

각 교과 혹은 과목마다 학습목표가 설정되어 있다. 목표를 이루기 위해 교사의 방향을 안내하는 것이 바로 프로젝트 안내문이다. 프로젝트 안내문은 지금 수행하게 될 프로젝트 수업이나 평가를 안내하고자 하는 것이다. 그러나, 현재 시행하고자 하는 프로젝트의 문제점이나 개선점을 고려하고 각기 다른 프로젝트 수업 및 평가를 연계하여 목표에 도달하기 위한 것이기도 하다.

라. 수업 및 평가에서 전문적 성장을 이끌 수 있다.

끊임없이 빠르게 변화되는 사회에서의 지식의 전달을 위한 교사 중심의 수업을 아직도 진행하고 있다면 이점을 고민해 봐야 할 것이다. 많은 수업의 형태 중 학생 중심, 학생 주도의 수업 및 평가로써 프로젝트는 그 어떤 수업보다 훌륭하다. 프로젝트 수업 교수-학습 과정안을 작성하면서 수업의 진행에 대해 주저하던 교사들도 프로젝트 계획 및 안내문 작성을 통해 교사 자신의 수업 전문성의 성장을 이루게 될 것이다.

3. 학생에게 좋은 점

가. 실행하고자 하는 프로젝트 수업과 평가의 목표를 정확하게 인지하고 프로젝트 과정을 이해할 수 있다.

교사는 수업 및 평가의 방향과 전개는 수업 설계를 통해 미리 상상할 수 있으나 학생은 수업의 전개와 평가의 의도, 방법 등은 교사의 설명만으로는 이해하기가 어렵다. 이에 프로젝트 수업 및 평가 안내문은 학생들에게 수업과 평가의 의도, 계획, 과정, 결과물 등을 정확하게 인지하고 성취기준에 도달할 수 있게 한다.

나. 자신만의 능력을 파악하고 프로젝트 활동 시 역할을 정할 수 있다.

학생들은 각자 서로 다른 능력을 지니고 있다. 제시된 안내문을 통해 각자가 할 수 있는 부분을 파악하고 모둠별 프로젝트 수행 계획서 작성 시 프로젝트 실행을 위한 역할을 분담할 수 있게 된다. 모둠 구성원 모두가 같은 일을 한다면 프로젝트는 성공할 수 없다. 각자의 역량을 발휘한 협력적 문제해결과정이 프로젝트의 본 모습이며 프로젝트 활동을 통해 학생들은 미래시대에 필요한 협업적 문제해결역량을 키워나갈 수 있게 된다.

다. 학생들이 매 차시별 프로젝트 수업 의도를 명확하게 이해하고 수행할 수 있다.

학생들은 매 차시 본인의 수행과제와 프로젝트 활동을 통해 이루어야 할 결과물을 파악하는 것이다. 차시별 목표가 제시되면 모둠별 각자의 역할 분담에 따라 목표를 이루기 위해 학생 개개인의 수행과제를 파악하고 실행으로 옮길 수 있다.

라. 안내문에 제시된 과정을 수행한 결과 모둠이 문제의 해결가로서 성취감과 자신감을 갖게 된다.

안내문은 학생들의 네비게이션과 같다. 학생들은 안내문을 읽으면서 머릿속으로 프로젝트 과정을 상상하고 결과물을 완성하게 된다. 모든 학생들은 문제를 해결하는 해결자로서 일련 과정을 상상하면서 프로젝트 종료 시의 성취감과 자신감을 얻게 되며 이를 통해 도전하고자 하는 의지를 다지게 된다. 무엇을 해야 할지를 안다면 겁이 나서 도전하지 못하는 경우는 없게 된다.

4. 교과별 프로젝트 수업 안내문

가. 중학교 국어과 프로젝트 수업 안내문(이지영 선생님)

함께! 앎과 삶을 채우는 국어 수업	『양반전』 풍자 뉴스 대본 제작 프로젝트 학생 안내문	생각은 새롭게! 소통은 막힘없이!
프로젝트 형태 및 수업 차시	'개별 활동+모둠 활동'으로 이루어진 총 8차시 프로젝트	
성취기준	[9국05-09] 자신의 가치 있는 경험을 개성적인 발상과 표현으로 형상화한다.	

안녕? ○○중학교 학생 여러분, 나는 이번에 여러분이 공부할 '양반전'의 작가 박지원이란다. 이 작품 속에 드러난 개성적인 발상과 표현 의도를 제대로 파악해 주면 좋겠구나. 작품 속 사회와 지금 사회의 모습도 비교해 보고, 새롭게 작품을 표현해서 재창조 해주면 고맙겠어. 그러기 위해서는 다음과 같은 과정이 필요하단다. 바로 작품 읽고 질문 만들기, 좋은 질문 선택하고 모둠 활동하여 새로운 질문 작성하기, 토의하기, 풍자 대본 제작을 위한 계획서 작성하기, 풍자 대본 제작하기, 평가하기 활동이지. 모둠별로 의논하여 함께 활동지를 완성할 수 있도록 하고, 결과물과 과정을 함께 평가하니 유의하도록 하렴. 자기성찰평가와 동료 평가, 특히 선생님이 뒤에서 교사 관찰 평가를 함께 실시하니 신경 쓰도록 해라. 활동지와 결과물을 수합하여 수행평가에 반영할 예정이니 이번 프로젝트가 더 의미 있을 것 같구나.

1-2 차시 '양반전' 읽고 질문 만들기
1. 수행평가를 위한 모둠편성
2. '양반전' 읽고 질문 만들기
   개별 질문 만들기, 모둠 질문 선정하기, 모둠 토의할 새로운 질문 선정하기

3 차시 토의 대본 작성하기
1. 최종 선정된 모둠 질문으로 토의 대본 작성하기
2. 모둠별 역할 선정하여 토의하기

4 차시 양반전 풍자 뉴스 대본 제작 계획서 작성하기
1. 공통과제, 선택과제 확인하기
2. 적절하게 역할 분담하기
3. 표지, 소감(뒤표지) 구상하기

  * 공통코너: 사건취재, 시청자연결, 토의, 만평, 추천노래
  * 선택코너: 모둠선택으로 정한 자유 코너
  * 앞표지, 뒤표지(소감란) 포함 총 8면

5 차시 모둠별 만평 작성하기
1. 모둠별 협의를 통해 만평 작성하기
2. 마지막 칸(새로운 생각)을 대본 제작에 활용하기- 새로운 풍자물 창작

6-7 차시 풍자 뉴스 대본 제작하기 실제
1. 역할 분담한 대로 코너 작성하기
   (뉴스 대본의 형식에 맞도록)
2. 완성 후 고리를 받아 제출하기

8 차시 프로젝트 산출물 발표 및 평가하기
1. 모둠별 발표
2. 모둠 내, 모둠 간 동료 평가

나. 중학교 영어과 프로젝트 수업 안내문(양혜인 선생님)

프로젝트 수업 안내	세상을 바꾸는 민락특공대
단원명	Lesson 3 Wisdom in Stories Lesson 4 Small Things, Big Differences

To. ○○중학교 친구들

귀여운 ○○중학교 1학년 친구들 안녕! 우리는 오늘도 세계 평화를 위해 노력하는 파워레인저란다.

우리는 매일 매일 세계 평화를 위해 애쓰고 있지만, 다섯 명은 너무 힘들어서 ○○중학교 친구들의 도움이 절실해.

민락중학교 친구 여러분! 우리 다섯이 미처 파악하지 못한 세계 곳곳의 여러 문제들을 찾고, 이를 해결할 것을 세상에 함께 외쳐보지 않겠니?

와우! 함께 해주겠다니 정말 고맙구나! 여러분은 이제부터 민락특공대란다! 그러면 이제부터 우리 한 달 동안 세상을 바꾸기 위해 함께 노력해보자! 먼저, 우리 파워레인저가 파악하지 못한 여러 문제들을 알려줬으면 좋겠구나. 그리고 그것이 무슨 문제인지, 문제의 원인이 무엇인지 직접 여러 정보를 모아 파악해보렴! 그 후, 반 전체의 협동을 통해 문제점의 해결책을 함께 모색해보렴! 민락특공대 여러분은 세상에 멋지게 외치기 전, 먼저 모둠별로 발표해보는 시간도 가질 것이란다! 양혜인 선생님은 민락특공대와 협력하는 지구 도우미란다. 민락특공대 여러분이 성실하게 참여하는지 면밀히 살펴보실 거야. 개별 활동, 모둠별 활동 모두 열심히 하여, 우리 함께 세계 평화를 꿈꿔보자!

From. 파워레인저

1. 민락특공대 활동 안내

(1) 1~3차시 소모임 편성 및 주제 선정
- 프로젝트를 위한 민락특공대 소모임 편성
- 사회문제/환경 문제 주제망 그리기
- 쌍비교분석법을 활용한 주제 선정
- Word Cloud 만들기
- 개별 조사 계획 세우기

(2) 4~5차시 자료 조사, 분석 및 피쉬본으로 정리
- 개별 조사 자료와 영문 기사를 읽고 문제의 원인과 해결책 파악하기
- 피쉬본으로 도식화하기
  - 문제의 원인과 해결책을 피쉬본으로 도식화
  - 비주얼 씽킹으로 시각화하기

(3) 6~7차시 민락특공대 선서식, 캠페인 포스터 만들기, 캠페인 계획 세우기
- 민락특공대 선서식
  - 조동사 will을 활용하여 문제 해결의 의지 보이기
- 캠페인 포스터 만들기 (자세한 안내 참고)
- 모둠별 캠페인 계획 세우기

(4) 캠페인 활동
- 등굣길 20분, 점심 시간 등을 활용한 캠페인 활동
- 포스터를 들고 구호를 외치며 활동할 예정

(5) 8차시 성찰 일지
- 전체 활동을 되돌아보는 성찰 일지 작성 (일부 영어로 작성)

2. 캠페인 포스터 안내
- 캠페인 포스터의 구성 (영어로 작성)
  - 모둠별 문제, 그림, 해결 방안으로 구성
- 유성매직, 색연필, 싸인펜을 활용
- 2절지에 구성

3. 민락특공대 평가

선생님이 민락특공대의 모든 개별 활동, 소모임 활동, 모둠 활동의 모든 과정을 면밀히 관찰 후 평가하여 생기부에 상세하게 써줄 예정
동료 평가, 자기성찰평가도 실시

다. 중학교 과학과 프로젝트 수업 안내문(소은숙 선생님)

수업안내	프로젝트 수업 소개	반 : 번호: 모둠:
	Ⅵ 빛과 파동 ▶ 사이언스 작은 음악회	이름 :
학습목표	• 소리의 원리를 이해하고, 악기를 만들어 연주할 수 있다.	목표도달여부 ☆☆☆☆☆

I. 프로젝트 수업 안내

사이언스 작은 음악회

아주 먼 옛날 사람들은 동물의 뼈를 이용한 피리를 만들어 악기로 활용하였다고 합니다.

악기 소리는 그 자체로도 아름답지만 사람의 목소리와도 아주 잘 어우러져서 음악을 풍부하게 만들어 주기도 합니다. 악기 소리는 파동의 일종으로 대표적인 종파이며 음파라고도 합니다. 악기 소리의 매질은 주로 공기이며, 공기 분자가 진동하여 귓속의 고막까지 전달해주면 고막이 진동하여 듣게 됩니다. 고막이 진동할 때의 진폭과 진동수에 따라 큰 소리, 작은 소리, 높은 소리, 낮은 소리 그리고 같은 계이름이지만 악기의 종류에 따라 다음과 같이 다른 파형의 다양한 소리를 듣게 됩니다.

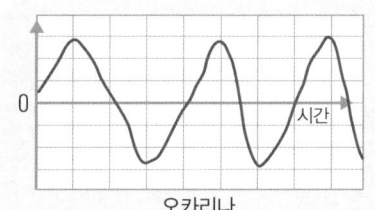

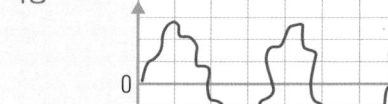

여러분들은 지금까지 파동과 소리의 특성을 학습하였습니다. 이제부터는 파동과 소리의 특성을 이용하여 악기를 만들어 보도록 하겠습니다. 과학 수업 속에서 흔히 볼 수 있는 실험 기구나 재료를 이용하여(과학준비실 개방함), 기구나 재료가 가지고 있는 특성을 최대로 살려서 악기를 만들어야 합니다.

악기를 만들어 연주할 곡명은 '나비야'입니다.

지금부터 모둠별 그리고, 학급 전체가 연주하는 사이언스 작은 음악회를 시작하도록 하겠습니다.

1. 프로젝트 주제 : 사이언스 작은 음악회

2. 탐구 문제

> 과학실 주변의 기구 및 재료를 이용하여 모둠별로 악기를 만들어 보고, '나비야'를 연주하여 보자.

3. 프로젝트 과정 단계

> **가. 프로젝트 계획** : 주제망 그리기를 통한 모둠 주제 선정, 탐구 계획서 작성
> **나. 프로젝트 수행** : 정보 및 자료 수집과 자료 종합·분석·정리, 탐구 결과물 제작, 발표 준비
> **다. 프로젝트 발표 및 평가** : 모둠별 결과물 발표, 평가

Ⅱ. 프로젝트 수업 차시 및 평가 안내

1. 차시 운영 안내

1~2차시 탐구 주제 선정을 위한 주제망 그리기, 탐구 주제 선정, 탐구 계획서 작성

- 과학시간에 사용하는 기구 및 재료 중에서 악기로 활용될 수 있는 것들을 생각해 봄(직접 찾아보아도 됨)

  탐구 주제는 재료와 악기의 특징 등을 고려하여 정함

  예시 : 노래하는 주사기 호루라기, 시험관 팬플룻 정기 연주회 등

- 탐구 계획서 작성 시 역할 분담을 정확하게 하여 무임승차하는 학생이 없도록 함

3~4차시 정보 및 자료 수집과 자료 종합·분석·정리, 탐구 결과물 제작, 발표 준비

- 탐구 주제에 활용되는 기구 및 재료의 특성을 파악함
- 악기를 만들기 위한 원리를 찾음
- 탐구 주제에 맞는 악기를 제작
- 연주곡 발표 연습
- 발표 시나리오 작성

5차시 결과물 모둠별 발표 및 평가

- 모둠별 결과물 발표
- 평가는 자기, 동료, 교사평가 실시함

2. 평가 안내

- 선생님은 여러분 개개인의 모든 수행 과정에 대해 관찰하여 평가하고 피드백 함

평가(채점) 영역	평가 요소	평가 척도
프로젝트 계획	주제선정, 계획의 타당성, 효과적인 역할분담	3단계(상, 중, 하)
프로젝트 수행	조사내용의 타당성, 조사내용의 종합·분석·정리	3단계(상, 중, 하)
프로젝트 발표	주제의 적합성, 악기의 우수성, 발표 태도	3단계(상, 중, 하)

- 선생님은 수행 과정에서 관찰한 내용을 생활기록부에 기록함
- 자기성찰평가와 모둠원 동료평가, 모둠 간 동표평가를 함

라. 고등학교 통합사회과 프로젝트 수업 안내문(고영애 선생님)

어서와~ 한국문화는 처음이지!
문화탐방 프로그램 제안서 작성하기 프로젝트

우리학교에서는 다양한 문화권의 고등학생과 문화교류를 위한 "어서와! 한국문화는 처음이지?" 2박 3일 교환학생 문화탐방 프로그램을 만들려고 합니다. 여러분은 이 프로그램의 다양한 정보를 제공하는 자문팀입니다. 우리나라의 전통문화에 대한 홍보와 다양한 문화변동의 모습을 소개할 수 있는 2박 3일의 문화탐방 프로그램을 제작하기 위한 자문을 요청 받았습니다. 여러 문화권 중 하나의 문화권을 선택하여 선택한 문화권 사람들에게 의미가 있는 프로그램이 되어야 합니다.

1. 문화권 선택
2. 창의적이며 의미 있는 테마 설정
3. 문화 탐방 프로그램 인포그래픽으로 제작하기
    - 문화 변동의 다양한 양상을 보여주는 사례(테마와 관련된)가 포함
    - 우리나라의 전통 문화 소개(또는 체험) 과정 포함
    - 초청된 문화권의 특징을 소개할 수 있는 과정 포함
4. 현대 사회에서 전통문화가 갖는 의미, 상대주의적 태도의 필요성의 내용을 포함함

1-2차시

주제 선정을 위한 사전 학습

1. 수행평가를 위한 모둠편성
2. 문화의 의미와 요소
3. 문화 변동의 양상 및 문화를 대하는 태도

   * 개인 과제(개인 평가항목): 8개의 문화권의 특징(문화 요소를 활용)을 조사해 오기(A4 3-4페이지, 글씨 크기 10, 줄 간격 120, 각 문화권별로 각각 사진 3개 포함) ▶ 개인 평가에 반영

3차시

문화권의 특징 학습

1. 문화권의 특징 정리- 개인 평가(20분)
2. 문화권의 특징을 비주얼 클라우드로 표현하기- 모둠별 평가(20분)

4차시

주제망 그리기를 통한 프로그램 테마 선정(핸드폰 준비)

1. 프로그램 대상 문화권 선정- 선정하고 싶은 문화권, 그 이유
2. 테마 선정- 신문기사 검색하며 정보 찾기(가급적 많은 정보 찾기)

　 * 개인과제(개별 평가항목): 각자 모둠에서 선정한 테마로 프로그램 제안서를 작성하기 위한 다양한 자료 조사 및 수집 (A4 3장 이상, 사진은 10개 이내, 글씨 포인트 10, 줄간격 120) ▶ 개별 평가에 반영

5 차시

프로그램 제안서 작성

1. 개별 프로그램 제안서 작성(핸드폰 필요)- 개인 평가(15분)

	프로그램명(테마)	
	기대효과	
2박 3일 문화탐방 프로그램제작을 위한 정보검색 및 자료 조사 (각 항목 2개 이상의 구제적인 사례)	우리의 전통문화 소개	장소 또는 대상 및 내용
	문화변동 문화공존	
	문화변동 문화동화	
	문화변동 문화융합	
	문화권 특징 반영	

2. 모둠 프로젝트 계획서 작성

6-7 차시

인포그래픽으로 제작하기

　 * 모둠 프로그램 제안서를 인포그래픽으로 제작하기
　 (가독성이 좋도록 자유롭게 작성. 단, 내용은 모두 포함되어야 함)

8 차시

발표하기

　 * 모둠 간 동료 평가 / * 모둠 내 동료 평가 및 개인 평가

마. 고등학교 통합사회과 프로젝트 수업 안내문(고영애 선생님)

1학년 통합사회 [인권 단체 설립하기] 제안서

우리는 국가인권 위원회 소속 인권 문제 해결을 위한 단체의 설립 준비팀으로서 어떻게 하면 인권 침해를 받는 사회적 약자들을 위하여 인권 문제를 해결하는 데 도움이 되는 적극적이고 실현 가능한 방안을 실천하는 단체를 만들 수 있을까?

1. 국내 및 국외 인권 문제 조사
2. 해결하고 싶은 인권 문제 설정
3. 인권 문제 해결을 위한 단체 설립
4. 인권 단체의 설립 배경 및 목표, 활동계획 명확히 하기
5. 단체 로고 제작 및 단체 활동내용을 구체적으로 명시하기
6. 메인 홈페이지 형식으로 제작하기<1차시 > - 주제 선정을 위한 사전 학습

1차시

주제 선정을 위한 사전 학습

1. 수행평가를 위한 모둠편성
2. 주제망 그리기 – 다양한 구체적인 인권 문제(국내/세계) 나열하고 인권 침해 대상별로 분류
3. 해결하고 싶은 인권 문제 정하기(테마 선정-가치 그래프)-시급성, 심각성을 중심으로
4. HMW(How might we……?) 질문만들고 생각해보기

  * 과제: 국내 그리고 세계 인권 침해 사례 각각 3개와 해결방안 3개 이상 조사해 오기(A4 3-4페이지, 글씨 크기 10, 줄간격 120, 각 인권침해 사례 사진 3개 포함)- 개인 평가 점수에 반영

2차시

프로젝트 계획서 작성

1. 자료 조사 및 자료 분석-개인 평가에 반영

인권 침해		
인권 침해 사례	국내(1)	
	국내(2)	
	세계(1)	
	세계(2)	
해결 방안	(1)	
	(2)	
	(3)	

2. 모둠별 활동 - 모둠 평가에 반영

가. 프로젝트 수행 계획서 작성하기

나. 단체 설립 제안서

명칭	
설립 배경 및 목표	
로고 (의미 설명)	
인권 침해 사례	

활동내용(5 전략) -새롭게 등장한 인권 반드시 2개 포함)		보장 인권	구체적인 인권	활동 내용
	1			
	2			
	3			
	4			
	5			

- 단체의 핵심 가치 정하기(3가지 가치 정하기→ 로고 제작)
- 활동 목표(단체 설립이유, 다양한 인권 침해 사례 포함할 것, 비전과 사명)
- 활동 방향-구체적인 인권, 새로 대두된 인권 포함, 인권보장을 위한 구체적인 방안(활동내용)

3차시

인권 단체 홈페이지(메인) 제작하기 - 전지 활용 - 모둠 평가에 반영

4차시

제안서 발표(모둠 당 3분/질의응답 2분) - 모둠 평가에 반영

의미 있고 적극적인 질의 응답 시 개인 평가에 반영

바. 고등학교 수학과 프로젝트 수업 안내문(이보라 선생님)

2019-1학기 수학연습 I 학생 주도형 융합프로젝트 수업 안내
- 내 인생의 첫발, 어디가 좋을까?

1. 프로젝트 수업 및 평가 기간: 5.7. ~ 5.20. (총 5차시 실시)

2. 제출일: 5.16.(목), 11:59분
   5.17.(금) 00:00 제출이면 감점 처리함.

3. 제출처: sar***@korea.kr
   파일명 "(학년)-(반)-(팀명)-(팀주제)-(팀원 이름)"

4. 매 차시 운영 안내
   1차시 비주얼씽킹 작성(주제 선정), 계획서 작성(50분)
   - 비주얼씽킹은 구체적 주제가 드러나도록 협의 사항 표기
   - 계획서는 수학 개념 설명은 2가지 이상
   - 프로젝트 운영 계획은 수업 중 혹은 수업 이외의 구체적 실행계획 기재

   2차시 운영 일지 작성
   - 자료 수집 및 정보 처리, 제작(50분)
   - 프로젝트 제작과정 및 촬영 장소 등을 제시
   - 진행상황을 담당 업무별로 구체적, 개별적 제시(학번-성명 제시)
   - 추후 운영 계획과 각 모둠원들의 준비(과제) 등을 기재

   3차시 결과물 제작 시간(50분)
   - 핸드폰 및 영상물 제작을 위한 기기 개별 소지
   - 정해진 촬영 장소, 편집 장소 자유로이 이용 가능
   - 결과보고서 작성 및 제출

   4~5차시 과정 및 결과물 모둠별 발표(모둠별 5분 이내)

5. 수행활동
   1) 수업시간 외 활동
   2) 실행과정을 영상(사진)으로 찍어서 제출 및 발표 시 활용 가능
   3) 매 차시별 결과물은 평가에 반영한다.

6. 주제 및 내용

가. 대주제: 내 인생의 첫발, 어디가 좋을까?

나. 소주제: 모둠별 주제 선정
- 진로와 관련된 주제망 작성을 통해 필요시 주제 선정협의회를 실시한다.
- 자신의 진로를 탐구하고 공통의 주제를 정한다.
- 수학적 필수요소를 반영하여 영상을 제작한다.
- 모둠 구성원이 모두 출연하며 최소 3분 이상의 영상을 제작한다.
  (만화제작으로 구성한다 해도 모두 출연해야 함.)

7. 과제 제시

우리에게 수학이란? 멀게만 느껴지는 동떨어진 딱딱하고 어려운 수학, 교과서에만 존재하는 수학이 아닌 TV에서 볼 수 있고 나의 생활 속에 존재하는 수학을 탐구해 보자. 특히, 자신의 진로·진학에 필요한, 사용되고 있는 수학에 대하여 알아보고 소개해 보자.

소개방법은 영상물 제작으로 "아는 와이프"라는 드라마에 나오는 장면인 숫자 "0"의 의미를 재해석하여 표현한 것처럼 지금까지 배워 온 많은 수학적 지식들의 의미를 다시 한 번 더 상기해 보고 자신의 삶에 비추어 재해석하여 영상물로 제작하여 제출한다.

〈주의사항〉

1. 수학적 개념 요소를 반영하여 주제를 정하고 제작한다.
2. 자신(모둠원)의 진로·진학 등을 반영해야 한다.
3. 관련 수학적 개념을 적용하고 그 내용을 2가지 이상 설명해야 한다.
4. 모둠원 모두가 영상에 출연해야 한다.
5. 영상물은 최소 3분 이상으로 제작해야 한다.

사. 중학교 과학과 프로젝트 수업 안내문(진연자 선생님)

디자인씽킹 기법을 활용한 전기와 자기 프로토타입 제작하기 _ 활동편

구분		내용
활동 안내	디자인씽킹	아이디어의 새로운 전환과 인간에 대하 공감을 실현시킬 수 있는 창의적인 문제 해결 방법 다른 사람의 마음 공감 + 실패의 반복과 극복을 통한 성장 + 협업 능력과 집단 지성 경험
	전기와 자기	전기와 자기 학습요소(성취기준) 마찰전기(정전기 유도) 옴의 법칙 저항의 직렬 병렬 연결 전자기력 전자기 유도
	프로토타입	본격적인 상품화에 앞서 성능을 검증·개선하기 위해 핵심 기능만 넣어 제작한 기본 모델
수업설계		어떻게 하면 전기와 자기 원리를 이용하여 누군가에게 도움이 되는 장치를 만들 수 있을까? 생활에 필요한 장치, 수업에 필요한 도구, 기타(게임 등)
수업과정		총 14차시 수행평가 안내 및 개인별 아이디어 고안(2) - 아이디어 선택 및 구체화(2) - 아이디어 캔버스 작성(1) - 프로토타입 제작(5) - 모둠 간 평가(1) - 자기평가지 작성(1) - (선택) 발표회 준비 및 운영(2)
수업 도우미		• 모둠은 3~4인으로 구성하며, 아이디어, 성별, 수업시간 참여 태도, 학습 능력 등을 고려하여 구성한다. • 아이디어 실현을 위한 과학 키트 구입 사이트 안내 | 키트 스쿨 ★★★★★	한샘과학 ★★★★★	세원과학사 ★★★	한도움사이언스마트 ★★ | • 성취기준 [9과 09-01] 물체가 대전되는 현상이나 정전기 유도 현상을 관찰하고 그 과정을 전기력과 원자 모형을 이용하여 설명할 수 있다. [9과0 9-03] 저항, 전류, 전압 사이의 관계를 실험을 통해 이해하고, 일상생활에서 저항의 직렬연결과 병렬연결의 쓰임새를 조사하여 비교할 수 있다. [9과 09-04] 전류의 자기 작용을 관찰하고 자기장 안에 놓인 전류가 흐르는 코일이 받는 힘을 이용하여 전동기의 원리를 설명할 수 있다.
산출물 형태		**개인** • 아이디어(큰 포스트잇) • 프로토타입 투자(A4) • 자기성찰평가지(A4)	**모둠** • 아이디어 선택지(A3) • 아이디어 캔버스(A3) • 프로토타입(형태, 크기 등 제한 없음)

5. 교과별 프로젝트 수업 평가 안내문 사례

가. 중학교 국어과 프로젝트 수업 평가 안내문(이지영 선생님)

"양반전 풍자 뉴스 대본 제작" 프로젝트 평가 안내

1. 프로젝트 활동 평가 안내

프로젝트 시작과 함께 차시별로 자기성찰 평가, 동료 평가, 교사 평가가 실시됩니다. 여러분은 평가와 관련된 사항을 숙지해 두시기 바랍니다.

2. 평가 계획

평가 형태		평가 시기	평가 내용	평가 척도
자기성찰평가		매 차시	하브루타 활동(고전 작품 읽고 질문 만들기, 짝 활동 및 모둠 활동을 통해 최종 질문, 새로운 질문 만들기)	상, 중, 하
			토의 활동(주제 정하여 모둠 토의하기)	
			풍자 뉴스 대본 제작을 위한 계획, 모둠 만평 만들기, 풍자 뉴스 대본 제작하기(실제)	
모둠 내 동료 평가		7차시 후	양반전 풍자 뉴스 대본 제작하기 프로젝트 산출물 완성 후 모둠 활동 평가	상, 중, 하
모둠 간 동료 평가		8차시 후	모둠별 산출물 발표 및 공유 시간 후 모둠 간 동료 평가	상, 중, 하
교사 평가	개인 평가	매 차시	활동 내용에 따른 체크리스트 활용 및 서술 평가	
	모둠 평가	모둠 활동 시	활동 내용에 따른 체크리스트 활용 및 서술 평가	

3. 평가 반영

① '양반전 풍자 뉴스 대본 제작 프로젝트(전체 수행평가 중 15% 반영)'는 과정 평가, 산출물 평가 2가지 영역으로 평가합니다. 평1, 평2는 과정 평가에 들어가며 불성실하게 작성 시 수행 과정을 이수했다고 보기 어려우니 제시된 평가 항목에 맞게 작성하면 됩니다.

② 자기성찰평가, 모둠 내 동료 평가, 모둠 간 동료 평가, 교사 평가는 모두 평가에 포함되며 평가 결과는 전체 학습 수행 및 협력적 의사소통 항목에 일부 반영됩니다.

나. 중학교 과학과 프로젝트 수업 평가 안내문(소은숙 선생님)

수업안내	프로젝트 수업 평가계획 안내문	반 : 번호:
	Ⅵ 빛과 파동 ▶ 사이언스 작은 음악회	모둠: 이름 :
학습목표	• 소리의 원리를 이해하고, 악기를 만들어 연주할 수 있다.	

1. 다음은 프로젝트 수업에 대한 평가 자료입니다. 평가에 대한 정보를 통해 프로젝트 과정에서 어떤 내용의 평가가 이루어지는지를 참고하기 바랍니다.
2. 일부 내용은 평가의 목적을 위해 모둠 내 동료 평가와 교사 평가에서 동시에 이루어집니다.
3. 평가 결과는 주로 피드백을 통한 여러분과 선생님의 성장을 위해 쓰여 집니다.
4. 프로젝트 단계에 따른 평가는 다음과 같습니다.

단계	평가 과제	평가 요소	채점 기준	평가 척도 상	중	하	평가 주체
프로젝트 계획	주제망그리기로 모둠 주제 선정	주제 선정	주제망 그리기와 그룹핑을 통해 탐구 문제에 적합한 주제를 선정하였는가?				교사평가
		의사소통능력	자신의 생각을 모둠원에게 알아듣기 쉽게 설명하였는가?				모둠 내 동료 평가
	정보탐색 및 자료수집 계획의 타당도	계획의 타당성	정보 탐색 및 자료 수집 계획이 타당하였는가?				교사 평가
	과제활동을 위한 역할 분담의 효율성	효과적인 역할 분담	배려와 소통의 과정을 통하여 각자에게 적합한 역할을 분담하였는가?				교사 평가
프로젝트 수행	자료조사 및 종합·분석·정리	조사 내용의 타당성	다양한 매체를 활용하여 주제에 적합한 내용을 조사하였는가?				교사 평가
		조사 내용의 종합·분석·정리	모둠원이 조사한 자료를 종합하여 분석하고 정리하였는가?				교사 평가
		개인별 탐구능력	개인별 탐구 내용이 주제에 적합하였는가?				모둠 내 동료 평가
	결과물 제작	책임감 (역할수행)	자신의 역할을 충실히 하였는가?				모둠 내 동료 평가
프로젝트 발표	수행 결과물	주제의 적합성	모둠주제가 재료 및 악기의 특성에 맞게 설정되었는가?				모둠 간 동료 평가, 교사 평가
		악기의 우수성	악기를 잘 만들었으며, 소리가 우수하였는가?				모둠 간 동료 평가, 교사 평가
	발표	발표력	모둠원이 모두 참여하여 악기를 소개하고 연주하였는가?				모둠 간 동료 평가, 교사 평가

다. 중학교 수학과 프로젝트 수업 평가 안내문(장영희 선생님)

나도! 스타강사 프로젝트 평가 안내

"수학을 배워서 어느 곳에 활용하나요?"라고 하지만 부등식 활용만큼은 실생활에서도 많이 사용할 수 있어요!
휴대전화 요금제를 정할 때, 두 곳의 가게 중 더 싼 곳을 찾을 때, 학교 생활 속에서도 수행평가 점수 계산할 때 등등 부등식은 아주 유용합니다.
"나도! 스타강사 프로젝트"를 통해 부등식의 재미에 푹~ 빠져볼까요?

* 평가 안내를 꼼꼼히 읽고 준비하길 바랍니다.

1. 평가 계획 및 기준

평가 시기	평가형태	채점 기준		평가 척도		
1차시	자기성찰 평가	나는 모둠 활동에서 모둠원의 의견을 경청하고 원활한 의사소통을 도왔는가?		상	중	하
	모둠 내 동료 평가	각자가 맡은 역할을 책임감 있게 수행하고, 팀워크를 적극적으로 발휘하였는가?		모둠원1	모둠원2	모둠원3
	교사 평가 (잘함A 보통B 부족함C)	문제 해결	학교 생활 속 부등식 관련 문제 상황을 오류 없이 발견하고 탐구하였는가?	1모둠 2모둠 3모둠 4모둠 5모둠		
		책임감	모둠 활동에 모둠원이 모두 적극적으로 참여했으며 모둠원 역할을 책임 있게 수행 하였는가?			
		협동력	모둠간의 협력이 잘 이루어지고, 즐겁게 참여 하였는가?			
2차시	자기성찰 평가	나는 프로젝트 활동 안내 내용을 잘 이해하고 적합한 스토리 보드를 작성하였는가?		모둠원1	모둠원2	모둠원3
	모둠 내 동료 평가	모둠원은 프로젝트 활동 안내 내용을 잘 이해하고 적합한 스토리 보드를 작성하였는가?				
	교사 평가 (잘함A 보통B 부족함C)	문제 해결	프로젝트 활동 안내 내용을 잘 이해하고 내용전달이 잘 이루어지도록 스토리보드를 작성하였는가?	1모둠 2모둠 3모둠 4모둠 5모둠		
		책임감	모둠 활동에 모둠원이 모두 적극적으로 참여했으며 모둠원 역할을 책임 있게 수행하였는가?			
		협동력	모둠간의 협력이 잘 이루어지고, 즐겁게 참여하였는가?			

평가 시기	평가형태	채점 기준		평가 척도		
3-4 차시	자기 성찰평가	자유로운 분위기 속에서 역할분담이 이루어졌으며, 역할분담에 따라 각자의 맡은 역할에 충실하게 촬영에 임하였는가?		상	중	하
	모둠 내 동료 평가	각자가 맡은 역할을 책임감 있게 수행하고, 팀워크를 적극적으로 발휘하였는가?		모둠원1	모둠원2	모둠원3
	교사 평가 (잘함A 보통B 부족함C)	문제 해결	역할분담에 따라 각자가 맡은 역할에 충실 하였고, 내용 전달이 잘 될 수 있도록 영상 촬영에 임하였는가?	1모둠 2모둠 3모둠 4모둠 5모둠		
		책임감	모둠 활동에 모둠원이 모두 적극적으로 참여했으며 모둠원 역할을 책임 있게 수행하였는가?			
		협동력	모둠간의 협력이 잘 이루어지고, 즐겁게 참여하였는가?			
5차시	모둠 간 동료 평가	제시된 문제 상황과 문제가 창의적인가?		상	중	하
		문제를 다각적으로 분석하고 해결안을 논리적으로 도출하였는가?				
		선정된 설명 방법이 내용 전달에 효과적인가?				
		내용이 잘 전달되게 적절한 속도와 크기로 발표하였는가?				
		모둠 간의 협력이 잘 이루어지고, 즐겁게 참여하였는가?				

2. 평가 반영

① 각 차시별 제시된 자기성찰평가, 동료 평가, 교사 평가가 실시되며, 평가항목 및 채점 기준을 확인하고 평가시 평가항목에 맞게 평가하면 됩니다.

② 모둠 간 동료 평가는 모둠별로 제작된 영상을 보고 채점 기준에 따라 본인의 모둠을 제외한 나머지 모둠의 평가를 모두 하여야 합니다.

③ 자기성찰평가, 모둠 내 동료 평가, 모둠 간 동료 평가, 교사 평가는 모두 평가에 포함되며 평가 결과는 전체 학습 수행 및 협력적 의사소통 항목에 일부 반영됩니다.

라. 고등학교 수학과 프로젝트 수업 평가 안내문(이보라 선생님)

수학연습 I 프로젝트 평가계획 안내문

1. 프로젝트 주제	내 인생의 첫발, 어디가 좋을까?
2. 평가 단원	수학연습 I - 전 단원
3. 성취기준	[수학연습10111~11012] 수학의 각 단원의 개념을 이해하고 이를 표현할 수 있다.
4. 활동지 작성 시 유의점	• 결과물은 모둠 결과물로 제출한다. • 결과물의 작성 시 개인별 평가를 위하여 항목별로 학번과 이름을 반드시 기재한다. • 주어진 시간 안에 작성하여 제출한다.

5. 평가 내용 및 평가 형태

차시	평가제출물	평가 요소	평가 내용(채점 기준)
1	주제 선정 비주얼씽킹 (모둠 결과물)	주제 제시의 적절성	• 주제 선정 시 진로희망과 관련한 방향을 잘 제시하고 있는가?
		창의·융합적 사고역량	• 희망 진로에 대한 전문성이나 도달방안, 문제점 인식 등에 관해 자료를 분석하였는가?
		의사소통 역량 과제 해결을 위한 방향 제시	• 결론에 이르는 과정을 위한 적용가능한 수학적 개념을 잘 제시하였는가? • 제시한 수학적 개념이 논리적이고 타당한가? • 문제 상황을 수학적으로 나타내고 분석하여 결론을 도출하고 상황에 맞게 해석하고 있는가?
2	프로젝트 계획서 (모둠 결과물)	과제에 대한 문제의식 과제 수행의 적절성	• 희망 진로 속에 내재된 문제를 파악하고 제시하였는가? • 희망 진로에 대한 전문적인 지식과 간접 경험을 통한 진로에 대한 자신의 인식 개선방안을 제시하였는가? • 희망 진로로의 도달 계획을 수립하였는가?
		창의·융합적 사고역량	• 독창적인 수학적 개념을 적용하였는가? • 수학적으로 유의미한 해결방안을 구체적이고 설득력 있게 제시하고 있는가?
		기능 및 태도 역량	• 모둠 활동에 모둠원이 계획서 작성을 위하여 세부적으로 계획하였는가?
3	프로젝트 운영 일지 및 보고서 작성 (모둠 결과물)	과제수행의 적절성	• 수학을 통한 진로희망을 정확하게 분석하였는가? • 계획한 풀이 과정을 수행하고 검증 및 반성을 통하여 해결 방법을 찾는 과정을 보였는가?
		협력적 문제해결 역량 및 의사소통 역량	• 수학적 개념을 적절히 적용하고 있는가? • 균형 있는 책임 분담과 상호작용을 통해 집단적으로 문제를 해결하고 있는가? • 수학적으로 유의미한 해결방안을 구체적이고 설득력 있게 제시하고 있는가?
4-5	영상물 발표 (모둠 결과물)	과제수행의 적절성	• 수학을 통한 진로희망을 정확하게 분석하고 영상물을 제작하였는가? • 2개 이상의 수학적 개념을 포함한 영상물을 제작하였는가?
		협업적 문제해결력 및 의사소통 역량	• 독창적인 수학적 개념을 적용하였는가? • 수학적으로 유의미한 해결전략을 영상으로 표현하였는가? • 모둠의 구성원으로 책임 분담과 상호작용을 통해 집단적으로 문제해결을 수행하였는가?

프로젝트 수업 첫단추 끼우기

국어교과 '양반전 풍자 뉴스 대본 제작하기' 프로젝트 수업의 실제

대구 화원중학교 **이지영**

1. 교실에서 프로젝트 수업 시작하기

'자신의 가치 있는 경험을 개성적인 발상과 표현으로 형상화한다[9국05-09]'는 성취기준에 도달하기 위해 학습 내용을 단계적으로 준비하고 개별 및 모둠 활동을 중심으로 프로젝트 수업을 계획하였다. 작품 읽고 질문 만들기, 좋은 질문 선택하고 모둠 활동하여 새로운 질문 작성하기, 토의하기, 풍자 대본 제작을 위한 계획 작성하기, 풍자 대본 제작하기, 평가하기 활동으로 총 8차시로 수업을 디자인하였다.

이번 프로젝트 수업은 소설 내용에 대한 파악을 바탕으로 하여 뉴스 대본 제작이라는 과제를 창의적으로 해결하는 것이다. 1차시 수업에서는 프로젝트 수업에 대한 안내문과 작품을 읽고 내용을 파악한 뒤 다양한 질문을 만들어 보는 활동으로 진행하였다.

차시	단계	교수·학습 활동	활동 자료
1-2 차시	도입	• 프로젝트 수업 과정 안내하기 • '양반'에 대한 생각 나누기 • '과정중심평가' 안내	• 프로젝트 학생 안내문 • 평가지 1
	전개	• 양반전 읽고 질문 만들기(개별 활동, 짝활동) - 양반전 읽고 개별 질문 만들기 - 짝 활동 통해 좋은 문제 선정하기 - 좋은 문제들을 모아 모둠 활동 하기(최종 질문 선정하기)	• 활동지 1
	정리	• 수업 활동 돌아보기, 자기성찰평가, 모둠 내 동료 평가, 교사 평가	• 평가지 1

가. 도입 단계 (10분): 개별 활동 준비, 자기성찰평가 및 동료 평가 안내

선생님	안녕하세요.
학생들	안녕하세요.
선생님	여러분, 우리는 지난 시간까지 '첫사랑'이라는 시를 배웠습니다. 어떤 활동들이 있었지요?
학생들	시의 내용을 비주얼씽킹으로 표현했어요. /나뭇가지에 내려앉은 눈과 사랑의 속성이 어떤 면에서 비슷한가 토의해 봤어요.
선생님	대단한데요.(지난 차시에 학습한 내용을 학생과 함께 정리한다.) 그럼 이번 시간부터 우리가 배울 작품이 뭔지 혹시 알고 있나요?
학생들	'양반전'이요~
선생님	네, 맞습니다. 지금부터 8차시 동안 우리는 '양반전'을 중심으로 다양한 생각들을 모으고 새롭게 만들어 갈 예정입니다. (『양반전』풍자 뉴스 대본 제작 프로젝트 학생 안내문을 배부한다) 이번 프로젝트 제목을 다 같이 읽어 볼까요? 프로젝트명 아래에 제시된 성취기준도 같이 한 번 읽어 보기로 해요.

프로젝트 수업 안내문

함께! 앎과 삶을 채우는 국어 수업	『양반전』풍자 뉴스 대본 제작 프로젝트 수업 안내문	생각은 새롭게! 소통은 막힘없이!
프로젝트 형태 및 수업 차시	'개별 활동+모둠 활동'으로 이루어진 총 8차시 프로젝트	
성취기준	[9국05-09] 자신의 가치 있는 경험을 개성적인 발상과 표현으로 형상화한다.	

학생들	(학생들 함께 프로젝트 수업명과 성취기준을 읽는다.) '양반전 풍자 뉴스 대본 제작하기', [2954] 표현에 드러나는 작가의 태도에 주목하며 작품을 이해하고 표현한다. (지도학년은 중3으로 2009개정 교육과정에 있음) 풍자가 뭔가요? 뉴스를 직접 하나요?
선생님	여러분 벌써 궁금한 게 많지요. 우선 《『양반전』풍자 뉴스 대본 제작 프로젝트 학생 안내문》을 봐 주세요. (프로젝트 수업에 관해 구체적으로 설명한다.) (『양반전』풍자 뉴스 대본 제작 프로젝트 평가 안내문을 배부한다.)

프로젝트 수업 평가

양반전 풍자 뉴스 대본 제작 프로젝트 수업 평가 안내

1. 프로젝트 활동 평가 안내
프로젝트 시작과 함께 차시별로 자기성찰평가, 동료 평가, 교사 평가가 실시 됩니다. 여러분은 평가와 관련된 사항을 숙지해 두시기 바랍니다.

2. 평가 계획

평가 형태	평가 시기	평가 내용	평가 척도

선생님	프로젝트 과정마다 문제를 해결해 나가며 평가 단계를 거치게 될 거예요. 차시별로 자기성찰평가, 동료 평가, 교사 관찰 평가가 실시됩니다. 『양반전』 풍자 뉴스 대본 제작 프로젝트 평가 안내문에 있는 내용을 바탕으로 평가와 관련된 사항을 숙지해 두어야 합니다.
학생들	(평가 안내문을 살펴보며) 네~
선생님	앞으로 이 과정들을 해결해 나가다 보면 여러분은 '양반전'을 이해하면서 새로운 뉴스 대본까지 만들 수 있답니다. 이제 그 첫 단추를 끼워 볼까요?
학생들	네~
선생님	여러분, '양반'하면 어떤 생각이나 느낌이 떠오르나요?
학생들	똑똑하다, 책을 많이 읽는다, 말이 안 통한다. 시키는 사람, 풍족한 사람…….
선생님	양반에 대해서 다양한 생각을 가지고 있네요. 그럼 우리가 공부할 '양반전' 속에는 어떤 양반의 모습이 담겨 있을까요?
학생1	착한 양반이요.
선생님	왜 그렇게 생각하나요?
학생1	흥부전 하면 흥부가 주인공인데 착하잖아요?
선생님	그렇게 생각할 수도 있겠네요. 다른 생각 있나요?
학생2	나쁜 양반이요. 양반이 잘못을 많이 해서 생기는 문제점을 쓴 이야기 같아요.
선생님	다른 의견이 더 있나요?
학생3	잘생긴 양반이요. 멋진 양반이 지혜로운 여인을 만나 행복하게 산다는 이야기 아닐까요?
선생님	이야기가 다양해서 선생님도 여러분이 상상한 이야기에 푹 빠졌네요. 여러분이 생각한 양반의 모습이 맞는지 우선 양반전을 읽어 보아야겠지요? 먼저 평가 안내지를 함께 살펴봅시다.
선생님	(자기성찰평가 및 모둠 내 동료 평가지를 배부하고 안내한다.)

자기성찰평가

채점 기준	평가 척도		
	상	중	하
1. 소설을 읽고 핵심 질문을 작성하기 위해 노력하였다.			
2. 모둠원들과 토의를 통해 모둠 과제를 마무리 하였다.			
3. 하브루타(개별, 짝 모둠) 활동을 통해 내용을 이해하기 위해 적극적으로 의견을 주고 받았다.			
수업소감(서술)			

동료 평가(짝 활동)

채점 기준	평가 척도(상, 중, 하)	
	짝1( )	짝2( )
서로의 의견을 귀담아 듣고 팀원을 도와주며 합의점을 이끌어 내었으며, 정해진 시간 안에 스스로 맡은 일을 해결하였다.		
짝에게 한마디:		

선생님 이제 양반전 읽고 질문 만들기(개별 활동, 짝활동) 후에 자기성찰평가 및 모둠 내 동료 평가를 실시할 것입니다. 이번 자기성찰평가와 모둠 내 평가 문항을 다 같이 읽어 볼까요?

학생들 네~

> **과정중심평가의 Tip**
> 평가의 채점 기준을 학생에게 수업 시작 전에 미리 자세하게 안내해야 한다.
> 평가계획과 평가기준은 수행평가가 실시되기 전 학생들에게 자세하게 안내하여 과정중심평가에 대한 공정함과 신뢰도를 바탕으로 학생평가(자기성찰평가 및 동료 평가)와 교사 평가가 이루어져야 한다. 채점 기준표를 통해 학생들은 활동 중에 스스로 학습을 점검하고 성취를 파악할 수 있다.

나. 전개 단계 (30분)

1) 개별 활동 (20분)

선생님　　(개별 활동지 배부) 활동지를 한번 볼까요? 활동지를 살펴보고 질문이 있으면 해 볼까요?

개별 활동지 1

질문의 유형 (조건: 질문을 만들 때 단답형의 질문은 만들지 말 것!!!)

질문의 유형	예시
내용을 묻는 질문	'~' 문구의 의미는?
옳고 그름을 묻는 질문	소설 속 ○○이 한 ~ 행동은 옳은 행동인가?
상상하는 질문	소설의 뒷이야기를 만들어 본다면?
종합하는 질문	전체적인 내용으로 볼 때 글쓴이의 의도는 무엇인가?
단서를 보고 추론하는 질문	제목과 관련한 이 소설의 내용은?

'양반전'을 읽고 친구와 대화해 볼 질문을 만들어 봅시다.(10개 이상)

연번	내가 만든 질문	나의 답
1		
2		
3		
4		
5		
6		
7		
8		
9		
10		

학생들　　(활동지를 살펴본다) 질문을 만들면서 읽는 건가요? / 혼자 하는 건가요? / 답까지 적어야 하나요? 등

선생님　　맞아요~우리는 이 글을 읽으며 핵심되는 내용이나 궁금한 점들에 대해 정리, 질문하면서 읽어야 합니다. 우선 1쪽은 개별 활동으로 내가 만든 질문에 직접 답을 해 보면서 혼자 질문을

	만들어 보도록 하겠습니다. 본문이 그렇게 길지 않기 때문에 문제를 만들고 답하는 데까지 〈20분 정도 시간〉을 주도록 하겠습니다. 질문은 어떻게 만드는 것이 좋을까요?
학생들	(예시 질문을 살펴보며) 내용질문, 상상질문, 종합하는 질문…다양하게 만들어야겠어요.
선생님	(다양한 질문에 대해 학생들과 예시를 보며 이야기를 나눈다.) 대답을 잘했어요~ 질문을 만들 때는 내용을 확인하는 질문만 만들지 말고 예시자료를 보며 다양한 형태로 만들어 보고, 단답형이 아닌 자신의 생각을 담아 정리할 수 있는 질문으로 만들면 좋겠지요?
학생들	네 (학생들은 본문을 읽으며 문제를 만든다. 교사는 순회하며 학생들이 집중하며 활동에 참여하는지 관찰하고, 피드백이 필요한 학생들에게 신속하고 적절하게 피드백을 한다.)
학생들	선생님, 10문제 다 만들어야 하나요?
선생님	(전체학생에게) 질문 만들기가 많이 힘든가요? 웬만하면 10문제 정도는 만들어 보면 좋겠지만 너무 힘들다면 8문제 정도만 만들어도 될 것 같군요.
선생님	(내용 질문 위주로 만들고 쉬고 있는 학생에게 피드백-조언하기) 수영아, 벌써 10문제를 완성했구나. 내용을 묻는 질문이 많네. 양반증서 1에 나타난 내용을 정리하는 질문도 좋지만 그 내용들이 공통적으로 나타내는 의미에 좀 더 관심을 가져보면 어떨까? 아니면 이후에 일어났을 법한 일들을 상상해 보는 질문도 좋겠고…다양한 질문을 떠올려보면 좋겠어. 네 생각은 어떠니?
학생들	내용질문이 핵심 내용 정리에 맞는 것 같아서 주로 내용을 파악하는 질문을 했는데 한 두 개는 다른 질문으로 고쳐보는 게 좋겠어요.
선생님	(밑줄을 그으며 읽고 있는 학생에게 피드백-관찰) 현서야, 밑줄을 그으며 질문할 내용을 찾고 있구나. 밑줄을 긋거나 메모하며 읽는 것은 핵심 내용을 찾을 때 아주 좋은 방법이란다. 현서가 만든 문제가 생각할 거리가 많은 이유가 있었구나.
선생님	(20분쯤 후) 여러분~ 질문이 어느 정도 완성되어 가나요?
학생들	(대답이 혼재되어 나타난다.) 네/아니오

2) 짝 활동 (10분)

선생님	그럼 짝끼리 다 한 팀 손들어 볼까요? 두 사람 모두 문제를 완성한 팀은 각자의 문제를 확인해서 '좋은 질문 찾기' 예선전을 치러봅시다. 짝과 나의 문제 중에서 함께 해답을 찾아보고 싶거나 토의해 보고 싶은 문제를 5개만 선정하여 짝과 함께 질문에 대한 답을 작성해 보도록 합시다. 활동 시간은 10분입니다.

짝 활동지

짝과 나의 질문을 검토하여 토의해 볼 질문 5개를 골라 표에 쓰고 짝과 함께 질문의 답을 만들어 봅시다.

연번	짝과 토의해 볼 질문	우리가 정한 질문의 답
1		
2		
3		
4		
5		

선생님	(학생들의 활동지를 둘러보며)
	아직 짝이 덜했다면 자신의 문제를 점검하며 조금만 더 기다려 주면 됩니다. 완성되면 짝과 함께 활동을 바로 시작해 주세요~
	(교실을 순회하며 어려움을 겪고 있는 학생들에게, 개별적으로)
	우선 서로의 문제를 살펴보며 중복되거나 중요하다고 생각하는 문제를 골라보는 건 어떨까?
	(짝 활동을 하는 학생들 사이를 순회한다.)
학생들	선생님, 이런 질문 골라도 돼요?
선생님	그럼요. 어떤 질문이든 짝과 함께 토의해 보고 생각을 정리할 수 있으면 괜찮지요. 어디 한 번 볼까요? '양반은 아무리 가난하여도 귀한 대접을 받는다. 그 이유는 무엇일까?' 이야! 질문이 굉장히 예리하네요. 두 사람이 토의해서 해답을 찾으면 선생님한테도 알려주세요. 어떤 답이 나올지 엄청 궁금하군요.
선생님	(활동 시간 10분 후)
	정말 집중해서 활동을 열심히 하고 있군요. 5문제 선택과 해답이 완성되면 5문제 중 가장 훌륭하다고 생각되는 짝 활동 최종 질문을 선정해 주세요. 그 질문을 가지고 다음 시간에 모둠 질문 만들기와 토의를 해 보도록 할게요.
학생들	최종 질문은 따로 적어 놓을까요?
선생님	아, 선생님의 안내가 부족했군요. 따로 정리할 필요 없이 선택한 문제에 동그라미 하면 됩니다.

다. 정리 단계 (5분): 활동 및 수업 마무리, 자기성찰평가 및 동료 평가

선생님	(활동지를 확인하며)
	여러분, 동그라미 표시까지 질문 만들기 활동이 거의 끝났군요. 그럼, 오늘 수업 활동에 대해 소감을 말해 볼 사람 있나요?
학생1	저는 혼자 질문 만들기 활동하며 답을 적는 것이 조금 어려웠는데 나중에 짝과 함께 답을 생각해 본 후에 이해가 잘 되었던 것 같아요.
학생2	짝이랑 저랑 비슷한 문제를 많이 만들어서 좋은 문제를 5가지 뽑기가 어려웠어요.
학생3	처음에는 양반전의 내용이 무슨 말인지 이해가 안 되어서 힘들었어요. 두 번 읽으면서 문제를 만들다가 짝을 기다리게 해서 좀 미안하네요.
선생님	오늘 활동을 열심히 했네요. 소감 속에 진심이 묻어납니다. 그럼 자기성찰평가지를 꺼내서 오늘 활동에 대한 자기성찰평가를 하고 수업 소감을 한번 작성해 보도록 하겠습니다. 그리고 짝 활동에 대한 평가 후 서로 생각을 나누어 보고 동료 평가를 완성해 주세요. 서로 짝을 평가한 내용을 보고 자신의 평가지에 평가 받은 내용도 정리해 두기 바랍니다. 짝에게 한마디는 어떤 점을 배웠고, 어떤 점을 보충하면 좋겠는가에 대해 진심으로 적어보면 됩니다. 다음 활동할 때 이런 점을 생각하면서 모둠 활동을 하면 더 좋겠지요?
	오늘은 질문 만들기와 1차시 평가하기까지 하도록 하겠습니다. 다음 시간에는 모둠끼리 가장 좋은 문제를 선정하고, 새로운 문제를 함께 만들어 토의하기를 해 보도록 하겠습니다. 오늘 수업에 대해 더 하고 싶은 말이 있거나 질문이 있나요?
선생님	(잠시 기다린다.)
학생들	토의하기를 위해서 준비해 올 것은 없나요?
선생님	토의하기는 여러분이 토의 주제를 선정한 후에 좋은 해결책을 찾아가는 활동입니다. 이번에는 작품과 관련하여 문제를 선정하고 이야기를 나눌 것이기 때문에 특별히 자료를 준비할 필요는 없어요. 하지만 양반전을 한 번 더 읽어보면 도움이 될 것 같습니다. 다른 질문 더 있나요?
학생들	아니오~
선생님	그럼 오늘 수업은 여기에서 마치도록 하겠습니다. 수고했습니다.
학생들	감사합니다.

2. 1차시 수업 개별 활동 및 모둠 활동지

함께! 앎과 삶을 채우는 국어 수업	『양반전』 풍자 뉴스 대본 제작 프로젝트 질문 만들기	생각은 새롭게! 소통은 막힘없이!
프로젝트 형태 및 수업 차시	'개별 활동+모둠 활동'으로 이루어진 총 8차시 프로젝트	
성취기준	[9국05-09] 자신의 가치 있는 경험을 개성적인 발상과 표현으로 형상화한다.	

질문의 유형 (조건: 질문을 만들 때 단답형의 질문은 만들지 말 것!!!)

질문의 유형	예시
내용을 묻는 질문	'~' 문구의 의미는?
옳고 그름을 묻는 질문	소설 속 ○○이 한 ~ 행동은 옳은 행동인가?
상상하는 질문	소설의 뒷이야기를 만들어 본다면?
종합하는 질문	전체적인 내용으로 볼 때 글쓴이의 의도는 무엇인가?
단서를 보고 추론하는 질문	제목과 관련한 이 소설의 내용은?

'양반전'을 읽고 친구와 대화해 볼 질문을 만들어 봅시다.(10개 이상)

연번	내가 만든 질문	나의 답
1		
2		
3		
4		
5		
6		
7		
8		
9		
10		

짝과 나의 질문을 검토하여 토의해 볼 질문 5개를 골라 표에 쓰고 짝과 함께 질문의 답을 만들어 봅시다.

연번	짝과 토의해 볼 질문	우리가 정한 질문의 답
1		
2		
3		
4		
5		

3. 1차시 수업 개별 활동 및 모둠 활동 학생 결과물

수업 주제	글의 내용 파악하고 질문 만들기
성취기준	[2954] 표현에 드러나는 작가의 태도에 주목하며 작품을 이해하고 표현한다

질문의 유형 (조건: 질문을 만들 때 단답형의 질문은 만들지 말 것!!!)

질문의 유형	예시
내용을 묻는 질문	'~' 문구의 의미는?
옳고 그름을 묻는 질문	소설 속 ○○이 한 ~ 행동은 옳은 행동인가?
상상하는 질문	소설의 뒷이야기를 만들어 본다면?
종합하는 질문	전체적인 내용으로 볼 때 글쓴이의 의도는 무엇인가?
단서를 보고 추론하는 질문	제목과 관련한 이 소설의 내용은?

'양반전' 을 읽고 친구와 대화해 볼 질문을 만들어 봅시다. (10개 이상)

연번	내가 만든 질문	나의 답
1		
2		
3		
4		
5		
6		
7		
8		
9		
10		

짝과 나의 질문을 검토하여 토의해 볼 질문 5개를 골라 표에 쓰고 짝과 함께 질문의 답을 만들어 봅시다.

연번	짝과 토의해 볼 질문	우리가 정한 질문의 답
1	양반은 아무리 가난해도 귀한 대접을 받는다. 그 이유는 무엇인가?	조선은 신분제도 존재하였고, 그 제도는 엄격하였으며 양반이 높은 신분이었기 때문에 가난하고 부유함을 떠나 귀한 대접을 받았다.
2	증서의 증인으로 불린 이들이 증서를 듣고 도망친 부자의 모습을 보고 어떤 생각을 했을까?	일단 군수가 불러 증서에 현실 양반에 대한 비난이 담겨져 있어 통쾌했을것이고, 도망치는 부자를 보며 안타깝고 불쌍했을것이다.
3	첫번째와 두번째 증서에 담긴 내용은 매우 다르다. 대비되는 증서의 내용을 통해 알 수 있는것은 무엇인가?	첫번째 증서는 양반이 지켜야 할 의무와 규범에 대한 내용이고, 두번째 증서는 그 당시의 양반을 나타내며 대비되면서 양반의 탐욕적이고 이기적인 순간의 행동에 대한 문제를 더 잘 비판할수있다.
4	군수는 왜 부자에게 양반의 의무와 규범을 담은 증서를 작성해주었을까?	올바른 양반의 모습을 가르쳐주고, 천대를 받지않고 자신의 이익을 위해 양반이 되고자 하는 부자를 꾸짖기 위해서.
5	양반이 되고 싶었던 부자가 그 마음을 바꾼 이유는 무엇일까?	자신이 생각했던 것과 본래의 양반은 더욱 엄격하고 금욕적이지만 현실의 양반은 취하게 짝이 없고 도둑놈처럼 남의 재산을 빼앗으며 산다는 것을 알고 두려워 도망쳤을 것이다.

4. 프로젝트 수업 안내문

함께! 앎과 삶을 채우는 국어 수업	『양반전』 풍자 뉴스 대본 제작 프로젝트 수업 안내문	생각은 새롭게! 소통은 막힘없이!
프로젝트 형태 및 수업 차시	'개별 활동+모둠 활동'으로 이루어진 총 8차시 프로젝트	
성취기준	[9국05-09] 자신의 가치 있는 경험을 개성적인 발상과 표현으로 형상화한다.	

안녕? ○○중학교 학생 여러분, 나는 이번에 여러분이 공부할 '양반전'의 작가 박지원이란다. 이 작품 속에 드러난 개성적인 발상과 표현 의도를 제대로 파악해 주면 좋겠구나. 작품 속 사회와 지금 사회의 모습도 비교해 보고, 새롭게 작품을 표현해서 재창조 해주면 고맙겠어. 그러기 위해서는 다음과 같은 과정이 필요하단다. 바로 작품 읽고 질문 만들기, 좋은 질문을 선택하고 모둠 활동으로 새로운 질문 작성하기, 토의하기, 풍자 대본 제작을 위한 계획 작성하기, 풍자 대본 제작하기, 평가하기 활동이지.

모둠별로 의논하여 함께 활동지를 완성할 수 있도록 하고, 결과물과 과정을 함께 평가하니 유의하도록 하렴. 자기성찰 평가와 동료 평가, 특히 선생님이 뒤에서 교사 관찰 평가를 함께 실시하니 신경 쓰도록 해라. 활동지와 결과물을 수합하여 수행평가에 반영할 예정이니 이번 프로젝트가 더 의미 있을 것 같구나.

1-2차시 '양반전' 읽고 질문 만들기
1. 수행평가를 위한 모둠편성
2. '양반전' 읽고 질문 만들기
    개별 질문 만들기, 모둠 질문 선정하기,
    모둠 토의할 새로운 질문 선정하기

3차시 토의 대본 작성하기
1. 최종 선정된 모둠 질문으로 토의 대본 작성하기
2. 모둠별 역할 선정하여 토의하기

4차시 양반전 풍자 뉴스 대본 제작 계획서 작성하기
1. 공통과제, 선택과제 확인하기
2. 적절하게 역할 분담하기
3. 표지, 소감(뒤표지) 구상하기
※ 공통코너: 사건취재, 시청자연결, 토의, 만평, 추천노래
    선택코너: 모둠선택으로 정한 자유 코너
※ 앞표지, 뒤표지(소감란) 포함 총 8면

5차시 모둠별 만평 작성하기
1. 모둠별 협의를 통해 만평 작성하기
2. 마지막 칸(새로운 생각)을 대본 제작에 활용하기
    - 새로운 풍자물 창작

6-7차시 풍자 뉴스 대본 제작하기 실제
1. 역할 분담한 대로 코너 작성하기
    (뉴스 대본의 형식에 맞도록)
2. 완성 후 고리를 받아 제출하기

8차시 프로젝트 산출물 발표 및 평가하기
1. 모둠별 발표
2. 모둠 내, 모둠 간 동료 평가

5. 1차시 수업 과정중심평가

가. 자기성찰평가

채점 기준	평가 척도		
	상	중	하
1. 소설을 읽고 핵심질문을 작성하기 위해 노력하였다.			
2. 모둠원들과 토의를 통해 모둠 과제를 마무리 하였다.			
3. 하브루타(개별, 짝 모둠) 활동을 통해 내용을 이해하기 위해 적극적으로 의견을 주고받았다.			

수업 소감(서술)

나. 동료 평가(짝 모둠 활동)

채점 기준	평가 척도(상, 중, 하)	
	짝1 ( )	짝2 ( )
서로의 의견을 귀담아 듣고 팀원을 도와주며 합의점을 이끌어 내었으며, 정해진 시간 안에 스스로 맡은 일을 해결하였다.		

짝에게 한마디

6. 1차시 수업 교과 세부능력 및 특기사항 기록

풍자의 표현 방법과 의미를 이해하여 '양반전'에 대한 풍자 뉴스 대본을 제작하는 프로젝트에서 다양한 질문을 통해 작품에 대한 이해력을 높여 짝 활동에서 의미 있는 질문을 선정하여 풍자 뉴스 대본을 위한 기초를 다짐. 짝과 협력하기 위해 솔선하는 자세로 짝 모둠 활동에 참여하였으며, 자신의 역할뿐만 아니라 도움이 필요한 경우 적극적으로 조력함.

7. 프로젝트 수업 평가 안내문

양반전 풍자 뉴스 대본 제작 프로젝트 평가 안내

1. 프로젝트 활동 평가 안내
프로젝트 시작과 함께 차시별로 자기성찰평가, 동료 평가, 교사 관찰 평가가 실시됩니다. 여러분은 평가와 관련된 사항을 숙지해 두시기 바랍니다.

2. 평가 계획

평가 형태		평가 시기	평가 내용	평가 척도
자기성찰 평가		매 차시	하브루타 활동(고전 작품 읽고 질문 만들기, 짝 활동 및 모둠 활동을 통해 최종 질문, 새로운 질문 만들기)	상, 중, 하
			토의 활동(주제 정하여 모둠 토의하기)	
			풍자 뉴스 대본 제작을 위한 계획, 모둠 만평 만들기, 풍자 뉴스 대본 제작하기(실제)	
모둠 내 동료 평가		7차시 후	양반전 풍자 뉴스 대본 제작하기 프로젝트 산출물 완성 후 모둠 활동 평가	상, 중, 하
모둠 간 동료 평가		8차시 후	모둠별 산출물 발표 및 공유 후 모둠 간 동료 평가	상, 중, 하
교사 평가	개인 평가	매 차시	활동 내용에 따른 체크리스트 활용 및 서술 평가	
	모둠 평가	모둠 활동 시	활동 내용에 따른 체크리스트 활용 및 서술 평가	

3. 평가 반영
① '양반전 풍자 뉴스 대본 제작 프로젝트(전체 수행평가 중 15% 반영)'는 과정 평가, 산출물 평가 2가지 영역으로 평가합니다. 평가1, 평가2는 과정 평가에 들어가며 불성실하게 작성 시 수행 과정을 이수했다고 보기 어려우니 제시된 평가 항목에 맞게 평가하면 됩니다.
② 자기성찰평가, 모둠 내 동료 평가, 모둠 간 동료 평가, 교사 관찰 평가는 모두 평가에 포함되며 평가 결과는 전체 학습 수행 및 협력적 의사소통 항목에 일부 반영됩니다.

망각하기 쉬운 한 가지, 프로젝트 수업의 핵심 놓치기 오류

C-프로젝트 수업연구소 **우치갑**, 경기 신곡중학교 **이영옥**
경기 관양고등학교 **고영애**, 대구 화원중학교 **이지영**

1. 핵심 놓치기 오류

프로젝트 수업은 단계마다 중요한 핵심 요소들이 있다. 이는 마치 요리를 만드는 과정과 비슷하다. 하나의 요리를 만들기 위해 필요한 재료를 선정하고 다듬고 양념을 만들어 '나만의 요리'를 완성한다. 나만의 요리를 만드는 각 과정마다 잊지 말고 체크해야 할 몇 가지 핵심 요소들이 있을 것이다. 그런데 핵심 요소(필요한 재료, 기본 조리법 알기, 맛과 영양 상식 등)를 간과하고 요리를 그럴듯하게 보이기 위해 장식하고, 예쁜 그릇에 담는 것에 치중한다면 그곳은 과연 맛집 간판을 걸 수 있을까?

프로젝트 수업을 진행하면서 마땅히 가르치고 배워야 하는 중요한 기본 내용(핵심 내용), 성취기준 속에 포함된 학습 요소를 어느 순간 놓치고 프로젝트 수업을 진행하는 것을 '핵심 놓치기 오류'라고 한다.

우리는 프로젝트의 목적과 과정이 중요하다고 말하지만, 실제 프로젝트 수업을 계획하고 실행하는 과정에서 핵심을 놓치고 교사와 학생들은 결과물(산출물)을 완성하는 것에만 집중하는 경향이 있다. 즉 프로젝트 수업의 진짜 목적을 놓치고 수단과 결과에만 매몰되는 것이다. 이것이 대표적인 '핵심 놓치기 오류'이다.

2. 핵심 놓치기 오류 줄이기

가. 성취기준 분석으로 프로젝트 수업의 목적을 분명히 하기

우리는 무언가 있어 보이고, 남들이 하지 않는 차별화된 주제로 프로젝트 수업을 하고 싶어 한다. 또한 학생의 흥미를 지나치게 고려하다 보면 형식만 프로젝트 수업의 모습을 띨 수 있다. 그래서 먼저 대략적인 프로젝트 수업의 그림을 그리고 성취기준에 맞춰 진행한다면 성취기준과는 거리가 먼 프로젝트 수업이 진행된다.

프로젝트 수업을 계획할 때 중요한 것은 성취기준의 분석이다. 성취기준 분석을 기반으로 한 프로젝트 수업은 학생들이 주요 학습 내용(핵심 내용)을 배우고 이해하여, 그것을 삶 속에 적용하고 활용하는 역량을 키울 수 있다. 학생들이 핵심 내용을 간과하고 활동에만 치중하지 않도록 주요 학습 요소를 익히고 스스로 학습을 관리하는 자기주도 학습능력을 기를 수 있도록 성취기준 분석으로 프로젝트 수업의 목적을 분명하게 제시해야 한다.

- 프로젝트 수업을 위한 교과 성취기준 분석은
  ① 성취기준을 구성하는 내용 요소와 기능 요소로 분석하기
  ② 교과 단원을 내용 요소, 기능 요소로 분석하기
  ③ 교과 역량 분석하기
  * 내용 요소는 학생들이 교과를 통해 배워야 할 내용이고, 기능 요소는 수업 후 할 수 있거나 할 수 있기를 기대하는 수행능력이다.
  * 교과 역량은 교과를 통해 할 수 있어야 할 능력이며, 교과 학습의 결과로서 기대되는 능력이다.

나. 프로젝트 결과물의 유형별 제작 안내하기

프로젝트 수업을 진행하다 보면 학생들은 내용의 적합성과 충실성보다는 프로젝트 결과물(산출물)을 시각적으로 멋있게 완성하도록 강조하기도 한다. 수업의 목적을 놓치고 수단과 결과에만 매몰되어 결과물에만 집중하는 경향이 있다.

또한, 프로젝트 결과물에 어떤 내용이 담겨야 하는지, 어떤 유형의 결과물을 제작해야 하는지를 정확하게 안내해야 한다. 그렇지 않으면 결과물이 교사가 생각하지 않은 방향으로 흘러가게 되고 학생들은 핵심은 놓치고 알맹이가 빠진 포장만 번듯한 결과물이 만들게 된다. 그러므로 프로젝트 결과물이 학습목표를 충족시키고 성취기준을 달성할 수 있도록 학생들이 결과물 제작 방법을 쉽게 이해하고 적용할 수 있는 프로젝트 결과물의 제작 방법 안내문을 제시해야 한다.

예를 들면, 〈풍자 뉴스 대본 제작 안내문〉은 ① 대본이란?, ② 풍자 뉴스 대본 작성 시 구성 조건 ③ 뉴스 대본 예시 등을 안내하고, 〈카드 뉴스 제작 안내문〉은 ① 카드 뉴스란? ② 카드 뉴스 규격화된 양식 ③ 카드 뉴스 만드는 법 ④ 카드 뉴스 예시 등을 안내한다.

다. 개별이 아닌 모둠별 프로젝트 수업의 협력적 과제수행의 중요성 인식시키기

프로젝트 수업을 통해 학생들은 스스로 학습의 주인공이 되어 친구들과 협력하면서 현실 세계의 문제를 해결할 기회를 갖도록 하는 것이 중요하다. 주요 학습 내용을 공부하여 이해한 후 배운 내용을 다양한 상황에서 적용하는 능력(학습된 지식의 전이)을 갖게 해야 한다. 이때 혼자 하는 것보다 함께 했을 때 보다 의미 있

음을 느낄 수 있도록 한다.

또한 학생들이 서로 협력하여 학습에 대한 자신감을 기를 수 있도록 다양하게 지원해야 한다. 자신이 잘할 수 있는 분야에서 역할을 담당하도록, 그리고 협력과 배려가 어떤 힘을 발휘하게 되는지도 느낄 수 있도록 하면 더욱 의미가 있을 것이다. 프로젝트 수업이 평가와 연결되면서 학생들은 자신의 점수만 중요하게 생각하는 분위기에서는 이런 핵심을 놓치게 된다. 따라서 모둠별 프로젝트 수업을 진행할 때와 과정중심평가를 하기 전에 반드시 학생 사전교육을 통해 프로젝트 수업의 협력적 과제수행 이라는 핵심 놓치기의 실수를 범하지 않아야 한다.

라. 교과 특성을 반영한 프로젝트 활동 구성하기

각 교과마다 이루어내야 할 과업, 혹은 교과만의 특성이 있다. 국어과 같은 경우는 읽기, 쓰기, 듣기·말하기 등 기본 언어활동이 생활 속에서 원활하고 능숙하게 이루어지도록 하는 것이 중요하다. 이런 교과 특성을 구현할 수 있으려면 어떻게 해야 할까? 해답은 기본으로 돌아가는 것에 있다.

국어 교과의 특성을 제대로 구현하기 위해서 각 단원들에서 핵심 내용을 잘 파악하여 이를 어떻게 국어 능력 향상과 연결시킬 수 있을까에 대한 고민을 바탕으로 프로젝트 활동을 구성해야 한다. 즉 교과의 특성, 목적을 잊지 말아야 프로젝트 수업을 내실 있게 진행할 수 있다.

[국어과 사례]

'양반전 풍자 뉴스 대본 제작하기' 프로젝트 수업을 8차시에 걸쳐 진행한 경험을 소개한다. 중학교 3학년들이 '양반전'을 읽고 풍자에 대한 이해를 바탕으로 자신의 개성적인 발상을 표현하는 것이 단원의 해당 성취기준이다. 이를 프로젝트 수업으로 설계하면서 국어 교과의 언어활동과 관련된 다른 성취기준을 추가하여 학생들의 사고를 확장시키고 의사소통을 원활하게 할 수 있도록 했다.

> [9국05-09] 자신의 가치 있는 경험을 개성적인 발상과 표현으로 형상화한다.
> [9국01-04] 토의에서 의견을 교환하여 합리적으로 문제를 해결한다.
> [9국02-10] 읽기의 가치와 중요성을 깨닫고 읽기를 생활화하는 태도를 지닌다.

국어 교과만이 가진 특성과 목적을 달성하기 위해 문학, 듣기·말하기, 읽기 세 분야의 성취기준을 융합, 재구성하여 프로젝트 수업을 설계하였다. 이는 자연스럽게 교육과정 재구성과도 연결되었는데 프로젝트 수업 활동을 통해 학생들이 어떤 능력을 좀 더 키워야 하는가에 대한 고민이 필요했다.

마. 단원의 주요 학습 내용을 다양하고 창의적인 학생 활동으로 구성하기

프로젝트 수업에는 결과물이 반드시 존재한다. 하지만 우리가 프로젝트 수업이 과정중심평가에 최적화되어 있다고 보는 것은 그 과정 또한 중요하기 때문이다. 정상에 오르는 길은 여러 가지이지만 정상은 하나이다. 그런데 수업에서 정상은 결과물이 아닌 '주요 학습 내용'의 이해에 바탕을 둔 학생의 삶과 연계된 학생의 성장일 것이다.

프로젝트 단원의 '주요 학습 내용'을 제대로 이해한 학생들은 사고의 제한에서 보다 자유롭다. 학습 내용을 잘 알고 있을 때 자신감 있는 시도와 다양한 방법들이 떠오르는 것은 당연한 것이다. 학생 활동 구성 시 교사들이 반드시 기억해야 하는 것은 학생의 활동들은 프로젝트 단원의 주요 학습 내용과 연결되어야 한다는 점이다.

단지 학생들의 흥미를 위해, 활동에 열심히 참여하도록 유인하기 위한 재미만 있는 활동들로 프로젝트 수업 과정을 채워서는 안 된다. 단원의 주요 학습 내용을 다양하고 창의적인 학생 활동으로 구성하여 이끌어 갈 때 학생들의 성장은 폭발적으로 일어날 것이다.

[국어과 사례]

앞서 사례로 든 '양반전 풍자 뉴스 대본 작성하기' 프로젝트의 결과물은 학생들이 함께 만든 '뉴스 대본'이다. 이 뉴스 대본은 풍자의 개념과 풍자의 상황을 잘 이해하는 과정이 꼭 선행되어야 한다. 다양한 활동으로 주요 학습 내용, 학습 요소를 학생들이 스스로 파악하고 이해, 적용하도록 하기 위해 학생들과 여러 가지 활동을 시도하였다. 교사의 설명이 아닌 활동 과정에서 학생들이 함께 의미를 구성하도록 하기 위해 성취기준의 핵심 내용을 담은 학생 활동이 필요했다. 프로젝트 수업을 설계한 학생 활동은 다음과 같다.

> [9국02-10] 읽기의 가치와 중요성을 깨닫고 읽기를 생활화하는 태도를 지닌다.
> ♪학생 활동: 고전 작품 읽고 질문 만들기, 짝 활동 및 모둠 활동을 통해 최종 질문 선정하기
> [9국01-04] 토의에서 의견을 교환하여 합리적으로 문제를 해결한다.
> ♪학생 활동: 새로운 질문 만들기, 새 질문으로 주제 정하여 모둠 토의하기
> [9국05-09] 자신의 가치 있는 경험을 개성적인 발상과 표현으로 형상화한다.
> ♪학생 활동: 풍자 뉴스 대본 제작을 위한 계획, 모둠 만평 만들기, 풍자 뉴스 대본 제작하기

① 1-2차시는 기본 내용을 충분히 이해할 수 있도록 설계하였다. 작품을 읽고 질문을 만드는 과정에서 내용을 파악하고 짝 활동(하브루타)을 통해 해답을 찾을 수 있다. 이를 4인 모둠으로 더 확장하여 최종 질문을 선정하여 더 생각해 볼 문제에 대해 고민하도록 했다.

② 3-4차시에는 새로운 질문을 통해 토의의 주제를 선정하여 작품 속 사회와 현재의 사회의 모습을 비교해 보는 시간을 가지고 이를 대본화하여 풍자 뉴스 대본 제작 계획서를 만드는 과정과 연결하였다. 풍자 뉴스 대본 제작을 위

한 계획서를 쓰기 전에 먼저 작품 속의 풍자 부분을 찾아보도록 하여 무엇이 중요한 것이지 다시 한번 생각해 보도록 했다.

③ 5차시에는 새로운 풍자를 만드는 작업을 위해 모둠 만평 만들기를, 6-7차시에는 직접 풍자 대본을 작성할 수 있는 시간으로 활용하였다. 즉, 1-5차시의 프로젝트 수업 과정을 작품의 주요 학습 내용을 이해하고 사고를 확장 시킬 수 있는 활동으로 수업 설계했다.

④ 8차시에서 발표 및 평가 활동이 이어진다. 핵심을 놓치지 않고 성취기준에 도달하기 위한 과정이 쉽지만은 않았다. 하지만 결과물에 과도한 초점을 맞추지 않고 프로젝트 수업 과정 그 자체, 활동 속에서 일어나는 역동 등에 관심을 두려고 노력했다. 다양한 활동을 통해 학생들이 생각하는 힘을 키우고, 핵심 내용에 대한 이해를 깊고 넓게 할 수 있도록 도울 수 있다.

프로젝트 수업 및 평가 설계 A.I. 일람표
- Assistance & Inspection LIST-

C-프로젝트 수업연구소 **우치갑**, 충남 청양중학교 **소은숙**, 경기 민락중학교 **양혜인**
대구 화원중학교 **이지영**, 경북 동산여자중학교 **장영희**, 경기 분당고등학교 **신윤기**

프로젝트 수업-평가에 대한 실행 준비를 마무리하셨나요? 이제, 아래 일람표를 이용하여 최종 점검해 보세요. 도움이 필요한 부분은 '과정 중심 평가를 위한 프로젝트 수업' 책에서 찾아 수정 및 보완하면 됩니다.

1. 성취기준

점검 내용	점검 결과 (O,△,X)	도움쪽 (page)
성취기준을 읽기 전에 프로젝트 수업에 맞는 학습 단원을 설정했는가?		32~38 257~259
교과 교육과정을 읽었는가? (내용체계, 성취기준)		32~35
성취기준 2~4개를 포함하여 선정했는가?		36~38
성취기준을 내용과 기능으로 구분하여 분석했는가?		34~35, 140, 258~259, 294

2. 주제 선정

점검 내용	점검 결과 (O,△,X)	도움쪽 (page)
학생들의 호기심을 자극할 수 있는가? (와! 이거 해보고 싶다, 흥미 유발과 학습 동기 부여)		29~30
학생들의 삶과 연결된 실제적인 내용인가? (실생활과 밀접한 관계)		24~25 29~30
학생들이 직접 체험했거나 체험할 수 있는 내용인가? (학생의 삶에서 일어나는 소재)		24~25 29~30
모둠원들이 협력해야만 해결할 수 있는 과제인가? (복잡한 과제)		29~30

3. 프로젝트 결과물의 유형

점검 내용	점검 결과 (O,△,X)	도움쪽 (page)
활동의 결과물로 학습목표를 달성할 수 있는가?		65~76
활동의 결과물로 성취기준을 충족할 수 있는가?		65~76
활동의 결과물이 실제적이고 실현 가능성이 있는가?		24~25 65~76
학생들이 탐구하고 활동할 결과물의 유형을 제시했는가?		24~25 65~76

4. 학습목표

점검 내용	점검 결과 (O,△,X)	도움쪽 (page)
성취기준이 반영된 학습목표를 제시했는가?		85~90
교과 역량이 반영된 학습목표를 제시했는가?		85~90
명시적 동사를 사용하여 구체적인 행동으로 진술했는가?		85~90

5. 개별, 모둠 활동지

점검 내용	점검 결과 (O,△,X)	도움쪽 (page)
적절한 탐구과제 및 문제 상황을 제시했는가?		111~123 126~130 143~151 212~215 241~248 348~357
각 차시별 활동지(개별, 모둠별)를 준비했는가?		
개별, 모둠 활동들이 실생활과 관련 있는가?		
협력적 문제해결 역량을 발휘할 수 있는 활동이 있는가?		
차시별 활동의 연결이 긴밀하며 교과 역량을 포함하고 있는가?		
활동들이 학생들의 수준에 맞지 않거나 차별적인 부분은 없는가?		
차시별 활동이 주어진 시간 안에 완성할 수 있는 활동인가?		

6. 활동 안내서

점검 내용	점검 결과 (O,△,X)	도움쪽 (page)
프로젝트 수업 및 평가 안내문을 제시했는가?		91~110
탐구과제 '조사자료 찾기' 안내문을 제시했는가?		336~340
'프로젝트 결과물의 유형' 제작방법 안내문을 제시했는가?		77~84 336
프로젝트 결과물의 '발표 PPT' 제작방법 안내문을 제시했는가?		363
모둠별 프로젝트 결과물의 'PPT 발표 활동' 안내문을 제시했는가?		364

7. 과정중심평가

점검 내용	점검 결과 (O,△,X)	도움쪽 (page)
성취기준 및 평가기준을 분석하여 평가 방향을 설정하였는가?		257~259
성취기준과 평가요소에 근거하여 과제가 설계되었는가?		305~308
학습목표와 관련 있고 수업과 연계된 평가 계획인가?		85~90 206~208
각 수업 차시에 맞는 평가 방법을 계획하여 적용했는가?		106~110 292~304
평가 목표와 방법에 적절한 채점 기준표를 준비했는가?		264~291
학생들의 성장을 도울 수 있는 평가 방법이 계획되었는가?		292~304
자기성찰평가, 동료 평가, 교사 평가의 계획을 포함하고 있는가?		252~256
학생들의 활동 과정 및 정도에 따른 피드백 계획을 준비했는가?		236~240
프로젝트 수업 평가 안내문을 제시했는가?		106~110

제2장
폭삭 망한 나의 프로젝트 수업 '2人 2色' 이야기

01. 병아리 교사의 프로젝트 수업 폭망기
02. 자랑스러운(?) 나의 수업 폭망기

병아리 교사의
프로젝트 수업 폭망기

경기 민락중학교 **양혜인**

1. 망할 것을 각오하고 시도하는 프로젝트 수업

과거의 나에게 프로젝트 수업은 손에 잡히지 않는 '환상 속의 수업'이었다. 프로젝트 수업이 교육과정-수업-평가-기록의 일체화와 핵심역량의 함양과 과정중심평가의 적용에 더 없이 좋은 수업이라는 것은 이미 알고 있었다. 그러나 프로젝트 수업을 실제 설계하고 적용하는 데 필요한 지식은 턱없이 부족했다.

나는 왜 프로젝트 수업이 좋다는 것만 알고 구체적인 방법을 모를까? 곰곰이 생각해 보니 나는 임용 시험을 준비할 때 프로젝트 수업의 개념, 장점, 특징 등만 간단히 공부했었고, 실제로 프로젝트 수업을 참관할 기회도 없었다. 프로젝트 수업은 나에겐 분명히 '환상'이었다. '환상'이라고 하더라도 도전해보지 못할 이유도 없었다. 지금까지 수업 연극, 공동체 놀이 수업 등 궁금했던 수업을 모두 적용해보고 70%의 수업을 시원하게 실패해 본 뒤 '나랑 안 맞나 보네. 아님 말고!' 이렇게 마음 편하게 넘겼던 것처럼, 프로젝트 수업도 망할 것을 각오하고 시도해보기로 마음먹었다. 도전 없이 배울 수 있는 것은 아무 것도 없으니까! 프로젝트 수업, 두렵지만 용기를 가지고 도전해보았다.

2. 프로젝트 수업으로의 첫 걸음, 일단은 공부부터 하자!

나에게 프로젝트 수업은 단어 그대로 '환상'이었기에 프로젝트 수업이 무엇인지 천천히 배울 필요가 있었다. 프로젝트 수업을 배우기 위해 관련 도서를 읽었고, 여러 방법으로 프로젝트 수업 연수에 참여했다.

가. 프로젝트 수업 연수

프로젝트 수업을 영어교과에 적용해보기로 결정한 후 교육과정-수업-평가-기록의 일체화 연구회가 주관하는 2019년 3월에 프로젝트 수업 관련 연수를 들었다. 프로젝트 수업의 어려움을 극복하기 위해서는 어떻게 해야 하는지, 프로젝트 수업은 어떤 단계로 이루어지는지, 각 단계에는 어떤 활동을 수행해야 하는지, 교사의 역할은 무엇인지, 그리고 프로젝트 수업에서 사전 활동은 어떻게 수행해야 하는지 등을 익힐 수 있었다. 또한 실제 프로젝트 수업을 연구하고 실천하셨던 우치갑, 이영옥, 고영애 수석선생님의 강의를 통해 교과 진도와 프로젝트 수업을 어떻게 병행할 수 있는지, 학생들에게 피드백을 어떻게 주어야 할지, 또한 프로젝트 수업에서 과정중심평가를 어떻게 적용할 수 있는지도 배울 수 있었다.

나. 학생 참여 중심 수업 연수

2019년 1월 교육과정-수업-평가-기록의 일체화 연구회가 주관하여 선착순 모집하는 학생 참여 중심 수업 연수를 신청하여 모둠 활동에 필요한 다양한 수업 레시피를 익힐 수 있었다. 2월부터 12월까지 한 달에 한 회 진행되는 연수에서 배운 다양한 수업 기법들은 일반적인 수업 개선을 위해서 매우 유용했다. 실제로 학생간의 관계 형성을 위해 학기 초에 시행하는 공동체 놀이 연수도 영어 말하기 활동을 위해 충분히 응용할 수 있었고, 비주얼씽킹 등의 수업 기법을 활용한 읽기 활동도 진행할 수 있었다.

연수에서 배운 다양한 수업 기법을 실제 수업에 적용해보며 70%였던 실패율도 줄이고 수업에서 기쁨을 맛보았으며, 학생들과의 관계도 개선할 수 있었다. 내가 배웠던 대부분의 수업 기법은 평상시의 수업뿐만 아니라 프로젝트 수업에서 충분히 활용할 수 있는 기법들이었다. 월드 카페 토의, 가치 수직선 토의, 쌍비교분석법, 비주얼씽킹, 피쉬본 활동 등은 학생들이 직접 주제를 선정하고, 조사한 자료를 정리하는 데 유용하다. 실제로 1학기에 계획하고 수행한 프로젝트 수업의 활동들을 학생 참여 중심 수업 연수에서 배운 것들로 구성했다.

다. 연구회 선생님들의 감사한 도움

내가 연구위원으로 참여하고 있는 '교육과정-수업-평가-기록의 일체화 연구회'에는 프로젝트 수업을 먼저 적용해보신 선배 선생님들이 많이 계신다. 2019년 3월에 프로젝트 수업 연수를 들은 후, 프로젝트 수업을 해보고 싶다는 열정만 가지고 프로젝트 수업 계획서를 작성하고 용기를 내어 연구회 선생님들께 가져다 보여드렸다. 초보자가 쓴 미숙하고 어쩌면 말도 안 되는 황당한 프로젝트 수업 계획서였지만 우치갑, 고영애, 이영옥 수석선생님께서 수업 계획서를 꼼꼼히 살펴보시고, 교육과정을 분석하는 방법을 제대로 알려주셨고, 영어과 성격에 맞는 프로젝트 수업을 어떻게 디자인 하는지, 학생들의 참여를 이끌어 내려면 발표를 어떤 방법으로 하는지 등등 원활한 프로젝트 수업을 위한 모든 것들을 말씀해 주셨다. 프로젝트 수업의 전반적인 과정에서 내가 한 것은 무작정 용기를 가지고 해본 것밖에 없지만 연구회 선생님들로부터 많은 도움을 받았다.

라. 프로젝트 수업 사례집

프로젝트 수업을 계획하고 실행하기 전에 교육과정-수업-평가-기록의 일체화 연구회에서 2018년에 발간한 프로젝트 수업 사례집을 읽어보았다. 주로 영어과 프로젝트 수업 부분에 실린 두 선생님의 프로젝트 수업이었지만, 국어과, 사회과, 도덕과의 프로젝트 수업 사례도 참고로 읽어보았다. 프로젝트 수업 사례집에서 프로젝트 수업을 실시하신 선생님들께서 어떤 의도를 가지고 프로젝트 수업을 계획하셨는지, 교육과정에서 어떤 성취 기준을 어떻게 분석하셨는지, 학습 목표는 어떻게 설정하셨는지, 어떤 활동들로 프로젝트 수업을 구성하셨고, 평가는 어떻게 실시하셨는지를 살펴볼 수 있어 큰 도움이 되었다.

마. 경기도언어교육연수원 연수 참여

프로젝트 수업을 실천하기 위한 수업 설계에 고민되는 것들이 몇 가지 있었다. 프로젝트 수업에서 주제망을 그리는 활동을 어떻게 영어로 수행할지, 그리고 학생들이 영어로 자료 조사를 하는 것이 생각보다 정말 어렵고 학생들의 수준을 고려해보았을 때 거의 불가능하다는 점 등이었다. 경기도언어교육연수원의 영어과 수업 전문성 신장 연수에서 외국인 강사가 운영하는 읽기와 쓰기에 중점을 둔 프로젝트 수업과 관련한 연수를 수강할 수 있었다. 강의를 통해 영어과 프로젝트 수업의 다양한 아이디어도 얻고, 쉬는 시간과 수업 시간 틈틈이 외국인 강사 분께 내가 가지고 있던 영어과 프로젝트 수업과 관련한 고민을 나누고 나름대로의 답도 얻을 수 있었다. 고민들에 관해서 영어로 자료 조사하는 것은 성인들도 어려워하는 것이므로, 학생들이 한글로 자료를 조사하게 한 후 이를 번역하게 하거나, 교사인 내가 읽을 만한 자료를 미리 나누어 주는 것으로 해결 방법을 정했다.

바. '수업이 즐거운 교육과정-수업-평가-기록의 일체화' 책 읽기

2018년 교육과정-수업-평가-기록의 일체화 연구회에서 발간한 이 책을 프로젝트 수업을 준비하며 가장 많이 참고했다. 마치 '어미 새'처럼 '아기 새'에게 모든 것을 떠 먹여 주는 것과 같은 책이다. 교육과정 읽기와 성취 기준 분석, 교육과정 재구성은 어떻게 하는지, 학생 중심 수업은 어떤 것이 있고 어떻게 해야 하는지, 과정중심평가는 어떻게 해야 하는지, 학교생활기록부에 기록은 어떻게 서술식으로 기재해야 하는지 등 교육과정-수업-평가-기록의 일체화와 관련한 모든 것들이 담겨 있었다. 나는 프로젝트 수업을 준비하며 필요한 부분을 그때 그때 찾아 보았고, 때로는 책에서 소개한 내용을 그대로 활용하기도 했다.

3. 프로젝트 수업, 망할 각오로 해보자!

가. 주제 선정

나는 프로젝트 수업의 주제를 교과서에서 찾을 수 있다는 생각을 전혀 하지 못했었다. 프로젝트 수업 연수를 듣기 전, 프로젝트 수업은 교과 수업과는 별개로 학생들에게 영어를 활용한 작품을 여러 차시 수업 활동으로 만들게 하는 것이라고 잘못 알고 있었기 때문이다.

프로젝트 수업 연수와 연구회 선생님들의 조언을 통해 프로젝트 수업에서 가장 중요한 것은 대부분의 차시 수업 활동에 단원의 교과 내용을 제대로 습득하도록 돕는 것이고, 프로젝트 수업의 최종 결과물을 만드는 데는 최소한의 차시만 주는 것이 바람직하다는 것을 알게 되었다. 프로젝트 수업과 교과 내용의 습득은 별개가 아닌 병행해야 하는 것이므로, 프로젝트 수업은 교과 진도와 괴리된 수업이 아닌 것이다. 이 점을 깨달은 이후 교과서 속에서 프로젝트 수업으로 가르칠 수 있는 내용부터 찾기 시작했다. 교과서 내용을 살펴보니 '봉사활동 포스터 만들기'가 눈에 들어왔다. 봉사활동 포스터 만들기도 좋지만 사회문제와 환경문제를 해결하는 포스터를 만드는 것이 학생들이 더 접근하기 쉬울 것이라는 생각이 들었다. 단순히 프로젝트 수업 주제를 '포스터 만들기'라고만 정하면 재미가 없을 것 같았다. 교사도 재미없는 프로젝트 주제는 학생들도 재미없어 할 것이므로, 학생들의 흥미를 끌 만한 프로젝트 주제를 찾을 필요가 있었다. 고민을 거듭하다가 머릿속에 왠지 모르지만 '파워레인저'가 떠올랐다. '파워레인저'와 사회문제와 환경문제와 관련한 '포스터 만들기'를 어떻게 연결 지어야 할까를 생각하다가, 세상을 구하느라 피로감이 쌓인 파워레인저를 민락중학교 학생들이 돕는다는 스토리를 만들었고, 프로젝트 수업 주제를 '세상을 바꾸는 민락특공대'라고 정하였다.

나. 영어과 교육과정 읽기

프로젝트 수업은 2015개정 교육과정의 핵심 역량을 함양하는데 탁월한 수업이다. 따라서 학습 목표도 교과 역량이 반영된 것으로 진술해야 한다. 정말 부끄럽지만 발령 후 1년 동안 수업을 했음에도 불구하고 교육과정과 성취기준을 제대로 읽은 적이 단 한 번도 없었다.

나는 과연 교과 역량을 함양하는 수업을 해왔던 것일까? 아무리 생각해도 시험 범위까지 진도를 나가기에 급급한 지식 습득에만 중점을 둔 수업을 해왔음이 떠올라서 교육과정을 제대로 읽고 숙지한 후 이번 프로젝트 수업은 제대로 해보리라 다짐했다. 국가교육과정 정보센터(ncic.re.kr)에서 영어과 교육과정을 다운로드 받은 후 천천히 정독해서 읽어보며 영어과 수업의 기본 방향과 영어과 교과 역량이 '영어 의사소통 역량, 지식정보처리 역량, 자기관리 역량, 그리고 공동체 역량'이라는 것을 처음 알게 되었다. 영어과 교육과정을 읽고 분석하면서 교육과정에서 명시한 기본 방향에 초점을 두지 않은 채 하루살이처럼 그날 그날의 진도 나갈 것만 신경 쓰며 수업을 바쁘게 준비했던 내 자신을 되돌아 볼 수 있었다. 또한, 앞으로 시행할 프로젝트 수업과 모든 수업에서 교과 역량을 함양할 수 있는지를 점검하며 수업을 해야겠다는 다짐도 할 수 있었다.

다. 성취기준 분석

성취기준 분석 단계는 영어과 교육과정 성취기준을 몇 가지 선정하여 분석하는 단계로 가장 많은 실수를 했던 부분이다. 성취기준을 몇 가지 선정하기는 했으나 성취기준에서 내용과 기능을 제대로 분리할 줄 몰랐기 때문이다. 사실 성취기준 분석은 알고 보면 단순한 작업이다. '내용'과 '기능'이라는 두 단어에서 알 수 있듯이, 각 성취기준에서 '내용' 부분에 해당하는 것과 '기능' 부분에 해당하는 것을 분리하여 표에 나누어 놓으면 되는 것이다. 나는 저경력 교사의 입장에서 '내가 감히 성취기준을 수정해도 되는 것인가?'라는 마음에 '내용'과 '기능'이라는 두 단어로 충분히 이해할 수 있는 분석 활동을 전혀 이해하지 못했었고, 성취기준 분석표에 엉뚱한 말들을 써 놓았었다. 또한 선정한 성취기준을 네 가지 영역으로 모두 분석하지 않고, 한 영역의 성취기준만 분석하는 실수를 범하였지만 우치갑 수석선생님의 피드백으로 모두 수정하였다. 성취기준 분석에서 '내용'과 '기능'을 제대로 나누어 놓았고, 선정한 성취기준은 모두 분석하였다.

① 말하기 영역 성취기준 분석

성취기준: [9영02-04] 일상생활에 관한 방법과 절차에 대해 설명할 수 있다

↓ 분석

- **내용요소**: 일상생활에 관한 방법과 절차
- **기능요소 (행동특성)**:
  - 문장 구성하기
  - 설명하기

② 읽기 영역 성취기준 분석

성취기준: [9영03-08] 일상생활이나 친숙한 일반적 주제의 글을 읽고 일어난 사건의 원인과 결과를 추론 할 수 있다

↓ 분석

- **내용요소**: 일상생활이나 친순한 일반적 주제의 글
- **기능요소 (행동특성)**:
  - 해석하며 읽기
  - 주요 내용 확인하기
  - 사건의 원인과 결과를 추론하기
  - 원인과 결과를 정리하기

③ 쓰기 영역 성취기준 분석

성취기준:
- [9영04-03] 일상생활에 관한 그림, 사진, 또는 도표 등을 설명하는 문장을 쓸 수 있다.
- [9영04-04] 개인 생활의 경험이나 계획에 대한 문장을 쓸 수 있다.

↓ 분석

- **내용요소**:
  - 일상생활에 관한 그림, 사진 또는 도표
  - 개인 생활의 경험이나 계획
- **기능요소 (행동특성)**:
  - 그림, 사진, 도표의 내용 파악하기
  - 설명하는 문장 쓰기
  - 경험이나 계획에 대한 문장쓰기

라. 교과 단원 분석

 교육과정 재구성을 통해 교과서 3과의 문법(명령문, 조동사 will)과 4과 본문을 함께 프로젝트 수업으로 가르치기로 결정하였다. 교과 단원 분석 부분에서는 내용 요소를 앞서 분석한 성취 기준의 내용 요소로 쓰고, 기능 요소를 학습할 교과 지식과 관련되어 진술해야 한다. 이전의 성취분석 단계에서 '내용'과 '기능'을 제대로 분리하지 못했기 때문에 교과 단원 분석을 제대로 하지 못했었고, 두루뭉술하게 쓰는 실수를 했었다. 이 단계 역시 피드백을 받은 후 모두 수정하였다.

마. 교수-학습의 방향

 교수-학습의 방향에서는 성취기준 분석, 교과 단원 분석 후 교과 역량을 반영한 학습 목표를 진술하고 이와 관련한 활동들을 구성하여 수업의 방향을 정하는 단계이다. 그러나 교수-학습의 방향 단계에서 계획한 여러 활동들을 포함할 수 있는 학습 목표 진술에만 집중하였기 때문에 명시적인 학습 목표를 제시하지 않는 실수를 했었다. 추상적인 서술어로 학습 목표를 진술하여, 수업 후에 학습 목표를 달성했는지의 여부를 판단할 수 없게 한 것이다. 또한 교과 역량을 성취기준에 반영하지 못하는 실수도 했었다. 이후 우치갑 수석선생님에게 피드백을 받은 후 영어과 교과 역량 네 가지를 모두 반영할 수 있는 학습 목표로 수정하였다.

프로젝트 주제 : 사회문제/환경문제의 해결을 촉구하는 캠페인 포스터 만들기(세상을 바꾸는 민락특공대)

- 영어 단어를 활용하여 사회문제/환경문제를 소개하는 워드 클라우드를 제작할 수 있다.
  (사회문제/환경문제와 관련한 영어 단어 찾기, 관련 영어 단어를 중요도에 따라 분류하기, 관련 영어 단어로 워드 클라우드 만들기)

- 사회문제/환경문제와 관련된 글을 읽고 피쉬본으로 원인을 찾아 해결책을 제시할 수 있다.
  (사회문제/환경문제의 원인과 해결책을 소개하는 긴 글 읽기, 주요 내용 파악하여 정리하기, 피쉬본으로 사회문제/환경문제의 원인과 해결책을 도식화하기)

- 사회문제/환경문제의 해결을 다짐하고 타인의 해결을 촉구하는 명령문 문장을 활용하여 캠페인 포스터를 제작하여 캠페인 활동을 할 수 있다
  (사회문제/환경문제의 해결을 다짐하는 미래 시제 문장 쓰기, 다짐문 선서식하기, 사회문제/환경문제의 해결을 촉구하는 명령문 문장 쓰기, 명령문 문장을 활용하여 캠페인 포스터 만들기, 캠페인 활동으로 문제의 명령문 문장 외치기)

- 캠페인 포스터 만들기 프로젝트 수행 후에 자신의 배움을 성찰하는 글을 쓸 수 있다.
  (프로젝트 수업 전 과정에 대한 성찰 일지 쓰기)

바. 수업 설계

'세상을 바꾸는 민락 특공대' 프로젝트 수업은 모둠 활동들이 학생 참여 중심 수업 연수에서 배운 수업 레시피들로만 구성되었다. 몇 달에 걸쳐 연수 선생님께 배웠던 주제망 그리기, 쌍비교분석법 토의, 피쉬본 활동, 그리고 캠페인 포스터 만들기 활동을 8차시의 수업으로 녹여 냈다.

맨 처음 프로젝트 수업 설계 후 연구회 선생님들께 보여드렸던 수업 계획은 영어과 교과 특성과 거리가 먼 프로젝트 수업이었다. 평소 사회 문제에 관심을 가지고 있었기 때문에 문제 해결을 위한 자료 조사나 분석, 그리고 활용에만 중심을 둔 프로젝트 수업이었기 때문이다. 이후 피드백을 받고 사회과가 아닌 보다 영어과 특성에 맞게 학생 활동들로 많이 수정했다. 주제망 그리기 활동의 후속 활동으로 워드 클라우드 만들기 활동을 넣어 주제와 관련한 영어 단어를 찾아 그림으로 배치하는 활동을 넣어 프로젝트 수업에 영어과 색채를 더했다. 원인과 결과를 도식화하는 데 쓰이는 피쉬본 활동은 영어로 피쉬본을 작성하게 하는 것으로 수정하였고, 이를 위해 주제별 영문 기사를 읽는 활동을 사전 활동으로 추가하였다. 주제별 영문 기사는 교사가 찾아 주기로 하였다. 학생들의 자료 조사 및 분석이 필수적으로 포함되어야 하는 수업이 프로젝트 수업이므로 학생 조사 활동은 영문 기사를 읽는 데 필요한 배경 지식을 쌓도록 돕는 사전 활동으로 계획하였다.

교과 지식인 미래시제와 명령문 문장 쓰기 활동은 '민락특공대 선서식'이라는 활동과 포스터 계획 활동으로, 봉사활동 성찰과 관련한 4과 본문은 프로젝트 수업 후 성찰일지를 일부 영어로 쓰게 하는 활동 전에 가르치기로 계획하였다.

사. 평가 계획(과정중심평가)

평가에는 인지적 영역, 정의적 영역, 교과 역량이라는 세 범주가 있다. 인지적 영역은 교과 지식을 제대로 학습하였는지의 여부를, 정의적 영역은 책임감 있게 맡은 역할을 완수하고 타인과의 협동을 하였는지의 여부를, 마지막으로 교과 역량은 영어과 교과 역량 네 가지를 달성했는지의 여부를 평가하는 것이다.

처음에 평가 계획을 세웠을 때는 인지적 영역과 교과 역량에서 평가하는 것을 제대로 구분하지 못했었다. 그래서 인지적 영역에는 개별 활동과 모둠 활동지의 완성 여부만을 평가하는 것을 평가 내용으로 두었고, 교과 지식 습득 여부는 교과 역량 부분에서 평가하였다. 피드백을 받은 이후 인지적 영역을 교과 지식 습득 정도를 평가하는 것으로 전면 수정하였다. 또한 교과 역량 영역에는 영어과의 네 가지 교과 역량의 함양 정도를 묻는 내용을 담았다.

평가 계획에 따른 과정중심평가지를 구성하는 데도 수업 설계 단계에서 8차시에 걸쳐 실시하기로 계획했던 모든 활동들을 평가하지 않고 일부 활동만 평가하는 실수를 했었다. 이는 교육과정-수업-평가-기록의 일체화에서 수업과 평가가 일치하지 않는 결과를 가져올 수 있는 일이었다. 이후 연구회 선생님의 피드백을 받고 수업에서 실시한 모든 활동들을 평가하는 항목들을 과정중심평가지에 추가하였다.

평가 내용 및 평가 형태

평가 영역	평가 요소	평가 내용
인지적 영역	영어 교과 활동 내용	다양한 활동에 영어 교과 지식을 활용하여 만든 결과물의 양적·질적·완성도 (워드 클라우드, 피쉬본, 포스터, 캠페인)
정의적 영역	협력성, 책임감	모둠 활동에 모둠원이 모두 적극적으로 참여했으며 모둠원 역할을 책임 있게 수행했는가?(모둠 활동지 전체, 워드 클라우드, 포스터, 캠페인)
교과 역량	자기관리 역량 지식정보처리 역량 영어 의사 소통 역량 공동체 역량	모둠 활동과 개별 활동에 적극적으로 참여하여 유의미한 결과를 내었는가? 모둠 활동에 필요한 정보를 수집하여 분석하고 정리·활용 하였는가? 적절한 영어 표현을 활용하여 자신의 의사를 표현하였는가? 사회의 일원으로서 사회문제/환경문제의 해결에 적극적으로 참여하였는가?
평가 형태	☑ 교사 평가	☑ 자기성찰평가　　☑ 동료 평가

4. 프로젝트 수업, 일단은 무작정 해보자!

가. 프로젝트 수업 안내문 제공

'프로젝트 수업 안내문'은 각 차시에서 할 프로젝트 수행 활동들과 평가 계획, 그리고 최종 결과물 유형을 학생들에게 설명하는 내용을 담는다. 이는 학생들에게 보여주는 일종의 프로젝트 수업 예고편과 같다.

　프로젝트 수업을 실제 실행했을 때 수업 안내문을 제작하여 학생들에게 모두 나누어 주었고, 교실에도 한 부씩 게시해 두었다. 또한 학생들에게 프로젝트 수업에 대한 기대감을 심어주고 싶어서 피로에 쌓인 파워레인저를 돕는 민락특공대의 기본적인 스토리를 담은 파워포인트도 준비하여 보여주었다. 교사의 역할은 파워레인저가 지명한 지구도우미라고 장난스럽게 알려주었다.

　프로젝트 수업 안내문까지는 잘 제작하여 제공했지만, 수행 결과물인 포스터 제작 안내문과 평가 계획 안내문을 준비하여 구체적으로 자세히 알려주지 않는 실수를 하였다. 학생들에게는 최대한 자세하고 구체적으로 안내하는 것이 필요하였다.

　결과물 유형 제작 안내문과 평가 안내문을 통해 결과물 제작 방법과 평가 방법 및 내용을 자세히 알려주지 않았던 것은 분명한 실수다. 만약 이 두 안내문을 배부하여 학생들에게 제대로 숙지시켰다면 학생들이 보다 안정감을 가지고 프로젝트 수업에 임했을지도 모른다는 생각이 들었다.

나. 1~3차시 수업

1~3차시 수업은 학생들이 사회문제와 환경문제를 다양하게 탐색하여 주제망을 그리고, 쌍비교분석 토의를 통해 모둠 주제를 선정하며, 선정한 주제를 소개하는 워드 클라우드 그리기 활동으로 구성하였다.

첫 활동인 사회문제와 환경문제 주제망 그리기 활동은 학생들이 개별 활동으로 생각나는 사회문제나 환경문제를 포스트잇에 적어보게 한 후, 모둠 토의를 통해 적어본 문제들을 유목화하여 마인드맵의 형태로 정리하게 하는 활동이다. 이 활동으로 학생들에게 다양한 사회문제나 환경문제를 스스로 생각해 보게 함으로써 프로젝트 수업에 대한 관심을 환기시키고 대주제에 대해 다양한 사고를 해볼 수 있게 하였다.

포스트잇을 활용한 주제망 그리기 활동에서 다양한 사회문제와 환경문제를 적은 것을 범주화하고 있다

학생들이 모둠을 이뤄 '세상을 바꾸는 민락특공대'라는 프로젝트 수업을 진행하고 있다

다양한 사회문제와 환경문제를 보여주는 주제망 그리기 활동의 학생 결과물 ①

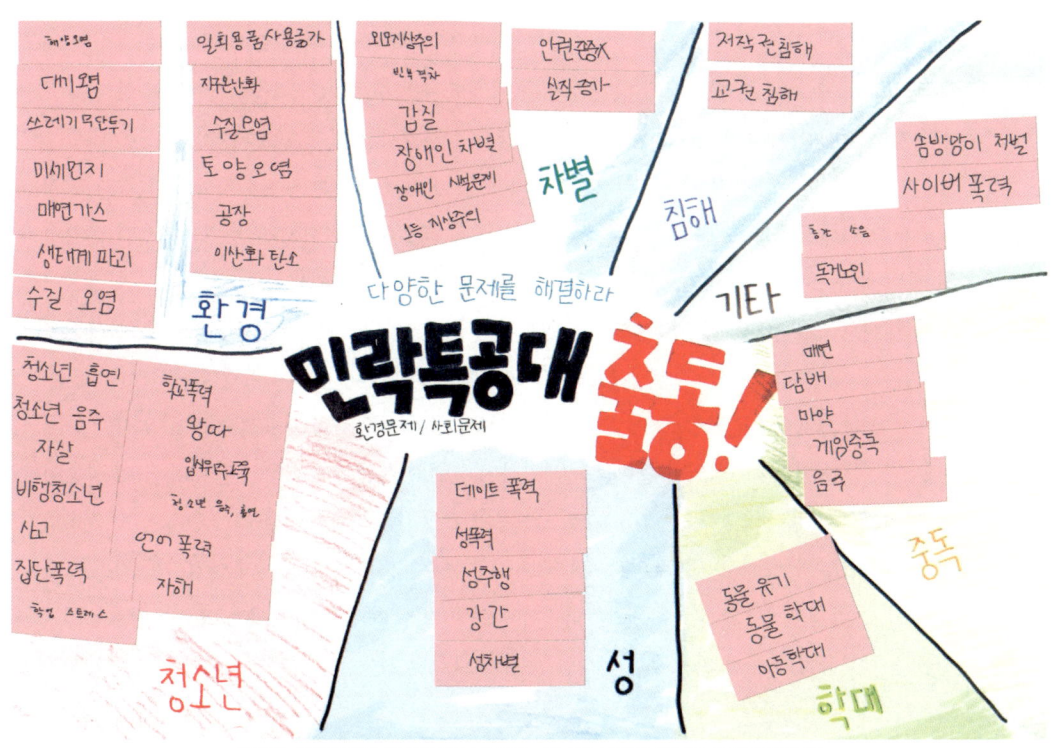

다양한 사회문제와 환경문제를 보여주는 주제망 그리기 활동의 학생 결과물 ②

쌍비교분석법으로 주제망에서 선택한 네 가지 환경문제/사회문제를 중요도 기준으로 비교하고 있다

쌍비교분석법 토의는 주제망 그리기 활동에서 적어 본 여러 가지 사회 문제나 환경 문제 중 4가지 문제를 선정한 후, 중요도를 비교하여 모둠별로 하나의 소주제를 선정하도록 하기 위해 실시한 활동이다. 쌍비교분석법 토의는 프로젝트 수업의 주제 선정에 있어 더없이 탁월한 수업 기법이다. 그러나 나는 수업 시작 전에 쌍비교분석법 활동에 대한 사전 연습 활동을 제대로 수행하지 않았기 때문에 활동의 참의미를 제대로 살릴 수 없었다. 사전 활동을 연습하기 위한 시간이 너무 짧아 모둠 내에서 학생들은 자신의 의견을 깊이 있게 나눌 수 없었다. 또한 학생들의 흥미에만 초점을 두어 '배달 음식 최강자 선정하기'를 쌍비교분석법 토의의 주제로 주었기 때문에, 주제 자체로 볼 때도 심도 있는 토의를 이끌어내기 힘들었다.

사전 활동이 제대로 이루어지지 않아 본 활동을 원활하게 수행하지 못하는 것을 본 후, 앞으로 사전 활동을 할 때는 그 활동을 충분히 숙지할 수 있게끔 질 높은 과제와 충분한 시간을 주어야겠다는 생각을 했다.

워드 클라우드 만들기 활동은 '쌍비교분석법' 토의로 선정한 주제와 관련한 단어들을 자료 조사를 통해 찾은 후 이를 영어 단어로 번역하고 번역한 단어들을 배치하여 그림의 형태로 표현하는 활동이다. 이 활동이 실패한 이유는 '쌍비교분석법' 토의 후에 주제별 자료 조사를 바로 실시했기 때문이다.

구체적으로 말하자면 '쌍비교분석법' 토의로 모둠별 소주제를 선정한 후, 학생들이 선정한 주제를 모아 다음 차시에 나누어 줄 학생 자료 조사 안내문을 준비했어야 했다. 또한 학생들은 교사가 배부한 안내문에 소개된 웹사이트들을 참고하여 조사한 자료에서 선정한 주제와 관련된 단어를 찾아 영어 단어로 번역하게 하는 것이 옳았다.

그러나 모둠별 주제 선정을 위한 '쌍비교분석법' 토의와 단어 찾기를 위한 자료 조사 활동은 한 차시에 이

모둠별로 선정한 소주제와 관련한 단어를 인터넷 자료에서 찾아 영어 단어로 번역하고 있다

루어졌으므로 학생들에게 모둠별로 참고할 안내문을 제작하여 배부할 수가 없었다. 안내문이 제공되지 못한 상황에서 학생들은 자료 조사를 하는 데 혼란을 겪었고, 나는 이를 극복하기 위해 모둠마다 바쁘게 돌아다니며 참고할 사이트들을 그 때 그 때 알려주었다. 또한 개인적으로 아쉬웠던 점은 프로젝트 수업을 실시할 당시 학교에 무선 인터넷이 구축되어 있지 않던 상황이라 교사 개인 휴대폰으로 핫스팟을 켜서 학생들에게 연결해주었던 점이다.

1~3차시 수업에서 했던 가장 큰 실수는 학생들에게 프로젝트 수행 계획서를 작성하게 하지 않았다는 것이다. 주제망 그리기 활동을 수행하고 소주제가 정해졌다면 학생들에게 소주제와 관련하여 무엇을 조사해야 하는지, 학생들의 프로젝트는 실생활과 어떤 연관성이 있는지, 역할 분담은 어떻게 할지, 그리고 어떤 방법으로 조사할지 계획을 차근차근 수립할 수 있게 했어야 했다. 이는 학생들에게 프로젝트 수업에 방향을 제시하는 것으로 학생들이 보다 더 주도성을 가지고 프로젝트 수업에 임할 수 있게 한다. 나는 이렇게 프로젝트 수업의 필수적인 프로젝트 수행 계획서를 학생들이 작성하게 하지 않았으므로, 학생들은 조금 더 헤맸고, 나는 더욱 분주하게 돌아다니며 설명할 수밖에 없었다.

다. 4~5차시 수업

4~5차시 수업은 피쉬본 활동이었다. 4차시 수업은 개별적으로 조사한 자료들을 원인과 해결책으로 분류하는 활동과 교사가 준비한 영문 기사를 읽고 원인과 해결책을 찾아 적어보는 활동으로 구성했다. 5차시 수업은 영문 기사를 정리한 내용을 피쉬본으로 도식화하는 것으로 채웠다.

조사한 영어 단어를 활용하여 '성폭력' 사회문제를 소개하는 워드 클라우드를 제작하고 있다

'성폭력', '사이버 폭력' 사회문제와 '지구 온난화'라는 환경문제를 소개하는 워드 클라우드 결과물

　　4차시 수업에서 학생들은 자신들이 조사한 자료에서 문제의 원인과 해결책을 찾아 표에 정리하였다. 이는 다소 난이도가 높은 영문 기사를 읽기 전 배경 지식을 심어 줄 목적으로 실시한 것이다. 여기서 실수한 점은 역시 학생들에게 개별 자료 조사 안내문을 배부하지 않은 것이다. 자료를 찾아오지 않은 학생들의 경우에는 학교에서 자료 조사를 하게 하였는데, 안내문이 없는 상황이므로 모둠마다 돌아다니며 참고할만한 사이트들을 그때 그때 알려주곤 하였다.

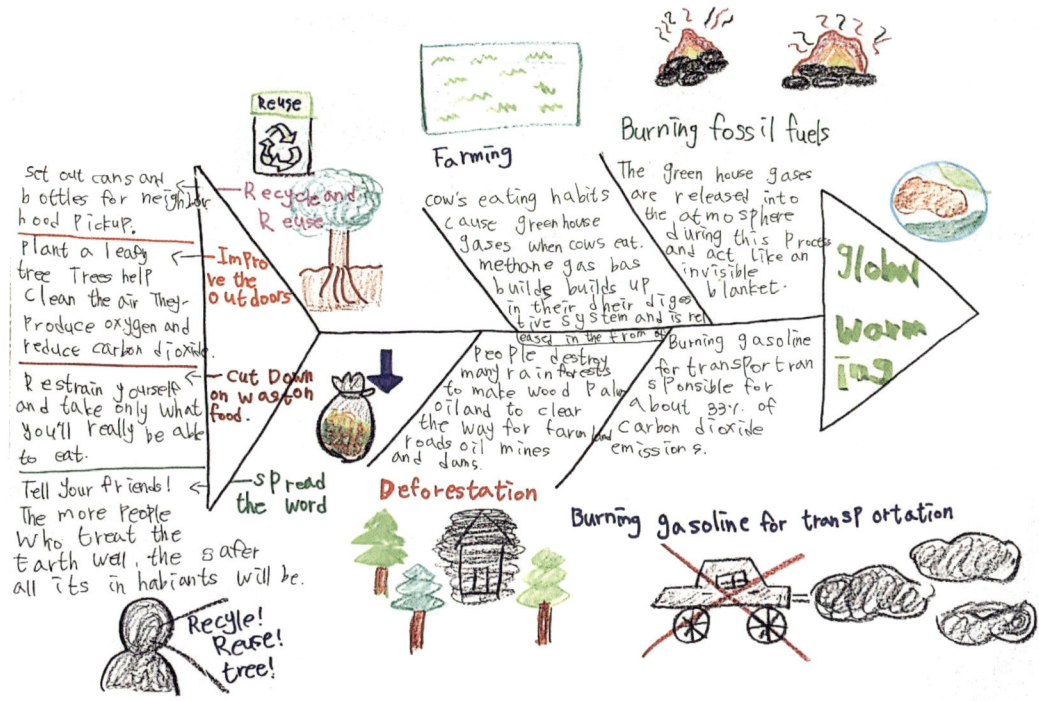

'지구 온난화'라는 환경 문제의 원인과 해결책을 비주얼씽킹 피쉬본 활동 결과물

    4차시 수업에서 실시했던 영문 자료를 읽고 정리하는 활동은 학생들이 사회문제의 원인과 해결책이 나온 영문 기사를 읽고 표로 정리하는 활동이었다. 먼저 하소연을 해보자면 모둠별로 선정한 다양한 주제에 관한 영문 기사를 찾거나 만들어 주는 것이 정말 힘들었다. 외국인 강사분에게 조언을 구한대로 학생들이 구글에서 영어 자료를 찾게 하는 게 무리라는 생각이 들었기 때문이다. 나는 80여명의 1학년 학생들을 가르치고 있다. 80여명의 학생들이 23개의 모둠을 형성하는데 모둠별로 주제가 상이했기 때문에 23개의 주제가 선정될 수도 있는 상황이었다. 다행이도 학생들이 정한 주제가 많이 겹쳤지만 그래도 10개 정도의 주제와 관련한 영문 글을 만드는 것은 솔직히 정말 쉽지 않았다.

    우여곡절 끝에 영문 기사들을 만들어서 제공했던 이 단계에서 실패한 점은 학생들에게 준 영문 기사의 난이도가 다소 높았다는 것이다. 학생들은 난이도가 높은 영문 기사를 읽는 것을 부담스러워했기 때문에 이를 해결하기 위해 모둠원 개개인이 문제의 원인 1가지와 해결책 1가지씩 나누어 맡고, 직소 활동처럼 맡은 것을 취합하여 영문 기사 정리표를 완성하게 하는 것으로 하였다. 이 단계에서 느낀 것은 학생들의 수준을 보다 정확하게 파악한 후에 학생들이 적절한 도전감을 가지고 수행할 만한 과제를 주어야 한다는 점이다.

    5차시에 수행했던 피쉬본 활동은 개별 활동으로 수행하였다. 학생 개개인에게 B4용지를 한 장씩 나누어 주고 영문 기사 정리표에 정리한 내용을 피쉬본에 도식화하는 방법으로 정리하게 하였다. 피쉬본 활동은 본

명령문을 활용한 '10대 임신'이라는 사회문제 해결 촉구의 캠페인 포스터를 2절지에 제작하고 있다.

래 생선의 뼈대 부분에 간단한 내용을 추려 적게 하는 활동이다. 학생들에게 난이도가 높은 영문 기사에서 핵심 내용을 담은 구나 절을 추출하게 하는 것은 너무 어려울 것으로 판단하여 중요한 문장 한 문장만 정하여 문장 전체를 옮겨 적도록 안내하였다. 역시 영문 기사의 난이도가 너무 높았던 것이 문제었다.

라. 6~7차시 수업

6~7차시 수업은 민락특공대 선서식 활동과 포스터 만들기 활동으로 구성하였다. 6차시의 민락 특공대 선서식 활동은 조동사 will을 활용한 문장 만들기 활동이다. 캠페인 활동으로 타인의 문제 해결을 촉구하기 전, 자신의 문제 해결 의지를 영어 문장을 활용하여 표현해보는 것이다. 학생들에게 조동사 will의 쓰임을 알려준 후 모둠별로 토의하여 문장을 쓰도록 안내하였다. 문장을 모두 쓴 모둠을 찾아가서 곧게 편 오른 손을 올리고 선서식을 통해 쓴 문장을 또박또박 읽도록 지도하였다.

민락특공대 선서식 활동이 끝난 모둠은 포스터 구상하기 활동을 진행하였다. 포스터는 모둠이 선정한 문제, 그림, 명령문 문장으로 구성할 것을 안내했다. 먼저 명령문이 무엇인지 각 모둠에게 각각 설명한 후 타인의 문제 해결을 촉구하는 포스터에 담을 문장들을 명령문으로 적어보도록 하였다. 이후 다음 시간에 제작할 포스터 구성을 구상하도록 안내하였다.

7차시에는 6차시에 구상한 내용을 토대로 포스터를 제작하도록 안내하였다. 모둠별로 2절지를 나누어주고 한 차시동안 구상한 대로 밑그림을 그리고 명령문 문장을 써서 배치하도록 하였다. 이때 실수한 점은 학생들에게 포스터 제작 안내문을 배부하지 않았다는 것이다. 학생들에게 포스터가 무엇이고 어떻게 구성해야하는지 안내문을 제시하고 자세하게 가르쳐 주었다면 학생들이 혼란을 덜 겪었을 것이다.

마. 캠페인 활동

캠페인 활동은 모둠원들이 약속한 시간과 장소에 포스터를 들고 준비한 명령문 구호를 외치는 것으로 진행했다. 학생들은 주로 급식실 앞이나 1학년 교무실 앞 복도에서 캠페인 활동을 진행하였다. 원래 계획은 명절 선물 포장용 5색 보자기와 파티용 선글라스를 끼고 지구 방위대다운 모습으로 캠페인을 진행하는 것이었으나 학생들의 완강한 반대로 실행하지는 못했다.

바. 8차시 수업

8차시 수업은 성찰 일지를 작성하는 것으로 구성하였다. 학생들은 봉사 활동을 성찰하는 4과 본문 내용을 토대로 여섯 가지 질문에 답하며 자신의 배움을 되돌아보는 과정을 거쳤다. 먼저 한글로 학습 성찰과 관련한 여섯 가지 질문에 답하게 하였다. 이후 마지막 과제로 앞서 한글로 답한 여섯 가지 질문에 적은 내용 중 한 문장씩 골라서 영어로 번역해 보도록 지도하였다. 이때 실패한 점은 학생들에게 '파파고'를 사용한 부자연스러운 번역을 하게 했다는 점이다. 프로젝트 수업 실시 후에 들었던 연수에서 배운 대로 'Grammarly'라는 프로그램을 활용하게 했다면 보다 자연스러운 문장을 배울 수 있는 기회를 줄 수 있었을 것 같다.

복도에서 '지구온난화'라는 환경 문제의 해결을 촉구하는 캠페인 활동 진행하고 있다.

5. 일단은 망했다. 하지만 폭삭 망해봤으니 더 이상 두려울 것이 없다

프로젝트 수업은 직접 해보니 정말 힘든 수업이었다. 교사의 철저한 사전 준비가 뒷받침 되어야하기 때문이다. 교육과정, 성취기준, 교과서 분석, 평가 등을 사전에 계획하고 준비하는 결코 만만치 않은 일이었다. 하지만 프로젝트 수업은 '아, 힘들다…… 그런데 다음 프로젝트 수업은 뭐하지?'라는 생각이 날 만큼 묘한 매력이 있었다.

초보교사로서 프로젝트 수업은 매순간이 도전적인 수업이었다. 처음 해보는 프로젝트 수업인 만큼 더 폭삭 망하지는 않을까 매 순간 염려하였다. 어쩌면 이 두려움이 학생들에게 프로젝트 수업 안내를 더욱 구체적이고 자세하게 하게 했을지도 모른다. 피쉬본 활동으로 영문 기사를 나누어주었을 때, 그리고 포스터를 2절지에 그려보도록 안내했을 때 등등 매 순간 걱정이 태산 같았고, '과연 이 활동을 성공할 수 있을까?'라는 걱정부터 앞섰다.

프로젝트 수업을 실제로 해본 결과 프로젝트 수업은 학생뿐만 아니라 교사도 도전으로 성장하게 하는 수업이라고 본다. 프로젝트 수업을 통해 '안내자'로서 교사의 역할을 어떻게 수행해야 하는지 보다 깊이 있게 이해할 수 있었다. 더불어 학생들에게 어느 정도의 과제를 주어야 적절한 도전감을 줄 수 있는지 깨달을 수 있었다. 직접 폭삭 망해보니 프로젝트 수업을 어떻게 설계하고 실행해야 실패 확률을 줄여서 의미 있는 배움의 경험을 학생들에게 줄 수 있는지도 알 수 있었다.

폭삭 망해봤으니 이제는 두려울 것이 없다. 실패한 것을 깨달았으면 다음에는 철저한 실패 원인 분석을 통해 같은 실수를 반복하지 않으면 된다고 믿는다. 프로젝트 수업이 교사와 학생의 진일보에 도움이 된다는 것을 발견한 만큼 제대로 된 프로젝트 수업으로 재도전하여 학생들에게 더 나은 배움의 기회를 주고, 나 자신에게는 교사로서 더욱 발전된 수업을 설계할 기회를 주고 싶다. 교직 2년차 교사로 프로젝트 수업을 폭삭 망해 본 병아리 교사는 이렇게 성장하는 것이라고 믿는다.

> 양혜인 선생님의 프로젝트 수업사례 다운 받기 안내
> 세상을 바꾸는 민락 특공대 프로젝트(캠페인 포스터 만들기)
> https://ssam.teacherville.co.kr/aabb@8945
> http://gg.gg/ccc777

자랑스러운(?) 나의 수업 폭망기

경기 능동고등학교 **이보라**

1. 망한게 자랑이니? 뭐 자랑할 게 있다고…….

누군가는 이렇게 말할 것이다. "폭삭 망했는데 뭐가 자랑이라고 이런 글을 쓰나?"라고 하겠지만 실패가 없었다면 나의 프로젝트 수업 전문성이란 없었으며 지금도 나는 '수포자 제조기'로 남았을 것이다. 위대한 발명가로 잘 알려진 에디슨은 실패의 결과물로 유명해졌다. 그런 에디슨을 우리는 '실패자'라기 보다는 최고의 '성공가 혹은 발명가'로 기억하고 있다. 실패로 수업 도중 학생들 앞에서 얼굴이 벌겋게 달아오르고 매 차시마다 반성문을 썼지만, 프로젝트 수업에서의 나의 실패 경험은 나를 문제풀이 강사가 아닌 인재를 길러내는 수학교사로 '선생님도 학생도 즐거운 수학 프로젝트 수업'이라는 나만의 브랜드를 만드는 계기가 되었다. 뿐만 아니라 더 이상 '수포자' 없는, 수학을 활용할 줄 알고 도전을 무서워하지 않는 미래인재를 키워내고 있다. 네 번의 수학 프로젝트 수업을 통해 얻은 실패, 실패를 통한 개선된 나의 프로젝트 수업, 그리고 지금과 다른 또 하나의 프로젝트 수업에 대한 꿈을 자랑하고 싶다.

2. 학생도, 교사도 쑥쑥 커지는 수업과 평가

2015 개정교육과정에서의 수업과 평가는 일관되게 이루어져 수업을 위한 수업, 평가를 위한 평가가 아닌 교육과정 재구성을 통한 수업과 자연스러운 평가로 이어지도록 안내되고 있다. 평가의 결과를 통한 학생 맞춤형 피드백 과정 속에서 학생들의 연속적인 성장이 이루어지도록 강조하고 있다. 교사는 학생 중심의 배움

이 일어나는 탐구활동 중에 관련 단원의 필수 개념요소의 학습 뿐 아니라 기능과 태도면에서도 학생들의 활동을 관찰하고 개선점과 발전 방향 등을 분석하여 학생들의 올바른 성장을 이끌어야 한다. 수학 프로젝트 수업을 통해 학생들의 수학에 대한 부정적인 인식을 개선하고, 실생활 속에서 사용되고 있는 수학의 유용성을 인지하여 앞으로의 삶이 좀 더 윤택해 지기를 바라는 것이 수학 교사로서의 수업 의도였다. 이 점에서 본다면 수업 및 평가는 성공적이었다고 스스로 평가한다. 교사인 나 역시도 이러한 일련의 과정 속에서 자신의 수업과 평가를 수정, 보완하고 교사로서의 전문성을 기르는 기회였으며 지금도 프로젝트 수업을 하고 싶어 손이 근질거리게 만드는 일이기도 하다.

가. 모르면 묻지도 따지지도 않고 선구자를 따라 한다

프로젝트 수업에 대해 아무것도 모르는 경우 가장 미련하면서도 가장 편하고 안전한 길은 선행자를 무조건 따라하는 것이다. 그러나, 이 경우 실패율은 거의 100%이다. 학생들의 학습수준이나 문화 등의 실태분석 없이 기존의 것을 적용한다는 것은 매우 무모한 짓이다. 우치갑 수석선생님과 '교육과정-수업-평가-기록의 일체화' 연구회를 시작하면서 프로젝트 수업 연수를 듣게 되었고 연수를 듣는 동안 빨리 프로젝트 수업을 진행해 보고 싶었다. 프로젝트 수업 연수를 들으면서 프로젝트 수업이 어렵고 힘들다고 느껴지기 보다 그 현장에서 이미 나만의 프로젝트 수업을 하고 있는 것만 같은 착각이 들었다. 연수에서 프로젝트 수업 이론과 실제 사례를 통한 구체화를 배웠고, 간단하게 프로젝트 수업을 위한 구상을 하였으나 정작 필요한 수학과의 실제 운영 사례가 없어 수업에 적용하기에는 막막한 심정이었다.

프로젝트를 경험한 동료교사에게 '학교문제 확률로 해결해요!'라는 프로젝트 수업 자료를 받았다. 학생들에게 안내할 PPT와 주제망 마인드맵, 계획서, 보고서, 학생평가 자료를 받아 일단 진행해 보기로 했다. 수업을 미리 구성해 보는 수업 지도안 혹은 설계도도 없이 무식할 정도로 용감한 짓이었다. 수업 사례나 예시 안내조차 없는 PPT자료를 이용한 설명으로 진행된 프로젝트 안내 수업은 교사중심의 일방적인 강요로 학생들은 프로젝트 운영 단계의 내용이 머릿속에 구체화되지 못해 매 시간 허둥지둥 당황했다. 진행하는 7차시 내내 학생들은 끊임없이 질문하고 잘하고 있는 것인지에 대해 자신들의 수행활동 자체를 의심하였으며 교사인 나는 같은 말만 되풀이하는 앵무새 같았다. 처음 실시한 학급의 학생들의 활동과 요구 사항들을 관찰하고 매 시간마다 프로젝트 수업 운영과 활동지를 수정하고 보완해야 했다. 살얼음판을 걷는다는 표현이 무엇인지 알 것 같았다. 처음 시도한 프로젝트를 통해 알게 된 것은 프로젝트 운영을 위한 교사의 고민과 분석이 프로젝트 성공의 80%를 결정짓는다는 것이다. 수업에 대한 교사의 분석, 수업을 통한 학생들의 변화, 활동하면서 배우게 되는 학생들의 역량 등을 충분히 고민한다면 분명 질 좋은 프로젝트 수업과 평가를 운영할 수 있을 것이다.

나. 실패 속에서 알게 되는 비밀들, 나만의 노하우가 되다

선구자의 뒤를 따른다는 것은 출렁대는 다리를 지나는 기분이었다. 어디서, 언제, 무슨 일이 벌어질지 몰라 수업 내내 마음을 졸이고 있었다. 계획대로 실행이 되고 있는 건지, 단원에 맞는 성취기준과 교과 역량을 학습자들이 이수할 수 있는 건지, 수업이 끝난 이후에도 제대로 가르친 것인지, 학생들에게 탐구를 통한 배움이 과연 일어난 것인지 찜찜한 마음이 계속되곤 했다. 때론, 내 수업과 수업에 참여한 학생들에 대한 죄책감마저 들기도 했다. 같은 학급 안에서도 모둠별 활동과 진행 정도가 모두 달라 각기 다른 질문들이 쏟아졌고 교사는 수학교과이외의 다양한 내용과 지식들에 대해서 학생들에게 조언하고 팀의 일원으로서 협력해야만 했다. 어느 모둠은 이미 끝나 놀고 있었고 어떤 모둠은 종료령이 울렸는데도 끝내 못해 안절부절하는 모습을 보였다. 그러나, 후회하고 자책하며 깨닫게 되는 것들이 있었다.

수업 중 학생들의 불편함이 무엇인지. 무엇이 부족한지, 어떤 부분을 추가하여 학생들의 도전을 이끌어야 하는지 등을 보게 되었고 생각과 고민을 통해 수업을 보완하게 되었다. 수업색깔과 나만의 프로젝트 수업 운영 기술이 생기게 되었으며 다음 차시 혹은 다음 프로젝트 수업에 도전해 보고 싶어졌다. 아주 사소한 부분도 반성을 하는 동시에 반성은 또 다른 깨달음이 되었다. 그것을 놓치지 않고 잘 정리해서 다음 프로젝트에 적용하여 나만의 프로젝트 수업 및 평가를 완성할 수 있었고 그것이 바로 노하우가 되었다.

다. 프로젝트 수업이 끝나는 순간 나는 다시 꿈을 꾼다

프로젝트 수업의 마지막 차시가 되면 나는 다시 꿈을 꾼다. 학생들과 함께 할 다음 프로젝트 수업을 생각하고 방향을 결정한다. 프로젝트 과제 수행 시 모든 차시에서 모든 학생들이 흥미를 느끼며 열정적으로 활동하지는 않는다. 그러나 잘 관찰해보면 학생들의 행동에 변화가 있다. 좋아하는 것과 지루해 하는 것들, 어려워하는 것과 불편해 하는 것들, 교사의 피드백이 필요한 부분을 잘 관찰하고 분석해 본다면 결론에서 또 다른 프로젝트 수업을 구상할 수 있다.

학생들의 역량은 지역마다 구성원마다 모두 다르다. 같은 프로젝트 주제를 가지고 운영한다고 하더라도 서로 다른 예상치 못한 결과를 얻게 될 것이다. 따라서 함께 하는 교사는 수업 중 끊임없이 학생들의 사고의 전개, 탐구 활동, 의견 수렴과정 등을 관찰하고 기록해야 한다. '프로젝트란 나를 탐구하는 시간'이라는 어느 학생의 소감처럼 학생들은 활동 중에 자신을 들여다 볼 것이며 자신에게 무엇이 필요한지, 어떻게 해야 자신의 성장을 이룰 수 있는지를 깨닫게 된다. 또한, 교사는 또 다른 주제의 프로젝트 수업을 꿈꾸기 시작하는 것이 바로 교사의 프로젝트 수업 및 평가에 대한 수업 전문성이 높아지는 계기가 된다.

라. 교사도 재미난 프로젝트 수업

교사도 재미난 프로젝트 수업이란 무엇일까? 앉아서 책과 연습장을 이용하여 같은 문제를 반복해서 풀고 조금 더 빠르고 정확하게 문제를 풀기 위해 노력해야 하는 것이 학생들의 학습형태이다. 공부를 잘하는 학생이란 빠르고 정확하게 문제를 해결하여 정답을 맞추고 1등급을 받는 것이다. 그렇게 공부한 내용이 미래를 살아가면서 어떤 도움을 줄까? 또 책상에 앉아 고민한 것이 책상이 아닌 다양한 곳에서 어떤 방식으로 적용될 수 있을까? 과연 적용이라는 것을 하긴 할까? 궁금하다. 아마 이 글을 읽는 모든 선생님들이 이 질문의 대답이 '아니오'라는 것을 알 것이다.

그래서 나는 되도록 프로젝트 활동이 책상 혹은 교실이 아닌 자유로운 공간, 활동에 필요한 공간이기를 바랐고 학교 내 모든 공간을 이용할 수 있도록 허용하였다. 물론 다른 수업에 방해가 되지 않는다는 조건과 계획된 지정 장소를 이동하지 않겠다는 다짐을 받고 실시하였다. 학생들은 운동장과 각 실습실 등을 이동하며 스스로 고민하며 작성한 계획에 따라 실행하며 의미를 느꼈고 계획대로 실행되는 것 자체를 즐거워했다. 활동하는 학생들은 책상에서 실시한 계획과 계획의 실행 사이의 차이가 있음을 알게 되었고 수정과정을 거쳐 스스로 결론을 이끌어 내는 모습을 보였다. 무엇보다도 학생들은 수업시간을 매우 즐거워했으며 마음껏 자신의 생각을 말하고 움직이는 모습을 보여 살아있는 학습, 교육다운 교육임을 느껴 교사로서도 매우 보람되었다.

마. 안된다는 생각은 이제 그만, 용기내서 도전하자

"고등학교라서, 진도 나가기 어려워서, 고3이라서, 수능을 앞두고 있어서"라는 이유로 프로젝트 수업이 어렵다는 말은 정말 핑계다. 네 번의 프로젝트 수업 중 두 번은 고3의 학생들, 그것도 수학에는 관심이 전혀 없는 인문반 학생들과 함께 한 수업이었다. 1학기에 실시한 수업은 '내 인생의 첫발, 어디가 좋을까?'라는 주제로 자신의 진로 희망과 관련하여 영상물을 제작하도록 하였고 2학기에는 '수학으로 바라본 나의 인생이야기'라는 주제로 대입 원서를 쓰기 전 자신을 바라보는 시간을 프로젝트 수업으로 구성했다. 2학기에는 4차시로 시수를 줄이고 마지막 수업은 발표 대신 전시로 바꾸고 전 차시가 모둠별로 진행되기 보다는 개인별로 생각하고 표현할 수 있는 수업으로 진행했다.

프로젝트 수업은 협업을 위한 것이지만 모둠 운영의 어려움을 조금 해결해 주고자 운영 형태를 다소 변경하여 50분 중 20분은 모둠별로, 30분은 개인별로 진행하였다. 문제 해결을 위한 프로젝트보다 수학적 개념의 이해를 확인하고 정리하며 자신의 삶에 빗대어 인문학적으로 해석할 수 있는 능력을 키우고자 하였다. 바쁘게 고등학교까지 학교생활을 이어왔던 학생들은 자신에게 집중했고 그동안 배웠던 개념을 자신의 꿈과 인생에 비교하여 표현하였다.

프로젝트 수업이라는 것이 세상의 문제를 인식하고 해결하기 위한 방안을 찾는 과정이라고만 생각하겠지만, 자신의 인생을 되돌아보고 삶을 해석하고 방향을 정하는 것도 하나의 프로젝트 형태라고 생각하였다. 프로젝트 수업이란 정답이 정해진 수업의 형태가 아니기 때문에 용기내서 도전해 보고, 도전하며 실패하면서 나만의 수업 방법을 찾아갔다.

3. 이렇게 바꾸며 한 단계 한 단계 성장했어요

이제부터 이야기할 것은 프로젝트 수업 단계별 '자랑스런(?) 나의 폭망한 수업이야기'이다. 폭망한 나의 수업을 반성해 보면서 개선점을 찾고 실행한 과정을 말하고자 한다. 아마 이 글을 읽는 여러분들은 물어보고 싶을 것이다. "그럼 지금은 성공했나?" 성공? 위에서 언급했듯이 같은 프로젝트 수업-평가라고 하더라도 학습자의 수준이나 지역, 학교의 문화 등 다양한 변수들이 존재한다. 많은 학생들을 대상으로 한 모두의 성공이라고는 말할 수 없으나 나는 매번 프로젝트 수업이 성공적이라고 생각한다. 50개 정도의 모둠 중 한 모둠에서 원하던 결과를 얻었다면 나는 성공한 프로젝트 수업이라고 말하고 싶다. 의도한대로 수업이 진행되고 결과를 산출해 내는 학생들을 보았을 때의 기분이란 말로 표현할 수 없었다. 프로젝트를 성실하게 운영하고 결과를 이끌어 낸 학생들의 기쁨도 기쁨이지만 나의 의도와 노력만큼, 학생들의 성공적인 결과와 성공적으로 마무리되는 전 과정을 통해 나도 기쁨을 맛보았다. 아마 개인적으로는 이런 기쁨, 짜릿함 때문에 다음 프로젝트를 준비하는 지도 모르겠다. 이제부터 "제시하는 과정대로 하면 프로젝트를 운영할 수 있을까?" 라는 질문을 하고 싶겠지만 당연히 그렇지는 않다는 것을 말해 두고 싶다. 그러나 나는 자신있게 말할 수 있다. "해 보지 않고 안된다고 말하지 마라. 분명 학생들은 우리가 상상하는 그 이상의 능력을 갖추고 있으며 그 참 모습을 보는 순간 진정한 교사로 다시 태어날 것이다."라고!

가. 수업 친구 사귀기

프로젝트 수업 및 평가를 실시하는 경우 학교 내 수업 친구가 필요하였다. 프로젝트 활동은 한 교과에서만 진행하기에는 어렵고 비경제적이기 때문이다. '영상물 제작' 프로젝트 활동이라면 적어도 정보(영상물 제작), 미술(스토리 보드), 국어(시나리오 작성) 등의 교과가 융합프로젝트를 실시하는 것이 학습자의 학습 부담을 줄일 수 있다. 같은 학년을 담당하고 있는 타 교과의 수업 친구와 협의를 통해 프로젝트를 설계해 보았다.

처음 실시했던 '학교문제 확통으로 해결해요!'는 확률과 통계과목으로 실시했고 이 결과를 창의적 체험활동의 '민주시민 - 캠페인 활동'을 통해 학생들의 행동 개선을 유도했다면 하는 아쉬움이 남았다. 또한 '사회문화'나 '법과 정치' 시간 등을 활용하여 민주시민으로 생활하는 법 등을 연계했다면 수학교사가 해결하지 못하는 문제를 좀 더 체계적으로 해결할 수 있었으리라 반성하였다.

2학기에는 같은 학년의 수업 친구를 사귀게 되었다. '수학으로 세상을 바라보다.'라는 주제로 좀 더 큰 세상을 의미있게 바라보도록 하고 싶었다. 사회문화 선생님을 찾아가 교과 간 연계 융합 프로젝트 수업을 제안하였다. 수업 친구 선생님과 함께 단원을 설계하고 수업 운영 차시와 제시할 문제 상황을 계획하게 되었다. '사회문화' 교과와 연계하여 20년간의 사회 불평등 요소를 나타내는 유의미한 통계 자료를 '통계청' 등에서 찾도록 하였다. 학생들은 조사하여 분석한 자료를 통계 처리하여 결과를 얻고 사회문화적으로 해석하게 하는 프로젝트를 실시하였더니 프로젝트가 좀 더 풍요롭고 질적으로 우수해졌다. 학생들에게 수학의 유용성에 대하여 별도로 안내하지 않아도 스스로가 수학의 필요성을 인식할 수 있었다.

성취기준	[12확통03-06] 표본평균과 모평균의 관계를 이해하고 설명할 수 있다. [12확통03-07] 모평균을 추정하고, 그 결과를 해석할 수 있다. [12사문01-03] 사회문화적으로 갈등요소를 이해하고 분석할 수 있다.

나. 프로젝트 수업 및 평가 대주제 선정하기

수업을 계획하고 진행함에 있어 가장 중요한 것은 프로젝트 주제이다. 학생들에게 '하고 싶다.'라는 생각을 갖게 하는 것만으로도 수업의 절반은 성공이다. 또한, 주제는 수업의 의도와 방향, 교사의 수업에 대한 철학을 내포하면서 학습자가 배움을 탐구하게 될 수학적 개념을 적용할 수 있어야 한다. 설명을 통한 이해가 아닌 공감을 유도하는 주제가 프로젝트 수업에서 중요하기 때문에 나는 프로젝트 주제 선정 시 매우 신중하게 접근했다.

1차에 실시한 '학교문제 확통으로 해결해요!'는 생각보다 좁은 주제로 50개의 모둠활동에서 10개 안팎의 모둠 소주제가 선정되어 비슷한 프로젝트 과정과 결과물이 산출되었다. 수학이라는 교과의 엄밀함 때문에 소주제 선정뿐만 아니라 문제해결 과정상에 적용한 수학적 개념도 다양하지 못했고 사용한 마인드맵은 이미 주제를 고정하고 그와 관련된 개념을 세분화하여 브레인스토밍의 과정이라기보다는 수학적 개념을 정리하는 역할만을 했다. 이런 상황은 학습자에게 탐구과정의 경험과 의사 소통의 어려움을 가져왔고, 교사

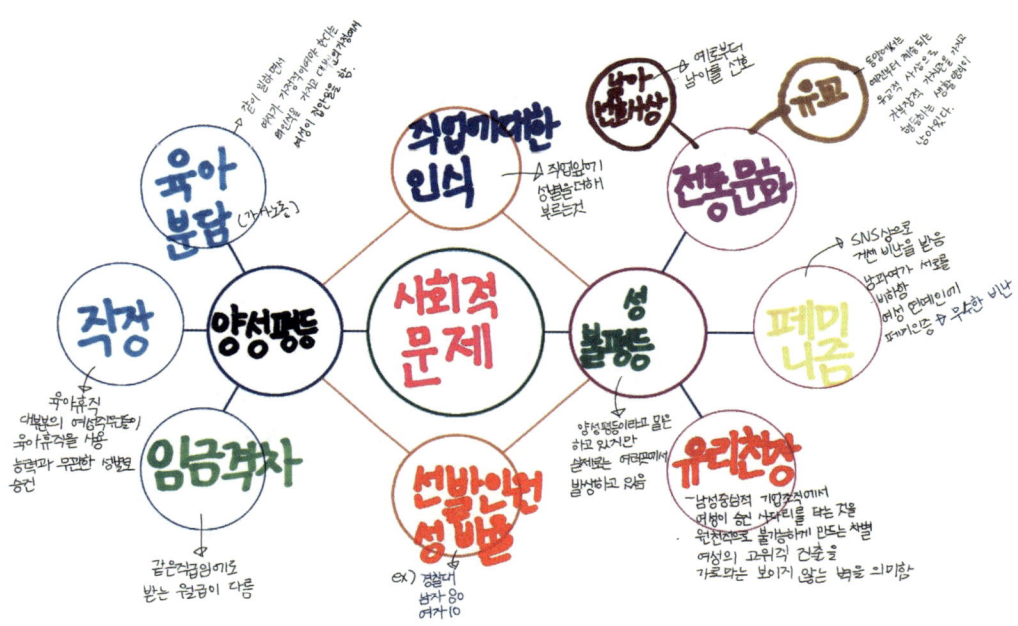

'수학으로 세상을 바라보다' 주제 선정 더블버블형 비주얼씽킹 활동결과물

에겐 똑같은 결과물에 따른 평가에 어려움이 발생하였다. 수업 개선을 위해 2차에 실시한 '수학으로 세상을 바라보다'는 좀 더 폭넓은 주제를 제시하고 모둠별로 관심분야를 정해 주제 선정의 브레인스토밍 방법으로 더블버블형 비주얼씽킹을 활용하였다. 결과물이 10개 정도이던 주제가 두 배 이상으로 다양하고 풍부한 모둠 주제들이 탄생했다. 이 과정에서 평가를 위해 브레인스토밍을 통해 얻은 키워드의 아래에 학번과 이름을 적어 개인별 평가를 실시하였다.

다. 주제에 맞는 단원 결정하기

학생의 삶과 연계할 수 있는 단원, 성취기준과 학습요소를 적용하여 학생들이 프로젝트 활동을 할 수 있는 단원, 타 교과와의 융합이 가능한 단원으로 수업 친구와 협의가 필요한 부분이다. 프로젝트 수업에서 단원 선정이 잘못되면 회복이 불가능할 수도 있다. 특히, 엄밀하고 논리적인 단계의 중요성을 강조하는 과목일수록 단원의 선택은 매우 중요한 일이다. 잘못 선택하면 이론적인 개념이 너무 어려워 학생들이 아예 시도조차 못하는 일이 발생하게 된다.

1차에서는 '통계적 확률과 수학적 확률, 조건부 확률'의 단원을 설정하였더니 개념이 좀 더 어려운 '조건부 확률'의 개념에 대해서는 시작 전부터 손을 놓고 쉬운 개념 요소인 '통계적 확률' 개념만을 선택해 프로젝트를 실행하는 모둠이 많았다. 그래서 내가 원하는 '조건부 확률'의 개념은 학생들이 손도 대지 못하는 일이 벌어졌다.

2차에서는 좀 더 적용 가능한 개념을 찾았고 이를 위한 거꾸로 학습을 위한 디딤영상과 예시를 중심으로 한 개인별 개념 확인학습에 집중적으로 노력했다. 그리고 사회문화 교과 담당 선생님과의 협의에서 수학 교사인 나는 '확률과 통계'의 '모평균 추정, 모비율의 추정'을, 사회문화에서는 '사회 현상 탐구와 사회 불평등 현상의 이해'의 개념을 학습할 수 있기를 원했다. 서로의 과목을 이해하기 위한 간략한 설명과 무엇을 학생들이 해야 하는지에 대한 도전 과제를 정하였다. 모둠별 프로젝트 수행 계획서에 '적용된 수학개념', '사회문화적 불평등 요소' 등을 기재할 수 있도록 제작하여 프로젝트를 구조화하였다.

라. 프로젝트 수업 및 평가 - 교육과정 분석하기

언제나 수업시수가 부족한 나에겐 교육과정 재구성을 위한 수학과 교육과정 분석은 수업 운영을 위해 꼭 필요한 일이었다. 성취기준이란 수업활동 시 학습자의 배움이 일어나야 하는 부분, 즉 시점을 알려주는 것이다. 수학과 교육과정은 성취 수준과 평가 기준 학습을 통해 학생들이 성장하게 될 역량들을 제시하고 있다. 교육과정 분석을 통해 학생들이 프로젝트 활동 시 적용해야 할 교과상의 개념을 이해하고 적용할 수 있었다.

1차의 '학교문제 확통으로 해결해요!'에서는 수학교과의 개념에 대한 교육과정만을 분석하고 프로젝트 수업 및 평가로 학생들이 키워 나가야 할 내용 요소와 기능 요소를 제대로 분석하지 못했다. 수학교사로서의 역할과 학생들이 배워야 할 수학적 개념에만 집중한 것이다. 학생들보다 내가 수학적 개념을 이해하고 실제 문제상황에 적용하고 있는지만 집중하여 프로젝트 활동을 통해 학습하게 될 우수한 요소(협업 능력, 의사소통 능력, 교과 역량)에는 관심을 갖지 못했다. 이는 학생들을 수학이라는 어렵고 엄밀한 울타리안에서 자신의 창의적인 생각과 행동을 펼치지 못하게 하는 역할을 했다.

우치갑 수석선생님의 프로젝트 수업 컨설팅을 통해 수학적 개념의 내용 요소뿐만 아니라 기능 요소까지 분석하고 교과 역량과 교수-학습의 방향까지 분석하여 수업을 설계하였다. 철저히 준비된 수업은 학생들에게 수학적 개념의 습득뿐 아니라 문제 상황을 분석하고 해결 방안을 찾았다는 자신감을 주었으며 모든 학생들이 수학시간에 할 수 있는 것들이 생겨 기뻐했다. 불필요한 사고와 활동을 줄여 주제에 맞는 탐구활동에 집중할 수 있도록 강력한 역할을 하였다.

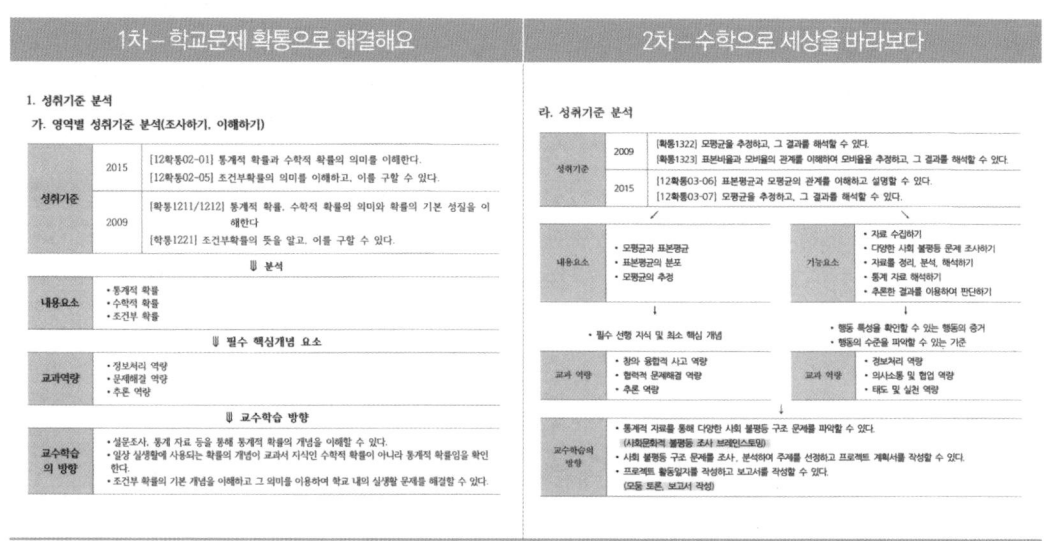

프로젝트 수업을 위한 성취기준 분석하기

마. 길잡이 역할을 하는 '프로젝트 수업 안내문' 만들기

'프로젝트 수업 안내문'는 학생들의 프로젝트 수업의 길잡이 역할만 하는 것이 아니라 교사에겐 수업과 평가의 스토리보드 역할을 한다. 또한 교사에겐 수업의 전체를 한 눈으로 조망할 수 있는 기회이며 상상하던 수업과 평가를 좀 더 구체화할 수 있는 것이 바로 안내문이다.

1차 프로젝트 수업에서는 PPT 자료를 이용하여 수업 의도와 수업 과정, 수업 결과의 내용을 안내하는 방법을 사용하였다. 한 시간 내내 설명해도 학습자의 이해 정도에 따라 모두 다르게 받아들였다. 정말 같은 것을 한 공간에서 보고 있지만 보이는 것의 해석은 모두 자신의 수준과 경험만큼 다양했다. 사람의 기억력은 장기 저장이 어렵고 잘못된 정보를 저장하기 때문에 꼭 필요한 것이 바로 '프로젝트 수업 및 평가 안내문'이다. 교사의 수업 계획 시 의도대로 수업이 진행될 수 있는지, 이 수업을 통해 학습자들의 여러 가지 의도된 역량을 키워 나갈 수 있는지 수업 전 상상해 보고 방향을 수정할 수 있게 한다.

처음 시도했던 '학교문제 확통으로 해결해요!'에서는 안내문을 학생들에게 제공하지 않았다. 학생들은 시작하는 1차시부터 결과물을 발표하는 마지막 차시까지 같은 질문을 되풀이했다. "선생님, 다음엔 뭘 해야 하는 거죠?", "선생님, 이렇게 하면 되는가요?" 등 탐구활동을 위한 질문이 아닌 일반적인 진행상의 질문들을 쏟아내기 시작했다. 학생들도, 교사도 길을 잃은 셈이었다. 안내문의 필요성을 느끼게 되었고 우치갑 수석선생님의 조언을 통해 서툴지만 프로젝트 수업 안내문을 만들었다. 프로젝트 주제, 차시별 수행과제, 활동을 위한 관련 사이트, 도서 등을 자세하게 작성하여 배부하였다. 학생들은 궁금한 것뿐 만 아니라 앞으로의 자신들의 진행과정과 방향을 안내문을 통해 스스로 해결하는 모습을 보였다. 이후 제출 과제물, 제출 방법, 문제 상황 등을 추가하여 좀 더 자세하고 친절하게 프로젝트 수업 안내문을 구성하여 학생들 스스로 프로젝트를 끌어갈 수 있도록 하였다.

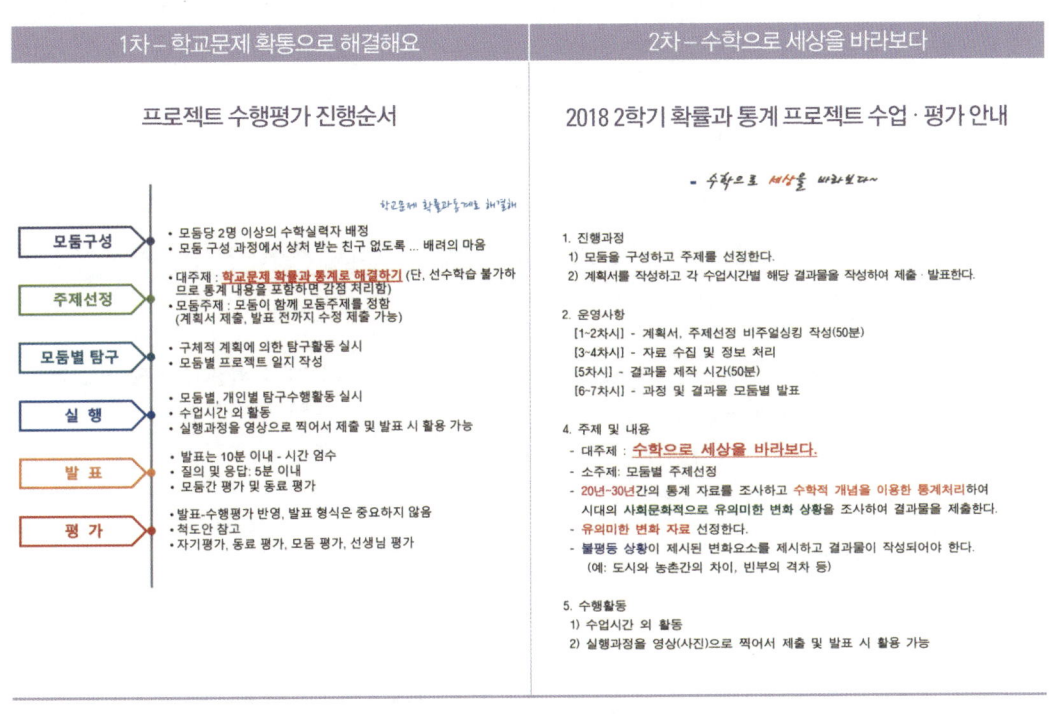

1차, 2차 프로젝트 수업 안내문

바. 모두의 만족을 위한 모둠 정하기

가장 많이 묻는 질문 중에 하나가 바로 모둠 구성이다. 수학이라는 교과의 특성상 모둠의 구성은 프로젝트의 성패를 결정짓는 아주 중요한 요소이다. 대부분은 성적순으로 결정을 하고 그 이후 모둠 구성원들의 협의와 합의를 통해 구성원의 일부를 영입할 수 있도록 하였다. 실생활과 연계된 프로젝트 주제를 통해 수학의 유용성과 개념을 확인하는 과정이므로 수학만 잘한다고 되는 것은 아니다. 수학도 잘하고 사회도 잘하고 자료 수집이 빠르기도 하고 컴퓨터를 잘 다루기도 하고, 그런 각자의 역량이 각기 다른 학생들이 모여서 하나의 성공적인 결과를 얻어내기 때문에 고른 구성원이 필요했다.

프로젝트 활동을 몇 번 해보면 학생들은 모둠 구성 시 어떤 구성원이 필요한 지 잘 파악하고 모둠을 구성하기 위해 노력한다. 물론, 친하고 편한 친구들끼리 구성하여 혼자 남는 외톨이 학생들이 있기 마련이다. 그러나 그 때는 교사의 적극적인 개입이 필요한 시점이다. 교사의 개입으로 각 모둠장들을 소집하고 외톨이 학생에 대한 대책을 마련하기 위한 토론을 시작하는 것이다. 민주적인 프로젝트 활동이 이루어질 수 있도록 협의와 합의를 거치는 과정은 꼭 필요하며 모두가 이해하고 프로젝트가 시작될 수 있도록 교사의 노력이 필요하다. 프로젝트 수업 '내 인생의 첫발, 어디가 좋을까?'와 '수학으로 바라본 나의 인생이야기'는 진로 희망이 같거나 비슷한 학생들끼리 모둠을 정하도록 하였다. 방향성이 같은 학생들끼리의 모둠은 목표가 같고 성향이 비슷하여 잘 소통하는 것처럼 보였으나 의외로 프로젝트를 추진하는 것에는 옳은 선택은 아니었다. 왜냐하면 프로젝트의 가장 큰 장점은 협력적 해결역량을 키우는 것인데, 진로희망이 같은 학생들은 흥미는 같았으나 비슷한 역량을 보였다. 5명이 한 모둠이라면 5명의 각기 다른 역량이 모여 협력적 문제해결 역량을 보여야 하기 때문이다.

3차 프로젝트 수업 안내문

사. 대주제와 제시된 문제 상황에 맞는 모둠별 소주제 정하기

교사가 제시한 대주제와 연관되며 문제 상황을 해결할 수 있도록 모둠별 소주제를 선정하게 했다. 더블버블형의 비주얼씽킹을 이용하여 모둠별 소주제를 선정하도록 하였다. 비주얼씽킹을 활용했던 적이 있던 학생들은 주제 선정 시 무엇을 해야 하는지, 더블버블형 비주얼씽킹 활동지를 어떻게 사용해야 하는지 잘 알고 있었으나 처음 접하는 일부의 학생들을 위한 설명이 필요했다. 모둠별로 진행하다 보니 모둠 평가만 가능하고 수업에 성실히 참여하지 않는 경우가 발생하였다. 주제 선정 과정 중에 의견을 제시할 경우 학번과 이름을 쓰게하여 수업에 적극적으로 참여하고 개인 평가를 진행할 수 있게 했다. 또한, 공통의견을 찾는 것에 도움이 되기는 했으나 모둠원 중 목소리가 큰 학생의 의견이 중요한 주제가 되어 선정되기도 했다. 주제 선정 시 좀 더 객관적이고 신뢰로운 방법이 필요했다. 그래서 다음 차시에는 '쌍비교분석법'을 통한 주제 선정을 시도해 보자고 계획하고 있다. 되도록 큰 범위의 대주제를 제시해야 모둠별 주제도 다양하게 선정될 수 있다. 장소나 사용 개념 등이 작으면 작을수록 학생들은 동일한 주제를 정하고 활동과정도 비슷하며 결과 역시도 거의 동일하게 나타나게 되었다.

구분	1차 - 학교문제 확통으로 해결해요	2차 - 수학으로 세상을 바라보다
주제 선정		

모둠 주제	1	등교시간 지각생을 줄이기 위한 방법, 우천에 따른 지각률	1	수독권과 비수도권 교육격차에 따른 일자리	12	외국인 노동자에 대한 임금차별
			2	성별에 따른 사회 불평등	13	근로 고용내 성불평등
	2	같은 혈액형을 가진 4명이 특정한 한 조(4명)가 되는 확률 특정한 5명이 한조가 될 확률	3	대기업과 중소기업의 빈부격차	14	지역에 따른 교육기회의 불평등
			4	직종별, 지역별 임금차이	15	여성 인권 불평등
	3	2학년 1반으로 가는 길, 우리반이 소중한 이유	5	소득 수준에 따른 차이와 해결방안	16	디자이너 남녀 임금 격차
	4	학교 수업 시간표 개선을 위한 확률 구하기, 효율적인 수학 학습 방법	6	여성의 출산 여부에 따른 사회적 지위의 차이와 그 해결방안	17	불평등이 낳은 사회적 자살
	5	야간 자율학습 불참률과 개선방안, 방과후 수업 선호도 조사와 참여율 향상을 위한 방안	7	부모의 소득 수준에 따른 자녀의 학벌 차이	18	직장여성의 육아와 여성차별
			8	직장 내 학력별 남녀 소득 차이	19	성교육 정도별 취업자 수의 변화
	6	학교 학생들의 교복 개조 여부와 개선을 캠페인 활동, 인성 나눔 배치에 대한 수학적 고찰	9	남녀간 임금격차	20	학생들의 기업 선호도와 사회적 불평등
			10	수시 채용 불평등·불라인드 채용방안	21	장애인들이 겪는 불평등
	7	급식에서의 확률과 급식 개선	11	사망률에서 찾아 볼 수 있는 건강 불평등	22	학생들의 기업 선호도와 사회적 불평등

대주제와 제시된 문제 상황에 맞는 모둠별 소주제 정하기

아. 프로젝트 수행 계획서를 작성하며 활동과 성공 자신감을 키우기

학생들은 프로젝트 수행 계획서를 작성하면서 자신의 활동을 상상하거나 성공적인 활동에 대한 자신감을 갖게 되고 프로젝트 활동에 원동력 역할을 한다. 그러나 계획서 작성 시 무엇을, 어떻게 해야 하는지에 대한 안내가 없다면 프로젝트 활동이 아니라 계획서 작성부터 포기하게 되기도 한다. 따라서, 프로젝트 수행 계획서 항목별로 계획해야 할 구체적인 내용을 기재해 안내하는 것이 필요했다. 모둠의 주제, 모둠원의 역할, 반영하고자 하는 개념, 이용하는 프로그램이나 사이트, 자료를 찾고자 하는 출처 등을 기재할 수 있도록 구성했다.

1차 프로젝트 수업에서는 크게 주제 선정과 아이디어의 결합을 위한 마인드맵, 선정 동기, 수학적 개념, 연결 방법, 내용 등만을 기재하도록 하였다. 학생별 주제 선정 의견 제시, 이유, 반영된 개념이나 내용, 실생활 연결 방법, 내용 및 운영 계획, 자료의 유형, 각자의 역할 등을 기재하도록 하여 학생들이 프로젝트를 진행하기 위해 무엇을, 어떤 단계로 계획해야 하는 지 알 수 있도록 하였다.

구체적인 질문 요소는 학생들이 어떻게 답해야 할지 우왕좌왕하지 않고 찾아갈 수 있는 이정표 역할을 한다. 또한, 무엇을 탐구해야 하는지 도전 과제를 지시하기도 한다. 이것도 추후 변경하여 각 항목별 가짓수를 적어 형식뿐만이 아닌 내실화를 기했다.

프로젝트 수행 계획서 작성하기

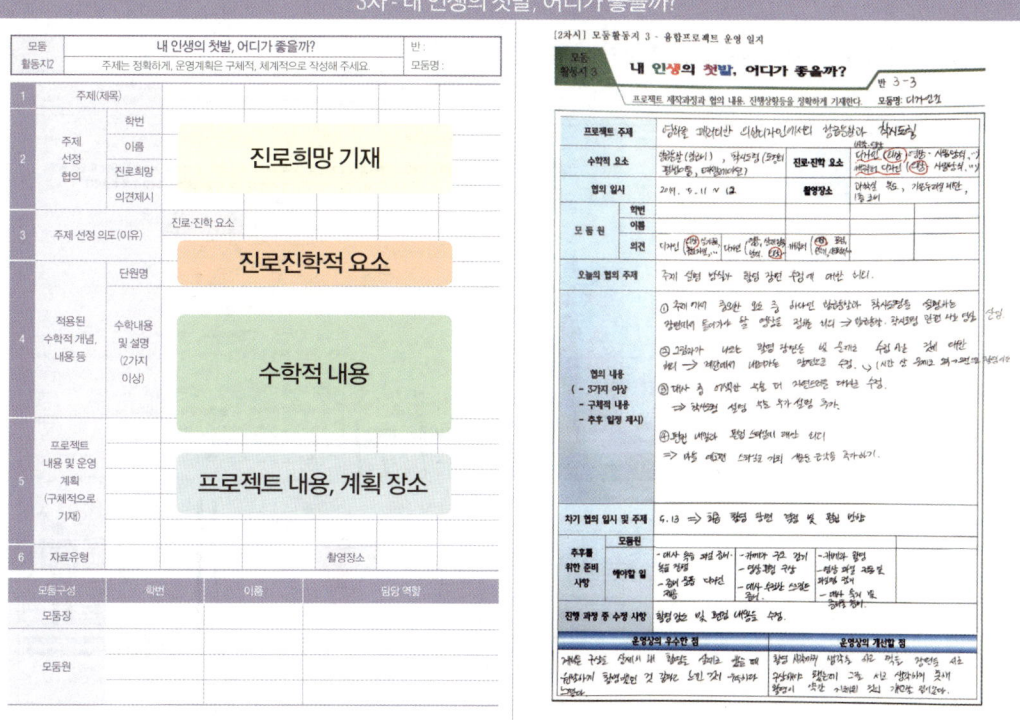

프로젝트 수행 계획서를 작성하기

자. 활동 일지와 생각 정리하기를 통해 매 차시 활동을 정리하고 재정비하기

프로젝트는 한 가지의 주제를 계획하고 수행하기 위한 드라마이다. 활동 일지는 현 차시의 활동을 어떻게 했는지 상세하게 적어 다음 차시의 연결다리 역할을 한다. 생각 정리하기는 처음 계획대로 진행되고 있는지, 성공적인 결과를 위해 전체적으로 조망하고 미궁으로 빠지지 않도록 프로젝트를 소생시키는 구명조끼와 같은 역할을 한다.

1차 프로젝트 수업에서 진행하지 않았던 생각 정리하기는 바쁘게만 움직이던 학생들에게 잠깐의 쉼과 생각을 위한 여유로움을 제공하는 역할을 했다. 성취기준에 도달하기 위해 학생들은 자신들의 계획대로 바쁘게 활동하였다. 한 차시 한 차시 제시된 차시 목표를 완수하기 바쁘게 전체 프로젝트 활동을 조망하거나 앞, 뒤를 돌아보며 연계성을 유지하기란 어렵다. 1차시의 시간을 할애하여 자신과 모둠의 생각을 정리할 수 있는 시간을 제시했다. 학생들은 다른 시간 보다 이 시간을 활용하여 부족했던 프로젝트 활동을 완성하거나 처음 계획대로 운영되고 있는지 수학적 개념은 올바르게 적용했는지를 반성하고 개선하는 시간으로 활용했다. 이 시간에 대한 학생들의 만족도는 높았으며 결과물 역시 완성도가 높아졌다.

활동 일지와 생각 정리하기

차. 함께하는 프로젝트의 주인공은 우리 모두!

학생들은 대부분 PPT 자료를 이용하여 결과물을 정리하고 제출하였다. 그런데 PPT 결과물 제작시 대부분의 모둠에서 '무임승차'가 발생했다. 모든 모둠활동 형태의 수업들은 '무임승차' 효과기 발생한다는 것을 알면서도 학생들을 막을 수가 없었다. 또 다양한 형태의 결과물을 제출할 수 있음을 알렸으나 학생들에게 가장 편한 방법이 바로 PPT였던 것이다. 학생들의 의견을 듣고 문제점을 개선해야 했다. 그래서 3차의 '내 인생의 첫발, 어디가 좋을까?'에서는 모둠의 구성원들이 주어진 시간 안에 모두 참여하고 활동을 확인할 수 있도록 영상물을 제작하여 제출하도록 하였다. 그랬더니 무임승차하는 학생은 줄었고 모둠원이 모두가 출연한 영상물을 제작하여 제출하였다. 예를 들어 계획서 작성 시 역할분담을 통해 각자의 맡은 역할만 성실히 하여 제출할 수 있도록 하였더니 2명으로 구성된 모둠에서 한 명이 질병으로 참석하지 못한 일이 발생했는데 참석한 학생의 맡은 부분만을 결과물로 제출하고 평가를 진행하였다. 물론, 질병으로 참여하지 못한 학생은 자신의 분량을 추후에 제출하여 평가를 실시하였다.

4. 프로젝트 수업 활동 소감문

2019-1학기 프로젝트 수업 후에 프로젝트 수업 활동 소감문을 조사한 결과를 소개한다.

가. 조사 기간 : 2019. 09. 02 (월) ~ 09. 06 (목)

나. 조사 대상 : 능동고등학교 3학년 140명

다. 조사 방법 : 설문 조사

라. 설문 내용 : 나에게 있어 프로젝트 수업이란?

교과	고등학교 3학년 수학
프로젝트 주제	내 인생의 첫발, 어디가 좋을까?

교수학습의 방향	• 자료를 통해 자신의 진로에 대한 정보를 파악할 수 있다.
	  (진로와 관련된 주제탐구 브레인스토밍)
	• 진로 희망과 관련된 자료를 조사·분석하여 모둠별 소주제를 선정하고 프로젝트 계획서를 작성할 수 있다.
	• 프로젝트 활동 일지를 작성하고 프로젝트 결과물(수학영상물)를 제작할 수 있다.
	  (모둠 토론, 보고서 작성, 결과물(영상물)완성)

마. 프로젝트 수업 활동 소감문

① 프로젝트는 힘은 들지만 나 자신이 자랑스러운 활동이었다.

② 혼자가 아닌 모둠원들이 끊임없이 의견을 나누고 실패하면서, 때론 논쟁을 하면서 결과를 찾고 함께 만들어 내는 결과물이 매우 의미 있었다.

③ 아는 것과 실제 해보는 것은 다르다. 실제 적용하려니 매우 힘들고 혼자가 아닌 여러 명이 움직여야 하니 더욱 번거롭다. 그래서 더욱 프로젝트 수업은 계속 진행되어야 한다고 생각한다.

④ 내가 모르는 것, 내가 놓치는 것, 내가 실수하는 것들을 친구들이 찾아주고 보완해 준다. 이게 프로젝트 수업인것 같다.

⑤ 수학시간에 누군가를 도와줄 수 있다고 생각하지 않았다. 내가 친구를 도와 프로젝트 활동을 하고 결과물을 만든다는 게 정말 흥분됐다.

⑥ 프로젝트 수업은 나를 자랑스럽게 한다. 한 번도 모둠장 역할을 한 적이 없었다. 그런데 이번에는 내가 모둠장이었다. 부담스럽고 뜻대로 되지 않는 모둠원들이 싫었지만 끝까지 포기하지 않은 내가 자랑스럽다.

⑦ 나의 진로와 다른 영역인 디자인과 결합시켜 수학적 개념까지 반영하다 보니 더 창의적인 사고를 할 수 있는 기회가 되었고 마케팅 전략을 조사하는 과정 속에서 내 진로 희망에 대한 전문성을 돋보일 수 있는 기회, 경험이 되었다.

⑧ 나의 진로가 아닌 부분과 결합해 영상을 제작하는 활동을 하다 보니 다른 직업들의 분야에 대해 알 수 있었고 관심이 생겼다. 디자인적 요소가 수학적 개념과 결합할 수 있다는 것이 신기했고 재미있는 경험이었다.

⑨ 초반에는 너무 약하고 촉박하게 느껴졌는데 실제로도 그랬다는 점에서 인생은 바쁘게 살아야 되겠다는 생각했고 출연자로 상황극을 하는 부분과 영상편집 방법을 터득하게 되어 재미있었다.

⑩ 초반에는 모둠원들과 약간의 갈등이 있었으나 대화를 통해 잘 풀어가며 갈등해결 능력을 향상시킬 수 있다. 감독, 편집, 연출 등의 비중이 큰 역할을 맡게 되어 힘들기도 했지만 책임감을 기를 수 있었고 결과물을 보니 뿌듯했다.

⑪ 시간이 촉박하게 프로젝트가 이루어져서 아쉬웠다. 틈틈이 시간이 날 때마다 모둠원들과 모여 더 나은 결과물을 만들어내기 위해 모두 협력하여 노력하였다.

⑫ 한 단어에서 주제를 정하는 과정 중에서 각종 아이디어를 제시하고 그것을 하나로 통합하는 게 어려운 일이라는 걸 알게 되었다. 수학의 눈으로 세상을 보는 게 중요한 것 같다.

⑬ 생각보다 우리의 진로와 관련된 수학을 찾는 과정에서 자료 찾는 어려움을 겪는 일이 잦았고 우리들의 의견을 하나로 모으는 것도 쉽지 않음을 경험했다.

⑭ 내가 하고자 하는 진로와 수학을 연관지어 문제 상황을 설명하고 해결해 나가는 과정에서 수학 개념을 더 깊고 심오하게 알 수 있었고 조원들과 끝없이 대화하고 이야기를 나눔으로서 토론 능력까지 향상된 것 같다.

⑮ 작년 프로젝트에서 실시했던 교육 불평등과 달리 우리나라의 사례에 집중하여 조사하였기 때문에 심각성을 더욱 깨달을 수 있었다. 교사를 희망하는 데 교사의 꿈에 한 발짝 더 다가간 것 같다.

⑯ 나의 미래 직업에 대해 알아보는 계기가 되었고 앞으로 무엇을 준비해야 하는지, 꿈을 이루기 위한 다짐과 각오를 하는 계기가 되었다. 또한 프로젝트 과정 내내 서로 양보하고 정보를 공유하면서 협력심과 배려심을 많이 키우게 되었다.

⑰ 모둠원들과 정보를 공유하고 토론하면서 몰랐던 것을 알게 되어 매우 의미 있었고, 다양한 경험과 활동이 좋았다. 직접 찾는 것의 기쁨과 만족, 그리고 나 자신에 대한 뿌듯함을 느꼈다.

⑱ 이번 프로젝트는 모두 참여하여야 해서 정말 열심히 참여했다. 참여한 만큼의 영상물이 제작되어 매우 뿌듯하다.

⑲ 프로젝트 수업을 후배들에게도 권하고 싶다. 해보면 수학 말고도 알게 되는 것들이 참 많다. 수업시간에 선생님의 말로 배울 수 없는 것들을 배우게 된다.

⑳ 모둠원들 모두를 만족시키기가 어렵다. 매번 실패하지만 성공하는 순간이 있다. 실패를 통해 또 다른 성공을 느끼게 된다.

5. 학생 성장일지, 학교생활기록부 작성

고등학교에서 학교생활기록부에서 과목별 세부능력 및 특기사항은 과목 성적만큼이 중요한 부분이다. 일률적인 숫자로 표현되는 성적은 학습자의 특성이나 역량 등을 표현할 수 없다. 즉, 수학 성적이 1등급인 학생은 과연 창의적 사고 역량이 키워졌다고 말할 수 있을까? 9등급인 학생은 정보처리 역량이 저조하다고 말할 수 있을까? 2015 개정교육과정에서 제시하는 6가지의 수학적 역량은 문제를 빠르고 정확하게 해결하여 답을 구한다고 해서 키워지는 것이 아니다. 프로젝트 수업 및 평가를 통해 교사가 학생에게 키워주고 싶은 역량과 학생이 성장하는 과정, 성장 경험을 통한 자기성장의 원동력을 교과세특에 어떻게 반영할 것인가에 대하여 이야기해보고자 한다.

가. 프로젝트 주제 선정

> 수학으로 세상을 바라보다.

미래를 살아갈 학생들에게 필요한 것은 수많은 빅데이터들을 분류하고 필요한 자료로 처리할 수 있는 정보처리 역량, 함께 고민하여 문제를 해결할 수 있는 협력적 문제해결 역량, 서로의 생각과 의견을 나눌 수 있는 의사소통능력 등이 있다. 학생 주변의 문제를 인식하고 문제해결 방법을 함께 탐구하여 해결해 갈 수 있도록 주제를 선정하였다. 수학이라는 과목의 엄밀성과 정확성, 정답이 하나로 정해져 있고 그것을 찾아야 한다는 특성 때문에 프로젝트 수업을 어려워하는 학생들을 위하여 좀 더 폭넓은 관점으로 접근할 수 있도록 큰 주제를 제시하였다. '① 수학으로 세상을 바라보다.' 프로젝트 활동과 같이 선정된 주제와 주제 선정 의도를 기록하고 모둠별 소주제를 학교생활기록부에 기록하였다.

나. 성취기준 분석

> <2015개정교육과정>
> [12확통03-06] 표본평균과 모평균의 관계를 이해하고 설명할 수 있다.
> [12확통03-07] 모평균을 추정하고, 그 결과를 해석할 수 있다.

프로젝트 수업은 삶으로부터 비롯되어야 한다. 학생들에게 해야 할 이유를 제공해야 하기에 실생활에 꼭 필요한 부분을 성취기준으로 선정한다. 교과 내에서 배워야 할 기본적인 내용들을 모두 프로젝트 수업 중에 사용할 수 있는 단원과 성취기준으로 설정하였다. '② 임의추출한 표본을 뽑아 표본평균을 구한 뒤 95%의 신뢰도로 모평균을 ~', '② 모평균 추정 ~ '와 같이 수업을 통해 제시된 성취기준상의 학생이 성취한 교과 내용 요소와 '③ 통계수치를 해석하여 의미하는 바 ~ ', '③ 도출하여 설명하는 모습 ~'에서의 기능 요소를 학교생활기록부에 기재하였다.(교과세특 예시 참조)

다. 평가기준 분석

<2015 개정교육과정>

[12확통03-06] 표본평균과 모평균의 관계를 이해하고 설명할 수 있다.

상	표본평균과 모평균의 관계를 설명하고, 이를 이용하여 실생활 문제를 해결할 수 있다.
중	표본평균과 모평균의 관계를 이해하고, 이를 이용하여 간단한 상황을 설명할 수 있다.
하	표본평균의 평균, 분산, 표준편차를 구할 수 있다.

[12확통03-07] 모평균을 추정하고, 그 결과를 해석할 수 있다.

상	표본평균을 이용하여 모평균을 추정하는 과정을 설명하고, 모평균 추정의 결과를 해석할 수 있다.
중	표본평균을 이용하여 모평균을 추정할 수 있다.
하	신뢰도, 신뢰구간의 뜻을 말할 수 있다.

　평가 기준은 학생의 성취기준 도달여부에 따라 상-중-하의 수준을 달리하여 기록하였다. <상수준>의 학생에게는 아래의 <예시>처럼 실생활에서의 표본을 조사하여 표본평균을 구하고 이를 이용하여 신뢰구간 내에서의 모평균의 범위를 구하고 그 결과치의 의미를 해석할 수 있음을 기록하였다.
　<상수준>의 학생의 기록 내용이 "대기업과 중소기업의 빈부격차"라는 주제로 탐구활동을 진행함.
　'~ 대기업인 S기업과 중소기업인 J기업에서 30년간의 주가를 조사하고 이 기간들 중 임의추출한 표본을 뽑아 표본평균을 구한 뒤 95%의 신뢰도로 모평균을 추정하는 과정을 찾아 제시하고 실제 모평균이 신뢰구간 내에 존재 ~'라면 <중수준>의 학생은 '~ 모평균을 추정하는 과정을 이해하고 간단한 상황에서의 추정구간을 구할 줄 아는 ~', <하수준>의 학생은 '~ 표본평균의 평균, 분산, 표준편차 등을 구할 줄 아는 ~' 등으로 평가기준에 제시된 범위 내에서 학생의 활동 상황과 프로젝트 수행 수준을 다르게 기록하였다.

라. 프로젝트 차시별 모둠 및 개인별 학생 관찰평가

　프로젝트수업 시간의 가장 중요한 장점 중 하나는 수업 내내 교사는 관찰자 역할을 한다는 것이다. 교사는 개별 활동과 모둠 활동을 매의 눈처럼 예리하게 관찰해야 한다. 조용히 개별 활동과 모둠 활동에서 학생의 수행 활동을 잘 관찰하면 학생의 성장을 위한 조언과 교과세특에 기록할 내용을 찾을 수 있다. 수학과 거리가 먼 어떤 학생이 역사에 관심이 많고 역사와 관련한 수행과제를 가장 잘 처리한다는 것을 발견할 수 있다. 그런 기회는 학생에 대한 교사의 인식을 바꾸는 기회이기도 하지만 수학 수업에 대한 학생들의 인식과 태도를 개선시키는 계기가 되기도 한다. 수학 문제를 잘 풀지는 못하지만 그 어떤 학생보다 수학에 자신감을 갖고 수학교사인 나를 기다리며 수학 반장을 하겠다고 가위 바위 보 연습을 하게 될 것이다.

양식 ① 프로젝트 모둠 평가

내 인생의 첫발 어디가 좋을까?

평가하는 조 :   학년   반

평가 영역	평가항목	평가내용 및 배점		점수										
				1조	2조	3조	4조	5조	6조	7조	8조	9조	10조	11조
정의적 영역	• 다른 모둠 발표를 경청하였다. • 모둠의 역할 분담은 적절하였으며 골고루 참여하였다. • 모둠원들은 역할 수행을 적극적으로 하였다.	평가 요소 모두를 만족	3	( )점	( )점	( )점	( )점	( )점	( )점	( )점	( )점	( )점	( )점	( )점
		평가요소 중 2가지를 만족	2											
		평가요소 중 1가지를 만족	1											
		만족하는 평가요소가 없음	0											
인지적 영역	• 주제가 독창적이며 수학적으로 유의미하다. • 발표내용이 논리적이며 설득력 있게 전달하였다. • 주제와 수학적 연결이 적절하며 해결방법이 수학적이다. • 주제에 대한 결과물의 완성도가 높다	평가 요소 모두를 만족	4	( )점	( )점	( )점	( )점	( )점	( )점	( )점	( )점	( )점	( )점	( )점
		평가요소 중 3가지를 만족	3											
		평가요소 중 2가지를 만족	2											
		평가요소 중 1가지를 만족	1											
		만족하는 평가요소가 없음	0											
수학적 내용	• 수학적 내용 제시	2개 이상	2	( )점	( )점	( )점	( )점	( )점	( )점	( )점	( )점	( )점	( )점	( )점
		1개 이상	1											
		0개	0											
진로 진학	• 진로·진학 요소 제시	제시	1	( )점	( )점	( )점	( )점	( )점	( )점	( )점	( )점	( )점	( )점	( )점
		미제시	0											
합 계				( )점	( )점	( )점	( )점	( )점	( )점	( )점	( )점	( )점	( )점	( )점

양식 ② 프로젝트 교사 평가

내 인생의 첫발 어디가 좋을까?

학년   반

	평가 영역	평가 항목	[1차시] 주제선정	[1차시] 계획서	[2차시] 운영일지	[3차시] 보고서	[4~5차시] 발표		평가 영역	평가 항목	[1차시] 주제선정	[1차시] 계획서	[2차시] 운영일지	[3차시] 보고서	[4~5차시] 발표	합계
1조	정의적 영역							7조	정의적 영역							
	인지적 영역								인지적 영역							
	수학적 내용								수학적 내용							
	진로·진학								진로·진학							
2조	정의적 영역							8조	정의적 영역							
	인지적 영역								인지적 영역							
	수학적 내용								수학적 내용							
	진로·진학								진로·진학							
3조	정의적 영역							9조	정의적 영역							
	인지적 영역								인지적 영역							
	수학적 내용								수학적 내용							
	진로·진학								진로·진학							
4조	정의적 영역							10조	정의적 영역							
	인지적 영역								인지적 영역							
	수학적 내용								수학적 내용							
	진로·진학								진로·진학							
5조	정의적 영역							11조	정의적 영역							
	인지적 영역								인지적 영역							
	수학적 내용								수학적 내용							
	진로·진학								진로·진학							
6조	정의적 영역							12조	정의적 영역							
	인지적 영역								인지적 영역							
	수학적 내용								수학적 내용							
	진로·진학								진로·진학							

양식 ③ 프로젝트 관찰 평가

내 인생의 첫발 어디가 좋을까?

학년   반

모둠	모둠원		[1차시] 주제선정	[1차시] 계획서	[2차시] 운영일지	[3차시] 보고서	[4~5차시] 발표	합계
	학번	성명						
1								

마. 교과 세부능력 및 특기사항 기록하기

교과세특 기록을 위한 자료는 위의 평가지 외에 학생들이 작성해서 제출한 모둠 활동지이다. 주제 선정 비주얼씽킹을 통한 각 학생들의 의견과 생각을 살피었고 프로젝트 수행 계획서를 통해 수행 절차와 각자의 역량 등을 알아 보았다. 활동 일지를 통해 프로젝트의 구체적인 활동 내용과 활동 중 발생하는 돌발 상황, 진행 상의 변화를 보고서를 통해 프로젝트가 의도대로 진행되고 결과물을 얻게 되었는지 등 학생들의 변화를 아주 구체적으로 찾아볼 수 있었다.

<교과세특 예시>
통계적 자료를 근거로 사회·문화적 불평등 요소를 찾고 이를 수학적 개념을 이용하여 통계처리 한 후 그 결과값을 이용하여 문제 상황을 해석하고 개선점과 발전방안을 구상하는 ①'수학으로 세상을 바라보다.'라는 프로젝트 활동에서 '대기업과 중소기업의 빈부격차'라는 주제로 탐구활동을 진행함. IT산업의 역사, 대표적 기업들, 본문, 연결된 수학적 내용 요소 등을 엮어 탐구활동을 진행하였으며 대기업인 S기업과 중소기업인 J기업에서 30년 간의 주가를 조사하고 이 기간들 중 ② 임의추출한 표본을 뽑아 표본평균을 구한 뒤 95%의 신뢰도로 모평균을 ③ 추정하는 과정을 찾아 제시하고 실제 모평균이 신뢰구간 내에 존재함을 보였음. 소프트웨어 프로그램의 수학적 수식을 이용하여 실제 사용된 매우 큰 값들을 하나하나 구하면서 ② 모평균 추정이라는 의미를 직접적으로 이해하고 연구할 수 있는 시간을 가짐. 직접 구한 ③ 통계수치를 해석하여 의미하는 바를 사회·문화시간에 학습한 기능론과 갈등론의 관점을 비교하여 결론을 ③ 도출하여 설명하는 모습이 지도교사의 시각에서도 매우 뛰어난 프로젝트 활동함. 객관적 지식과 정확한 과정, 결과 수치를 바탕으로 설득력이 있고 모두의 공감을 이끌어 낼만한 발표로 친구들의 지지를 받음. 팀의 리더로서 모든 팀원들이 자유로운 분위기에서 창의적인 자신의 의견을 제시하고 토론하면서 좋은 결과를 이끌어 내기 위해 노력하는 모습을 보였으며 사용 가능한 수학적 개념 등을 제시하고 방향을 설정하는 데 지대한 영향력을 보였으며 구체적이며 분석적인 질문을 제기하는 등 비판적 사고력이 성장하는 모습을 보임.

이보라 선생님의 프로젝트 수업사례 자료 다운 받기 안내
프로젝트 수업 주제: 수학으로 세상을 바라보다!
https://ssam.teacherville.co.kr/aabb@7138
http://gg.gg/ccc777

제3장
프로젝트 수업은 애물단지가 아니라 보물단지!

01. 프로젝트 수업, 할 수밖에 없는 상황을 만들어라.
02. 프로젝트 수업! 너의 이름은?
03. 프로젝트 수업, 한 발 내디뎌 보실래요?
04. 세상과 소통하는 수학…뭐 그게 어려운가?
05. 학생과 교사 진일보에 최적 프로젝트 수업
06. 프로젝트 수업으로 과학 달인 되어 보자.
07. 프로젝트 액츄얼리 Project actually is all around
08. 학생들이 사는 세상! 프로젝트 수업으로 만나보세요!

01

프로젝트 수업, 할 수밖에 없는 상황을 만들어라.

경기 관양고등학교 **고영애**

1. 프로젝트 수업 걸림돌 없애기

가. 동료 교사와의 협력 이끌어 내기

고등학교에서의 프로젝트 수업은 반드시 필요한 수업이다. 학생들 스스로 주제를 선정하여 계획, 자료 조사 및 분석, 결과물 도출, 실행까지 한다는 것은 다양한 역량을 함양하는 데 매우 의미있는 수업이다. 그러나 그와 함께 프로젝트 수업을 평가와 연결시킬 때 잘할 수 있을까에 대한 의구심과 민원 제기에 대한 두려움까지 가질 수밖에 없는 상황이다. 프로젝트 수행평가를 해 본 경험이 전무한 교사들이 모여 평가까지 연결시키고자 했을 때에는 심적 부담감이 클 수밖에 없다. 또한 평가는 한 명의 교사만 하는 것이 아니라 동학년 동교과의 동료 교사와 함께 해야 한다. 따라서 프로젝트의 진행에 가장 중요한 것은 "함께 도전하자"라는 동료 교사와의 협력을 이끌어 내는 것이다.

동료 교사의 협력을 이끌어 내는 방법 중 하나는 "제가 다 하겠으니 함께 하기만 하시죠"라는 말을 할 수 있는 한 사람의 희생이다. 한 사람이 희생하여 프로젝트를 준비하여 동료 교사들에게 피드백을 받는 것이다. 프로젝트의 흐름, 학생 안내문, 학생 활동지 등까지 미리 준비하여 다른 동료 교사들은 따라 오기만 하도록 만드는 것이다. 그런 상황이 되면 동료 교사들은 미안한 마음에서라도 거절하지 못하고 함께 하게 된다.

나. 프로젝트 수업의 목표를 확인 시키기

프로젝트 수업를 진행하면서 학생들에게 좀 더 자세하게 설명하지 않아서 원하는 목표 지점까지 도달하지 못한 경우가 많다. 좀 더 체계적으로, 그리고 좀 더 자세하게 프로젝트 수업 안내문을 제시해야 한다. 프로젝트 결과물이 정책 제안서 제작이라면 정책이 무엇인지, 어떻게 만들어야 하는지에 대한 결과물 제작 안내가 반드시 필요하다. 교사의 입장에서 당연히 알 것으로 생각하고 학생들에게 명확히 설명해 주지 않으면 정책 제안서가 아닌 모양만 흉내낸 그냥 제안서가 결과물로 나오게 된다. 또한 각 과정이 왜 필요한지에 대해서도 한 두 번 설명하는 것이 아니라 반복적으로 설명하여 강조해야 각 과정에서 열심히 참여하게 된다.

다. 점수 부여하기

프로젝트 평가에서는 개인 평가와 모둠 평가가 동시에 이루어진다. 이 때 점수 부여의 비율을 어떻게 정하느냐도 중요하다. 모둠 점수의 비율이 너무 높을 경우 무임승차자의 문제, 그리고 열심히 참여한 정도에 따른 차등 점수 부여가 어렵게 되어 불만이 생기게 된다. 개인 점수의 비율이 너무 높을 경우 프로젝트를 통해 협력적 문제해결력을 향상시킬 수 없다는 문제가 생긴다. 개인 활동에만 열심히 하고 모둠 활동은 적당히 하는 개인주의적인 모습이 나타난다. 개인 평가와 모둠 평가의 적정 비율은 프로젝트를 시도하면서 찾아 갈 수 있다. 여러 번의 경험이 적정 비율을 찾아 가는 방법이다.

라. 욕심 버리기

프로젝트 수업 진행 시 교사는 프로젝트 과정에서 성취기준의 달성, 교과 역량의 신장, 모둠원 간의 협력, 의미있는 결과물 등 다양한 목표를 달성시키려고 한다. 즉 과욕이 생기게 된다. 과욕이 생기면 내용이 많아지고, 활동이 복잡해지며, 수행해야 할 과제들이 증가하게 된다. 결국 과욕이 프로젝트 과정 내내 교사와 학생을 괴롭히게 된다. 과욕을 버리고 최소한을 목표를 달성하기 위해 노력하도록 기대수준을 낮추는 연습을 해야 한다. 현실적으로 실행 가능한 프로젝트로 시작한다면 다음 프로젝트도 시도할 수 있게 된다.

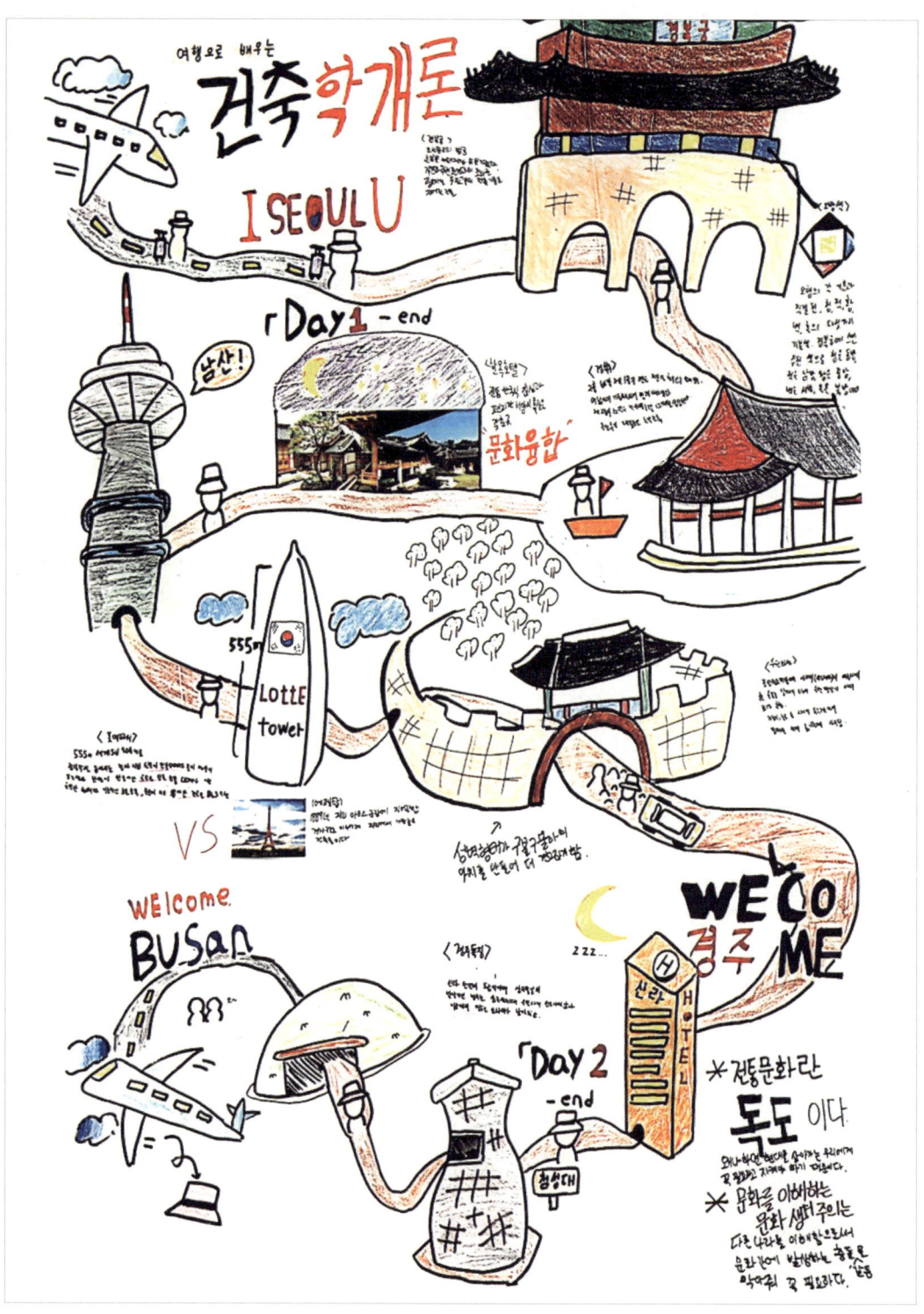

프로젝트 수업을 통해 학생들이 직접 서울부터 부산까지 이어지는 문화 투어. 학생들은 이를 '여행으로 배우는 건축학 개론'이라 명명했다.

2. 프로젝트 수업을 할 수밖에 없는 상황을 만들어라.

프로젝트 수업을 시도하기에는 여러 가지 현실적인 어려움이 많다. 그래서 하고 싶어도 시도하기 어렵고, 해야 하지만 다음으로 미루는 경우가 많다. 누구나 해보지 않은 것을 처음으로 시도하는 도전은 쉽지 않다. 특히, 관련 정보를 구하기 어려운 경우는 더욱 시도를 어렵게 만든다. 이 경우 가장 좋은 방법은 일단 도전하는 것이다. 즉, 일단 수행평가 계획서에 프로젝트 수업을 넣는 것이다. 수행평가 계획서에 포함시키면 어쩔수 없이 진행해야 한다. 즉 스스로 시도할 수밖에 없는 상황을 만드는 것이다. 자신을 스스로 압박하는 상황을 만드는 것이다.

프로젝트 수업을 해야 할까를 고민하는 상황을 할 수 밖에 없는 상황으로 스스로 만드는 것이다. 이것이 프로젝트 수업을 도전하게 만드는 힘이 된다. 현실적으로 이상적인 프로젝트 수업을 진행하기는 어려울 수 있다. 하지만 여러 번의 도전이 우리가 가야할 방향으로 이끌어 갈 것이다. 프로젝트 수업을 시도하기 어렵게 만드는 99가지의 걸림돌이 있어도 프로젝트 수업을 해야만 하는 1가지의 분명한 이유가 있다면 도전해 보는 것이 중요하다. 많은 시행착오 속에서 우리는 보다 능숙하고 의미있게 프로젝트 수업을 진행할 수 있을 것이다. 프로젝트 수업의 경험이 없는 사람은 어렵다고만 이야기 한다. 그러나 프로젝트 수업을 경험한 사람은 의미있는 지점을 먼저 이야기 한다. 걸림돌은 줄여나가면 된다. 우리에게 필요한 것은 도전할 수 있는 용기이다.

프로젝트 수업! 너의 이름은?

대구 화원중학교 **이지영**

1. 선생님, 오늘 수업, 성공하셨나요?

한 사람의 국어 교사로서 수업만큼은 언제나 열심히, 성실하게 해왔다고 생각한다. 학생 활동 중심 수업, 프로젝트 수업 등 다양한 수업을 하기 위해 나름의 노력을 기울였다. 하지만 이런 활동들을 지속하기 위해서 힘든 과정도 많았던 것이 사실이다. 학생들을 독려해야 했고, 수업 아이디어를 찾기 위해 늘 전전긍긍했던 것 같다. 그런 시간이 쌓여 수업 경험이 되었고, 노하우(Know-how)라는 이름이 되었다. 하지만 그 시간 속에서 좌충우돌, 우왕좌왕하던 경험도 함께 쌓였다. 나는 왜 수업, 특히 프로젝트 수업 후에 후련함 대신 소화불량에 걸린 것 같은 느낌을 받았던 것일까? 프로젝트 수업에 대한 고민을 나누기에 앞서 나의 수업을 먼저 돌아본다.

가. 프로젝트 수업을 준비하는 마음가짐=근거 없는 자신감?

요즘 흔히 쓰는 표현으로 근자감이라는 말이 있다. '근거 없는 자신감'이라는 뜻의 이 말을 수업 폭망의 첫 번째 요인으로 삼고 싶다. 자만심인지 자신감인지 교직 경력이 쌓일수록 스스로에게 후해지는 느낌이다.

'중학교 내용, 내가 다 아는 건데 뭘, 내가 몇 년차 교사인데 대충 이래저래 하면 되겠지'에서 시작해서 '이렇게 해도 저렇게 해도 시간이 가면 수업은 하고 성적은 나온다'라는 매너리즘(mannerism)에 빠진 것도 한몫을 했다.

또 '학생 활동 중심 수업은 무조건 모둠 수업이지'라는 막연한 생각 속에 모둠 활동을 너무 많이 구성했던 적도 있었다. 근거 없는 자신감이 공부하지 않는 교사, 연구하지 않는 나를 만드는 데 큰 역할을 했던 것이다.

나. 철저하지 못한 계획 및 준비

프로젝트 수업은 교사의 철저한 수업 설계가 무엇보다도 필요하다. 학생 참여 중심의 수업을 하기 위해서 교사는 전체적인 흐름과 내용을 확실하게 분석하여 도움을 주는 역할을 해야 한다. 근거 없는 자신감을 기본 마음 자세로 가지고 프로젝트를 구상하다 보니 수업 계획이 철저하지 못하고 연결고리가 헐거워 차시마다 단계마다 엉성한 부분, 구멍이 생길 수밖에 없었던 것 같다. 학생 안내부터 평가, 기록까지 프로젝트 수업을 위해 준비할 것이 한두 가지가 아닌데 막연한 구상 속에 부족한 수업 설계가 반성이 되기도 한 경우도 있었다.

다. 학생의 요구 및 상태에 대한 이해 부족- 학생의 입장에서 천천히, 좀 더 천천히!

나는 확실히 학생 복이 있다. 지금까지 내가 수업에서 만난 학생들은 교사의 말을 수용하고 경청하는 태도를 가진 학생들이 대부분이었다. 별로 웃기지도 않은 농담에도 예의상 웃어줄 줄 아는 센스도 있었음이 분명하다. 학생 활동 중심 수업으로 늘 수업을 진행하다 보니 항상 듣는 말이 있다. "선생님, 시간을 조금 더 주시면 안 돼요?", "이번 시간까지 마쳐야 해요?" 등 시간과 관련된 말이다. 활동을 하게 되면 내가 계획했던 시간보다 조금씩 시간이 더 필요한 경우가 다반사다. 학생들을 독려하며 시간 내에 마무리하기를 바라거나 보충 시간을 더 제공하기는 했지만 나의 문제가 아니라 그들의 문제라고 생각했다. 애초부터 학생들에게 늘 부족한 시간을 제공하고 채근하며 수업을 했던 것 같아 미안한 마음이 든다. 가르쳐야 할 다른 단원과 학습주제가 있어 프로젝트 수업의 차시가 부담이 되었던 것이 사실이다. 그래서 '빨리빨리', '집중 또 집중'을 외쳤는지 모르겠다. 한두 시간 정도 학생의 입장에서 천천히, 좀 더 천천히 가는 심호흡이 필요하다.

2. 프로젝트 수업, 그래서 다시 고민

프로젝트 수업이란 성취기준에 따라 주제나 질문을 설정하고, 문제를 해결하기 위해 계획, 조사, 다양한 방식의 탐구 활동 등의 상호작용 속에서 함께 해결해나가는 수업을 말한다. 프로젝트 수업을 매년 하고 있지만 늘 시작은 망설여지고 고민을 많이 하게 된다. 그 이유는 다음과 같다.

가. 프로젝트 수업에 대한 고민 나누기

1) 중학교의 경우 자유학년제와 프로젝트 수업은 잘 맞는 옷을 입은 것 같은 느낌을 준다.

협력학습에 바탕을 둔 학생 참여 중심 활동이며 다양한 수업을 독려하고 새로운 수업을 위한 시간과 재정이 뒷받침되기 때문이다. 하지만 1학년 이외의 학년 특히, 중학교 3학년을 지도할 경우 입시와 시험 일정 등으로 프로젝트 수업을 진행하는 것이 부담스럽기도 하다. 수업 과정 중에서 총 8차시 이상의 프로젝트 수업을 선뜻 시도하기 어려운 것이 현실이다. 짧게 줄여 총 4차시로 실행할 경우 학생들은 오히려 시간이 부족하여 어려움을 느끼게 되고 교사 역시 목표한 수업 과정을 생략하여 설계한 것 같아 만족도가 낮아진다.

2) 성취기준에 맞는 참신한 프로젝트 수업의 주제를 만들기가 어렵다

성취기준에 맞으면서(하나 혹은 여러 개) 학생들의 흥미를 자극하고 성장을 이끌어내는 프로젝트 수업의 주제를 생각하기가 그리 쉽지는 않다. 프로젝트 수업의 주제는 실질적인 문제, 실생활과의 연계가 중요한데 이런 부분을 고려하며 성취기준, 학생의 흥미 등 여러 요소를 만족시킬 만한 주제를 매번 떠올리기가 어려운 것이다. 또 이것이 적절한 활동인지 혼자 점검하는 상황이 많아 고민이 되기도 한다. 흔히 동교과 협의회나 동학년 협의로 문제를 해결할 수 있으리라 생각하지만, 학교 현장이 너무나 바쁘게 돌아가다 보니 마음 맞는 동료 교사를 찾기가 힘들 때가 많다. 모두 자신에게 주어진 일, 처리할 일이 산재해 있는데 프로젝트 수업에 대한 이해와 고민부터 이야기하고 아이디어를 구하는 과정이 길어지면 부담을 주는 것 같아 조심스럽다. 해당 단원의 성취기준에 맞고 학생 흥미를 불러내는 참신함, 실생활과의 연계 이 세 마리 토끼를 자연스럽게 잡으려면 오랜 경험과 거기에서 나오는 노하우가 필요할 것이다.

3) 수업 절차가 복잡하다

프로젝트 수업은 한번 시작하려면 큰마음을 먹어야 한다. 계획부터 평가까지 미리 다 정리해 놓고 시작해야 한다. 그래서 마음을 다잡고 준비 단계부터 평가까지 마무리를 해야 한다. 그 속에서 수정과 추가, 삭제의 과정이 일어나기 때문에 교사가 거쳐야 하는 과정은 생각했던 것보다 더 많아질 수 있다. 그래서 한 학기 1~2회 이상은 할 시간도 없지만 여력도 되지 않는다. 즉 프로젝트 수업은 수업 디자인이 매우 중요하고, 학생 활동은 과정중심평가로 연결된다. 따라서 평가 계획까지 꼼꼼하게 준비해야 한다. 우리 교사들의 수업 활동에 대한 진지한 고민과 평가가 체계적으로 이루어질 때 프로젝트 수업에 대한 학생, 교사 모두의 만족도가 높아질 수 있기에 이러한 절차들이 다소 부담스러운 것이 사실이다.

나. 과정중심평가에 최적화, '프로젝트 수업'

위에서 든 프로젝트 수업의 어려움을 다 감안하더라도 프로젝트 수업에 대한 나의 생각은 '그럼에도 불구하고'이다. '그럼에도 불구하고 프로젝트 수업' 이것이 나의 결론이다. 그런 결론을 내린 가장 큰 이유는 아직은 프로젝트 수업이 과정중심평가에 가장 적절한 형태라고 생각하기 때문이다. 과정중심평가는 성취기준에 근거해 수업 진행 과정에서 지속적이고 형성적으로 이루어지는 평가를 말한다. 수업 활동을 통해 학생들의 성장을 지원하는 평가이므로 교사는 피드백 등을 통해 학생들의 활동을 개선하고 수정 및 보완할 수 있도록 미리 수업을 디자인해야 한다.

이러한 과정중심평가의 핵심 내용을 구현하기 위해서는 다양한 활동 속에서 협력적 의사소통이 일어날 수 있도록 수업을 계획해야 하는데, 거기에 필요한 활동이 프로젝트 수업과 맞닿아 있다. 학생들이 프로젝트 과제를 해결하고 재구성하며 새롭게 재창조해내는 프로젝트 수업 과정이 학생의 성장을 지원하는 평가와 연결되어 너무나 매력적이라 생각한다.

학생들이 프로젝트 수업 중 과제 해결을 위해 협력적 의사소통을 하고 있다. 프로젝트 수업을 위해서는 다양한 형태의 학생 활동이 필요하다

앞서 프로젝트 수업에 대한 어려움을 두서없이 제시했다. 모든 문제의 해결은 문제의 인식에서부터라 생각한다. 이제 문제 인식을 시작했으니 다음은 문제를 해결하는 방법에 대한 고민이 뒤따라야 할 것이다. 그래서 프로젝트 수업이 부담보다는 친근함으로 다가올 수 있도록 다양한 논의와 실질적 개선을 통해 프로젝트 수업의 어려움을 최소화할 수 있는 방안을 마련해야 한다.

다. 1+1=?

생각해보면 오로지 교사인 '나'의 생각으로 수업을 설계하고 실행했다. 당연히 '1+1=2'라는 생각만을 고집했던 것 같다. 1+1=1이 될 수도 있고, 1+1=3이나 4가 될 수도 있다는 생각을 하지 못했던 것이다. 어쩌면 하지 않으려고 했던 것 같기도 하다. 수업 환경은 언제나 예상 밖의 상황을 내포하고 있다. 학생들의 생각은 너무나 다양하다. 그런 점을 잘 인지하고 학생들에게 생각을 열어주고 얽매이지 않는 사고, 확장된 사고를 경험하게 해주고 싶었음에도 내가 바라는 프로젝트 결과물이나 내가 바라는 수업 차시, 내가 좋아하는 방식으로 수업을 진행했던 것 같다. 이제는 교사인 '나' 중심에서 벗어나야 할 때라 생각한다. 학생들이 프로젝트 수업에서 힘든 점이 무엇인지, 어떻게 개선을 위한 노력을 할 것인지에 대해 생각한다.

평가의 패러다임이 변하고 있다. 학생을 서열화시키는 평가에서 벗어나 학생의 성장에 더 큰 가치를 두어야 함을 강조하고 있다. '첫술'에 배부를 리 없고 '왕도'는 없음을 우리는 이미 알고 있다. 작은 관심에서 시작된 지속적인 노력이 우리의 교실을 활기차고 행복하게 만들어 주리라 믿는다.

무엇이 성공한 수업이고 무엇이 실패한 수업인가? 무엇이 좋은 수업이고 무엇이 나쁜 수업인가? 단순히 이분법적으로 정리할 수 있는 수업은 어디에도 없을 것이다. 수업에는 교사의 철학과 노력이 담겨 있다. 어떤 이의 시선으로는 부족한 수업일지라도 수업 교사에게는 의미 있는 담론이 들어 있기 마련이다. 학생과 교사가 모두 즐겁고 뿌듯한 수업을 하고 싶다. 이 프로젝트 과정을 거치면 교사와 학생이 함께 조금 더 성장한 자신을 만날 수 있는 그런 수업 말이다. 한번 더 준비하는 교사가 되는 것이 제일 빠른 지름길임이 분명하다. 학생 이해를 바탕에 둔 체계적인 수업 설계를 통해 프로젝트 수업이 두렵지 않은 교사로 거듭나도록 부단히 노력해야겠다.

협력으로 만드는 '글쓰기 과정 리플릿 제작'

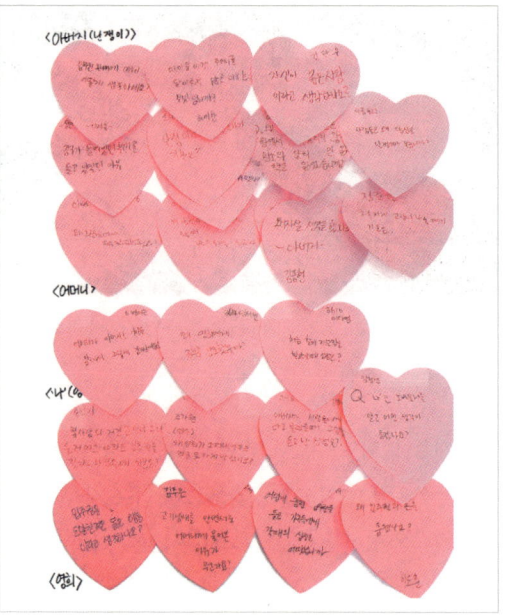

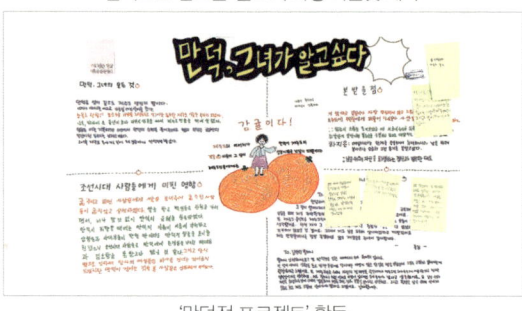
'만덕전 프로젝트' 활동

우리끼리 소설 읽기 프로젝트 중 '인물에게 질문하기' 활동

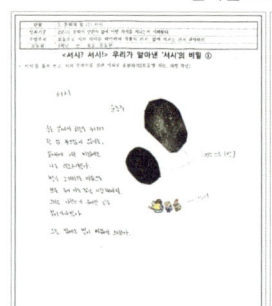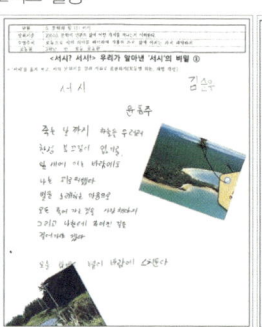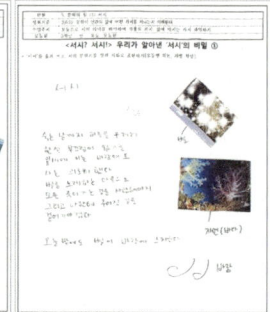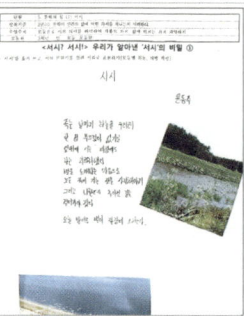
우리끼리 시 읽기 프로젝트 활동

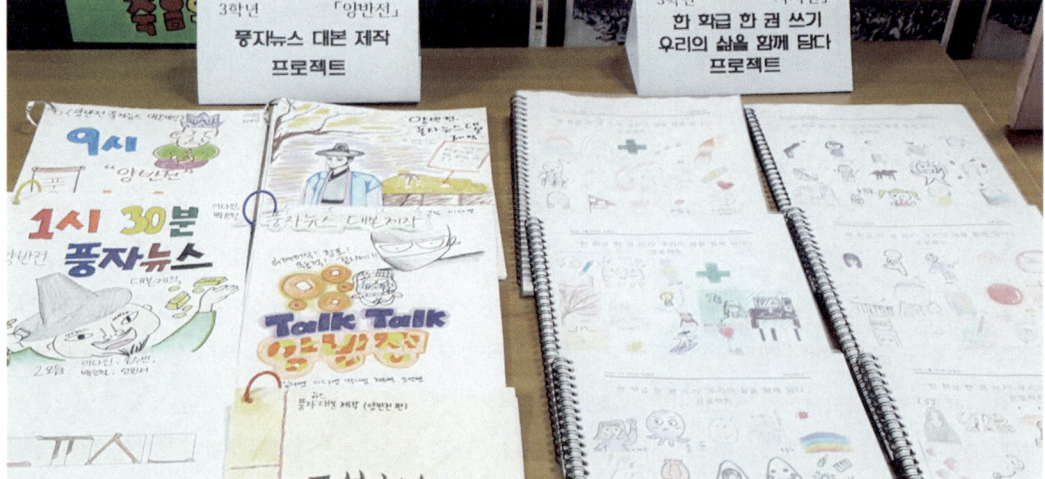
프로젝트 활동 후 결과물 학교 축제 전시 모습

프로젝트 수업,
한 발 내디뎌 보실래요?

경기 신곡중학교 **이영옥**

1. 프로젝트 수업 어떻게 내디뎌 볼까?

가. 시작은 언제나 두렵다.

프로젝트 수업은 시작의 어려움이 크다. 시도는 해보고 싶은데 어떤 단원에서 어떤 주제로 프로젝트 수업을 해야 하는가에 대한 어려움에 부딪힌다. 게다가 이름부터 '프로젝트'로 뭔가 어마어마한 수업방법이어서 전문가가 아니면 할 수 없을 것 같은 부담감이 있고, 다른 교사가 시행한 수업 우수 사례가 더 부담감을 가중시키는 경우도 있다(정말 힘들겠구나, 난 이렇게는 못하겠는걸).

처음부터 완벽한 수업설계 및 운영은 너무 큰 욕심일 것이다. 시행착오를 통해 나에게 맞는 프로젝트 수업을 찾아가는 것이 중요하다. 우수 사례를 그대로 따라하기 보다는 주제만 가져온다든가, 활동지 틀을 가져온다든가, 교사 자신이 가능한 한도 내에서 첫걸음을 떼는 것이 필요하다.

나. 아무리 철저히 계획해도 시행착오는 있다

프로젝트 수업을 실시한다고 계획을 하면 아이디어와 차시 계획, 참고자료 조사 등 교사 스스로 프로젝트의 시뮬레이션을 하는 등 사전 준비 시간이 오래 걸린다. 프로젝트 수업을 실시할 경우 다른 수업들보다 시간 배분이 4~6차시 이상이기 때문에 진도 등 시간문제가 생기게 된다. 계획을 세웠다고 하지만 예상치 못한 변수가 생기거나 혹은 알맞은(체계적인) 계획 없이 시도했을 때 시간만 낭비했다는 낭패감을 가지게 된다.

즉, 재미만 있고 수업의 알맹이가 없는 수업이 될 수도 있고 재미도 없고, 알맹이도 없이 시간만 허비 되고, 교사는 실패감에 '괜한 일을 벌였구나.' 하는 생각을 하게 된다. 이런 두려움이 다시는 프로젝트 수업을 하지 않게 한다. 아무리 철저히 준비해도 시행착오는 있다. 학생들도 프로젝트 수업이 익숙하지 않을 것이다. 작은 단위의 프로젝트 수업에 먼저 도전하고 차시를 늘려보는 것도 한 방법이 될 수 있다. 처음부터 학생들이 알아서 조사할 자료를 선정하고 찾아가게 하기 보다는 처음에는 찾아야 할 내용을 선정해 학생들이 정보탐색을 통해 서로 공유하는 과정을 거쳐, 자료 수집과 탐색을 경험하게 한 후 본격적인 프로젝트 수업을 시도하는 것이 좋다.

다. 평가의 공정성, 어떻게 확보할까?

공동으로 제작한 내용을 개별 평가하기가 쉽지 않다. 모둠의 역할도 중요도가 다르고 기여도가 서로 달라서, 수행 결과물 평가 시 점수 부여에 어려움이 있다.

① 프로젝트 수업 안내문과 평가표를 사전에 안내하라고 하는데 어떻게 안내해야 하는지 어려움
② 개인 평가, 동료 평가와 결과물을 성적에 반영해야 하는지, 신뢰도와 공정성을 확보하기 위한 방안
③ 모둠 활동에 비협조적인 모습이었는데 모둠 평가에서 균등하게 모두 열심히 했음으로 평가하는 경우

성취기준을 분석해서 수업방법에 따라 어떤 결과물이 나와야 하는지 계획했다면 평가계획도 사전에 수립하여 학생들에게 제시해 보는 것이 프로젝트 수업의 방향성을 잡는데 유익하다. 학생들도 프로젝트 활동이 단순히 결과물만이 아니라 모둠원의 협력적 학습에 의한 결과물이 나와야 함을 알아야 한다.

라. 동료교사의 협조는 필수… 협의회를 운용해보자

동학년 동교과 교사 간의 프로젝트 수업에 대한 온도 차이다. 굳이 준비도 많이해야 하는 프로젝트 수업을 해야 할까라는 동료교사의 불평에서 자신감은 더 떨어진다. 주제 통합이니 융합일 경우 타 교과 교사와의 협력을 어떻게 구할까하는 문제부터 시간표 편성의 문제(먼저 수업을 진행 한 후에 추진해야 할 경우 시간표 운영상의 어려움)까지 시도를 주춤하게 만든다.

동교과 동학년 동료교사와의 의견을 모으는 협의회는 정말 중요하다. 하지만 처음 시도할 때에는 동료교사도 두려움이 있기 때문에 먼저 프로젝트 수업을 시도하고자 한 교사가 리더십을 가지고 프로젝트 수업 계획을 설계하고 활동지를 만들어 이렇게 해보자고 권해야 발을 내딛을 수 있다. 프로젝트 수업을 시작하게 되면 서로 수업의 어려움을 함께 의논할 때 수업 노하우가 내 것이 될 수 있다.

마. 효율적인 모둠 구성은 어떻게 해야 할까?

수준별 모둠 구성, 교사 주도형으로 교사가 학생들의 성향이나 성적 등을 고려하여 구성하기, 랜덤으로 모둠원 제비뽑기나, 앉은 자리대로 모둠 구성하기, 공통의 관심사에 맞춰 모둠원을 구성하기, 이 때 어떤 주제에 많은 학생이 몰릴 때 다른 주제로 모둠원을 분리해야할까? 원하는 대로 모둠원의 수를 늘려야 할까?

같은 주제로 두 모둠을 구성해야할까 하는 문제와 무임승차를 안 하게 하려면 어떻게 해야 하는지에 대한 어려움이 발생한다.

효과적인 역할 분담의 방안(수준 차이가 날 때 모둠별 자율에 맡길 것인가? 교사가 조정해주어야 하나?)은 모둠 학습이라면 항상 고민이 되는 문제이다. 학생들에게 구체적이고 세분화된 역할 분담이 주어져야 하며, 역할 분담에서도 개인의 능력차를 감안하여 1/n 보다는 공정하게 역할 분담을 하도록 학급원들의 이해와 의견을 모으고, 교사는 활동 시마다 어떻게 해야 하는지 구체적이고 상세하게 안내를 해주면 좋다.

바. 그 밖에 어떤 고민이 있을까?

① 프로젝트 결과물이 수준 이하이거나, 교사의 의도와 다른 결과물이 산출되어 실패감을 느끼게 됨
② 학년에 따라 학급에 따라 프로젝트의 수행 및 결과가 다르게 나와 성공도 실패도 아닌 기분이 듦
③ 교사가 학생들의 문제해결력을 키울 수 있는 문제(과제)를 제공해야 함
④ 학생이 과제를 성공적으로 수행 할 수 있도록 어려운 과제의 해결이나 주제 이해를 돕기 위한 별도의 학습 자료를 제공해야 한다는 부담감 (경험이 없을 경우 교사 자신도 자료를 어디서 구할지 난감함 / 학생들이 질문했을 경우 교사가 모두 해결해 주지 못한다는 부담감)
⑤ 학생에게 최대한 많은 책임감을 부여하고 믿어주어야 하는데서 오는 불안감 (학생들이 이것을 해낼 수 있을까?, 제대로 된 수행결과물이 나올 수 있을까?, 모둠 간 협력적으로 모두가 함께 열심히 참여할까?, 모둠원들이 갈등이나 불만을 요구했을 때 어떻게 처리할까?)
⑥ 학생들에게 어디까지 자율성을 제공하고 어디까지 통제(교사 주도)를 해야 할 것인가?

학생의 주도성을 키우고, 학생들의 협력적 학습능력과 문제해결력을 키우는 프로젝트 수업

⑦ 교과 진도 나가기와 학생들의 이해와 탐구 시간 제공 사이에 갈등
⑧ 기존 수업(모둠 활동)에 모둠별 보고서나 발표 활동이 프로젝트 수업이라고 오해
⑨ 프로젝트 수업 후 개념이나 이해도 확인을 위해 교사가 정리를 해주어야 하는가?

2. '완벽'이라는 부담감 내려놓고 시작해보자

 프로젝트 수업을 시도하고자 하는 교사들은 많은 고민을 한다. 단원 선정부터 주제 선정하기, 모둠 구성하기, 계획 세우기, 활동지 만들기, 자료 제시하기 등등 사전 준비는 시도하고자 하는 마음보다 더 부담감으로 다가오는 불편함이 있다. 그럼에도 불구하고 교사들은 나 혼자 강의하며 일방적 수업을 하는 것의 어려움과 불편함도 가지고 있어 누군가 조금만 도와준다면 프로젝트 수업을 해보고 싶어 한다. 시행착오 없는 도전은 없다. 아무리 좋은 아이디어와 수업설계라 하더라도 그날 그날의 학생들의 반응과 학급분위기와 교사의 컨디션까지 수업의 방해요인과 실패(?) 요인들은 정말 많다.
 이때 그 시행착오와 실패(?)를 '거봐 안 되잖아', '시간만 낭비했어.' 라고 생각하기 보다는 어느 부분이 미흡했는지, 어디서 방향이 틀어졌는지 점검하여 나에게 맞는, 내 교과에 적합한, 해당 단원에 합당한 프로젝트를 설계 해보는 것이 어떨까? 이런 경우 기존 프로젝트 수업 사례를 참고하여 노하우를 배우고, 2~3차시 정도의 학생의 흥미를 끄는 주제부터 예비 프로젝트 수업을 시작해보고, 프로젝트 수업에서의 시행착오들에 대한 Tip들을 찾아 도움을 받는다면 조금은 힘을 받을 수 있다고 생각한다. 꼼꼼히 설계하고, 철저히 준비하고, 다

지적 탐구심과 정보와 도구를 활용하는 재미를 느끼게 해줄 프로젝트 수업

양한 정보를 검색하여 프로젝트 수업을 설계하되, 완벽한 프로젝트 수업을 실행하고자 하는 마음만 내려놓으면 조금 더 편안한 마음으로 프로젝트 수업을 시작할 수 있다.

학생들을 신뢰하고, 교사와 학생이 함께 만들어 가는 수업, 학생의 자기 주도 학습 능력과 협력적 문제 해결 능력을 키우고, 지적 탐구심과 정보와 도구를 활용하는 재미를 느끼게 해줄 프로젝트 수업에 한 발 내디뎌 보심이 어떨까?

- **프로젝트 주제: 행복한 사람의 비밀 코드 찾기**

프로젝트 수업 후 학생 소감문

> 처음에는 많은 양의 정보를 조사하는 것이 힘들게 느껴졌다. 행복한 사람을 조사하는 것이 우리에게 익숙하고 친근한 내용이 아니었기 때문에 자료 조사에서부터 난관이 있었다. 하지만 모둠원들과 각자가 조사 한 부분에 대한 맥락을 잡고 구체적인 내용 구상을 해 나가며, 점차 수월하게 할 수 있었다. 특히 각자가 조사한 부분을 모아 직접 PPT를 만들어 보니, 나 그리고 우리가 찾은 내용을 깊이 있게 이해하고 생각해 볼 수 있는 기회가 됐다. 내가 행복할 수 있는 방법은 나의 꿈을 이루기 위해 노력하는 것이다. 꿈을 이루면 행복할 것이라는 것을 구체적으로 알게 되고 친구들에게 발표를 하니, 지금까지 한 과정이 모두 뿌듯하게 느껴졌다.
>
> 신곡중 1학년 류○○

> 행복한 사람들 프로젝트 수업에서 주제를 정하는 것은 마인드맵으로 모둠원끼리 작성하고 그 중에서 가장 맘에 드는 것을 투표로 선택하는 것이어서 쉬웠다. 그리고 그와 관련된 자료를 찾는 것도 서로 어떤 내용을 찾을 것인지 역할을 분담해서 인터넷 자료를 찾아가는 것이어서 그냥 선생님이 수업하시는 것보다 재미있었다. 그런데 자료를 다 찾고 우리가 조사한 사람들이 왜 행복한지를 찾는 것은 힘들었다. 특히 PPT를 만들어 발표할 때 선생님께서 '그래서 그 사람들을 행복하게 만드는 핵심 키워드(가치, 신념)가 무엇인가?'를 질문하셨을 때 친구들이 어려움을 겪었다. 하지만 이 과정을 통해 행복에 대해 깊이 있게 생각해 보는 시간이 되어서 좋았다.
>
> 신곡중 1학년 박○○

세상과 소통하는 수학…
뭐 그게 어려운가?

경기 능동고등학교 **이보라**

1. 수학 프로젝트 주제 선정 어려워요

가. 교과 특성으로 인한 프로젝트 주제 선정의 어려움

정확하고 엄밀한 과정, 정해진 답을 찾아야만 하는 수학이라는 교과만의 특성으로 인해 주제 선정이 매우 제한적이다. 프로젝트를 계획하고 준비해야 하는 교사도, 프로젝트 활동을 하는 학생들도 수학 개념을 이해하는 것만으로 힘든 일인데 실생활이나 삶에 적용하는 것은 더욱 어렵고 오류가 발생하기 쉽다. '오류의 발생 과정을 어떻게 평가해야 하는가?', '수학적으로 정확하지 않은 표현에 대해서는 어떻게 평가할 것인가?'에 대한 고민이 크다고 할 수 있다.

수학적 엄밀성, 논리성, 객관성보다는 실생활에서 수학이 어떻게 사용되고 있으며 수학의 필요성, 유용성 등을 통해 수학을 배워야만 하는 이유를 찾고 학습함으로써 수학에 대한 내재적 동기를 유발시키고, 수행 과정을 이해하고 도전하여 이행할 수 있는지 평가한다는 생각을 반영해야 한다. 또한 수학이라는 교과가 어느 특정한 부분만을 학습한 후 관련 부분만 프로젝트 주제로 정하여 운영하기가 매우 어렵다. 위에서 말한 것처럼 엄밀성과 정확성을 요구하므로 특정 단원만으로 국한하여 주제를 선정하기에는 학생도, 교사도 버거운 부분이 있다.

타지아 프로그램을 이용한 수학개념의 이해와 활용을 위한 게임수업

나. 언제나 부족한 수업 시간 진도 어떻게?

대학입시를 앞둔 고등학교에서 수학이라는 과목은 수험생에게 매우 중요한 과목이다. 정해진 수업시간 중에 프로젝트 수업을 운영하려면 거꾸로 수업을 진행해야 한다. 수학적 개념을 이해해야만 적용할 수 있기에 프로젝트 수업을 진행하기 이전에 수학적 필수 개념 요소 등을 학습해야만 한다. 수업시간을 확보하기 위해서는 교육과정을 재구성하거나 필수 개념 요소를 담은 디딤영상을 통한 거꾸로 수업 형태를 통해 수업시간을 일부 확보해야 한다.

다. 우발적 사고에 당황하지 말자! "교사는 학생의 밀접한 조언자, 동반자"

교사도 학생처럼 프로젝트 활동 운영에 있어서 처음일 수 있다. 프로젝트라는 것이 운영 매뉴얼이 있고 수업 지도안이 있으며 학생 활동지와 평가지가 있다고 해서 모두 같은 방식으로 운영되고 결과가 나오는 것이 아니다. 대상이나 학교 분위기, 학교 현장, 교사, 심지어 운영하는 시기에 따라서도 달라질 수 있다. 이러한 변화에 교사가 충분히 상상하고 고민하여 대처방안을 마련한다고 해도 분명 예기치 못한 당황스러운 일들이 발생한다. 이때 어떻게 대응하느냐에 따라 프로젝트 활동의 성공과 실패가 결정된다. 교사는 학생들과 함께 상상한 것을 실행해 보는 동반자이자 조언자의 역할만으로도 충분하다. 학생은 교사들이 생각하는 것보다 많은 상상력을 가지고 있으며 끊임없이 도전하고 성장한다. 교사와 학생들간의 믿음과 신뢰, 교사의 기다림, 학생들의 잦은 움직임 등은 프로젝트 수업을 성공으로 이끄는 요인이다.

라. 외로움과 두려움은 교사의 숙명 "도전하자!"

학생, 학부모, 동료교사, 관리자까지 이해시키고 공감하게 해야만 한다고 생각하는 사람들이 있다. 모두를 이해시키지 못한다면 프로젝트 수업이나 평가는 이루어 질 수 없다. 프로젝트 수업만 운영하기에는 대학 진학을 목표로 하는 학생들에게 너무나 큰 부담일 수 있으므로 수행평가와 연결지어 운영하였다. 그러나, 이 평가에도 문제는 많다. 참여하지 않은 학생에 대한 평가는 평가 대상자뿐만 아니라 학급이나 평가에 참여하는 모든 학생들을 이해시켜야만 한다. 그러기 위해서는 수업 전 계획 단계부터 교사의 끊임없는 고민이 필요하다. 프로젝트 활동은 협력적 문제해결 역량과 창의·융합적 사고 역량을 키울 수 있는 가장 좋은 수업으로 미래사회를 이끌어갈 미래인재를 육성하는 데 가장 적합한 교육활동이라고 할 수 있다. 이런 활동을 통해 학생들의 성장을 이루어 낼 수 있다면 학생, 학부모까지 모두를 이해시키고 공감시킬 수 있다.

'수학으로 세상을 바라보다' 프로젝트 수학 수업 활동에서 사회적 지위에 따른 교육 빈부 격차로 인한 직업 차이에 대한 프로젝트 활동 계획을 협의하는 모습

2. 학생들 속에서 함께 고민을 나누고 풀어갈 기회 '프로젝트 수업'

수학교사인 나에게 있어 프로젝트 수업이란 '사람만이 희망이다'라는 어느 시인의 말을 현실로 느끼게 되는 기회였다. 수학교사로서 '수포자' 학생들을 볼 때마다 숨이 막히고 좌절감을 느끼게 되는데 이 프로젝트 수업은 수학을 즐기게 하는, 수학의 필요성을 느끼게 하는, 수학임에도 모두가 참여할 수 있게 하는 마력을 지니고 있다. 처음이라는 것은 두렵지만 설레게 만들기도 한다. 처음은 누구나 실패하기 마련이다. 프로젝트 수업을 진행할 경우 수학교사라면 자신이 알고 있던 수학의 엄밀성 때문에 매 순간 끊임없이 고민하게 된다. '문제 풀이를 하지 않는 교사가 과연 수학교사일까?' 수학을 잘 하려면 교사 자신이 문제를 잘 푸는 것이 아니라 학생들이 잘 풀어야 할 것이다. 그럼에도 수업 시간 내내 문제풀이를 하지 않고 모둠별로 시끄럽게 떠들고 웃어대는 학생들이 무엇을 하고 있는지, 그냥 놀고만 있는 것은 아닌지 불안하다.

그러나 가까이 다가가 학생들의 소리와 움직임을 보면 그들이 얼마나 끊임없이 자신에 대해 고민하고 토론하며 탐구하고 있는지 알게 된다. 교사도 교단에서 학생들을 바라보는 것이 아니라 학생들 속에서 그들이 나누는 고민을 함께 고민하고 탐구한다면 분명 성공적인 프로젝트 수업을 이끌어 낼 수 있다. 프로젝트 수업은 수학이라는 과목을 사이에 두고 학생들과 교사가 마주보는 것이 아니라 수학이라는 과목을 같이 바라보고 하나하나 파헤쳐나가는 과정이다. 프로젝트를 경험해 본 학생들은 이렇게 말하고 있다. '프로젝트란 나를 탐구하는 방법을 알게 한 시간이다.'라고 말하고 있다. 도전을 가르쳐야 하는 우리가 실제 도전하지 않는다면 이 얼마나 모순인가? 해보지 않으면 두렵지만 하고 난 후에는 프로젝트 수업의 마력에 빠져서 고3인 학생들을 데리고도 운영해 보겠다는 자신감이 생기게 될 것이다. 지금 시작해 보자!

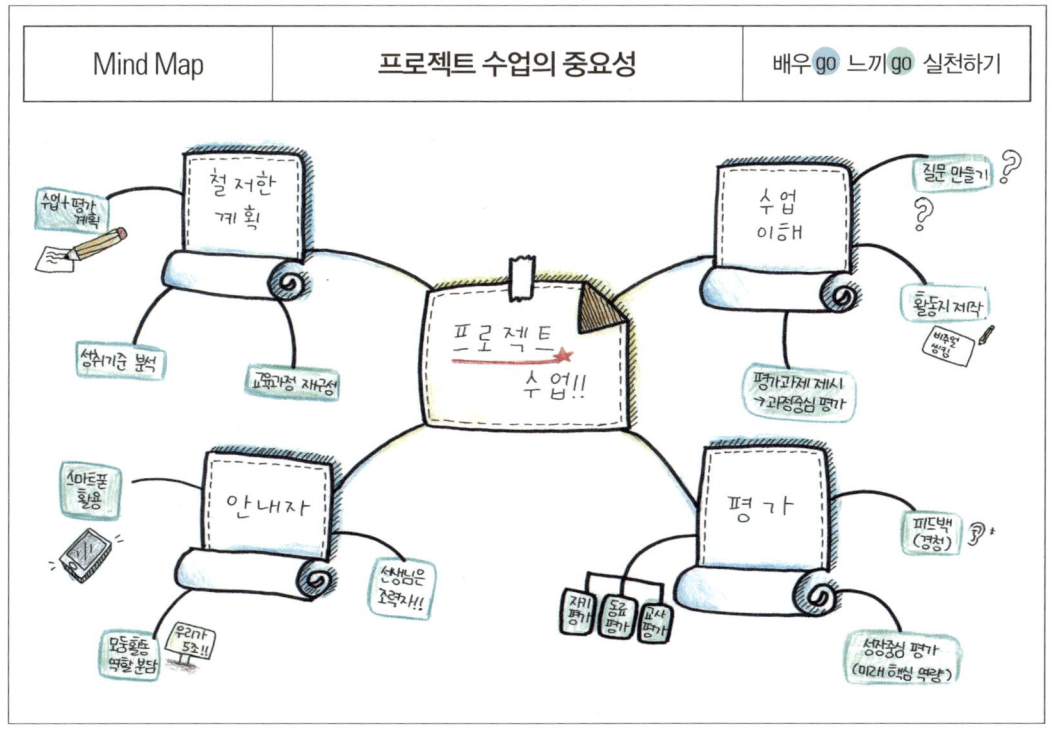

경기 양오중학교 학생 활동결과물 _ 유희선선생님 제공

학생과 교사 진일보에 최적
프로젝트 수업

경기 민락중학교 **양혜인**

1. 프로젝트 수업의 걸림돌은 무엇일까?

가. 프로젝트 수업에 대한 지식의 부족하다

많은 교사들이 프로젝트 수업을 교육 현장에 적용하지 못하는 이유는 프로젝트 수업이 무엇인지, 그리고 어떻게 해야 하는지 제대로 알지 못하기 때문이다. 최근에 교육학을 공부한 신규교사들도 프로젝트 수업의 절차와 주요 특징, 장점만 간단히 알 뿐 이를 자신의 교과에 어떻게 접목해야 할지, 그리고 프로젝트 수업의 각 절차를 구체적으로 어떻게 설계해야 하는지 알지 못한다. 이는 교사들이 프로젝트 수업을 실제 수업에 적용하는 것을 망설이게 한다. 자신이 제대로 알지 못하는 것을 실제 수업에 활용해보는 것은 굉장히 두려운 일이기 때문이다.

프로젝트 수업이 무엇인지 잘 모른다면 프로젝트 수업을 적용한 사례를 찾아보면 된다. 프로젝트 수업 사례는 각 교과서 출판사의 교사 지원 웹사이트나 교육청이나 연구회 발간 사례집에서 찾을 수 있다. 사례 한두 가지 정도를 살펴보고 필요에 따라 관련 연수를 듣는다면 프로젝트 수업이 무엇이고 어떤 절차를 따라 진행되는지 알 수 있다. 다른 여러 분야의 지식들과 마찬가지로 프로젝트 수업도 열심히 배워야 한다.

나. 시작단계부터 치밀하게 준비해야 한다

프로젝트 수업은 시작단계부터 교육과정 내 성취기준에 맞게 교과 내용을 분석하고 평가계획도 미리 세워야 한다. 또한 학생들의 관심과 흥미를 끌 주제를 선정하고, 학생들이 만들어야 할 결과물에 대한 구체적으로 자세하게 설명하는 안내문을 제공하고, 각 단계에서 학생들을 어떻게 평가할지까지 모두 준비해야 한다.

총6차시 이상의 수업이 유기적으로 연결되고, 학생들이 알아야 할 교과 내용까지 담아내야 하는 다소 엄청나 보이는 수업을 준비하는 것은 많은 교사들에게 도전하기 쉽지 않은 일이다.

프로젝트 수업은 엄청나 보이지만 사실 적용해보면 쉽고 재미있는 수업 방식이다. 솔직히 말하자면 여러 차시의 수업들이 연결된 하나의 프로젝트 수업을 계획하고 진행하는 데 걸리는 시간은 동일한 차시의 여러 가지 독립된 수업들을 준비하는 시간보다 덜 걸린다. 프로젝트 수업 시간의 총합으로 따져봤을 때 준비 및 실행 기간이 덜 걸리고 쉽고 재미있는 수업이라면 적용하지 않을 이유가 없다.

다. 학생 참여 중심 수업에는 여러 변수가 있다

프로젝트 수업은 교사의 치밀한 계획 하에 학생 참여 중심의 수업으로 전개 된다. 아무리 치밀하게 계획한 프로젝트 수업이라도 수업 현장의 역동성에서 비롯한 여러 가지 변수들을 전부 예측하여 대비하지는 못한다. 수업이 예측한대로 흘러가지 않을 수 있다는 점은 많은 교사들에게 부담으로 다가오며, 프로젝트 수업을 실제 적용하는 데 걸림돌로 작용한다.

학생 참여 중심 수업에서 발생하는 여러 변수들은 교사의 구체적인 안내가 있다면 두렵지 않은 문제이다. 프로젝트 수업의 성공은 교사의 안내가 얼마나 구체적인가에 달려 있다고 해도 과언이 아니다. 구체적인 안내가 없다면 학생들은 무엇을 해야 할지 몰라 우왕좌왕하기 때문이다. 학생들이 헤매지 않고 유의미한 결과물을 내게 하기 위해서 교사는 학생이 매 단계에서 무엇을 어떻게 해야 하는지 구체적으로 자세히 안내해야 한다. 또한 교사의 구체적인 가이드는 비계(Scaffolding) 설정에 해당한다. 이는 학생들이 실제적인 발달 수준을 넘어 잠재적 발달 영역 내의 과제 수행을 가능케 한다.

라. 강의식 수업에 익숙한 학생들의 불만이 있다

프로젝트 수업은 철저히 학생 주도적인 수업이다. 따라서 주로 강의식 수업을 들어왔던 학생들은 수업은 자신들이 하고 있으며, 교사는 이를 방관하고 있다고 생각할 수 있다. 급기야 '수업 시간에 배운 게 없어요. 선생님이 수업을 안 하세요.'라고 말하거나 다가오는 시험에 대비가 되지 않았다며 불안해하기도 한다.

이는 절충안으로 충분히 해결할 수 있는 문제이다. 학생 참여 중심 수업으로 진행하는 프로젝트 수업에 약간의 강의식 수업을 더하는 것이다. 이때 중요한 것은 프로젝트 수업에서 충분히 교과 지식을 배웠음을 학생들에게 주지시켜주는 것이 필요하다. 단순히 '너희는 시험에 대비해야 하니까 가르쳐주는 거야/정리해주는 거야'라고 말한다면 학생은 프로젝트 수업을 수업으로 인식하지 않기 때문이다. 이미 여러 활동을 진행하며 교과 지식을 충분히 탐색하고 배웠지만, 여러 번 배우는 것이 기억에 잘 남기 때문에 한 번 더 배운다고 말해주는 것이 중요하다.

'세상을 바꾸는 민락특공대'라는 프로젝트 수업에서 '10대 임신'이라는 사회 문제의 해결을 촉구하는 캠페인 포스터를 제작하고 있다.

마. 수업 진도에 대한 우려가 많다

프로젝트 수업이 수업 현장에 보편적으로 적용되지 않는 이유는 교과 진도에 대한 부담 때문이다. 프로젝트 수업은 작게는 총 6차시부터 많게는 총 12차시 이상의 수업 시간을 필요로 하는 수업이다. 이는 시험 직전까지 교과 진도를 나가야 하는 교사에게 프로젝트 수업을 적용하는 것을 두렵게 느끼도록 한다.

수업 진도에 대한 우려는 교사가 어떻게 수업 내용을 다루는가에 따라 극복할 수 있는 문제이다. 교사 주도형 수업인 강의식 수업보다 학생 참여 중심 수업으로 수업 패러다임을 전환한다면 프로젝트 수업을 활용해서도 충분히 시험 전까지 수업 진도를 나갈 수 있다. 학생들이 프로젝트 수업을 통해 교과 내용에 의문을 제기하고 이를 스스로 탐색하며 풀어나가는 과정을 거친다면 교과 내용을 충분히 익힐 수 있음은 물론이고 더 깊이 있는 배움을 경험할 수 있다.

바. 다양한 수업 레시피가 부족하다

많은 차시의 수업으로 구성된 프로젝트 수업은 거의 모든 시간이 학생 참여 중심 수업으로 전개된다. 학생 참여 중심 수업과 관련한 여러 수업 레시피가 없는 교사들은 매시간 수업을 어떻게 진행할지 부담감을 느낄 수밖에 없다.

이 역시 배움으로 극복할 수 있는 문제이다. 여러 수업 레시피가 없다면 다양한 수업 레시피를 새롭게 익히면 된다. 시중에 나온 수업 관련 서적이나 교육청 또는 연구회 발간 사례집을 탐독한다면 충분히 가능하다. 필요에 따라 수업 레시피를 소개하는 연수를 들을 수도 있다.

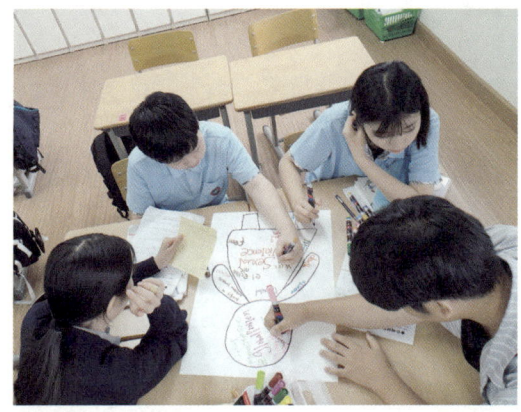

'세상을 바꾸는 민락특공대'라는 프로젝트 수업에서 '성폭력'이라는 사회문제를 영어 단어를 활용한 워드 클라우드로 표현하고 있다

여러 수업 레시피에 대해 배우고 내 수업에 어떻게 적용할 수 있을지 고민하는 과정만 거친다면 매시간 학생 참여 중심 수업으로 전개되는 프로젝트 수업도 도전감을 가지고 시도할 수 있다.

2. 다음 학기에 또 하고 싶어요! 프로젝트 수업

프로젝트 수업은 무수히 많은 보물이 숨겨진 보물섬이다. 프로젝트 수업을 실제 적용해보니 교육과정-수업-평가-기록을 일체화하고 과정중심평가를 적용하기에 더없이 좋은 수업 모형이라는 확신이 들기 때문이다. 교육과정 성취기준을 분석하고 교과 역량 함양에 초점을 맞추어 교과서를 분석해보는 경험은 교육 전문가로 성장하게 하는 데도 큰 도움이 된다. 더불어 학생들이 여러 가지 학생 참여 중심 수업에 참여하면서 자신이 학교에서 배운 지식을 직접 활용하여 실생활에서 맞닥뜨릴 문제 상황을 직접 해결하는 보람찬 경험도 해볼 수 있게 된다. 시작부터 교육과정과 교과 단원의 분석을 거치며 계획한 수업이므로 교과 지식을 자연스럽게 배울 수 있게 함은 물론이다. '다음 학기에 또 하고 싶어요!', '이렇게 열심히 한 적은 처음이에요!' 등 여러 학생들의 피드백을 들었을 때 프로젝트 수업을 기존의 강의식 수업보다 재미있어하는 것은 말할 것도 없다. 프로젝트 수업은 교사인 나와 학생들의 진일보를 위한 최선의 선택이라는 생각이 든다.

프로젝트 수업으로 과학 달인 되어 보자

경기 신곡중학교 **진연자**

1. 프로젝트 수업 어떤 어려움이 있나?

가. 프로젝트와 교육과정과의 완벽한 유기적 연계점 찾기

수업의 대부분이 교육과정에 근거하여 진행되는데 특히 수행평가는 교육과정 성취기준과 더 면밀하게 연계되어 진행되어야 타당도 높은 평가가 될 수 있다. 실생활과 연계된 흥미로운 소재를 바탕으로 프로젝트 활동을 구성하다 보면 교육과정을 벗어나거나 교육과정에 연계되지 않는 경우가 있다. 교육과정에 부합하는 활동을 하다보면 제한적이고 학생들의 흥미도가 떨어져 프로젝트의 몰입도가 낮아진다. 교육과정을 벗어나거나 맞지 않는 활동은 열린 주제라 학생들의 흥미도가 높고 몰입도가 높은 경우가 종종 있어 교사로서 고민스러운 부분이 있다. 이런 부분을 보완하기 위하여 2015 교육과정에서는 교사가 성취기준을 직접 만들어서 사용할 수 있지만 이 방법을 정확하게 알거나 적용하는 교사는 매우 드물다. 그렇기 때문에 프로젝트와 교육과정을 연계할 수 있는 틀(폼)을 찾아서 프로젝트 활동과 교육과정을 유기적으로 연결하는 작업을 지속적으로 연습하여 현장에 적용해야 한다.

나. 언제나 부족한 프로젝트 소재나 활동

프로젝트는 소재가 중요하다. 소재 자체가 학생들이 호기심을 자극하고 흥미로워야 하는데, 그런 정보를 찾기가 어렵고, 찾는 방법을 모르는 교사가 많다. 가장 손쉬운 방법은 교과서를 출판사별로 구비하여 같은 단원을 살펴보면 활동을 이끄는 방법, 소재, 읽을 거리 등이 다양하여 이를 선택하여 프로젝트 수업을 진행하는데 활용할 수 있다.

다. 무임승차 학생 없는 모둠 활동 만들기

모둠 활동에 대한 학생들의 의견을 들어보면 모둠 활동 시 불만스러워하는 것이 무임승차이다. 제대로 하지도 않는데 점수를 받아가거나 모둠원이 열심히 참여하지 않아 점수가 감점되는 것이 결국에는 모둠 활동을 학생들이 꺼려하게 되는 이유 중 하나가 된다고 생각한다. 이에 모둠 활동과 개인 활동을 적절하게 배분하여 학생들의 불만을 최소화하는 방법이 필요하다. 예를 들어, 과학 교과의 경우 실험을 2인 1조 모둠 활동으로 진행을 하고, 결과 보고서는 개인별로 작성한다. 이런 경우 모둠 활동 시 놀거나 참여하지 않는 친구가 없고, 결과 보고서를 개인별로 작성하여 점수를 부여하므로 학생들이 불만이 거의 없었다. 2인 1조 모둠 구성 시 학업성취도가 높은 학생과 함께 하는 모둠은 실험을 성공하고, 학업성취도가 낮은 학생과 함께 하는 모둠은 실험을 실패하는 것을 종종 보아왔으므로, 현 시점의 수행평가 시스템에서는 무임승차의 효과를 완벽하게 없애기는 어려운 점이 있다.

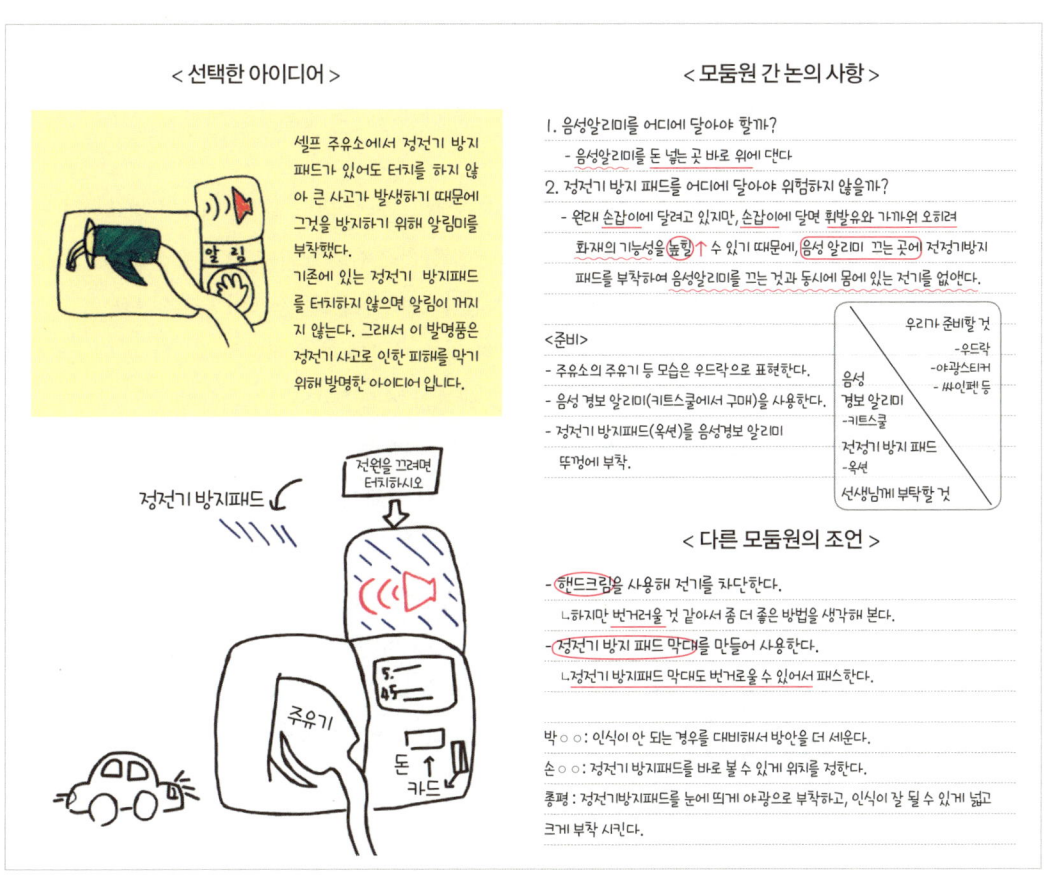

모둠 내 논의와 다른 모둠원의 피드백을 통해 프로토타입 제작 아이디어를 구체화함.

라. 모두가 만족할 수 있는 모둠 구성

모둠 구성은 인원, 성별, 학업 성취도, 태도 등 다양한 요소를 고려해야 한다. 그렇지만 수업 시간에 매 수행평가 마다 모둠을 교사가 인위적으로 구성하는 것은 쉽지 않다. 그래서 시간이 부족할 때에는 교실에 앉아있는 짝이나 모둠으로 진행하거나 프로젝트 활동을 개별별로 진행하는 경우도 종종 있었다. 교사가 구성을 하게 되면 학생들의 불만이 많아져 모둠 구성의 불만을 최소화하기 위하여 주변 동료 교사들 중 몇몇은 대표 학생 몇 명을 지정하고 그 학생들이 모둠원을 구성하는 경우를 보았다. 이 경우 역시 가위 바위 보로 결정하거나 자신과 친분이 있는 친구들을 뽑는 등 결국에는 완벽하거나 합리적인 방법은 아닌 것 같다는 생각을 하였다. 과학 교과에서 진행한 방법을 소개하면, 자리에 앉은 모둠원이 4개의 다른 주제를 정하여 그 주제에 대한 자료 수집을 하게 한다. 이후 주제가 같은 학생들을 모둠을 나누었는데 대부분의 모둠 활동이 원활하게 운영되는 모습을 보았다.

마. 다른 교과와 연계 시 동료 교사 협력 이끌어 내는 방법

프로젝트는 다른 교과와 연계하여 진행해야하는 경우가 있다. 다른 교과와 연계하기 위해서는 다른 교과의 교육과정도 살펴보아야 하고, 다른 교과 활동과 유기적으로 연계되거나 도움이 되어야 한다. 다른 교과의 교사가 협조적이지 않을 수도 있고 협조를 해주고 싶어도 시수가 부족하여 활동에 할애하기 어려운 경우가 있다. 또한 교과별로 교사가 생각한 수업 순서가 있는데, 교사가 프로젝트 활동을 한다고 그 시기에 맞추어 달라고 하는 것은 현실적으로 불가능한 일이다.

동계 스포츠 속 힘과 운동 프로젝트 활동을 진행하였는데, 체육, 음악, 영어 교사와 협조가 필요하였다. 동계 스포츠의 역사, 규칙 등은 체육 교과에서, 동계 스포츠 송 만들기는 음악 교과에서, 동계 스포츠 소개는 영어 교과로, 동계 스포츠 속 과학적 원리는 과학 교과에서 정리하여 이 자료들을 모아 하나의 판넬을 만드는 활동이었다. 이 활동을 할 때 나는 미리 아이디어를 생각한 것이 아니라 평가 계획을 제출한 후 아이디어가 떠올랐다. 이 경우 평가 계획을 미리 제출했기 때문에 다른 교과의 협조를 구하기 어려웠다.

왜냐하면, 평가 계획을 바꾸기 어렵기 때문이다. 그래서 평가 계획을 제출한 후 타 교과와 융합이 어려우므로 사전에 조율하는 것이 필요하였다. 그럼에도 불구하고 음악 교과에 개사하는 작업을 도와달라고 했는데 시간이 부족하다는 이유로 거절하였지만 충분히 이해가 되었다. 본인 교과 수행평가도 하기 어려운데 나의 수업 때문에 시간을 달라는 것은 당연히 있을 수 없는 일이었다. 그렇지만 음악 선생님이 전에 수업 공개를 할 때 랩 가사 만들기를 하는 것을 보았다. 내가 미리 이야기만 하였더라도 랩 가사를 동계 스포츠와 관련하여 만들 수도 있었다. 교사가 평가 계획을 구성하기 전에 프로젝트 활동에 대한 논의가 있어야 하며, 교과 간 연계 융합 수업에서 다른 교과의 내용 습득과 기능 증진에도 도움이 되어야 한다.

08 IDEA CANVAS 아이디어 캔버스

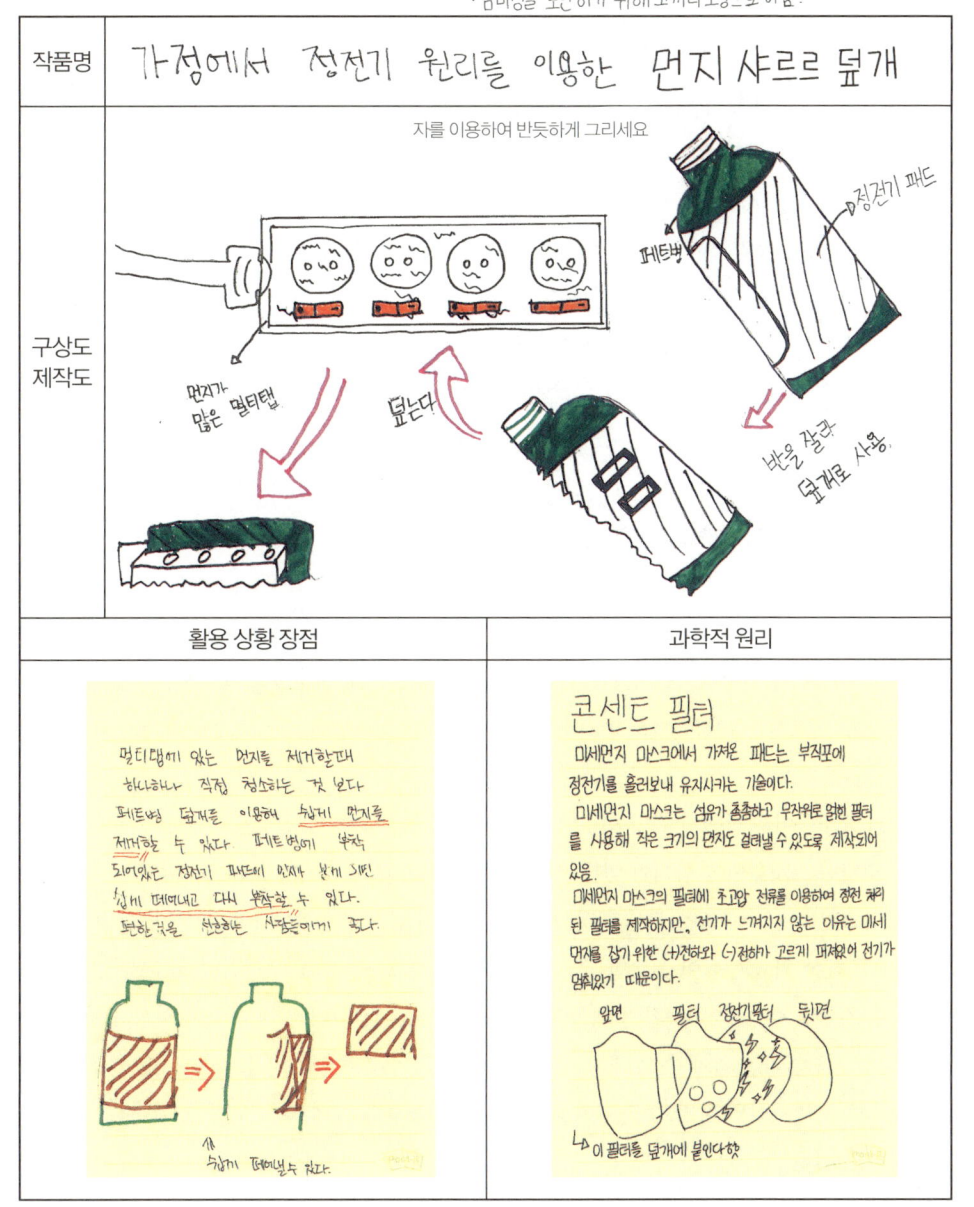

디자인 씽킹 기법을 활용하여 전기와 자기 프로토타입 제작 시 작성한 아이디어 캔버스. 과학적 원리가 포함된 창의적인 제목, 그림 및 회로도, 과학적 원리, 활용 상황 및 장점으로 나누어 제작하였으며, 제작 과정에서 발생된 문제를 해결해나가는 과정도 포함하도록 하였다.

2. 산소와 같은 프로젝트 수업..."역량 기르는 데 최적"

프로젝트 수업은 학생들에게 산소와 같은 존재이다. 공기 중의 산소는 생명체가 생명 활동을 하기 위해 꼭 필요한 물질이다. 프로젝트 수업 역시 학생들에게 꼭 필요한 활동이라는 것을 부각시키고 싶어 산소라는 비유를 사용하게 되었다. 왜냐하면 프로젝트 수업은 문제를 해결하는 방법을 경험하고, 다양한 분야의 교과 지식을 활용하여 다양한 교과 역량을 기르는 데 적합하기 때문이다.

2015 개정교육과정에서 교과 역량이라는 개념이 새롭게 등장하였다. 학생들이 살아가는데 있어 지식보다 어쩌면 역량이 더 중요할지도 모른다는 생각에 역량이라는 개념을 보고 느낀 점이 많았다. 왜냐하면 교사가 학생들이 삶을 살아가면서 만나는 새롭고 다양한 문제를 해결하는 방법과 지식을 모두 알려줄 수는 없기 때문이다. 이에 교사는 각 교과의 지식을 적재적소에 활용하고, 그것을 재가공하는 능력을 길러주는 역할을 해야한다고 생각한다. 이것을 잘 구현할 수 있는 수업 활동이 바로 프로젝트 수업이다.

프로젝트 수업은 여러 단계로 세분화되어 진행되므로 학생들이 자신이 가지고 있는 능력, 장점을 어떤 단계에서든 발휘할 수 있다. 자신의 능력을 발휘하면서 모둠 활동에 자발적·적극적으로 참여하여 자신감을 갖는 데 매우 중요하다. 모둠에 기여하게 되고, 모둠원들이 인정해주기 시작하면 그 학생은 하지 말라고 해도 알아서 모둠 활동에 잘 참여하게 된다. 자신감을 갖게 되면 자신의 삶에 좀 더 적극적인 태도로 변하여 결국 자기주도적인 학습 능력 향상과도 연결된다. 모둠 활동을 하면서 자신에게 부족하거나 없는 부분은 모둠원의 도움을 받게 된다. 이 과정에서 문제를 해결하는데 있어 협업이 꼭 필요하다는 것을 경험하게 된다. 또한 프로젝트 수업은 활동이 단계별로 구조화되고 세분화되어 있어 다양한 역량을 기르는데 적합하다. 예를 들어, 아이디어를 구안하는 활동에서는 창의력이, 아이디어를 바탕으로 산출물을 제작하는 활동에서는 탐구력과 문제해결력이, 발표하는 과정에서는 의사소통 능력이, 모둠 활동을 통하여 책임감과 협동력이 증진될 수 있다.

삶은 다양한 요소들이 복잡하게 결합되어 있으며, 삶의 방향은 정해져 있지 않다. 프로젝트 수업에서 주어진 문제들은 다양한 요소들이 결합되어 있는 복잡한 문제를 해결해나가거나 문제를 해결해나가는 방향을 정해가는 삶의 축소판이며 그 과정을 교사가 제시하고 학생들이 연습하는 것이다. 우리는 자주 먹은 음식, 자주 가본 장소, 자주 해본 일들과 같이 친숙한 것을 좋아하고 그것을 편안하게 생각하여 자주한다. 이와 같이 프로젝트 활동을 경험한 학생들이 더 잘 문제를 파악하고 그것을 해결하기 위해 다양한 지식과 방법을 활용할 줄 알고, 다양한 사람들과 협업할 수 있다. 프로젝트 수업은 교과에 필요한 역량, 능력, 기능을 익히는 목표를 넘어 궁극적으로는 한 사람의 삶의 방향을 설정하고 삶의 질을 높이는 데 도움이 될 수 있다.

프로젝트 액츄얼리
Project actually is all around

경기 늘푸른중학교 **임성은**

1. 프로젝트 수업, 쉽지 않네?

가. 동료교사와의 협의

동학년 동료교사와 프로젝트 수업의 운영 및 절차, 평가 등을 공유하고 협의해야 하는데 학기가 시작되면 각자 일상 업무에 치여서 만나기조차 어려워져 협의하는 데 어려움이 많다. 또한 각자의 교육 철학과 수업 방식이 다르기 때문에 프로젝트 수업의 방향을 정하는데 있어 의견 조율이 쉽지 않을 때도 많다. 동학년 동교과 교사와의 합의가 첫 번째 해결해야 할 문제이다.

나. 학생의 흥미를 유발하는 주제 선정

프로젝트의 주제를 선정하는 것이 수업의 첫 단계인데 어떤 기준으로 선정해야 할지 판단이 서지 않을 때가 많다. 학생들의 흥미와 동기를 유발할 수 있으면서도 교과의 내용과 관련된 주제를 선정하는 첫 단계부터 교사들은 부담스러움을 느끼게 된다.

다. 진도에 대한 부담감

중·고등학교에서는 대학 입시라는 현실적인 장벽이 있어 교과 진도에 대한 부담감이 큰 편이다. 대부분 교사들이 학생과 학부모의 요구를 수렴하여 교과 교육과정을 운영하다 보면, 여러 차시에 걸쳐 장시간 진행되는 프로젝트 활동을 기피하기 마련이다.

라. 모둠 편성 및 활동 운영

대부분의 프로젝트 수업은 모둠 활동으로 진행되는 경우가 많다. 그러나 협력보다는 경쟁이 익숙한 학생들은 모둠 활동보다는 개별 활동을 선호하는 경우가 많다. 그래서 모둠 편성의 단계에서부터 교사와 학생들 간의 불협화음이 발생하기도 한다. 모둠 편성을 간신히 마친 후 모둠 활동을 시작하게 되더라도 프로젝트를 수행하는 과정에서 무임승차가 빈번하게 발생하며, 의견 충돌 및 갈등으로 협업이 잘 되지 않거나 자기주도적으로 실행하지 못하는 경우가 다수 생기기 마련이다. 그러다 보면 교사의 피로도도 함께 증가하게 됨으로써 활동을 중도에 포기하는 경우도 발생한다.

마. 공정하고 타당한 평가

프로젝트 수업 시, 교사의 관찰 평가 뿐만아니라, 자기성찰평가 및 동료 평가를 하게 되는 경우가 많다. 과정중심평가가 제대로 이루어지려면 활동에 열심히 참여한 학생들과 그렇지 못한 학생들을 분별하여 평가할 필요가 있다. 그런데 동료 평가를 할 경우 평가의 공정성과 객관성을 확보하기 어려운 때가 많다. 학생들의 개인적인 친분 관계 또는 지극히 주관적인 판단으로 공정한 평가를 하지 못할 때가 많기 때문이다.

바. 예측하지 못한 돌발상황에 대한 우려

교사가 처음 의도한 대로 프로젝트 수업 활동이 순조롭게 진행되지 않거나 갑작스럽게 예측하지 못한 돌발 상황이 수시로 생겨 난다. 이 때 문제가 적시에 잘 해결되지 않으면 학생들은 우왕좌왕하게 되고, 예정된 계획보다 시간을 낭비하게 된다.

사. 프로젝트 결과물의 형태 선정

학생들은 Gardner의 다중지능 이론에서처럼 각자 다른 모습의 인지능력을 지니고 있어서 그에 따라 선호하는 학습 방식도 모두 각양각색이다. 이러한 이유로 프로젝트 수업의 결과물의 형태는 다양하게 제시되고

프로젝트 주제관련 기사문을 읽고 모둠별 질문 토론하고 있다

프로젝트 활동 계획을 모둠별로 수립하고 있다

학생들이 직접 선택하는 것이 가장 이상적이지만 교사의 입장에서는 운영, 통제상의 이유로 그렇지 못한 것이 사실이다.

2. 프로젝트 수업은 애물단지가 아니라 보물단지!

프로젝트 수업을 처음 계획할 때에는 위에 언급한 여러 가지 예상치 못한 장벽들 때문에 어려움을 겪을 수 있지만, 2015 개정 교육과정이 추구하고 있는 핵심역량인 의사소통 역량, 자기관리 역량, 지식정보처리 역량, 공동체 역량 등을 함양시킬 수 있는 매우 효과적인 교수-학습 방법임에는 틀림 없다. 프로젝트 수업은 교사와 학생, 학생과 학생 간 활발한 상호작용을 유도할 수 있는 협력학습 및 문제 해결 학습을 가능하게 하며, 학생들이 서로 협력하여 문제를 해결하는 과업을 통해 타인에 대한 존중과 배려, 경청과 관용 등 인성 교육을 강화할 수 있는 교수-학습 방법이다.

프로젝트 수업의 효과 및 필요성에 대해 동료교사와 공감을 나누고, 수업 및 평가계획에 대한 사전 협의를 통해 적절히 역할 분담을 한다면 동료교사로부터 어렵지 않게 협조를 구할 수 있다. 가르쳐야 할 내용을 교과서에만 의존하지 않고 교육과정 성취기준을 기반으로 재구성하며 수행평가를 통한 과정중심평가를 확대한다면, 진도에 대한 부담감 없이 프로젝트 수업을 진행할 수 있다. 모둠 활동에서 오는 갈등 상황은 골칫거리가 아니라, 그 자체로 학생들에게 자연스러운 배움의 과정이 될 수 있다. 모둠별 협력활동이 잘 이루어질 수 있도록 '틀림'이 아닌 '다름'에서 오는 생각의 다양성에 대해 이해시키고, 교사의 세심한 관찰과 개별 피드백이 뒷받침된다면 '위기'로 생각했던 상황들은 또다른 '배움의 기회'로 거듭나게 된다. 프로젝트 활동 과정 중 발생하는 예측하지 못한 돌발 상황은 교사에게도 큰 성장의 밑거름이 될 수 있다. 문제를 피하지 않고 직면하면 해결하지 못할 것은 없다. 프로젝트 수업이 애물단지가 아닌 보물단지라는 것은 직접 경험해 본 선생님만이 깨닫게 될 것이다.

결과물의 형태 및 세부 내용에 대해 토의하고 있다

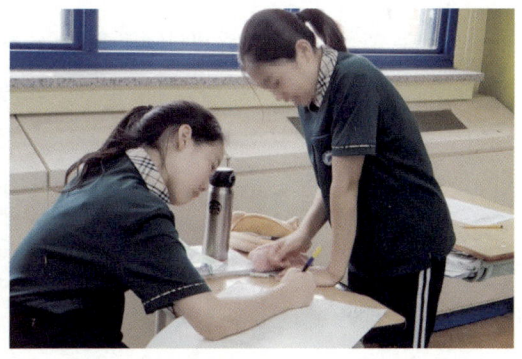
프로젝트 결과물을 제작하고 있다

학생들이 사는 세상!
프로젝트 수업으로 만나보세요!

충남 청양중학교 **소은숙**

1. 프로젝트 수업을 하고 나면 성취감과 아쉬움이 동시에 남는다.

프로젝트 수업을 마치고 나면 언제나 그랬듯이 성취감과 아쉬움이 함께 몰려오곤 한다. 학생들이 자신의 세상을 만난 듯이 즐거워하고, 성장하는 모습을 보면 뿌듯한 성취감이 있지만, 한편으로는 '이렇게 했더라면 더 많은 배움이 일어났을 텐데'하는 아쉬움이 남는다. 아쉬움을 줄이는 성공적인 프로젝트 수업! 그것을 위한 중요한 요소들을 몇 가지 살펴보기로 하자.

가. 학생들의 교육 환경에 맞는 프로젝트 수업 설계의 중요성

학교를 옮기고, 이전 학교에서 했던 프로젝트 수업의 부족했던 점을 충분히 보충했다고 생각하고 의욕적으로 첫 수업을 해보지만, 곧바로 수정을 해야만 하는 경우가 종종 있었다. 그 이유는 학생들의 교육 환경이나 교육 수준, 관심사와 흥미 등 학생들에 대한 이해가 부족하였기 때문이었다. 프로젝트 수업은 교사의 안내에 따라 학생들이 중심이 되어 운영되기 때문에 학생들에 대한 충분한 이해가 아주 중요하다. 너무 어렵다거나 너무 쉬워서 흥미를 잃을 수도 있고, 학교급, 성별, 지역의 특성 등이 맞지 않으면, 학생들에게 배움이 잘 일어나지 않을 수도 있다. 따라서 프로젝트 수업이 성공하기 위해서는 학생들에 대한 이해를 기반으로 하여 설계할 필요가 있다.

나. 프로젝트 수업 주제 선정의 중요성

프로젝트 수업을 통해 학생들은 자신의 생각이 담긴 지식을 만들어 내고, 이런 과정을 통해 미래에 필요한 핵심 역량을 성취하는데 많은 도움을 받고 있다. 따라서 교사는 프로젝트 수업을 위해 어떤 성취기준을 토대로 하여 학생들에게 어떤 세상을 만나게 할지를 주제로 선정하는 일은 아주 중요하다.

이를 위해서는 먼저 학기별 또는 학년별 진행할 교육과정을 펼쳐놓고, 학생들이 자신의 세상처럼 즐겁게 참여할 수 있는 주제를 교육과정 성취기준에서 찾아야 한다. 그리고 성취기준 분석을 통해 프로젝트 수업과 평가를 설계할 수 있어야 한다.

중학교 1학년 과학을 예로 들면 '생물의 다양성' 단원에 '[9과03-03] 생물 다양성 보전의 필요성을 이해하고, 생물 다양성 유지를 위한 활동 사례를 조사하여 발표할 수 있다'라는 성취기준이 있다. 이 성취기준은 학생들 자신들이 맞이할 미래 세상의 환경과 지속가능발전을 위해서 환경교육과 세계시민교육 차원에서의 메가트렌드를 프로젝트 수업의 주제로 활용하기에 적합하다고 볼 수 있다.

성취기준을 분석하여 '생물 다양성 보전의 필요성 이해'를 특성요인도 분석(어골도)과 5Why 등 활동 중심 수업으로 운영하고, 이 수업에서의 배움을 기초로 하여 '생물 다양성 유지를 위한 활동 사례 조사를 해보고, 모둠별로 학생들이 할 수 있는 활동 방법 제안하기'로 프로젝트 수업을 운영할 수 있다. 이는 교육과정에 충실하면서도 즐겁고 의미 있는 프로젝트 수업 주제의 좋은 예라고 할 수 있다.

또한 상황에 따라서는 다양한 교육과정 성취기준을 융합하여 프로젝트 수업의 주제를 정하는 것도 좋다.

다. 프로젝트 수업 안내의 중요성

학생들은 대체로 프로젝트 수업에 익숙하지는 않다. 따라서 교사의 세심한 안내는 중요할 수 밖에 없다. 프로젝트 주제에 대한 안내, 차시 운영에 대한 안내, 평가 계획에 대한 안내, 조사 자료에 대한 안내, 결과물 제작에 대한 안내, 발표에 대한 안내 등 어느 하나도 소홀히 할 수 없이 중요하다.

1) 프로젝트 주제 안내

주제에 대한 안내는 프로젝트에 대한 철학이 담겨 있고, 목적이 무엇인가를 알 수 있도록 한다. 즉, 교사의 수업 의도와 목적을 정확하게 알고 수업에 참여할 수 있도록 해준다.

I. 프로젝트 주제 안내

생물 다양성! 보전을 위한 우리의 활동 방법은?

생물 다양성의 아버지라 불리는 개미 연구 학자 윌슨은 「생명 다양성」이라는 책을 통해 『생물 다양성』의 중요성과 가치를 알리는 선구자로 유명합니다. 그는 지구의 생태계는 아주 정밀하게 유기적으로 엮여져, 미생물로부터 고등 동물에 이르기까지 자신의 삶을 다른 종에 의지하고 있기 때문에 "생물 다양성의 파괴가 인류 미래에 심각한 위험을 불러올 것"이라고 예언하였습니다.

여러분은 '활동 1 : 생물 다양성이 감소하는 원인은 무엇일까?'와 '활동 2 : 생물 다양성은 왜 중요할까?'를 학습하였습니다. 이제부터 여러분은 5차시 동안 생물 다양성 보전을 위한 활동 방법 제안하기 프로젝트 수업을 합니다.
이를 위해 프로젝트 주제와 탐구 문제를 읽고, 모둠별로 탐구 주제를 정하여, 탐구 주제를 해결하기 위한 탐구 수행을 하고 그 결과물을 발표하는 프로젝트 수업을 시작해 봅시다.

1. 프로젝트 주제 : 생물 다양성 보전을 위한 활동 방법 제안하기 프로젝트
2. 탐구 문제 : 어떻게 하면 우리가 많은 사람들에게 생물 다양성을 보전 할 수 있도록 할 수 있을까?
3. 프로젝트 과정 단계
    가. 프로젝트 계획 : 주제망 그리기를 통한 모둠 주제 선정, 탐구 계획서 작성
    나. 프로젝트 수행 : 정보 및 자료 수집과 자료 종합·분석, 탐구 결과물 제작, 발표 준비
    다. 프로젝트 발표 및 평가 : 모둠별 결과물 발표, 평가

2) 프로젝트 차시 안내

프로젝트 차시 운영 안내는 전체적인 수업의 흐름이 어떻게 진행되는가를 알 수 있게 한다. 뿐만 아니라 수업 전체 과정을 숙지하고 준비할 수 있으며, 차시별로 어떤 내용의 수업이 일어나는지를 미리 알 수 있다. 또한 필요할 때마다 언제, 무엇을 수행해야 하는지를 살펴볼 수 있다.

II. 프로젝트 수업 차시 안내

프로젝트 수업 차시 안내

1-2 차시 탐구 주제 선정을 위한 주제망 그리기, 탐구 주제 선정, 탐구 계획서 작성
- 탐구 주제는 청소년이 활동할 수 있는 것으로 정하고, 결과물을 만들 수 있어야 함.
  - 예시 : 농약사용과 환경오염 실태조사 인포그래픽, 멸종 위기종 보호 캠페인 UCC, 로드킬 동물과의 인터뷰 영상 만들기
- 탐구 계획서 작성 시 역할 분담을 정확하게 하여 무임승차하는 학생이 없도록 함. 특히, 다양한 매체를 활용하여 정보 및 자료를 수집하도록 해야 함

3-4 차시 정보 및 자료 수집과 자료 종합·분석·정리, 탐구 결과물 제작, 발표 준비
- 생물 다양성 보전을 위한 국제적, 사회적, 국가적, 개인적 활동 사례에 대한 정보 및 자료를 다양한 매체를 활용하여 수집 하고, 이를 종합하고 분석하여 모둠 탐구
- 탐구 주제에 맞는 결과물을 제작함

결과물 제작 유형 예시

프리젠테이션	광고물(공익 광고, 상품 광고), 홍보물, 포스터, 지도 웹툰, 인포그래픽, 리플릿, 팸플릿, 북아트, 캠페인, 편지 쓰기, 보드게임 만들기
영상(표현)	영상(광고, 홍보, 인터뷰), 뮤직비디오, 애니메이션, 노래(가사 바꿔 부르기), 캠페인 송 UCC, 역할글

- 발표 시나리오 작성

5 차시 결과물 모둠별 발표 및 평가
- 결과물 발표는 모둠별로 실시하며 5분 이내에 발표함
- 평가는 자기성찰평가, 동료 평가, 교사 평가를 실시함

3) 평가 계획 안내

평가 계획의 안내는 수행 과정에서 언제, 어떤 내용으로, 어떻게 평가가 이루어지는 가를 알 수 있게 된다. 따라서 학생들은 수행의 전체 과정에서 신중을 기하게 될 것이고, 그에 따라 무임승차자가 줄어드는 효과를 얻을 수도 있다.

III. 평가 계획 안내

프로젝트 단계	평가 과제	평가 요소	평가 내용 (채점기준)	평가 척도			평가 주체
계획	주제망 그리기로 모둠 주제 선정	주제 선정	주제망 그리기와 그룹핑을 통해 탐구 문제에 아주 적합한 주제를 선정하였는가?	상	중	하	교사 평가
		의사소통, 협력	원만한 의사소통과 협력으로 계획을 수행하였는가?	상	중	하	모둠 내 동료 평가
		토의를 통한 소주제 결정	토의에 적극 참여하여 소주제를 결정하였는가?	상	중	하	모둠 내 동료 평가
	정보탐색 및 자료 수집 계획의 타당도	계획의 타당성	정보 탐색 및 자료 수집 계획이 타당하였는가?	상	중	하	교사 평가
	과제 활동을 위한 역할 분담의 효율성	효과적인 역할 분담	배려와 소통의 과정을 통하여 각자에게 적합한 역할을 분담하였는가?	상	중	하	교사 평가
수행	자료조사 및 종합 분석 정리	조사 내용의 타당성	다양한 매체를 활용하여 주제에 적합한 내용을 조사하였는가?	상	중	하	교사 평가
		조사 내용의 분석 및 정리	모둠원이 조사한 자료를 분석하여 정리하였는가?	상	중	하	교사 평가
	결과물 제작	교과 역량	창의적이고 융합적인 사고를 하였는가?	상	중	하	교사 평가
발표	수행 결과물	제안 내용의 완성도	제안 내용이 주제와 적합하고 결과물의 완성도가 높은가?	상	중	하	교사 평가
		제안 내용의 창의성	생물 다양성 보전을 위한 제안 내용이 참신하고 실천 전략이 구체적이었는가?	상	중	하	모둠 간 동료 평가 교사 평가
		교과 역량 (과학적 문제해결력)	합리적 의사결정에 의하여 모둠이 참여하고 발표 하였는가?	상	중	하	모둠 간 동료 평가 교사 평가
	발표	발표 태도 (참여)	모둠원이 모두 참여하여 설득력 있게 발표하여 학생들의 호응을 받았는가?	상	중	하	모둠 간 동료 평가 교사 평가

4) 조사자료 안내 및 프로젝트 결과물 제작 안내

이 밖에도 조사 자료 안내를 통해서 다양한 매체를 이용하여 조사를 가능하게 하고, 결과물 제작에 대한 안내는 결과물을 다양하고 창의적으로 제작하게 되며, 발표에 대한 안내는 성숙하고 성취감을 느끼도록 발표가 이루어질 수 있다.

라. 프로젝트 수업 시 과정중심평가의 중요성

프로젝트 수업의 평가는 특정한 내용을 탐구하는 과제나 결과물을 만드는 과제 등을 수행하도록 하고, 전 과정과 결과물(탐구보고서, 결과물 등)을 종합적으로 평가해야 한다. 즉, 프로젝트 계획서 작성에서부터 수행, 그리고 결과물 발표까지 학습의 전체 과정을 중시하여 평가가 이루어져야 한다. 따라서 프로젝트 수업의 평가는 과정중심평가이어야 하고, 평가 과정에서 즉시, 또는 사후 피드백이 이루어져야 한다.

프로젝트 수업의 과정중심평가는
- 프로젝트 계획, 수행, 발표 등 다양한 학습 과정을 평가해야 한다.
- 인지적 능력, 정의적 능력, 교과 역량 및 창의·인성 계발 등 다양한 영역에 대해 평가해야 한다.
- 자기성찰평가, 동료 평가, 교사 평가 등 다양한 평가 주체에 따른 방법으로 평가해야 한다.
- 평가에 따른 피드백을 실시하여야 한다.

2. 학생들에게 프로젝트 수업은?

지금까지 프로젝트 수업에 대한 학생들의 반응은 대부분 재미와 즐거움, 그리고 열정이었다. 고등학생들을 대상으로 프로젝트 수업을 하였을 때 첫 반응은 약간 걱정이 앞서는 듯 보였다. 아마도 대입을 준비해야 한다는 마음이 앞서 있었기 때문이다. 그러나 안내에 따라 프로젝트 수업을 준비하고 실행하고 발표하면서 대부분 학생들은 즐거워하면서 열정적으로 참여하였다. 아마도 수업 속에서 자신의 생각을 표현하고 친구들과 나누는 즐거움이 있기 때문일 것이다. 또한 '과학'이라는 교과의 특성상 학생들의 내면에 잠재되어 있던 과학 개념과 현상이 삶, 그리고 실생활과 연결되는 것을 발견하는 수업이 프로젝트 수업이기 때문이었을 것이다.

중학생들을 대상으로 하는 프로젝트 수업 역시 마찬가지였다. 복도에서 마주친 학생들이 인사 대신에 과학시간이 기다려진다는 이야기를 하곤 하였는데, 이는 프로젝트 수업이 재미있고 즐겁기 때문이라고 하였다. 이러한 학생들의 반응은 프로젝트 수업을 꾸준히 하는 힘이 되기도 한다. 특히, 개념 위주의 평가에 대한 두려움이 큰 학생들이 프로젝트 수업과 평가에서 자신감과 자존감이 무척 높아진 것을 볼 수 있는데, 이는 프로젝트 수업의 평가가 대부분 지식보다는 자신의 생각을 담은 탐구 과정의 평가이기 때문이다. 프로젝트 수업은 학생들이 자신의 세상과 만나고, 미래를 준비하도록 도와주는 수업이다. 따라서 미래를 준비하는 학교 교육에서 프로젝트 수업은 반드시 제공되어야 한다는 것을 다시 한번 생각해 본다.

제4장
프로젝트수업을 위한 모둠활동

01. 모둠학습 Log-In, 모둠 구성을 통한 살아 숨 쉬는 교실 만들기
02. 이기적인 '나'에서 이타적인 '우리'로 성장하는 모둠 활동
03. 모둠 활동 시 말하고, 듣고, 질문하기
04. 'NGT'와 '다중투표'로 모둠 이름 정하기
05. 학생들의 적극적인 학습 활동을 유도하는 피드백
06. '쌍비교 분석법'으로 모둠의 아이디어 평가하기

모둠학습 Log-In, 모둠 구성을 통한 살아 숨 쉬는 교실 만들기

대구 화원중학교 **이지영**

1. 왜 모둠 활동인가?

모둠 활동은 협력적 수업의 한 형태라 할 수 있다. 즉, 모둠이란 함께 문제를 파악하고 탐구하여 해답을 찾기 위한 모임이라 할 수 있다. 요즘 우리 교육 현장에서는 단지 개인의 우수한 결과물을 높이 평가하는 것에서 벗어나 여럿이 함께 문제를 해결하 는 과정이 더 가치 있는 것이라 여긴다. 왜냐하면 학생들이 활동 과정에서 결과물뿐만 아니라 자연스럽게 소통과 배려 등의 역량들을 기를 수 있다고 보기 때문이다. 때때로 4차산업혁명이란 말이 지겹게 느껴질 정도로 우리는 미래에 대한 불안도가 높고 준비에 대한 두려움을 가지고 있다. 무수한 기업들도 개인 책무와 함께 팀의 성과를 중시한다. 팀의 근간을 이루는 정서적인 역량들을 모둠 활동을 통해 기를 수 있다고 생각한다. 문제 상황에서 무엇이 중요하고, 무엇을 우선할 것이며 어떻게 해결해야 하는가에 대한 능력은 한꺼번에, 손쉽게 기르기 어렵다. 학교 현장의 지속적인 모둠 활동에 그 해결책이 있다.

2. 모둠의 구성

모둠 구성은 구성원의 수에 따라 3-5인 정도로 구성하는 것이 대부분이다. 모둠 활동은 공동의 책무와 함께 개인의 책임이 따르게 마련인데 너무 많은 인원을 구성한 경우 무임승차로 인한 무책임, 무력감을 만들 수 있기 때문에 유의해야 한다. 사실 5인 모둠만 되더라도 인원이 많다는 생각이 든다. 자리 배치, 역할 배분 등 교실 내 환경에 따라 어려움을 겪을 가능성이 높다. 모둠 내 개인의 역할이 공정하지 않다고 느낄 경우 다양한 문제가 발생할 수 있다. 무임승차로 인해 학생들이 편안함을 느낀다고 생각할 수 있겠지만 자신이 모둠에서 아무 역할도 하지 않을 경우 무력감, 죄책감, 소외감 등을 느낄 수 있다. 자신이 모둠의 리더 혹은 막중한 역할을 맡았다면 중압감과 손해 보는 느낌을 감추기 어려울 수 있으니 적절한 인원으로 모둠을 시작해야 한다. 학급 구성원의 수와 상황에 따라 모둠원의 수를 조정해야겠지만 지금까지 모둠 활동을 실행에 본 경험으로 볼 때 모둠 활동의 구성원 수는 4인 정도가 적절하다. 4인 구성은 수업 형태를 여러 가지로 변화를 줄 수 있는데 하브루타 등으로 짝 활동(2인 활동)을 먼저 실시한 후, 다시 4인 모둠으로 내용을 심화, 발전시킬 수 있기 때문이다.

여기서 잠깐!

무임승차 없앨 수 있나요?

1. 4인 이상의 모둠의 경우 역할을 구체적으로 줄 필요가 있다.
  그렇지 않은 경우 다른 사람의 생각에 무조건 동의하고 넘어가거나 책임감 없는 행동을 하는 경우가 발생할 가능성이 더 높아진다.(활동지 배부자, 토의 진행자, 발표자, 기록자 등 역할은 교사가 모둠 구성 시 필요에 따라 역할을 정하면 된다. 흔히 역할에 따라 이름을 정해 주는데 그런 방법도 학생들에게 자신의 임무를 명확히 인지할 수 있도록 할 수 있으므로 활용하면 좋다.)

2. 활동지를 모두에게 배부해야 한다.
  활동지 하나를 함께 해결하는 것도 좋겠지만 각자의 책무성을 높이기 위해 개별 활동지를 함께 의논하여 해답을 찾아가도록 지도한다. 자신이 받은 활동지는 자신에게 책임이 있음을 알고 모둠 활동에 소홀히 할 수 없도록 안내하는 것이 중요하다. '의논은 함께, 정리는 각자'하는 것에 익숙해지면 좀 더 모둠 활동에 열심히 참여할 수 있다.

3. '모였다 흩어지기, 흩어졌다 모이기'
  4절지 등 다양한 크기의 용지를 사용하여 모둠 활동을 하는 경우가 많은데 이런 경우 1-2명이 주도하여 간단히 모둠의 의견으로 큰 틀을 작성한 후 용지 자체를 분할하여 세밀하고 구체적으로 의견을 정리하도록 한다. 이후 뒷면 등을 이용하여 자신이 배운 것이나 소감 등을 작성할 수 있도록 한다면 모둠 활동에 모두 참여할 수 있는 기회를 제공할 수 있다.

4. 붙임쪽지(포스트잇 등)를 활용한다.
  이미 나누어져 있는 용지를 사용하여 다양한 의견을 한꺼번에 모으고 재분류하는 작업을 통해 모둠의 일원으로서 의견을 제시하는 것이 중요하다는 인식을 심어줄 수 있다. 붙임쪽지(포스트잇)는 크기와 종류도 다양하기 때문에 모둠 활동의 주제, 형태에 따라 다양하게 활용할 수 있다는 장점이 있다. 의견을 도출하고 분류하는 과정에서 떼었다 붙이는 과정이 쉽기 때문에 활용도가 높다.

무임승차 방지를 위한 모둠 활동 수업 사례

2-1. 소설을 영화로~! 영화 포스터 만들기 모둠 활동

본 활동은 소설의 인상적인 부분을 선택하여 영화 포스터로 창의적으로 바꾸어 표현하는 활동이다. 4절지를 제공하여 4명이 한꺼번에 활동하기가 어려운 점이 있다. 1-2명이 스케치 표현을 하고 나머지 학생들은 의견을 제시하며 대충 작성한다. 이후 용지를 분할하고 의견을 나누며 각자가 맡은 부분의 영화 포스터를 완성하였다. 개별 책무성이 있으므로 무임승차를 하기가 어려웠다.

2-2. 모둠 활동 시 의논 후 분할하여 활동을 실시하고 다시 붙여 하나로 완성함.

영화 포스터 뒷면을 활용하여 자신이 이 소설에 대해 분석한 내용, 활동을 통해 배운 점, 느낀 점 등을 총망라하여 작성하도록 하였다. 이후 하나로 다시 모아 발표하고 모둠 활동을 마무리하였다.

2-3. 붙임쪽지를 활용한 모둠 수업

본 활동은 소설을 읽고 중요한 내용을 연결하여 소설 전체 내용을 정리하는 모둠 활동으로 진행하였다. 소설을 읽고 모둠원들과 의견을 나눈 후 꼭 필요한 사건들을 골라내어 비주얼씽킹 플로우맵으로 정리하기 위해 붙임쪽지(포스트잇)를 사용하였다. 붙임쪽지에 자신의 이름을 표시하도록 하여 개인 책무성을 강조하고 더 많이 작성한 학생에게 보상할 수 있도록 하였다.

소설을 영화로~!
영화 포스터 만들기 모둠 활동

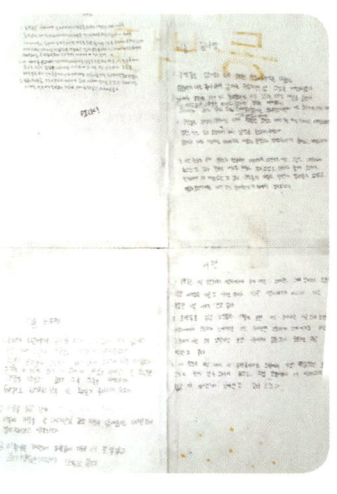

모둠 활동 시 의논 후 분할하여 활동을
실시하고 다시 붙여 하나로 완성

붙임쪽지를 활용한 모둠 수업

3. 모둠 구성 방법

모둠 구성 방법은 다양하다. 교사가 번호별, 성별, 주제별, 학습 수준별로 활동에 맞게 적절히 나눈 후 제시하는 방법이 일반적이다. 번호별로 뽑아 모둠을 구성할 경우는 무작위성이 강조된다. 하지만 그렇게 할 경우 활동에 따라 동질성이 강한 모둠이 나오는 등 부적절한 경우도 있으니 주의해야 한다. 남녀의 성비를 적절히 맞추고 싶다거나 학습 수준별로 고르게 학생이 분포하여 모둠 활동을 하고 싶다면 교사의 개입이 필요할 수밖에 없다.

하지만 교사가 꼭 모둠을 구성할 필요는 없다. 활동 초기에는 교사가 모둠을 구성해주는 것이 일반적이지만 모둠 활동에 익숙해졌다면 학생이 중심이 되어 원하는 그룹을 만들어 활동을 할 수 있다. 이런 경우 소외되는 학생이 발생할 수도 있기 때문에 모둠 구성 원칙, 모둠 활동의 의미 등 사전 교육이 더욱 요구된다.

여기서 잠깐!

모둠 구성 가이드

요즘은 무작위로 학생들을 뽑아 모둠을 구성하고 싶을 때 번호 뽑기 프로그램 등 손쉽게 활용 가능한 프로그램이 많이 있다. 이런 프로그램을 활용하기 어렵다면 같은 그림이나 소품을 활용하여 간단히 모둠 구성에 이용할 수 있다. 같은 그림이나 소품을 담아 두고 뽑아 같은 것을 가진 사람끼리 모둠을 만들도록 하는 것이다.

무작위로 모둠을 구성하는 것에 대해 우려하는 목소리도 많다. 프로젝트 수업의 경우 많은 활동이 모둠을 중심으로 이루어지는 경우가 많은데 학생들의 학습 수준이나 능력, 성비 등에 형평성이 있어야 하고, 그래야 모둠 내에서 역동이 잘 일어나는 것이 사실이기 때문이다. 이런 경우 교사와 학생이 함께 모둠을 구성하는 데 참여할 수 있다. 학생들에게 자신이 잘할 수 있는 역할, 하고 싶은 역할 등을 미리 적어 보도록 하고 교사가 수합하여 모둠을 구성해 주는 것이다.

미국의 한 고등학교의 경우 리더가 되고 싶은 학생들을 먼저 지원 받아 그들이 자신의 모둠원을 구성하는 것을 본 적이 있다. 이 방법 또한 교사와 학생이 함께 모둠 구성에 참여한 사례라 할 수 있을 것이다. 교사의 경험이나 학생 수준, 학습 환경, 수업 주제 및 난이도 등 다양한 상황 속에서 가장 적절한 모둠 구성 방법을 찾는 것이 중요하다.

4. 모둠 로그아웃-평가와 반성의 시간

　모둠은 활동 후 변화를 주어야 한다. 너무 짧은 기간이나 반대로 긴 기간 동안 운영한다면 수업 활동에 어려움을 줄 수 있다. 또 모둠이 구성되어 활동이 끝날 때 평가와 반성의 시간을 갖는 것이 중요하다. 요즘은 학생들이 자기성찰평가와 동료 평가(모둠 내, 모둠 간 동료 평가)에 어느 정도 익숙하기 때문에 모둠 활동이 마무리될 때에도 자신과 모둠원의 수업 활동 참여에 대한 정리를 할 수 있도록 한다. 이런 시간을 통해 다음 모둠 활동에서 더욱 의미 있는 참여와 활동을 기대할 수 있다.

이기적인 '나'에서 이타적인 '우리'로 성장하는 모둠 활동

경기 양오중학교 **유희선**

1. 모둠 활동은 반드시 필요한가?

프로젝트 수업이란 일정한 기간 동안 주제를 선정하여 집중적인 조사와 탐구과정을 통해 결과를 도출해내는 수업이다. 교사 주도의 수업보다 학생들의 참여와 협력을 끌어내어 다양한 사고력과 문제해결력 등을 동원해서 보다 완성도 높은 결과물을 만들어내려면 혼자보다는 다수의 협력이 필요하다. 그러므로 모둠 구성은 프로젝트 수업의 전제가 된다.

2. 모둠 구성 어떻게 하면 좋을까?

가. 첫 번째 모둠 구성

> 출석 번호순으로 남학생 2명과 여학생 2명씩을 묶어서 4인1조로 모둠을 구성한다. 한 학급이 32명이라면 8모둠이 만들어진다. 30명 정도일 때는 3명인 모둠을 2개 만들기보다 한 모둠을 모둠원이 5명인 모둠으로 만들어 7개 모둠을 편성하는 것이 역할 수행에 유리하다.

새 학기 오리엔테이션 시간은 교사에게나 학생들에게 1년간 수업에 필요한 중요한 정보를 나누는 시간이다. 교과 오리엔테이션 때 모둠 구성의 필요성과 원칙을 얘기해주면 좋다. 우선 4인 1조로 구성한다는 점, 그리고 가능한 한 남녀 성비를 맞춘다는 점을 이해시킨다. 학생들을 골고루 활동에 참여시키기 위해 모둠 구성원 각자의 역할을 제시해주고 모둠 토론을 거쳐 자신에게 가장 적합한 역할을 선택하도록 한다. 원활한 역할 배분을 위해 교사는 다음과 같은 안내를 해준다. 과정중심평가에서는 자기성찰평가와 함께 모둠에서 동료평가가 병행됨도 알려준다.

① 조장   리더십을 갖춘 사람이 맡는다. (조장은 발표하는 사람이 아니라 발표자 순서를 정해주는 사람, 모둠원 간에 갈등이 생겼을 때 중재를 잘 해줄 수 있는 사람, 평소 믿음이 가고 책임감이 있는 사람)

② 기록   글씨를 잘 쓰고 미적 감각이 있는 사람이 맡는다. (모둠 활동에서 자신의 의견은 각자의 포스트잇에 직접 써서 붙이기 때문에 기록을 맡은 사람은 전체 활동지에 모둠 이름이나 주제를 쓴다든지, 결과물의 레이아웃이나 색을 칠하고 꾸미는 역할)

③ 질서   조장보다 더 카리스마가 있고 모둠 활동의 규칙을 잘 지켜줄 수 있는 사람이 맡는다. (모둠 활동이 진행되다 보면 떠들거나 장난치는 사람이 생기기 마련인데, 그 때마다 조언해주고 그 모둠이 벌점을 받지 않도록 분위기 조정)

④ 봉사   모둠을 위해 봉사하기를 즐겨하는 사람이 맡는다. (나서기 싫어하는 성격이거나 내성적이고 조용한 학생이라 모둠 활동지나 도구 분배를 맡고 뒷정리도 도와주다 보니 개인적으로 칭찬스티커를 받을 기회가 많은 편임)

첫 번째 모둠은 새로 만난 지 얼마 되지 않아 구성하게 되므로 출석 번호 순으로 남학생 2명, 여학생 2명을 한 모둠으로 묶는다. 담임 선생님도 학기 초엔 출석부 번호대로 좌석을 배정했다가 어느 정도 학생 파악이 끝나면 자리를 바꿔주시기 때문에 첫 모둠은 앞으로의 모둠 활동을 연습하는 마음으로 편의상 그렇게 정한다고 하면 학생들이 크게 반발하지 않는다. 모둠 구성에 순순히 따라오는 타이밍일 수도 있다. 그렇게 구성된 첫 모둠에서 모둠 별명도 짓고, 모둠 규칙도 정하고, 모둠원 각자의 역할에 따른 각오도 다지는 시간을 갖는다. 교사는 모둠 활동이 잘 진행되도록 격려하는 차원에서 모둠 수행 평가표도 만들어 칠판에 붙이고 1차 모둠 활동이 끝나면 모둠 수행 평가에서 최고의 모둠에게 주는 상품도 소개하고 1학기에 두 차례 정도 모둠을 바꾼다.

나. 두 번째 모둠 구성

첫 번째 모둠 활동을 거치며 학생들은 역할 분담의 중요성을 인식한다. 자신이 어떤 역할을 맡는 게 좋을지, 어떤 역할을 잘하는지, 누가 리더십이 있는지, 누가 모둠 활동에 비협조적인지 알게 된다. 조장, 기록, 질서, 봉사 4개의 역할을 칠판에 제시하면 자기가 원하는 역할을 찾아 자기 이름을 써서 붙인다. 신기하게도 역할별로 거의 비슷하게 개수가 맞춰지고 성비를 고려해서 가위바위보로 모둠을 섞는다.

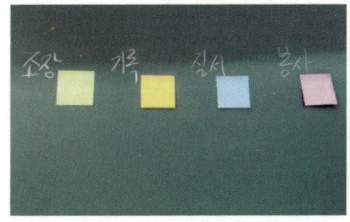  

첫 번째 모둠 활동의 성패가 구성원의 적극적인 역할 분담에 있음을 깨달은 학생들은 자신이 어떤 역할에 적합한지 어느 정도 파악하게 된다. 어떤 모둠장이 유능한 모둠장이었는지도 알게 되고, 발표는 누가 잘하는지도 알게 된다. 팀워크가 잘 맞는 모둠이 최고의 모둠이 된다는 사실과 모둠 상점이 중요하지만 결정적으로 모둠 벌점이 없어야 최고의 모둠에 선정된다는 것도 어렴풋이 느낀다. 따라서 4개의 역할(조장, 기록, 질서, 봉사)을 칠판에 적고 각자 자기가 맡고 싶은 역할을 포스트잇에 적게 한 후 칠판에 붙인다. 액션러닝 형태로 진행하며 역할별로 이름을 붙이면 신기하게도 역할별로 7~9개 정도의 이름이 붙여진다. 어떤 모둠이 4인 1조가 아니라 5인 1조가 되었다면 역할을 받지 못한 한 사람에게 '부조장'이라는 새로운 역할을 맡긴다. 남녀 성비를 균형 있게 조율하며 '가위 바위 보'로 모둠 순번을 정해서 골고루 섞어서 모둠을 구성하면 교사가 일방적으로 정해준 모둠이 아니고 합리적인 복불복이라 여겨 받아들인다.

두 번째 모둠 구성으로 만들어진 새로운 모둠이 낯가림을 떨치고 빨리 친해지게 하기 위해 첫 시간에 공동체 놀이를 한다. '난쟁이가 쏘아올린 작은 공'이라는 활동은 4명이 둘러서서 하나 둘 셋 하며 인형을 높이 던져 옆 사람이 받게끔 하는 놀이인데 호흡이 잘 맞고 옆 사람에 대해 배려를 잘 해줘야 연속 동작에 성공할 수 있다. 또 '보자기 배드민턴'이라는 활동은 보자기를 펼친 상태에서 배드민턴 셔틀콕을 높이 던져 연속 동작으로 몇 번을 튕기는지 겨루는 게임이라 모둠원의 협동심을 테스트해 볼 수 있는 활동이다. 두 가지 공동체 활동 모두 비교적 좁은 공간에서 모둠원의 협력을 바탕으로 다른 모둠과의 경쟁을 유발시키기 때문에 새로운 모둠원이 빨리 친해질 수 있는 효과가 있다.

◀ 난장이가 쏘아올린 작은 공 (공동체 놀이)

보자기 배드민턴 ▶
(공동체 놀이)

다. 세 번째 모둠 구성

여름방학을 마치고 나면 2학기 새로운 마음가짐으로 3번째 모둠 구성을 하게 된다. 이 때는 누구라도 모둠에서 모둠장이나 기록, 질서, 봉사 같은 역할을 해낼 수 있다는 전제로 여학생 2명과 남학생 2명씩 제비를 뽑게 한다. 정말 생뚱맞은 조합으로 호화 캐스팅이 되는 모둠이 있는가 하면 걱정이 앞서는 모둠도 있다. 하지만 두 번의 연습 효과가 작용하는 덕분에 모둠 규칙이 지켜지고 모둠원과의 평화적 관계가 유지되고 프로젝트 수업이 진행되며 과정중심평가가 이어지는 바람에 모둠 활동은 어느 정도 탄력이 붙게 된다.

2학기 프로젝트 수업에서는 스마트폰 검색 과정이 있기 때문에 공부 잘하는 친구가 없더라도 조사활동이 이루어지고, 발표 잘하는 친구가 없더라도 넷이서 분량을 나눠서 함께 나와 발표를 하기도 한다. 글씨를 잘 쓰거나 잘 꾸미는 학생이 없어도 PPT를 제작해서 프레젠테이션 하면 된다.

 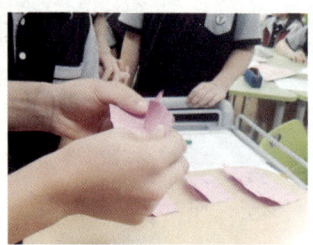 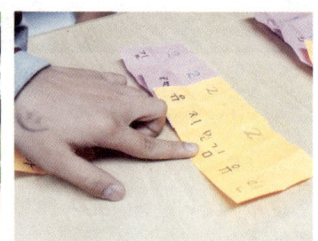

어떤 수업에서는 평소 앉아있는 상태에서 가까이 있는 책상을 붙여서 즉석에서 모둠을 만들고 가위바위보로 그날그날 1, 2, 3, 4번을 정한 뒤 선생님께서 각 모둠에 번호별로 역할을 정해주시기도 한다. 이렇게 학생들은 모둠 협력수업을 통해 혼자가 아닌 여러 사람과 더불어 생각을 나누고, 아이디어를 공유하고, 협력을 통해 더 좋은 결과물을 만들어내는 훈련 경험을 쌓게 된다. 진정한 학생 참여 중심 수업은 개별 활동과 협력 활동과 경쟁 활동을 고르게 체험하며 배움을 심화시키고, 확산시키고 궁극적으로 학생 스스로 배움을 자기 것으로 만드는 과정이라고 생각한다. 나만을 위한 이기적인 공부가 아니라 더불어 성장하는 이타적인 학습인 것이다.

라. 네 번째 모둠 구성

학생들은 대부분 선생님 구속이나 간섭 없이 자기 마음대로 앉고 싶어한다. 친한 짝, 마음에 맞는 모둠……. 하지만 현실적으로 인정되지 않는 부분이다. 노파심일 수도 있지만 친한 친구랑 앉아서 더 열심히 수업에 참여하기보다 몰래몰래 딴 짓하고 수업에 집중하지 않을까 선생님이 개입하기 마련이다. 그런데 맨 마지막 모둠 구성은 학생들에게 공을 넘겨보았다. 그동안 선생님이 몇 가지 제시했던 모둠 구성 방법에서 느껴지는 공통점은 모둠의 팀워크이다. 어떤 구성원이 모였든지 서로 존중하며 협력했을 때 상점도 많이 받고 결과물도 좋았다는 사실을 학생들이 체험했기 때문이다.

그래서 남학생은 남학생끼리 여학생은 여학생끼리 일단 마음에 맞는 짝끼리 손잡고 줄을 서게 했다. 두 명씩 손을 잡을 수 있으면 정말 다행이다. 한 명이 남게 되면 원하는 팀으로 찾아가게 했다. 원하는 팀에서 데려

갈 수도 있다. 그렇게 짝이 정해지면 우선 남학생들부터 모둠 테이블로 가서 앉게 했다. 좀 편향적일 수도 있지만 남학생들이 먼저 앉은 모둠을 여학생들이 찾아가서 앉게 했다. 물론 여학생들은 가위 바위 보로 팀 순서를 정해두었다. 두 명의 남학생이 앉은 모둠에 가위 바위 보에서 이긴 순서대로 여학생이 찾아가 앉다보니 짝은 마음에 드는데 모둠은 다소 마음에 안 들 수도 있지만 대체로 모둠 구성에 수긍하고 반발이 적었다. 학생들 마음속엔 '이 모둠이랑 어떻게 최고의 모둠 고지에 오를까' 그런 긍정적인 고민을 하고 있었다.

그리고 한 가지 더 교사가 코치한 점이 있다면 마지막 모둠을 구성할 때 '인성'이 보이는 모둠에게는 가산점을 주겠다고 했다. 소외되기 쉽고 왠지 친구들이 떠밀어내는 누군가를 따뜻하게 보듬어주는 모습이 보였으면 했다. 생각보다 힘든 그림일 거라 예상했지만 학생들은 센스있게 알아차리고 모둠 구성에 협조해주었다.

1년 동안 모둠 활동의 필요성과 의미를 함께 나누며 추구해왔던 어떤 배움의 모습을 학생들이 헤아려주는 마지막 모둠 구성에서 감동이 밀려오기도 했고, 울컥 눈물이 날 것도 같았다. 매번 불평불만이 많고 만족이 없던 모둠 구성... 하지만 무늬만 모둠이 아닌, 모래알처럼 뿔뿔이 흩어지지 않고 진정한 협력을 주고받는 모둠 활동은 미래사회에 꼭 필요한 핵심역량을 키워주는 활동이다. 그래서 힘들어도, 시도해보고 또 시도해보아야 할 우리 교사들의 과업이다. 어떤 수업에서 모둠 활동이 더 수월하게 효과적으로 의미를 찾을 수 있을지 계속 고민하고 연구해 볼 일이다.

모둠 활동 시
말하고, 듣고, 질문하기

C-프로젝트수업연구소 **우치갑**, 경기 관양고등학교 **고영애**, 대구 화원중학교 **이지영**
충남 청양중학교 **소은숙**, 경북 동산여자중학교 **장영희**, 경기 늘푸른중학교 **임성은**

    2015년 PISA에서 우리나라 학생들은 자신들이 다른 사람들과 소통을 잘하고 있다는데 높은 점수를 주었다(KICE 2018. 봄호 참고). 이는 우리 학생들이 협력 학습, 모둠 활동 등을 통해 다른 사람과 생각을 나눌 만한 준비가 되었음을 알려주는 하나의 긍정적인 신호탄이기도 하다. 하지만 현장에서 직접 수업을 진행하면서 아이들과의 모둠 수업이 원활하게 진행되고 있다는 느낌을 받기가 어려운 경우도 많았다.

    이것은 무엇을 의미하는가? 모둠 활동을 하고 있고, 수용할 자세는 되어 있으나 막상 활동에 들어갔을 때 학생들이 협력에 대한 기본 기술의 이해와 부족으로 인해 어려움을 겪고 있는 것이 아닐까? 결국 학생들이 좀 더 진지하고 적극적인 자세로 모둠 활동에 임하기 위해서는 '그냥 하면 되는 협력'이 아니라 협력에 대한 이해와 기술이 바탕이 된 '알고 하는 협력'이 되어야 한다. 즉, 모둠 활동이 보편화되고 의미 있는 활동이 되기 위해서는 보다 체계적이고 분석적인 모둠 활동이 이루어져야 하며, 이를 위해서는 모둠 협력기술이 필요하다는 것이다.

    '그냥 하면 되는 협력'이 아니라 '알고 있는 협력'이 되도록 학생들에게 모둠 활동의 모둠원 역할과 모둠 활동 시 활동 방법을 자세히 제시한다. 또한, 모든 학생들에게 모둠 협력기술과 관련된 「모둠 활동에서 말하고, 듣고, 질문하기」라는 학생 안내문을 1장씩 나누어 준다.

1. 모둠원 역할

가. 모둠장
토의·토론 진행, 모둠원들의 의견 조율 및 역할 분담을 조정한다.
1) 토의·토론 진행하기
2) 토의·토론 문제 명확히 하기 및 확인시키기
3) 모둠원들에게 공평한 의견 제시, 기회 주기, 발표시간 조정하기, 발표 독점 방지하기
4) 의견 조율 및 합의점 찾기

나. 기록자
토의·토론의 내용을 꼼꼼히 기록하여 모둠원과 공유한다.
1) 토의·토론의 내용을 경청하며 정리하기
2) 토의·토론 내용을 요약하여 모둠 활동지에 기록하기
3) 요약한 내용을 모둠원과 공유하며 피드백 받기

다. 모둠원
프로젝트 활동 과정에서 맡은 역할을 책임감 있게 수행해야 한다.
1) 자신의 주장을 적극적으로 발표하기
2) 객관적인 자료 제시나 구체적이고 다양한 사례를 들어 설득력 있게 발표하기
3) 자신의 의견이 중요한 만큼 다른 친구들의 의견도 존중하며 경청하기
4) 자신의 의견과 다른 의견에 대해 틀림이 아닌 다름으로 인정하기
5) 결정된 의견 수용하기

2. 모둠 활동방법

가. 의견 들을 때
모둠 활동에서 가장 중요한 것은 배려와 경청이다.
특히, 다음의 경청하는 방법을 통해 즐겁고 행복한 모둠 활동을 할 수 있다.
1) 주의 깊게 듣기
- 말하는 모둠원을 바라보면서 듣는다.
- 말하는 모둠원의 의견을 존중하면서 듣는다.

2) 내용 파악하며 듣기
- 의견을 잘 듣고 의도를 파악하며 듣는다.
- 자신의 의견과 비교하며 주의 깊게 듣는다.
- 의견 내용의 근거가 타당한지 생각하며 듣는다.

3) 반응하며 듣기
- 말하는 동안 모둠원의 말을 중단시키지 않고 듣는다.
- 리액션이 필요한 경우에는 지나치지 않게 반응을 보이며 듣는다.
- 궁금한 점이 있으면 모둠원의 말이 끝난 후에 질문하도록 한다.

4) 기록하며 듣기
- 질문할 내용을 기록하며 듣는다.
- 모둠원의 발표 내용을 종합하며 듣고 기록한다.

나. 의견을 말할 때

모둠 활동에서 일부 모둠원 중심이 아닌 모든 모둠원이 의견을 내는 것은 매우 중요하다. 특히, 의견을 내는데 소극적인 모둠원들에게도 자신의 의견을 낼 수 있도록 기회를 주고 배려하는 것이 필요하다. 다음의 내용으로 모든 모둠원이 자신의 의견을 낼 수 있도록 도움을 줄 수 있다.

1) 자신의 의견 명료하게 말하기
   - 간결하면서도 명료하게 말한다.
   - 비유를 적절하게 활용하여 핵심을 말한다.
   - 결론을 먼저 이야기하고, 설명을 덧붙여도 된다.

      예시   내 생각은 ○○○라고 생각해. 왜냐하면 ○○○○이기 때문이야.

2) 비슷한 의견을 가진 모둠원에게 내 의견 보태기
   - 같은 의견일 때 충분히 공감하는 의견 말하기

      예시   나도 ○○○의 의견과 같은 생각이야.

3) 정중하게 반대의견 말하기
   - 의견을 낸 모둠원을 존중한다.
   - 하지만 다른 의견이 있다고 말한다.

      예시   너의 생각이 옳을지도 몰라, 반면에 나는 ○○한 점도 있다고 생각해.
            미안하지만, 나는 ○○의 의견과 생각이 달라. 그 이유는 ○○○라고 생각하기 때문이야.
            ○○○는 ○○라고 말했는데, 나는 다른 의견이야. 그것은 ○○○라고 생각하기 때문이야.

4) 보충할 의견 제시하기
   - 좋은 의견이라고 말한다.
   - 하지만 보충하면 더 좋은 의견이 될 수 있을 것 같다고 말한다.

      예시   ○○라고 말했는데, 거기에 ○○○를 보충하면 더욱 좋을 것 같아.
            좋은 생각이야, 그런데 너는 ○○를 생각해본 적이 있니? 한번 생각해봐.

5) 원인에 대한 의견 제시하기
   - 원인에 대한 자신의 생각을 말한다.

      예시   나는 ○○의 까닭을 ○○○라고 생각해.
            나는 ○○이기 때문에 ○○○라고 생각해.

6) 역할 분담 시 의견 제시하기
- 역할 분담을 위해서 자신이 잘할 수 있는 역할을 돌아가며 말한다.
- 중복될 경우는 역할을 어떻게 할지 자신의 생각을 제시하게 한 후 결정한다.

  예시　나는 ○○을 했으면 해. ○○는 내가 가장 잘하는 것 중의 하나야.
  　　　이 부분을 할 사람이 없는데, 혹시 누가 맡아서 할 사람이 있을까?
  　　　내가 ○○를 할게, ○○○는 누가 해줄 수 있을까?

다. 질문할 때

모둠 활동에서는 상대방의 이야기에 깊은 관심과 의문을 가져야 하며, 이해하지 못한 경우나 생각이 다를 때 이를 알고자 하는 의지로 질문을 해야 한다.

질문은 프로젝트 과제를 해결하는 데 도움이 된다. 또한, 과제를 해결하는 과정에서 새롭게 문제를 발견하며 성장한다는 점에서 질문은 매우 중요하므로 어떤 질문에도 서로 받아들이는 허용적인 분위기가 중요하다. 더 좋은 질문을 주고받기 위해 다음의 질문들을 참고하여 보자.

1) 이해 못한 내용을 질문할 때

  예시　질문 있어. ○○○이라고 했는데 ○○○이 무엇이니?
  　　　○○은 왜 그러니? 좀 더 자세히 설명해 줄래?

2) 생각이 다를 때 하는 질문

  예시　질문 있어. 나는 ○○라고 생각하는데 ○○○라고 생각하는 이유를 설명해 줄래?

3) 거꾸로 뒤집어 보는 질문

  예시　지금 우리는 ○○로 문제를 해결하고 있는데, 반대로 생각해보면 어떨까?

4) 상상해 보는 질문

  예시　만약에 ○○이라고 가정한다면, ○○○라고 할 수 있지 않을까?

라. 모둠 활동을 평가할 때

- 모둠 활동의 모든 평가는 평가 기준에 따라 이루어져야 한다.

예시 오늘 모둠 활동에서 가장 열심히 참여한 사람은~라고 생각해. 왜냐하면~활동에서~활동했기 때문이야.
이번 시간에 우리 모둠의 활동은 어땠는지 얘기해 볼까?

마. 모둠 활동 시 유의사항

1) 모둠원 의견에 비난하지 않는다.

2) 순서를 지킨다.

3) 기다려 준다.

4) 대신 의견을 만들어 주지 않는다.

'NGT'와 '다중투표'로 모둠 이름 정하기

C-프로젝트 수업연구소 **우치갑**, 대구 화원중학교 **이지영**, 경기 민락중학교 **양혜인**
경기 신곡중학교 **진연자**, 경북 동산여자중학교 **장영희**

    모둠 협력 학습을 하기 위한 학생 활동 중 생략하거나 가볍게 넘어가지만 결코 가볍지 않은 과정은 무엇일까? 바로 모둠 이름 정하기이다. 모둠 이름 정하기는 모둠의 명칭을 정한다는 단순한 의미만 있는 것이 아니라 모둠원 간의 아이스브레이킹, 협력을 강화시키는 동기 및 촉매제 역할을 포함하기도 한다.

    어떻게 하면 모둠 이름을 특색 있고 다양하게 짓도록 할까? 어떤 교사나 한번쯤 해보았을 고민이다. 학생들에게 무조건 모둠 이름을 지으라고 하기보다는 'NGT와 다중투표'로 모둠 이름을 짓는 것도 학생들의 흥미를 유발하고 참여도를 높이는 데 도움이 된다.

1. 활동 준비물

모둠 활동지(B4용지), 포스트잇(다양한 색상), 작은 원형(별표) 스티커, 12색 사인펜, 풀, 테이프

2. NGT(Nominal Group Technique) : 명목집단법

학생들이 다른 사람과 이야기를 일체 하지 않고(침묵 속에서) 포스트잇에 '학습 주제'에 대한 자신의 생각을 정리하도록 일정 시간을 부여하는 방법이다. 학생들은 개인의 자유로운 아이디어 발상을 위해 모둠원과의 대화를 금지한다.

● Nominal: 명목상의, 이름뿐인   ● Technique: 기법

가. 선생님이 학습 주제가 무엇인지 명확하게 안내한다.

나. 학생들은 주제나 아이디어에 대한 자신의 의견이나 아이디어를 포스트잇에 적는다.
- 포스트잇에 한 가지의 의견이나 아이디어를 적는다.
- 볼펜 또는 컬러 사인펜으로 잘 보일 수 있도록 굵은 글씨로 또박또박 적는다.
- 모둠별, 주제별로 색의 구분이 필요할 때는 색깔을 정하여 나누어 준 포스트잇에 적는다.

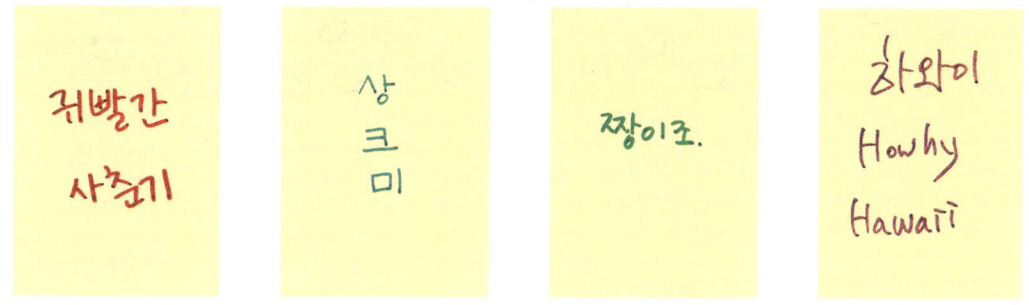

3. 다중 투표(Multi-Voting)

학생들이 도출한 아이디어에 대한 우선 순위를 선정하기 위하여 투표를 할 때 한 사람이 복수(1인 2표)의 투표권을 행사하는 것이다.

가. 학생들은 가장 좋은 해결 아이디어가 있는 포스트잇에 작은 원형(별표) 스티커를 1개로 투표한다.

나. 학생 1인당 투표할 수 원형(별표) 스티커는 2개이다.

다. 1개 포스트잇에 2개의 투표 스티커를 붙이는 것이 아니고, 다른 아이디어에 각각 1개씩 작은 원형(별표) 스티커를 사용하여 붙여서 투표한다. 단, 학생 자신의 것에는 붙이지 않는다.
- 포스트잇의 하단에 작은 원형(별표) 스티커를 붙여서 투표한다.
- 일반적으로 스티커를 많이 사용하지만 12색 사인펜으로 직접 별표를 그려 투표하기도 한다.

- 작은 원형(별표)스티커를 붙여서 투표하기

- 12색 사인펜으로 별표를 그려 투표하기

4. 모둠 이름 정하기 활동 절차

가. 1단계: NGT 활동

선생님은 'NGT'를 활용하여 학생들이 선택한 사인펜으로 자신이 생각한 모둠 이름을 포스트잇에 쓰도록 안내한다. 학생들은 자신이 생각한 모둠 이름을 포스트잇에 적는다.

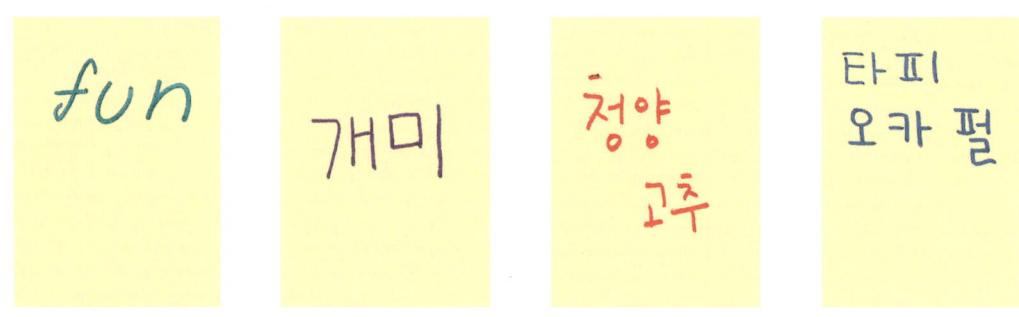

나. 2단계: 짝 활동

모둠원들이 짝 활동으로 자신이 생각한 모둠 이름을 짝에게 설명하고 궁금한 점을 묻고 대답한다. 짝 활동이 끝나면 학생들은 모둠 이름을 적은 포스트잇을 〈모둠 이름 정하기 활동지〉에 순서대로 붙인다.

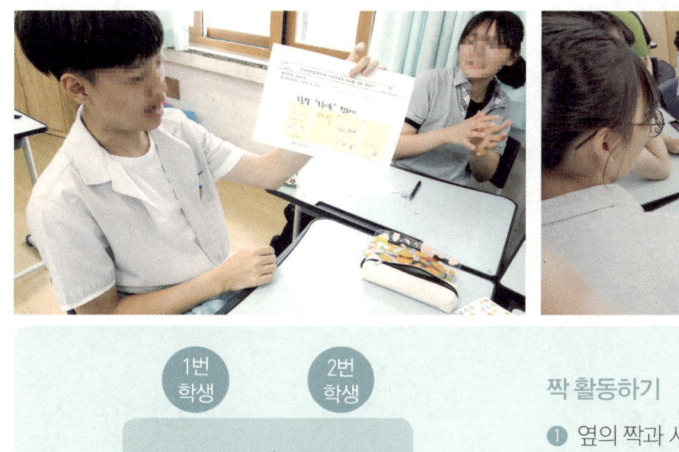

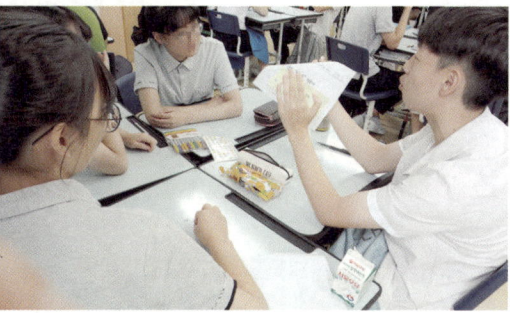

다. 3단계: 다중투표하기

① 모둠원들이 제시한 모둠 이름에 '다중투표'를 실시한다.
② 모둠원이 적은 모둠 이름 포스트잇의 하단에 '작은 원형(별표) 스티커'를 붙여서 투표하거나, 12색 사인펜으로 별표를 그려 투표를 실시한다.
③ 모둠의 투표가 끝나면 다른 모둠과 모둠 활동지를 바꾸어 교차 다중투표를 실시하며 투표 결과 같은 수의 표가 나오면 각 모둠에서 1위와 2위를 재투표하여 다시 선정한다.

- 작은 원형(별표) 스티커를 붙여서 투표하기

- 12색 사인펜으로 별표를 그려 투표하기

라. 4단계: 모둠 이름 선정

모둠에서 가장 많은 표를 받은 이름을 모둠 이름으로 선정한다. 모둠 이름 선정 후 모둠 활동지에 선정된 모둠 이름과 의미, 선정 이유를 자세히 적는다.

  4명의 모둠원이 각각 'fun', '개미', '청양고추', '타피 모카펄'이라는 모둠 이름을 제시하였다. 모둠원들은 설명을 듣고 자신이 제안한 모둠 이름을 제외한 2가지 제안에 둥근모양의 스티커로 다중투표를 실시하였다. 그 결과 '개미'가 가장 많은 선택을 받아 모둠 이름으로 결정되었다.

- 선정된 모둠 이름: 개미
- 이렇게 쓴 이유: 개미가 스스로 해내지 못하는 일을 협동심으로 해결할 수 있기 때문에

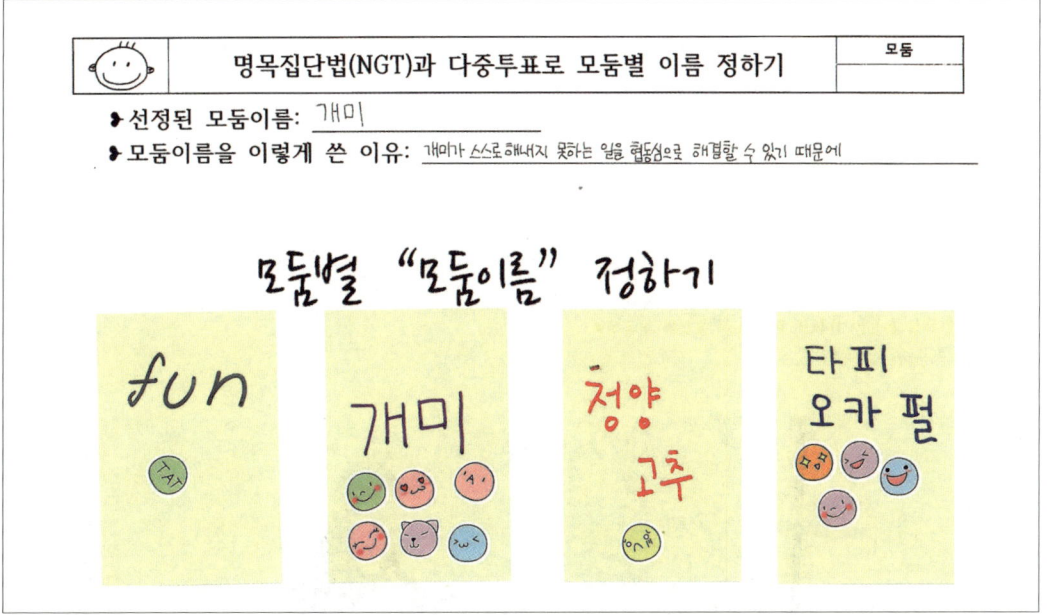

- 선정된 모둠 이름: 스폰지밥
- 이렇게 쓴 이유: 스폰지가 모든 생각을 받아들이듯이 모든 생각과 지식을 가져오라고!

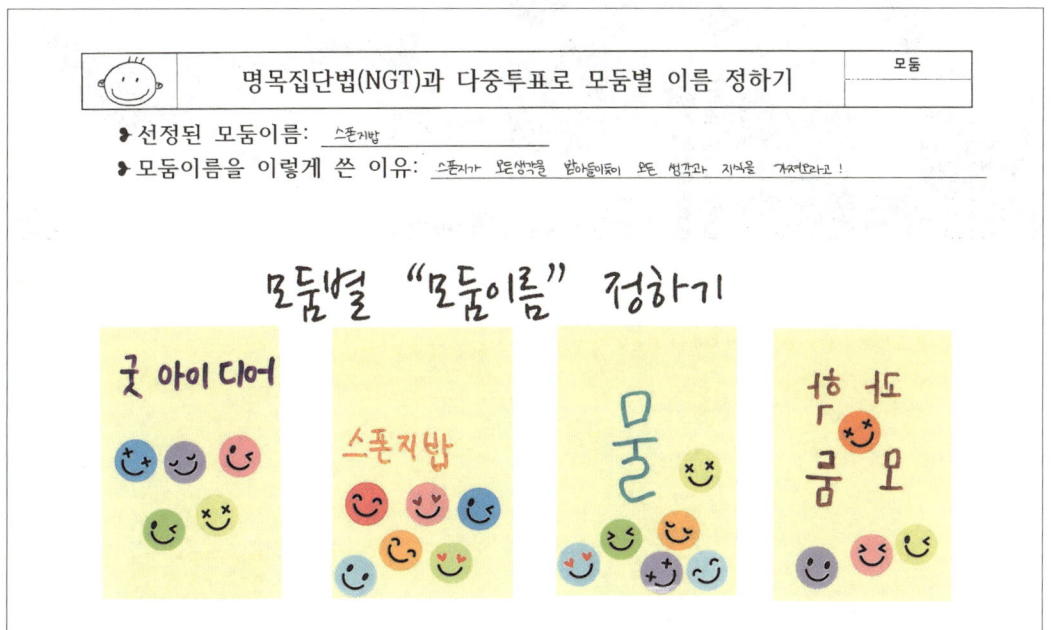

마. 5단계: 발표 및 공유

각 모둠에서 1명씩 나와서 선정된 모둠 이름과 모둠 이름의 의미를 발표하여 전체 학생들과 공유한다.

1) 선생님이 각 모둠에서 발표자를 1명씩 선정하도록 안내한다.
2) 모둠별 발표 전에 [발표 예시] 내용으로 발표하도록 칠판에 적어 학생들과 함께 큰소리로 읽고 연습을 한다.

● 발표 예시

> 저는 5모둠의 김수연입니다. 우리 모둠에서 투표로 선정된 모둠 이름을 말씀드리겠습니다.
> 선정된 모둠 이름은 '개미'입니다. 모둠 이름을 이렇게 쓴 이유는 개미가 스스로 해내지 못하는 일을 협동심으로 해결할 수 있기 때문입니다.

모둠

명목집단법(NGT)과 다중투표로 모둠별 이름 정하기

- 선정된 모둠 이름 :
- 모둠 이름을 이렇게 쓴 이유 :

모둠별 "모둠 이름" 정하기

모둠별 이름을 Post-it에 적어서 이곳에 붙이세요!

모둠원 ( )

학생들의 적극적인 학습 활동을 유도하는 피드백

C-프로젝트 수업연구소 **우치갑**, 대구 화원중학교 **이지영**, 경기 민락중학교 **양혜인**
경기 분당고등학교 **신윤기**, 경기 신곡중학교 **진연자**, 세종시 고은중학교 **이경숙**

1. 피드백

가. 피드백은 교수-학습 과정에서 학생들의 학습 과정과 결과에 대하여 다양한 의견(opinion), 조언(advice), 정보(information)를 제공하는 것이다.

나. 피드백은 최대한 신속하게 제공하고, 구체적으로 주는 것이 좋으며, 변화시키고자 하는 부분에 중점을 둔다.

다. 피드백은 항상 동기를 고려하여 적절하게 제공했을 때 학생들의 적극적인 학습 활동을 유도할 수 있다.

2. 피드백의 효과

가. 피드백을 통해 학생은 학습목표를 위해 자신의 수행 과정을 검토하고 방향을 설정하며 실행에 옮길 수 있다.

나. 학생에게 자신감 및 자기효능감을 키워줄 수 있는 피드백은 자기주도적 능력을 강화시키고 나아가 학습 발전에 도움을 줄 수 있다.

다. 수행 과정에 대한 피드백은 학생들이 학습목표를 명확하게 이해하고, 과제를 수행하는 데 도움을 줄 수 있다. 또한, 교사는 학습을 지원하고 학습 동기를 격려하는 방향으로 피드백을 제공하는 것이 좋다.

3. 피드백의 종류

교사는 모둠 활동 시 활동의 관찰(개별, 모둠)을 통해 학생들이 어떤 활동을 해야 하는지, 왜 해야 하는지, 어떤 도움이 되는지 피드백을 통해 안내해 줄 수 있다. 이러한 피드백은 학생들에게 관심을 유발할 수 있는 적절한 의견 제시(opinion), 조언하기(advice), 정보 제공(information) 등을 통해 이루어지는 것이 효과적이다. 구체적인 피드백을 통해 학생들 스스로 학습 활동에 더욱 흥미를 느끼고 몰입할 수 있도록 도와주는 것도 중요하다.

피드백, 이렇게 하세요~ 꿀팁!

교사는 피드백을 통해 학생에게 수정, 보완, 성장하는 기회를 줄 수 있다. 피드백의 종류에는 개별 피드백과 모둠 피드백이 있는데 말 그대로 개별 피드백은 개별 활동에, 모둠 피드백은 모둠 활동에 초점을 맞추어 학생의 활동 정도를 관찰하여 실시한다. 결국 피드백은 학생을 잘 관찰하는 데서 시작한다고 해도 과언이 아니다. 학생의 인지적, 정서적 상태를 모두 관찰해야 하며 이런 관찰을 통해 피드백을 주고받을 수 있다.

그런데 피드백 활동은 생각보다 쉽지 않다. 막상 수업 시간에 학생의 활동에 대한 피드백을 갑자기 주려면 말문이 막히는 것은 자연스러운 현상이다. 의미 있는 피드백을 하기 위해서 교사는 전체적인 수업 디자인을 잘 이해하고 정리한 후 예상할 수 있는 학생 활동에 대한 피드백을 미리 준비해야 한다. 즉, 좋은 피드백에는 교사의 많은 준비와 끊임없는 노력이 필요하다. 지속적인 관찰과 피드백 연습 후에야 우리 교사들은 좀 더 능숙하고 유창하게 혹은 즉각적으로 피드백 활동을 할 수 있다. 피드백을 또 하나의 과제라 여기지 말고 이 과정을 통해 새로운 학습의 장, 함께 성장하는 소통의 길에 이를 수 있다고 생각하자.

가. 의견 제시

학습 발전을 이끌 수 있는 학생의 학습 노력, 참여도, 효능감에 대한 피드백을 제공한다.
학생들의 자신감 및 자기효능감을 키워줄 수 있는 '학습 동기를 격려'하는 방향의 피드백을 제공한다.

- **피드백 예시**
① 영진이는 다른 친구가 의견을 제시할 때 특히 경청을 잘하고 있구나.
② 윤희는 지난 수업 내용에 대해 핵심 내용만 간추려 정리를 잘했네.
③ 인우는 배려심이 깊구나. 공감하는 태도와 눈빛이 감동이야!
④ 유빈이는 친구를 잘 도와주고 있구나. 역시 배려심이 깊어.
⑤ 순영이는 뒷사람도 잘 들리게 큰 목소리로 발표를 잘하는구나. 발음도 굉장히 정확해.

⑥ 태희는 질문의 요점을 잘 찾는구나.

⑦ 수경이는 목소리 크기가 적절하고 말을 또박또박하게 하는구나. 모두에게 잘 들렸을 거야. 명료하게 정리를 잘했어.

⑧ 유라는 친구에게 잘 설명해 주고 있구나. 역시 조리 있게 말하고 내용 파악을 잘했네.

⑨ 진영이는 전문가 그룹 활동을 열심히 하였구나. 설명이 쉬워서 친구들이 이해하기 쉬워졌어. 멋진 꼬마 선생님이네!

⑩ 정환이는 이번 학습 주제와 관련된 핵심 키워드를 잘 찾아내는 능력이 있구나. 대단한걸!

⑪ 산희는 동영상을 만드는 감각이 뛰어나구나. 감동이 느껴져.

⑫ 소영이는 꼼꼼하게 놓치는 것 없이 잘 파악해서 썼구나. 역시 믿고 맡길 수 있는 소영이!

⑬ 순영이는 내용 관련 질문을 8가지나 생각했구나. 지난 수업 때보다 적극적으로 참여하고 있어 보기 좋아.

⑭ 3모둠은 모둠 토의가 아주 활발하게 진행 중이네. 선생님이 도와줄 것은 없니?

⑮ 5모둠은 프로젝트 계획서에 역할 분담이 잘 되어 있네. 한 사람이 너무 많은 역할을 맡으면 곤란한데 적절하게 잘 나누었구나.

나. 조언하기

긍정적인 강화를 통해 어떤 부분이 잘 되었는지, 그리고 그 이유는 무엇인지를 강조하고, 향상이 필요한 부분에 대해서는 학생들이 '더 잘할 수 있게' 피드백을 제공한다.

● **피드백 예시**

① 민수는 설명 방법 중 정리할 세 가지를 결정했구나. 뜻만 풀이하지 말고 구체적인 예를 생각해보면 내용이 더 풍성해질 거야.

② 영준이는 오늘 배운 내용을 짝과 함께 질문하고 답해 보면 어떨까?

③ 여정이는 질문을 한 가지 썼구나. 많은 질문을 만들려면 생각나는 대로 바로바로 쓰면 좋을 것 같아. 어떠니?

④ 순영이는 의미 있는 아이디어를 냈구나! 조금 더 구체적인 사례를 이야기해주면 내용이 더욱 명확해질 거야!

⑤ 수찬이는 정리를 참 잘했네. 그 내용을 암기할 때는 손으로 글씨를 쓰면서 입으로는 말하며 외우기를 해 보면 어떨까?

⑥ 모둠 의견을 하나로 모으는 것이 쉽지 않지? 순영이와 영준이 둘의 의견이 상반되니 각자 아이디어에 대한 구체적 내용을 이야기해 보고 모둠원들과의 대화를 통해 아이디어를 결정해 보는 것도 좋겠구나!

⑦ 희수는 직유법을 잘 활용했구나. 다른 표현 방법들을 더 생각해보면 내용이 더욱 풍성해질 거야!

⑧ 정현아. 지금 화학식으로 맞게 표현했어. 이제 이것을 양이온과 음이온으로 이온화되는 과정까지 자세히 분류해서 나타내 보면 더 좋을 것 같은데 한번 해 볼래?

⑨ 유정이는 우리들의 일반적인 생각과는 다르게 아주 참신한 생각을 가지고 있구나. 우리가 배웠던 운동량의 내용을 조금만 끌어오면 더 좋은 생각이 나올 거야!

⑩ 순영이는 독특한 아이디어를 말했구나. 그 아이디어가 현실에 어떻게 연관되어 있는지를 이야기를 하면 친구들이 더 잘 이해할 수 있을 거야.

⑪ (모둠 전체에게) 얘들아! '양반전 프로젝트' 만평 만들기는 마지막 칸에서 모둠원들이 새로운 생각을 표현하는 것이 가장 중요하단다. 서로 돌아가면서 의견을 제시해 보는 것은 어떻겠니?

⑫ 민영이는 소설을 읽고 뒷이야기를 참신하게 만들었구나. 다른 모둠과 바꾸어 읽고 서로의 생각을 나누어 보면 원글에 대한 이해가 더 높아질 것 같구나.

⑬ 일본 음식의 소개를 영어로 논리적으로 잘 표현하고 있구나. 마지막 두 문장 사이에 적절한 연결사를 추가해 보면 어떨까? 그럼, 글의 흐름이 더 자연스러워질 것 같아. 예를 들면, However나 On the other hand를 넣을 수 있겠지?

⑭ 나영아. 참 좋은 의견을 내었구나. 그런데 말하고자 하는 부분이 불명확해서 듣는 사람이 혼동할 수 있을 것 같아. 말하고자 하는 요지를 분명하게 해보자. 알겠지?

⑮ 아현이는 8분음표 리듬을 많이 써서 활기찬 느낌을 표현했구나. 이번엔 다양한 리듬을 사용해서 다채로운 느낌이 드는 곡을 만들어 볼래?

다. 정보 제공하기
학생이 도달해야 할 목표와 실제 수행 수준을 비교하는 '구체적인 관련 정보'를 제공한다.

● 피드백 예시
① 미영아! 선생님이 나누어준 참고 자료를 자세히 읽어보면 오늘 학습 주제와 관련된 부분을 쉽게 찾을 수 있어.
② 순영이는 다양한 자료를 찾았네! 통계청 홈페이지에 들어가 최신의 통계 자료를 함께 제시하면 설득력이 있는 결과물을 만들 수 있을 거야.
③ 민영이는 활동지에 발해의 다양한 문화를 잘 정리하고 있구나. 교과서 135페이지를 참고하면 발해와 고구려 문화의 연관성도 알 수 있을 거야.
④ 선주는 ○○에 대한 질문을 다양하게 잘 만들었구나. △△사이트에서 ○○와 관련된 기사들을 검색해보면 더 많은 아이디어를 얻을 수 있을 거야!
⑤ 진영이가 제시한 의견을 뒷받침하는 자료가 도서관에 다양하게 있을 거야. 도서관에서 청소년 철학과 관련된 책을 찾아 참고해보면 어떨까?
⑥ 영준이는 지난 수업 활동에 대한 이해가 조금 부족한 것 같구나. 새로운 활동에 바로 들어가지 말고 교과서 88쪽을 5분 정도 다시 보고 내용을 정리하면 도움이 될 거야.
⑦ 현서는 '1분 말하기' 발표 준비를 정말 열심히 하는구나. 발표하기 전에 자신감을 가지고 끝에 있는 친구까지 편안하게 들을 수 있도록 적당한 목소리로 두세 번 정도 연습해보면 발표 시간에 긴장감이 좀 덜할 거야.
⑧ 진영아! 모둠 활동 후 평가가 쉽지는 않지? 제대로 모둠 활동 평가를 하기 위해서 선생님이 평가지에 제시한 채점 기준을 바탕으로 평가해 보렴.

⑨ 8모둠이 적은 내용을 보니까, 관련된 기사가 떠오르는 게 있어. 여기, 그 자료를 검색해서 태블릿 PC에 담았어. 이 내용도 읽어 보고 참고한다면 너희 모둠이 만든 내용이 더 풍성해질 것 같아.

⑩ 아현아! 제시 자료와 관련된 곳에는 ○○○가 있는데 추가하면 좋지 않을까? 스마트폰을 활용하여 네가 궁금한 점을 직접 찾아볼래? 잘 모르겠다면 선생님이 먼저 시범을 보여 줄게.

⑪ 7모둠은 모둠원들이 함께 문제 해결을 위해 노력을 했구나. 좀 더 구체적인 자료가 있으면 좋겠는데, 교과서 158쪽과 선생님이 나누어 준 자료 7쪽을 참고하면 좋겠어!

⑫ 세연아, 내용을 재미있게 구성을 잘 했구나. 그런데, 좀 더 다른 자료들을 참고하면 좋을 것 같아. △△ 사이트나 인터넷에서 '○○○'을 검색어로 검색해서 찾아보면 내용을 더 재미있고 풍성하게 해줄 수 있을 거야. 너만의 멋진 자료를 만들어 보렴!

'쌍비교 분석법'으로 모둠의 아이디어 평가하기

C-프로젝트 수업연구소 **우치갑**
경기 관양고등학교 **고영애**, 대구 화원중학교 **이지영**

1. 쌍비교 분석법

프로젝트 수업에서 학생들이 소주제를 직접 선정하는 일은 매우 중요하다. 학생들이 직접 문제 의식을 가지고 선정한 주제여야만 여러 차례에 걸친 프로젝트 수업에서 학생들의 자발적인 참여를 이끌어낼 수 있기 때문이다. 하지만 학생들에게 불친절하게 프로젝트 수업의 큰 주제만 제시하고 '이제 모둠별 소주제를 토의하여 정해보자.'라고 안내한다면 모둠별 소주제를 제대로 정할 수 있는 학생들이 과연 몇이나 될까? 아무도 선뜻 입을 떼지 못하는 상황에서 주장이 강한 학생이 제시한 의견을 마지못해 따르는 경우가 대부분일 것이다. 쌍비교 분석법을 활용하면 모둠의 소주제를 선정하는 데 유용하다.

- 쌍비교 분석법(Paired Comparision Analysis : PCA)은 아이디어(대안) 간의 비교를 통해 중요도에 따라 먼저 실천해야 하는 아이디어를 선정할 때 사용하는 기법이다.

- N개의 아이디어(대안)가 있으면 N(N-1)/2회 비교를 통해서 아이디어(대안)들 간의 우선순위를 결정하는 방법으로 두 개씩 비교하면서 단순히 선택만 하는 것이 아니라, 점수 즉, 가중치(0: 두 아이디어의 중요도에 차이가 없음, 1: 하나의 아이디어가 더 중요함, 2: 하나의 아이디어가 상당히 중요함)도 함께 기록해서 이 점수의 합계로 우선순위를 정하는 방법이다.

- 아이디어 평가(Idea Evaluation)란 모둠 활동에서 도출된 여러 아이디어의 우선순위를 평가기준에 따라 문제를 가장 잘 해결할 수 있는 최적의 아이디어를 선정하는 것을 의미한다.

2. 쌍비교 분석법 활동 절차

가. 비교표 만들기

1) 가장 왼쪽의 열과 가장 위쪽의 행에 비교 대상(아이디어와 대안) 기록한 분석할 비교표를 만든다. 그 표의 가로와 세로에 각각 평가 기준(아이디어)들을 기입한다.

2) 비교할 사항들은 10개 미만으로 제한하는 것이 효과적이다. 아이디어(대안)를 모두 진술하기 힘들면 간략하게 '중심어'나 'ABC', '가나다' 등등으로 표기한다.

	아이디어 A	아이디어 B	아이디어 C	아이디어 D	아이디어 E	점수
아이디어 A						A=
아이디어 B						B=
아이디어 C						C=
아이디어 D						D=
						E=

정책 선정을 위한 평가 기준 선정

	가 실천 가능성	나 윤리성	다 효율성	라 파급성	우리 모둠의 평가 우선순위
가 실천 가능성					1순위:
나 윤리성	두 기준의 차이가 없을 때 = 0				2순위:
다 효율성	한 기준이 더 좋을 때 = 1 한 기준이 매우 좋을 때 = 2				3순위:
총계	가	나	다	라	4순위:

나. 쌍(두 개씩) 비교하기

1) 각 아이디어(대안)의 각 쌍을 비교해서 선택된 아이디어(대안)를 빈칸에 기록한다. 'A' 와 'B' 의 아이디어을 비교했을 때 'B' 아이디어가 'A' 아이디어보다 중요하다고 생각되면 'B' 로 적는다. 'B' 아이디어가 'A' 아이디어보다 얼마나 중요한가를 생각해 보고 중요한 정도를 평정척도로 함께 표시한다.

2) 평정척도는 3단계로서 0='차이 없음', 1='더 중요함', 2='매우 중요함'을 나타낸다. 각 아이디어를 쌍으로 비교하여 'B' 아이디어가 'A' 아이디어보다 더 중요하다고 생각되면 'B1'로 적는다.

이와 같은 방법으로 가로와 세로에 있는 모든 쌍들을 비교한다. 비교 후에 오른쪽에는 중요함을 나타내는 숫자의 합계를 적는다.

	아이디어 A	아이디어 B	아이디어 C	아이디어 D	아이디어 E	점수
아이디어 A		A 2	C 2	A 2	E 1	A= 3
아이디어 B			B 1	0	E 2	B= 1
아이디어 C				C 1	C 1	C= 4 D= 0
아이디어 D					E 1	E= 4

정책 선정을 위한 평가 기준 선정

	가 실천 가능성	나 윤리성	다 효율성	라 파급성	우리 모둠의 평가 우선순위
가 실천 가능성		가 2	가 2	가 2	1순위: 가
나 윤리성	두 기준의 차이가 없을 때 = 0 한 기준이 더 좋을 때 = 1 한 기준이 매우 좋을 때 = 2		다 2	라 2	2순위: 다
다 효율성				다 2	3순위: 라 4순위: 나
총계	가 6	나 0	다 4	라 2	

다. 점수 구하기

각 아이디어별로 그 옆에 기록된 점수를 더해서 각 아이디어의 총점을 구한다. 정책 아이디어의 총점은 가(실천가능성) 6점, 나(윤리성) 0점, 다(효율성) 4점, 라(파급성) 2점이다. 그래서 아이디어별 점수가 가장 높은 〈실천 가능성〉이 우선 순위로 선정되었다.

라. 해석하기

각 아이디어의 총점을 가지고 가장 우선순위의 아이디어를 선정하고 상대적인 중요성을 해석한다. 총점이 많을수록 중요도가 높아지고 상대적으로 가장 많은 점수를 받은 항목이 최우선 순위가 된다. 동점이 나온 경우에는 다시 비교표를 보고 동점이 나온 두 아이디어를 비교한 점수를 확인하여 우선 순위를 정할 수 있다. 만약, 동점이 나온 두 아이디어의 비교표에도 '0' 즉, 두 아이디어의 중요도에 차이 없음이 나왔다면 모둠 토론을 통해 좀 더 깊이 생각하여 하나를 정할 수도 있다.

3. 쌍비교 분석법 활동 방법

쌍비교 분석법은 개별 활동, 모둠 활동에서 모두 사용할 수 있다. 모둠에서 사용할 때의 방법에는 두 가지가 있다.

1) 개별 활동의 쌍비교 분석한 결과를 모아서 모둠원들의 각 아이디어별 점수의 합계를 낸다.
아이디어별 점수의 합계가 가장 높은 아이디어가 우선순위로 선정된다.

2) 모둠 토론을 통해 함께 쌍비교 분석표를 작성하는 것이다.

모둠원이 돌아가며 두 대안을 비교하여 자신의 선택과 그 이유를 말한다. 모든 선택의 이유를 경청한 후, 좀 더 토론을 하기도 한다. 그 후 잠시 생각할 시간을 가지고 최종 자신의 선택을 거수로 표현한다. 거수의 수를 비교하여 비교표를 작성한다.

예를 들어 대안 A와 대안 B를 비교했을 때 A, B를 선택한 인원수가 동일할 때는 0, A를 선택한 인원수가 한 명이라도 더 많을 때 A1, B를 만장일치로 선택했을 때 B2로 적는다. 그러나 모둠에서 점수로 선정된 아이디어가 최선의 우선순위가 될 뿐이지 반드시 가장 중요한 아이디어라고 생각할 수는 없다. 최고 높은 점수를 준 아이디어와 가장 낮은 점수를 준 아이디어들에 대해서는 점수를 준 모둠원들의 의견을 들어 보는 것도 중요하다.

이러한 토의 과정은 모둠에서의 우선순위에 대한 이해도를 높이고 모둠원들이 서로 합의를 도출하는 데 도움이 된다.

쌍비교 분석법 예시자료

주제								
나는 카드뉴스 만드는 학생기자다!								
	대안 A	대안 B	대안 C	대안 D	대안 E	대안	프로젝트 명	총점
대안 A						A		
대안 B						B		
대안 C						C		
대안 D						D		
비고						E		

점수 부여 전 모둠 토론 방법	점수 부여 방법 (모둠원의 의견을 종합하여 점수 부여)	점수(가중치)
1. 두 가지 대안만을 비교하여 자신의 선택과 그 이유를 말한다. 2. 모둠원 전체가 돌아가며 이야기를 해야 한다. 3. 모둠원의 선택 이유를 모두 들은 후 거수로 최종 선택을 확인한다. 4. 점수(가중치)를 기록한다.	두 대안의 차이가 없을 때 (A, B 중 선택한 인원수가 동일할 때)	0
	하나의 대안이 더 좋을 때 (선택한 인원수가 한 명이라도 많을 때)	A1 또는 B1
	하나의 대안이 매우 좋을 때 (만장일치로 선택했을 때)	A2 또는 B2

4. 쌍비교 분석법 수업 사례

① **대상 학년**: 고등학교 1학년
② **프로젝트 주제**: 환경 문제 해결을 위한 정책 제안서 작성하기 프로젝트
③ **학습 목표**: 다양한 환경 문제 해결 방안을 조사·분석, 하나를 선정하여 프로젝트 계획서를 작성할 수 있다.
④ **해결 아이디어 생성하기**: 브레인 라이팅
- 교과서에 나온 정부, 시민단체, 기업, 개인이 어떤 노력을 해야 하는지 정리하기
- 자신이 조사하고 준비한 자료를 이용하여 구체적인 해결 방법 정리하기
- 20분 내로 활동지 제출하고 각자 휴대폰으로 자신이 적은 활동지 사진 찍기

* 출처 : 토의 토론 수업 방법 84(정문성 저), 토론이 수업이 되려면 (경기도 토론교육 연구회)

⑤ 아이디어 평가하기: 쌍비교 분석(PCA)
- 평가 기준 선정 : 실천 가능성, 윤리성, 경제성(비용 절감), 파급성

가. 쌍비교 분석(PCA)법으로 아이디어 평가하기:

탐구 주제	다양한 환경문제를 해결할 수 있는 정책 제안하기

나. 정책 선정을 위한 평가 기준 선정

	가 실천 가능성	나 윤리성	다 효율성	라 파급성	우리 모둠의 평가 우선순위
가 실천 가능성					1순위:
나 윤리성	두 기준의 차이가 없을 때 = 0 한 기준이 더 좋을 때 = 1 한 기준이 매우 좋을 때 = 2				2순위: 3순위:
다 효율성					4순위:
총계	가	나	다	라	

정책 선정을 위한 평가 기준 선정

	가 실천 가능성	나 윤리성	다 효율성	라 파급성	우리 모둠의 평가 우선순위
가 실천 가능성		가 2	가 2	가 2	1순위: 가
나 윤리성	두 기준의 차이가 없을 때 = 0 한 기준이 더 좋을 때 = 1 한 기준이 매우 좋을 때 = 2		다 2	라 2	2순위: 다 3순위: 라
다 효율성				다 2	4순위: 나
총계	가 6	나 0	다 4	라 2	

다. 우리 모둠의 평가: 우선 순위에 의한 해결방법 평가

① 좋은 대안 7-10개 선정　② 대안에 번호 매기기　③ 두 대안을 비교하며 점수

	A	B	C	D	E	F	G	H	I	J
A										
B										
C										
D										
E										
F										
G										
H										
I										
총계	A	B	C	D	E	F	G	H	I	J

A:
B:
C:
D:
E:
F:
G:
H:
I:
J:

우리 모둠에서 합의한 정책 제안을 위한 해결방법

우리 모둠의 평가: 우선 순위에 의한 해결방법 평가

① 좋은 대안 7-10개 선정   ② 대안에 번호 메기기   ③ 두 대안을 비교하며 점수

	A	B	C	D	E	F	G	H	I	J
A		B 1	C 1	A 1	A 2	F 2	G 1	A 1	I 2	A 2
B			B 1	0	E 2	F 2	G 2	B 2	I 2	B 2
C				G 2	E 2	F 2	C 2	C 2	I 2	C 1
D					E 2	F 1	G 1	D 1	I 2	E 1
E						E 2	E 2	E 1	I 2	E 1
F							F 2	F 1	I 2	F 2
G								G 1	I 2	G 1
H									I 2	J 2
I										I 2
총계	A 6	B 4	C 8	D 2	E 12	F 7	G 6	H 0	I 18	J 2

A: 외래어종 위원회 설치
B: 여러 행사를 통해 외래어종 유입에 대한 문제점 인식하기
C: 외래어종을 선택적으로 포획하거나 천적을 이용하여 외래어종 수 줄이기
D: 외래어종 억제 사업 실시
E: 외래어종 유입 금지 포스터 및 광고 제작
F: 함부로 양식하지 못하도록 감시기관 설립
G: 언론의 지속적인 외래어종 알림
H: 외래어종 제거 방법 연구에 비용을 투자하여 도움주기
I: 시민들과 외래어종 찾기 대회를 열어 일반인들의 인식 높이기
J: 외래어종 전문가를 고용하여 제거에 도움준기

우리 모둠에서 합의한 정책 제안을 위한 해결방법

시민들과 외래어종 찾기 대회를 열어 일반인들의 인식 높이기

제5장
프로젝트 수업의 과정중심평가

01. 과정중심평가의 의미와 특징
02. 교육과정 성취기준 이해하기
03. 프로젝트 수업 과정중심평가 채점 기준표 개발하기
04. 교과별 과정중심평가 채점 기준표
05. 프로젝트 수업 평가 계획 세우기
06. 프로젝트 수업 평가 요소와 채점 기준
07. 프로젝트 수업 평가 시 어려움과 해결책

과정중심평가의 의미와 특징

• • •

C-프로젝트 수업연구소 **우치갑**, 경기 관양고등학교 **고영애**
대구 화원중학교 **이지영**, 경기 민락중학교 **양혜인**

1. 2015 개정교육과정의 평가

2015 개정교육과정 총론에서는 학교 교육과정을 편성·운영할 때 평가에 대한 다음과 같은 내용을 지침으로 제시하고 있다.

가. 평가는 학생의 교육 목표 도달도를 확인하고 교수·학습의 질을 개선하는데에 주안점을 둔다.
1) 학교는 학생에게 평가 결과에 대한 적절한 정보 제공과 추수 지도를 통해 학생이 자신의 학습을 지속적으로 성찰하고 개선할 수 있도록 지도한다.
2) 학생 평가 결과를 활용하여 수업의 질을 지속적으로 개선한다.

나. 학교와 교사는 성취기준에 근거하여 학교에서 중요하게 지도한 내용과 기능을 평가하며 교수·학습과 평가 활동이 일관성 있게 이루어지도록 한다.
1) 학생에게 배울 기회를 주지 않은 내용과 기능은 평가하지 않도록 한다.
2) 학습의 결과뿐만 아니라 학습의 과정을 평가하여 모든 학생이 교육 목표에 성공적으로 도달할 수 있도록 한다.
3) 학교는 학생의 인지적 능력과 정의적 능력에 대한 평가가 균형 있게 이루어질 수 있도록 한다.

다. 학교는 교과의 성격과 특성에 적합한 평가 방법을 활용한다.
1) 서술형과 논술형 평가 및 수행평가의 비중을 확대한다.
2) 정의적, 기능적, 창의적인 면이 특히 중시되는 교과는 타당한 평정 기준과 척도에 따라 평가를 실시한다.
3) 실험·실습의 평가는 교과목의 성격을 고려하여 합리적인 세부 평가 기준을 마련하여 실시한다.
4) 창의적 체험활동은 내용과 특성을 고려하여 평가의 주안점을 학교에서 결정하여 평가한다.
5) 전문교과Ⅱ의 실무 과목은 성취 평가제와 연계하여 내용 요소를 구성하는 능력 단위·기준으로 평가할 수 있다.

*출처: 교육부(2015), 초중등 교육과정, 교육부 고시 제2015-74호 [별책 1], p.33

2. 과정중심평가

가. 교육과정 성취기준에 기반한 평가 계획에 따라 교수-학습 장면에서 학생들 간의 상호관계, 사고 및 행동의 변화를 평가하고 적절한 피드백을 제공함으로써, 학생의 학습을 극대화하는 교육과정, 교수-학습, 평가가 연계된 평가이다.

나. 학생이 배운 것을 평가하는 학습 결과에 대한 평가(assessment of learning)가 아니라 수업과 연계된 활동을 통해 학습을 위한 평가(assessment for learning)와 학습으로서의 평가(assessment as learning)로 학생들의 학습과정과 결과 모두를 중시하는 평가이다.

다. 학습의 전 과정에서 학생의 성장과 발달을 평가하며 학습의 결과만을 평가하는 것에서 벗어나 학생의 학습 해결과정에 중점을 두며 그 과정에서의 피드백을 중요하게 여긴다.

3. 과정중심평가의 특징

- 성취기준에 기반한 평가
- 수업 중에 이루어지는 평가
- 수행 과정에 대한 평가
- 피드백을 제공하는 평가

가. 학습 목표에 도달하기 위한 과정(학습의 과정, 성장의 과정)을 중시하는 평가이다.
나. 과정중심평가는 교육과정-수업-평가의 연계로 이루어지는 평가로 결과 중심 평가와 대비되는 개념이다.

4. 프로젝트 수업의 과정중심평가

가. 성취기준의 도달 여부를 타당하게 평가할 수 있는지, 창의력이나 문제 해결력 등과 같이 교과 역량에 포함된 고등 사고기능을 평가할 수 있는지를 고려하여 선택한다.
나. 학생의 성장과 변화를 잘 관찰하고, 평가의 신뢰도를 높일 수 있도록 프로젝트 수행 계획서 작성 단계에서부터 결과물 완성 단계에 이르는 전 과정을 평가한다.
다. 교사의 관찰 평가뿐만 아니라, 학생도 평가의 주체가 되어 자기성찰 평가, 동료 평가 등 다양한 방법으로 평가한다.

5. 프로젝트 수업의 과정중심평가 형태

프로젝트 수업의 평가는 특정한 연구 과제나 결과물 개발 과제 등을 수행하도록 한 다음, 프로젝트의 전 과정과 결과물을 종합적으로 평가하는 방법이다. 결과물과 함께 수행 계획서 작성 단계에서 결과물 완성 단계에 이르는 전 과정도 함께 중시하여 평가한다.

가. 자기성찰 평가

자신의 학습 과정이나 수행 수준을 스스로 관찰하여, 자신의 현재 수행 수준과 도달해야 하는 목표와의 차이를 확인하도록 하는 과정이다.

- 자신의 학습에 대해 스스로 되돌아보는 성찰평가
- 수업 활동에 대한 자신의 태도나 결과에 대한 성찰평가
- 학생들의 학습에 대한 참여와 책임감, 학습 동기 유발

1) 자기성찰평가 시기
수업 전, 수업 후 모두 적용 가능하다.

2) 자기성찰평가 영역
프로젝트 수행 과정에 대한 인지적 능력(지식)과 정의적 능력(기능)을 평가한다.

① 중학교 국어과의 1-2차시 자기성찰 평가

채점 기준	평가 척도		
	상	중	하
1. 소설을 읽고 핵심질문을 작성하기 위해 노력하였다.			
2. 모둠원들과 토의를 통해 모둠 과제를 마무리하였다.			
3. 모둠 질문 만들기 활동을 통해 의미 있는 토의가 이루어지도록 노력하였다.			
4. 하브루타(개별, 짝, 모둠) 활동을 통해 내용을 이해하기 위해 적극적으로 의견을 주고 받았다.			
수업 소감(서술)			

② 고등학교 통합사회과의 2차시 자기성찰 평가

채점 기준	평가 척도		
	상	중	하
나는 모둠 활동에서 모둠원의 의견을 경청하고 원활한 의사소통을 도왔다.			
나는 주제를 잘 이해하고 적합한 인권문제 양상을 모색하였다.			

나. 동료 평가

자신이 속한 모둠 내 평가와 다른 모둠의 활동을 평가하는 모둠 간 평가를 실시한다. 학생들은 상호 간의 모둠 활동의 상호작용(경청, 존중, 배려 등), 공동으로 산출한 결과에의 기여한 정도를 평가한다. 동료 평가 시 학생들이 객관적이고 공정한 평가를 할 수 있도록 세부 평가 항목을 수업 전에 자세히 안내해야 한다.

1) 모둠 내 동료 평가

자신이 속한 모둠에서 다른 학생의 인지적 능력, 정의적 능력, 교과역량 등의 학습 활동을 평가한다.

① 중학교 국어과의 8차시 모둠 내 동료 평가

채점 기준	평가 척도(상, 중, 하)		
	모둠원1	모둠원2	모둠원3
모둠원들의 의견을 귀담아 듣고 팀원을 도와주며 합의점을 이끌었다.			
모둠원의 의견을 경청하며 조율하고 받아들였고, 문제를 정확하게 파악하고, 문제를 해결하였다.			
(상)이 제일 많은 모둠원은 누구이며, 그런 결과가 나온 이유를 구체적으로 작성하시오.			

② 중학교 영어과의 1-3차시 모둠 내 동료 평가

채점 기준	평가 척도(A, B, C)		
	모둠원1	모둠원2	모둠원3
주제망 그리기, 쌍비교 분석법, 관련 어휘 검색 및 분류, 워드 클라우드 활동에 적극적으로 참여하였다.			
모둠원들의 의견을 주의 깊게 듣고 존중하였으며, 모둠원 간의 협동을 이끌어냈다.			

③ 고등학교 통합사회과의 1차시 모둠 내 동료 평가

채점 기준	평가 척도(A, B, C)		
	모둠원1	모둠원2	모둠원3
모둠 작업의 방향에 대하여 적극적으로 의견을 제시하거나/리더십을 발휘하거나/협력적인 분위기 조성에 주도적인 역할을 하였다.			

2) 모둠 간 동료 평가

모둠 활동 후 활동 결과물에 대한 평가로 발표나 갤러리워크를 통해 평가한다.

① 중학교 국어과 모둠 간 동료 평가(풍자뉴스 대본 제작 프로젝트 산출물)

채점 기준	평가 척도(상, 중, 하)					
	1모둠	2모둠	3모둠	4모둠	5모둠	6모둠
대본 속 각 코너의 내용을 체계적으로 구성하였으며 풍자적인 요소를 잘 살려 표현하였다.						
대본의 구성과 내용이 참신하며, 발표 내용 및 흐름이 자연스럽고 효과적으로 전달되었다.						
최종 우수 모둠과 선정 이유						

② 고등학교 통합사회과의 모둠 간 동료 평가(인권단체 메인 홈페이지 만들기 산출물)

평가 요소	채점 기준	평가 척도 (잘함: A, 보통: B, 부족함: C)							
		1모둠	2모둠	3모둠	4모둠	5모둠	6모둠	7모둠	8모둠
과제 수행의 적절성	가독성이 뛰어난 인권단체 메인 홈페이지를 완성하여 설득력 있게 발표하였고, 인권문제 해결을 위한 구체적이고 타당한 활동을 제시하였다.								
모둠 활동의 역할 수행	모둠 활동에 모둠원이 모두 적극적으로 참여했으며 모둠원 역할을 책임 있게 수행하였다.								
정보 활용 능력 문제해결력 및 의사 결정력	제안 방식이 타당하고 구체적이며 설득력이 있는 내용으로 구성되어 있다.								

다. 교사 평가(관찰 평가)

모둠별로 학생들이 하는 활동에 대한 전 과정을 관찰하고 이를 바탕으로 학생의 수업활동을 평가한다. 피드백을 위해 교사가 관찰한 내용을 적어 두어 필요시 해당 학생의 강점과 잠재역량을 확인할 수 있도록 한다.

① 중학교 영어과의 교사 평가(개인 평가)

채점 기준	평가 척도				
	5	4	3	2	1
개별 조사 자료와 영문 기사를 읽고 문제의 원인과 해결책을 파악하여 피쉬본을 완성하였다.					
피쉬본 활동으로 문제의 원인과 해결책을 도식화하여 정리하였으며 이를 비주얼 씽킹을 활용하여 적절히 시각화하였다.					

② 고등학교 통합사회과의 교사 평가(모둠 평가)

평가 요소	채점 기준	평가 척도(잘함 : A, 보통: B, 부족함: C)							
		1모둠	2모둠	3모둠	4모둠	5모둠	6모둠	7모둠	8모둠
과제 수행의 적절성	가독성이 뛰어난 인권단체 메인 홈페이지를 완성하여 설득력 있게 발표하였다. 인권문제 해결을 위한 구체적이고 타당한 활동을 제시하였다.								
모둠 활동의 역할수행	모둠 활동에 모둠원이 모두 적극적으로 참여했으며 모둠원 역할을 책임 있게 수행하였다.								
정보 활용 능력 문제해결력 및 의사 결정력	제안 방식이 타당하고 구체적이며 설득력이 있는 내용으로 구성되어 있다.								

📢 평가 Tips

- 평가의 채점 기준을 학생에게 수업 시작 전에 미리 자세하게 안내해야 한다.
- 평가 계획과 채점 기준은 평가를 실시하기 전 학생들에게 자세하게 안내하여 과정중심평가에 대한 공정함과 신뢰도를 바탕으로 학생 평가(자기성찰 평가 및 동료 평가)와 교사 평가가 이루어져야 한다.
- 수업 시작 전에 미리 안내한 채점 기준표를 통해 학생들은 프로젝트 수행 중에 스스로 학습을 점검하고 성취 수준을 파악할 수 있다.

교육과정 성취기준 이해하기

C-프로젝트 수업연구소 **우치갑**, 대구 화원중학교 **이지영**
충남 청양중학교 **소은숙**, 경기 민락중학교 **양혜인**, 경기 신곡중학교 **이영옥**

1. 성취기준

2015 개정 교육과정에서 성취기준은 학생들이 교과를 통해 배워야 할 내용과 이를 통해 수업 후 할 수 있거나 할 수 있기를 기대하는 능력을 결합하여 나타낸 수업 활동의 기준을 의미한다.

성취기준은 학생들이 학습하게 되는 교육 내용과 학습을 통해 학생들에게 기대하는 능력을 포함하고 있으므로 수업 활동의 기준으로 활용될 수 있을 뿐만 아니라 평가를 위한 준거로도 활용될 수 있다.

고등학교 통합사회과 성취기준 예시

[10통사05-01] 자본주의의 역사적 전개 과정과 그 특징을 조사하고 시장경제에서 합리적 선택의 의미와 그 한계를 파악한다.

> [참고]
> ❶ 준거: 수행평가에서 학습자가 과제를 성공적으로 수행하기 위해서 만족시켜야 할 조건들을 말한다. 예를 들면, 성공적인 높이뛰기는 막대를 떨어뜨리지 않고 막대를 넘는 것이다. 막대가 흔들려도 여전히 준거를 만족시킨다.
> ❷ 기준: 학습자의 수행이나 산출물을 평가함에 있어 '성공' 또는 '합격'으로 판정할 수 있는 잣대이다. 따라서 기준을 통과한다는 것은 과제 수행에 있어서 본보기가 될 만하거나 우수함을 뜻한다.
>
> * 참고 출처: 경기도교육청(2017). 2017년 중등평가지원단 협의회 자료 p.99

2. 성취기준 고유 코드

2015 개정 교육과정의 성취기준에 별도의 고유 코드가 부여되었다.

성취기준 고유 코드
- 학년군 1자리 + 교과목명 1자리 + 영역 + 영역 내 순서
- 코드명 [9국01-06]

[9국01-06] 청중의 관심과 요구를 고려하며 말한다.

최고 학년군	교과목	영역순서	영역 내 순서
9	국	01	06

* 국어과의 영역 : (01) 듣기. 말하기, (02) 읽기, (03) 쓰기, (04) 문법, (05) 문학

3. 성취기준 분석

가. 성취기준은 교수·학습과 평가의 실질적인 근거가 된다.
나. 프로젝트 수업의 평가계획은 반드시 교육과정 성취기준에 근거하여 수립되어야 한다.
다. 교육과정-교수·학습-평가가 일관성을 갖추려면 교육과정 성취기준에 기반을 두고 교수·학습 및 평가가 이루어져야 하므로 성취기준 분석이 과정중심평가의 중요한 첫 단계이다.
라. 성취기준에 근거한 타당한 평가를 하려면, 성취기준을 분석하여 이에 도달하기 위한 과정에서 필요한 능력을 평가 요소로 구체화하고, 정해진 성취기준과 평가 요소를 가장 적합하게 평가할 수 있도록 채점 기준을 설정한다.

중학교 국어과 성취기준 분석 예시

1) 듣기 말하기 영역 성취기준 분석

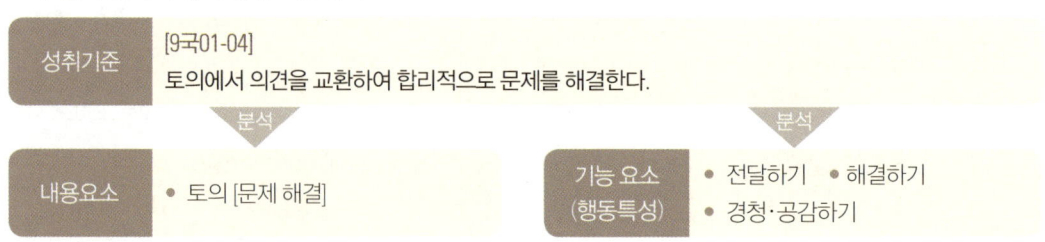

2) 읽기 영역 성취기준 분석

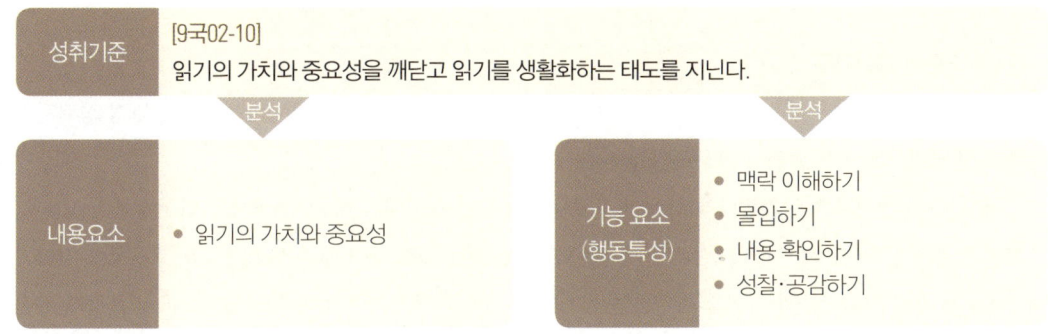

3) 문학 영역 성취기준 분석

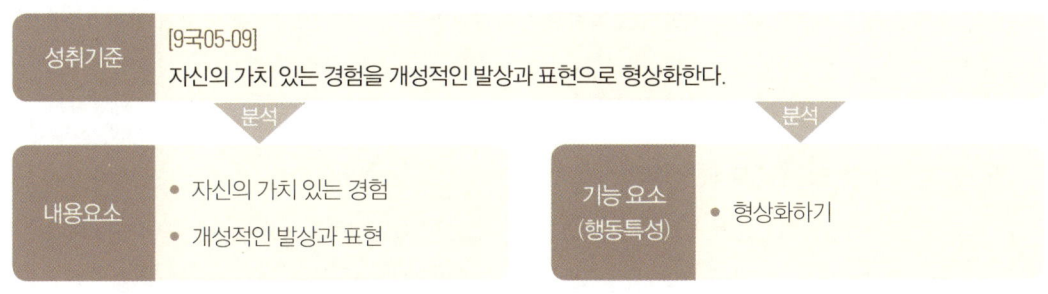

4. 성취기준의 활용

가. 성취기준은 구체적인 평가의 준거로 활용한다.

2015 개정교육과정에서는 교사들이 교과서만 가지고하는 강의·전달식 수업을 지양하고 학생들에게 보다 유의미한 학습경험을 제공하기 위한 학생 참여형 수업을 지향한다.

교과서를 중심으로 전개되는 강의·전달식 수업에서는 굳이 교육과정의 성취기준을 보지 않고 교과서만 가르쳐도 큰 문제가 되지 않았지만 2015 개정교육과정에서는 교과서 중심의 수업을 개선하고 교육과정의 성취기준을 중심으로 다양한 수업 전개를 도모하고자 한다.

나. 평가 준거 성취기준은 다양한 평가를 실시할 때 구체적인 평가의 준거로 활용할 수 있다

평가 준거 성취기준을 통해 교육과정의 성취기준을 보다 명료하게 이해하는 데 도움을 줄 수 있다. 또한 평가 준거 성취기준은 학교현장에서 학생들의 학업 성취도를 확인하기 위한 다양한 평가를 실시할 때 구체적인 평가의 준거로 활용할 수 있다.

5. 평가 준거 성취기준

가. 평가 준거 성취기준

학생들이 학습을 통해 성취해야 할 지식, 기능, 태도의 능력과 특성을 진술한 것으로, 교육과정 성취기준을 실제 평가의 상황에서 준거로 사용하기에 적합하도록 재구성한 것을 의미한다.

즉 평가 준거 성취기준은 학생의 입장에서 무엇을 공부하고 성취해야 하는지, 교사의 입장에서 무엇을 가르치고 평가해야 하는지에 대해 보다 명료한 안내를 제공하기 위해 교육과정 성취기준을 재구성한 것이기 때문에 교육과정 성취기준의 의도를 반영하는 동시에 교육과정 성취기준에 비해 구체적이고 명료하게 진술한다.

평가 준거 성취기준은 프로젝트 수업에서 이루어지는 다양한 평가의 준거로 활용할 수 있다. 수업을 통해 도달하고자 하는 평가 내용이나 평가 방법을 결정하는 실질적인 평가의 준거로써 평가 준거 성취기준을 활용할 수 있다.

> **평가 준거 성취기준(필요한 경우에만 적용)**
> - 학교에서의 구체적인 평가 상황을 고려하여 학생 입장에서는 무엇을 공부하고 성취해야 하는지, 교사 입장에서는 무엇을 가르치고 평가해야 하는지에 관한 보다 구체적인 안내를 제공하기 위해 필요한 경우에 한하여 교육과정 성취기준을 재구성하여 제시함.
> - 평가 활동에서 판단의 기준이 될 수 있도록 교육과정 성취기준을 재구성한 것.
> - 학생들이 학습을 통해 성취해야 할 지식, 기능, 태도의 능력과 특성을 진술한 것으로서 평가 활동의 근거로 활용될 수 있음.

* 출처: 2015 개정교육과정에 따른 평가 기준. 교육부

나. 프로젝트 수업 평가를 위한 평가 준거 성취기준 (중학교 과학 교과)

교육과정 성취기준			평가 기준
[9과03-03] 생물다양성 보전의 필요성을 이해하고, 생물 다양성 유지를 위한 활동 사례를 조사하여 발표할 수 있다. <탐구 활동> 생물다양성 보전을 위한 활동 방법 찾아보기	[평가 준거 성취기준 ①] 생물다양성 감소원인을 설명할 수 있으며, 생물다양성 보전의 필요성을 이해할 수 있다.	상	생물다양성 감소 원인을 설명할 수 있으며, 생물다양성이 중요함을 알고 보전의 필요성을 이해하고 있다.
		중	생물다양성 감소 원인을 알고 있으며, 생물다양성 보전의 필요성을 이해하고 있다.
		하	생물다양성 보전의 필요성을 이해하고 있다.
	[평가 준거 성취기준 ②] 생물다양성 유지를 위한 활동 사례를 조사하여 발표하고, 생물다양성 보전을 위한 활동 방법을 제안할 수 있다.	상	생물다양성 유지를 위한 활동을 조사하여 발표하고, 생물다양성 보전을 위한 활동 방법을 제안하는 프로젝트를 계획·수행·발표할 수 있다.
		중	생물다양성 유지를 위한 활동을 조사하여 발표하고, 생물다양성 보전을 위한 활동 방법을 제안할 수 있다.
		하	생물다양성 유지를 위한 활동을 조사하고, 생물다양성 보전을 위한 활동 방법을 제안할 수 있다.
평가 준거 설정	1. 생물다양성 유지를 위한 활동을 조사하여 발표할 수 있다. 2. 생물다양성 보전을 위한 활동 방법을 제안하는 프로젝트를 계획할 수 있다. 3. 생물다양성 보전을 위한 활동 방법을 제안하는 프로젝트를 수행할 수 있다. 4. 생물다양성 보전을 위한 활동 방법을 제안하는 프로젝트를 발표할 수 있다.		

다. 평가 준거 성취기준의 활용

① 교과 수업의 방향 설정, 수업 계획 및 전개에 활용

어떤 부분을 통합하고, 순서를 조정하고, 늘리고 하는 등의 재구성이나 어떤 내용을 관련 교과와 연계하여 융합 수업을 전개할 것인지 등에 대한 의사결정은 교육과정 성취기준에 근거해야 한다.

② 구체적인 평가의 준거로 활용

교과 교육과정 성취기준 중에는 매우 압축적으로 제시되어 있거나 하나의 성취기준 안에 복수의 학습 내용이나 기대 수행능력이 들어 있는 경우가 있다. 이러한 성취기준을 활용하여 수업의 전개 방향을 설정하거나 내용을 구성할 때 다소의 어려움이 있을 수 있기 때문에, 이 경우 교육과정 성취기준을 좀 더 세분화하거나 명료화한 평가 준거 성취기준을 함께 활용하는 것이 필요하다. 교사들은 해당 교과 교육과정 성취기준이 반영되는 수업을 계획하고 전개해야 한다. 이때 평가 준거 성취기준을 통해 교육과정 성취기준을 보다 명료하게 이해하는 데 도움을 줄 수 있다. 또한 평가 준거 성취기준은 학교 현장에서 학생들의 학업 성취도를 확인하기 위한 다양한 평가를 실시할 때 구체적인 평가의 준거로 활용할 수 있다.

6. 평가 기준

평가 기준이란 평가 활동에서 학생이 어느 정도의 수준에 도달했는지를 판단하기 위해 실질적인 기준 역할을 할 수 있도록 교육과정 성취기준 또는 평가 준거 성취기준에 도달한 정도를 상/중/하로 구분하고 도달 정도에 속한 학생들이 무엇을 알고 있고, 할 수 있는지를 기술한 것이다.

가. 성취기준에 대한 학생의 도달 정도 판단에 활용

평가 기준은 교육과정 성취기준에서 기대하는 지식, 기능, 태도를 학생이 어느 정도로 성취하였는가를 판별하는 데 활용할 수 있다. 평가 기준은 성취기준의 도달 정도를 질적으로 구분하여 제시하고 있어서 학생이 성취한 것이 무엇인지뿐만 아니라 학습상의 부족한 부분에 대한 정보도 제공한다. 따라서 해당 성취기준을 학습하는 것과 관련하여 학생에게 피드백을 제공하는 데 유용하게 활용될 수 있고, 이와 더불어 수업 계획을 세우는 데 활용할 수 있다.

중학교 도덕 교과 교육과정 성취기준

교육과정 성취기준		평가 기준
[9도01-04] 본래적 가치에 근거한 삶의 목적 추구가 도덕적으로 정당화될 수 있음을 도덕 공부를 통해 이해하고, 자신의 삶이 목적을 도덕적 이야기로 구성할 수 있다.	상	본래적 가치에 근거한 삶의 목적 추구가 도덕적으로 정당화될 수 있음을 도덕 공부를 통해 설명할 수 있고, 자신의 삶을 돌아보며 삶의 목적에 관해 이야기할 수 있다.
	중	본래적 가치에 근거한 삶의 목적 추구가 도덕적으로 정당화될 수 있음을 도덕 공부를 통해 파악할 수 있고, 자신이 경험한 사례를 들어 삶의 목적에 관해 이야기할 수 있다.
	하	본래적 가치에 근거한 삶의 목적 추구가 도덕적으로 정당화될 수 있음을 도덕 공부를 통해 생각해 볼 수 있고, 삶의 목적에 관해 이야기해 볼 수 있다.
[9도01-05] 행복한 삶을 위해 좋은 습관과 건강의 필요성을 설명하고, 정서적 건강과 사회적 건강을 가꾸기 위한 방안을 제시하고 실천 의지를 함양할 수 있다.	상	행복한 삶을 위한 좋은 습관과 건강의 관계를 설명하고, 정서적 건강과 사회적 건강을 가꾸기 위한 구체적 방법을 제시하고 적극적으로 실천한다.
	중	행복한 삶을 위한 좋은 습관과 건강의 관계를 파악하고, 정서적 건강과 사회적 건강을 가꾸기 위한 방법을 제시하고 실천한다.
	하	행복한 삶을 위한 좋은 습관과 건강의 관계를 생각해 보고, 정서적 건강과 사회적 건강을 가꾸기 위한 방법을 제시하고 실천을 다짐한다.

나. 평가 문항 제작 및 채점 기준 설정의 근거로 활용

평가 기준은 교육과정에서 제시한 학습 내용을 학생이 지식, 기능, 태도 등의 측면에서 어느 정도 성취했는지에 대해 기술하고 있기 때문에 평가 문항을 만들고 그에 따른 채점 기준을 수립하는 근거로 활용될 수 있다. 특히 평가 기준에서 상/중/하의 단계를 나누어 학생의 수행 정도를 질적으로 차별화하여 진술한 것은 수행평가와 같은 질적 평가 문항을 제작하는 데 유용한 근거가 될 수 있다.

다음은 평가 기준이 평가 문항 제작 및 채점 기준 설정의 근거로 활용된 〈중학교 영어과 예시〉이다.

교육과정 성취기준		평가 기준
[9영04-03] 일상생활에 관한 그림, 사진, 또는 도표 등을 설명하는 문장을 쓸 수 있다.	상	일상생활에 관한 그림, 사진, 또는 도표 등을 설명하는 문장을 다양하고 적절한 어휘와 정확한 언어 형식을 활용하여 세부 내용이 자세하게 드러나도록 쓸 수 있다.
	중	일상생활에 관한 그림, 사진, 또는 도표 등을 설명하는 문장을 적절한 어휘와 언어 형식을 활용하여 세부 내용이 대략적으로 드러나도록 쓸 수 있다.
	하	일상생활에 관한 그림, 사진, 또는 도표 등을 설명하는 문장을 주어진 어휘와 예시문을 참고하여 세부 내용이 부분적으로 드러나도록 쓸 수 있다.

▼

평가 요소	배점	채점 기준
워드 클라우드 (관련 교과역량: 공동체 역량, 지식정보처리 역량, 자기관리 역량)	3	모둠별로 선정한 환경문제나 사회문제와 내용상 관련된 단어를 25개 이상 찾아 영어 단어로 정확하게 번역하였고, 이를 활용한 워드 클라우드를 제작에 적극적으로 참여하였다.
	2	모둠별로 선정한 환경문제나 사회문제와 내용상 관련된 단어를 16~24개를 찾아 영어 단어로 적절히 번역하였고, 이를 활용한 워드 클라우드를 제작에 참여하였다.
	1	모둠별로 선정한 환경문제나 사회문제와 내용상 관련된 단어를 15개 이하를 찾아 영어 단어로 번역하였고, 이를 활용한 워드 클라우드 제작에 부분적으로 참여하였다.

프로젝트 수업 과정중심평가 채점 기준표 개발하기

C-프로젝트 수업연구소 **우치갑**,
충남 청양중학교 **소은숙**, 경기 신곡중학교 **이영옥**

1. 프로젝트 수업의 평가

프로젝트 수업의 평가는 특정한 내용을 탐구하는 과제나 산출물을 만드는 과제 등을 수행하도록 하고, 전 과정과 결과물을 종합적으로 평가하는 방법이다. 즉, 프로젝트 수행 계획서 작성에서부터 수행, 그리고 결과물 발표까지 학습의 전체 과정을 중시하여 평가하는 방법이다.

따라서 프로젝트 수업의 평가는 과정중심평가로 이루어지며 다음과 같은 특징이 있다.

- 프로젝트 계획, 수행, 발표 등 학습의 전 과정을 평가한다.
- 인지적 능력, 정의적 능력, 교과 역량 등 다양한 역량에 대해 평가한다.
- 자기성찰평가, 동료 평가, 교사 평가 등 다양한 평가 주체가 평가에 참여할 수 있다.

2. 채점 기준표

프로젝트 수업 평가의 채점 기준표는 프로젝트 수행을 통해 학생이 성취하기를 기대하는 지식과 기능을 구체적으로 작성하여 채점에 활용하는 것으로서, 학생들은 채점 기준표를 보고 평가에 대한 정보를 얻어서 자신의 수행 과정과 결과가 어떻게 평가되는지를 이해할 수 있게 된다. 뿐만 아니라 교사는 채점 기준표를 이용하여 학생에게 즉시 피드백을 제공할 수 있으며, 자신의 수업을 개선할 수도 있다.

> **채점 기준의 의미**
>
> ① 채점 기준은 서·논술형 평가 및 수행평가의 대상이 되는 수행 과정이나 산출물의 질을 구별하기 위한 일련의 지침임
> ② 채점의 신뢰도 확보를 위해서는 채점 기준이 필요함
> ③ 교수·학습 과정에서 나타나는 학생의 학습 및 수행 과정과 결과를 평가와 채점의 대상으로 함
> ④ 채점 기준에 반영하여야 할 요소
> - 과정중심평가 과제 수행의 판단 준거인 구체적인 평가 요소
> - 성취수준의 준거를 평정하기 위한 평가 요소별 척도
> - 평가 요소에 근거하여 학생의 수행 수준을 구별할 수 있는 세부적인 내용(기준)

* 출처: 교육부(2016)

가. 채점 기준표 작성 전에 알아두어야 할 일

1) 과정중심평가의 절차는 학년 또는 학기 단위 평가 구상 ▶ 성취기준 분석 ▶ 교수·학습 및 평가 계획 수립 ▶ 수업과 연계된 평가 도구 개발 ▶ 평가 도구에 따른 채점 기준표 작성 ▶ 피드백 및 세부능력 및 특기사항 기록으로 볼 수 있다. 특히 평가 도구에 따른 채점 기준표 작성을 위해 필요하다면 평가 활동에서 판단의 기준이 될 수 있도록 교육과정 성취기준을 분석하여 평가 준거 성취기준과 그에 따른 평가기준 상/중/하를 개발하여 적용할 수 있다.
2) 평가 준거 성취기준에 따른 평가기준 상/중/하를 참고하여 채점 기준표를 개발하고, 지식뿐만 아니라 태도나 가치 등 정의적 요소도 포함하여 개발할 수 있어야 한다.
3) 채점 기준표에는 평가 유형에 적절한 평가 요소, 배점, 채점 기준 등이 제시되도록 한다.
  채점 기준표는 수업 시작 전에 미리 학생들에게 안내해야 하고 목표 지향적인 활동이 될 수 있도록 교과협의회나 학습공동체를 통하여 정교화·구체화할 필요가 있다.

나. 채점 기준표의 구성 요소

채점 기준표는 학생들이 학습 활동을 통해 무엇을 성취해야 하는지 명확한 기준을 세부적으로 제시하여 평가의 준거로 활용해야 하며 학습 결과의 질적인 특징을 서술식으로 설명해 놓은 것이다. 이때 학습 결과의 질적인 특성 단계는 상-중-하, 잘함-보통-미흡의 3단 척도 혹은 5-4-3-2-1과 같은 5단 척도 등 다양하게 적용할 수 있다. 채점 기준표에 기본적으로 포함되어야 할 요소는 수행 과제나 학습 활동과 관련된 중요한 영역이나 특성, 각 영역을 평정하는 수치나 척도, 수준에 대한 구체적인 지표 등이며 평가 요소, 평가 척도, 채점 기준으로 구성된다.

구성 요소	내용
평가 요소	• 학생들의 학업 성취 정도를 확인하기 위한 기준이 되는 요소이다. • 각 교과의 교육 내용, 성취기준의 지식과 기능의 학습 요소이다. • 학생들이 교과를 통해 배워야 할 내용과 학생들이 무엇을 알고 있고, 할 수 있는 가에 대한 기준이 되는 요소이다.(교과 역량)
평가 척도	• 주어진 과제가 얼마나 잘 수행 되었는가 나타내는 것이다. • 평가기준에 대한 질적 수준을 나타낸 것으로 평가 내용에 점수(3-2-1)로 부여하는 방법과 평어(잘함-보통-미흡/상-중-하)로 표현하는 방법이 있다.
채점 기준	• 수행 과제의 평가 세부 항목을 명확하게 나타내는 것이다. • 학습의 성취기준에 도달한 정도를 단계별(예: 잘함-보통-미흡)로 구분하여 학생들 이 알고 있고 할 수 있는지를 기술한다.

다. 채점 기준의 방법

1) 총체적 채점 기준표

총체적 채점 기준표는 수행의 차원을 분리하지 않고 수행의 종합적인 관점에서 채점하는 방법이다. 총체적 채점 기준표의 장점은 채점자의 노력과 시간을 적게 들여 평가할 수 있으나, 학생들의 수행 수준의 장단점에 대한 세부적인 피드백을 제공하지 못하는 한계가 있다. 개방적 질문이나 보고서 평가에 적절하다.

단계	평가 요소	평가 척도	채점 기준	비고
프로젝트 계획	주제 선정, 계획의 타당도 역할 분담	잘함	3가지 평가 요소가 모두 충족하였다.	매우 잘함: 7점 잘함: 5점 보통: 3점 미흡: 1점
		보통	3가지 평가 요소 중 2가지만 충족하였다.	
		미흡	평가 요소 중 1가지 이하로 충족하였다.	
프로젝트 수행	조사 내용의 타당성 조사 내용의 분석 및 정리	잘함	2가지 평가 요소를 충족하였다.	
		보통	1가지 평가 요소를 충족하였다.	
		미흡	평가 요소가 모두 미흡하였다.	
프로젝트 발표	제안 내용의 완성도 제안 내용의 창의성 발표 태도 과학적 문제해결력	매우 잘함	4가지 평가 요소가 모두 충족하였다.	
		잘함	4가지 평가 요소 중 3가지만 충족하였다.	
		보통	4가지 평가 요소 중 2가지만 충족하였다.	
		미흡	평가 요소 중 1가지 이하로 충족하였다.	

2) 분석적 채점 기준표

분석적 채점 기준표는 수행의 준거와 차원을 다양하게 분리하여 평가하는 방식으로 시간이 많이 걸리는 단점이 있다. 하지만 각 준거와 차원에 따라 점수나 등급이 부여되기 때문에 학생들은 자신이 어떤 부분에서 잘하였고, 어떤 부분에서 잘못하였는지를 알 수 있는 장점이 있다. 또한 교사의 개별 피드백을 제공하기에도 좋다.

단계	평가 요소	평가 척도	채점 기준
프로젝트 계획	주제 선정	상	주제망 그리기와 그룹핑을 통해 탐구 문제에 매우 적합한 주제를 선정하였다
		중	주제망 그리기와 그룹핑을 하였으나 주제 선정이 적절하지 않았다.
		하	주제망 그리기와 그룹핑이 잘 이루어지지 않았고, 주제 선정도 적절하지 않았다.
	계획의 타당도	상	정보 탐색 및 자료 수집 계획이 타당하였다.
		중	정보 탐색 및 자료 수집 계획 중 한 가지만 타당하였다.
		하	정보 탐색 및 자료 수집 계획 모두 타당하지 않았다.
	역할 분담	상	배려와 소통의 과정을 통하여 각자에게 적합한 역할을 분담하였다.
		중	배려와 소통의 과정과 각자에게 적합한 역할 분담 중 하나만 충실하였다.
		하	배려와 소통의 과정, 각자에게 적합한 역할 분담 모두 충실하지 않았다.

3. 채점 기준표 개발

• 채점 기준표에 반영되어야 할 요소

① 과정 중심 평가 과제 수행의 판단의 구체적인 영역(평가 요소)
② 성취기준의 준거를 평정하기 위한 평가 요소별 배점(평가 척도)
③ 평가 요소에 근거하여 학생의 수행 수준을 구별할 수 있는 세부적인 내용(채점 기준)
④ 이밖에도 채점 기준표 개발 시에 평가 준거와 평가 과제, 평가 주체를 적용하여 활용

• 프로젝트 수업 과정중심평가를 위한 채점 기준표 개발 순서

1단계: 평가 준거 정하기
2단계: 평가 과제 정하기
3단계: 평가 요소와 평가 척도 및 채점 기준 정하기
4단계: 채점 기준표의 타당성 검토하기
5단계: 학생에게 안내하기
6단계: 채점기준표 적용 및 수정하기

가. 1단계: 평가 준거 정하기

채점 기준표 개발에서의 평가 준거는 평가 준거 성취기준을 좀 더 구체화한 것으로서, 평가 활동에서 평가 결과와 수준을 입증하는 근거로 무엇을 관찰하고 확인해야 하는지를 설명해 준다. 즉, 평가 준거는 학생들의 수행의 질을 어떤 기준으로 판단해야 하는지에 대한 안내이자 채점 기준의 구체적인 내용을 도출하는 근거가 될 수 있다. 채점 기준표 개발을 위한 평가 준거는 교육과정 성취기준을 분석하여 평가 준거 성취기준 만들고 이를 구체화하여 설정할 수 있다.

다음은 중학교 과학 교육과정 성취기준 [9과03-03]을 분석하여, 평가 준거 성취기준을 구성하였고, 프로젝트 수업을 수행하는 평가 준거 성취기준 ② '생물다양성 보전을 위한 활동 방법을 제안하는 프로젝트를 계획·수행·발표할 수 있다'를 좀 더 구체화하여 평가 준거 4가지를 설정한 예시이다. 평가 준거 4가지는 학습 목표로도 활용할 수 있다.

교육과정 성취기준	평가 준거 성취기준		평가 기준
[9과03-03] 생물다양성 보전의 필요성을 이해하고, 생물다양성 유지를 위한 활동 사례를 조사하여 발표할 수 있다. <탐구 활동> 생물다양성 보전을 위한 활동 방법 찾아보기	[평가 준거 성취기준 ①] 생물다양성 감소원인을 설명할 수 있으며, 생물다양성 보전의 필요성을 이해할 수 있다.	상	생물다양성 감소 원인을 설명할 수 있으며, 생물다양성이 중요함을 알고 보전의 필요성을 이해하고 있다.
		중	생물다양성 감소 원인을 알고 있으며, 생물다양성 보전의 필요성을 이해하고 있다.
		하	생물다양성 보전의 필요성을 이해하고 있다.
	[평가 준거 성취기준 ②] 생물다양성 유지를 위한 활동 사례를 조사하여 발표하고, 생물다양성 보전을 위한 활동 방법을 제안할 수 있다.	상	생물다양성 유지를 위한 활동을 조사하여 발표하고, 생물다양성 보전을 위한 활동 방법을 제안하는 프로젝트를 계획·수행·발표할 수 있다.
		중	생물다양성 유지를 위한 활동을 조사하여 발표하고, 생물다양성 보전을 위한 활동 방법을 제안할 수 있다.
		하	생물다양성 유지를 위한 활동을 조사하고, 생물다양성 보전을 위한 활동 방법을 제안할 수 있다.
평가 준거	1. 생물다양성 유지를 위한 활동을 조사하여 발표할 수 있다. 2. 생물다양성 보전을 위한 활동 방법을 제안하는 프로젝트를 계획할 수 있다. 3. 생물다양성 보전을 위한 활동 방법을 제안하는 프로젝트를 수행할 수 있다. 4. 생물다양성 보전을 위한 활동 방법을 제안하는 프로젝트를 발표할 수 있다.		

나. 2단계: 평가 과제 정하기

평가 준거는 곧 학생들에게 요구되는 과제의 목표(학습목표)로 볼 수 있고, 평가 과제는 과제 수행 활동을 유도하는 구체적인 평가 도구라고 할 수 있다.

예를 들면, '생물다양성 보전을 위한 활동 방법을 제안하는 프로젝트를 계획할 수 있다'가 평가 순거라면 주제망 그리기로 모둠 주제 선정, 정보 탐색 및 자료 수집 타당도, 과제 수행을 위한 역할 분담의 효율성 등이 평가 과제가 될 수 있다. 이때 학습의 성과를 가장 잘 측정할 수 있는 내용을 구체적으로 나누어 평가 과제로 정하는 것이 중요하다.

평가 준거	평가 과제
모둠별로 생물다양성 보전을 위한 활동 방법을 제안하는 프로젝트를 계획할 수 있다.	주제망 그리기로 모둠 주제 선정
	정보탐색 및 자료수집 계획의 타당도
	과제 수행을 위한 역할 분담의 효율성

다. 3단계: 평가 요소와 평가 척도 및 채점 기준 정하기

평가 과제에 따른 구체적인 평가 요소와 평가 요소에 따른 평가 척도, 채점 기준(루브릭)을 정하는 단계이다. 채점 기준표에 반영되어야 할 요소 중에서 가장 중요한 단계이다.

1) 평가 요소는 인지적, 정의적, 교과 역량 영역을 고루 포함하여 정해야 하며, 평가 요소가 의미하는 바를 정확하게 이해하고 구별하여야 한다.
2) 평가 척도는 5-4-3-2-1, 상-중-하 등 평가의 내용과 목적에 따라 정하되 점수를 부여하는 경우에는 각 수준이나 점수 간의 변별 지점을 정확하게 파악할 수 있어야 한다.
3) 채점 기준은 수행 차원과 수행 수준을 고려하여 학습의 성취기준에 도달한 정도를 단계별(예: 잘함-보통-미흡, 상-중-하 등)로 구체적으로 진술되어야 한다. 하지만 각 평가 척도의 수준별 최상의 성취 수준으로 채점 기준을 정하여 성취한 정도를 상-중-하로 구분하여 활용할 수도 있다. 또한, 채점 기준은 관찰이 가능하여야 하며, 공정성과 신뢰성을 고려해야 한다.

프로젝트 수업을 위한 예비 활동의 채점 기준표 개발의 예시

단원	Ⅲ. 생물의 다양성 3. 생물다양성 보전			교과	중학교 과학
학습 과제	프로젝트 수업을 위한 예비 활동				
평가 유형	조사·발표				
평가 준거	모둠별로 생물 다양성 보전 사례를 조사하여 발표할 수 있다.				
평가 과제	평가 요소	평가 척도	채점 기준		평가 주체
생물다양성 유지 활동 사례 조사	사례 조사	상	생물 다양성 유지를 위한 개인적, 사회적, 국가적, 국제적 활동 사례를 알고 있다.		자기성찰 평가
		중	생물 다양성 유지를 위한 개인적, 사회적, 국가적, 국제적 활동 사례 중 3가지 사례를 알고 있다.		
		하	생물 다양성 유지를 위한 개인적, 사회적, 국가적, 국제적 활동 사례 중 2가지 이하의 사례를 알고 있다.		
	책임감	상	자신의 역할을 책임감 있게 수행하였다.		자기성찰 평가
		중	자신의 역할 수행에 부족함이 있었다.		
		하	자신의 역할을 전혀 수행하지 않았다.		
생물다양성 유지 활동 사례 발표	사례 발표	상	생물 다양성 유지 활동 사례를 주도적으로 발표하였다.		자기성찰 평가
		중	사례 발표에 참여하였으나 부족함이 있었다.		
		하	사례 발표에 참여하지 않았다.		
	교과역량 (과학적 탐구능력)	상	문제 해결을 위해 조사에 참여하여 새로운 지식을 얻었다.		자기성찰 평가
		중	문제 해결을 위해 조사에 참여하였다.		
		하	문제 해결을 위해 조사에 참여하지 않았다.		

다음은 평가 준거 성취 기준의 최상의 성취 수준으로 채점 기준을 정하여 성취한 정도를 상-중-하로 구분하여 활용한 '프로젝트 수업을 위한 예비 활동의 채점 기준표'의 자기성찰평가 평가지의 〈예시〉이다.

평가 단계	평가 요소	채점 기준	평가 척도		
			상	중	하
수업 전	사례 조사	생물 다양성 유지를 위한 개인적, 사회적, 국가적, 국제적 활동 사례를 알고 있다.			
	사례 발표	생물 다양성 유지 활동 사례를 주도적으로 발표할 수 있다.			
수업 후	사례 조사	생물 다양성 유지를 위한 개인적, 사회적, 국가적, 국제적 활동 사례를 알고 있다.			
	사례 발표	생물 다양성 유지 활동 사례를 주도적으로 발표할 수 있다.			
	책임감	자신의 역할을 책임감 있게 수행하였다.			
	과학적 탐구 능력	문제 해결을 위해 조사에 참여하여 새로운 지식을 얻었다.			

위의 평가 단계에서 평가 요소의 일부(인지적 능력)를 수업 전과 수업 후에 같은 내용으로 평가하는 이유는 평가를 통해 학습에 대한 성공 경험을 학생들에게 제공하고, 교사의 즉각적인 피드백 자료로 활용하기 위해서이다.

라. 4단계: 채점 기준표의 타당성 검토하기

프로젝트 과제 수행 과정과 산출물을 채점 기준표에 근거하여 명확하게 채점이 가능한지를 검토해야 한다. 또한 평가 준거와 평가 과제, 평가 요소와 채점 기준이 관련성이 깊고 타당한지를 검토하고 보완해야 한다. 이때 타당성 검토는 교과협의회를 통해 이루어진다.

마. 5단계: 학생에게 안내하기

채점 기준표는 과정중심평가 시행 이전에 학생에게 안내하여, 학생이 자신의 수행 과정과 결과가 어떻게 평가되는지 이해하도록 한다.

바. 6단계: 채점 기준표 적용 및 수정하기

채점 기준표를 적용해 보고 채점 기준이 학생의 수행 능력을 충분히 평가할 수 있는지 타당성과 효과성을 검토하고 수정한다. 실제 적용을 해보면 평가 과제와 채점 기준의 괴리로 평가에 제한점이 드러나기도 한다. 따라서 지속적으로 수정하면서 타당하고 객관적인 평가가 되도록 노력해야 한다.

평가안내	프로젝트 수업 평가계획 안내문	반: 번호: 모둠: 이름:
	3. 생물다양성 보전 이야기 ▶ 생물다양성 보전을 위한 활동 방법 제안하기	

학습 목표	• 생물다양성 보전을 위한 활동 방법을 제안하는 프로젝트를 계획할 수 있다. • 생물다양성 보전을 위한 활동 방법을 제안하는 프로젝트를 수행할 수 있다. • 생물다양성 보전을 위한 활동 방법을 제안하는 프로젝트를 발표할 수 있다.

1. 다음은 프로젝트 수업에 대한 평가 자료입니다. 평가에 대한 정보를 통해 프로젝트 과정에서 어떤 내용의 평가가 이루어지는지를 참고하기 바랍니다.
2. 일부 내용은 평가의 목적을 위해 모둠 내 동료 평가와 교사 평가에서 동시에 이루어집니다.
3. 평가 결과는 주로 피드백을 통한 여러분과 선생님의 성장을 위해 쓰여 집니다.
4. 프로젝트 단계에 따른 평가는 다음과 같습니다.

단계	평가 과제	평가 요소	채점 기준	평가 척도 상	평가 척도 중	평가 척도 하	평가 주체
프로젝트 계획	주제망 그리기로 모둠 주제 선정	주제 선정	주제망 그리기와 그룹핑을 통해 탐구 문제에 아주 적합한 주제를 선정하였는가?				교사 평가
		의사소통, 협동력	원만한 의사소통과 협력으로 계획을 수행하였는가?				모둠 내 동료 평가
		토의를 통한 소주제 결정	토의에 적극 참여하여 소주제를 결정하였는가?				모둠 내 동료 평가
	정보탐색 및 자료수집 계획의 타당도	계획의 타당성	정보 탐색 및 자료 수집 계획이 타당하였는가?				교사 평가
	과제활동을 위한 역할 분담의 효율성	효과적인 역할 분담	배려와 소통의 과정을 통하여 각자에게 적합한 역할을 분담하였는가?				교사 평가
프로젝트 수행	자료 조사 및 종합 분석 정리	조사 내용의 타당성	다양한 매체를 활용하여 주제에 적합한 내용을 조사하였는가?				교사 평가
		조사 내용의 분석 및 정리	모둠원이 조사한 자료를 분석하여 정리하였는가?				교사 평가
	결과물 제작	교과 역량	창의적이고 융합적인 사고를 하였는가?				모둠 내 동료 평가
프로젝트 발표	수행 결과물	제안 내용의 완성도	제안 내용이 주제와 적합하고 결과물의 완성도가 높은가?				교사 평가
		제안 내용의 창의성	생물 다양성 보전을 위한 제안 내용이 참신하고 실천 전략이 구체적이었는가?				모둠 간 동료 평가, 교사 평가
		교과 역량 (과학적 문제 해결력)	합리적 의사결정에 의하여 모둠이 참여하고 발표 하였는가?				모둠 간 동료 평가, 교사 평가
	발표	전달력 (참여)	모둠원이 모두 참여하여 설득력 있게 발표하여 학생들의 호응을 받았는가?				모둠 간 동료 평가, 교사 평가

4. 채점 기준표 개발의 예시

가. 채점 기준표 개발 예시 ①

과정중심평가를 위한 채점 기준표는 평가 척도(상-중-하)에 따른 성취목표와 학생의 성취수준이 드러날 수 있도록 채점 기준을 구체적으로 서술하여 개발하여야 한다. 그리고 하나의 과정중심평가에서 많은 평가 항목을 설정하기보다는 활동에 적합한 한두 가지 요소만 평가 항목으로 선택하여야 한다. 그러면 핵심 평가 요소를 평가하게 되며 시간도 절약할 수 있다.

중학교 과학과 프로젝트 수업의 과정중심평가 채점 기준표의 예시

단원	Ⅲ. 생물의 다양성 3. 생물다양성 보전			교과	과학
학습 과제	생물다양성 보전을 위한 활동 방법을 제안하는 프로젝트				
평가 유형	프로젝트				
평가 준거	모둠별로 생물다양성 보전을 위한 활동 방법을 제안하는 프로젝트를 계획·수행·발표할 수 있다.				

평가 과제	평가 요소	평가척도	채점 기준
주제망 그리기로 모둠 주제 선정	주제 선정	상	주제망 그리기와 그룹핑을 통해 탐구 문제에 매우 적합한 주제를 선정하였다.
		중	주제망 그리기 또는 그룹핑을 하였으나 주제 선정이 적절하지 않았다.
		하	주제망 그리기와 그룹핑이 잘 이루어지지 않았고, 주제 선정도 적절하지 않았다.
정보탐색 및 자료수집 계획의 타당도	계획의 타당성	상	정보 탐색 및 자료 수집 계획이 타당하였다.
		중	정보 탐색 및 자료 수집 계획 중 한 가지만 타당하였다.
		하	정보 탐색 및 자료 수집 계획 모두 타당하지 않았다.
과제활동을 위한 역할 분담의 효율성	효과적인 역할 분담	상	배려와 소통의 과정을 통하여 각자에게 적합한 역할을 분담하였다.
		중	배려와 소통의 과정과 각자에게 적합한 역할 분담 중 하나만 충실하였다.
		하	배려와 소통의 과정, 각자에게 적합한 역할 분담 모두 충실하지 않았다.
자료조사 및 종합 분석 정리	조사 내용의 타당성	상	다양한 매체를 활용하여 주제에 적합한 내용을 조사하였다.
		중	다양한 매체 활용 및 주제에 적합한 내용 조사 중 한 가지만 충실하였다.
		하	다양한 매체 활용 및 주제에 적합한 내용 조사 모두 충실하지 않았다.
수행 결과물	제안 내용의 완성도	상	제안 내용이 주제와 적합하고 결과물의 완성도가 높다.
		중	제안 내용이 주제와 적합 및 결과물 완성도 중 한 가지만 충실하였다.
		하	제안 내용이 주제와 적합 및 결과물 완성도 모두 충실하지 않았다.
발표	전달력 (참여)	상	모둠원이 모두 참여하여 설득력 있게 발표하여 학생들의 호응을 받았다.
		중	모둠원이 모두 참여 및 설득력 있게 발표 중 한 가지만 충실하였다.
		하	모둠원이 모두 참여 및 설득력 있게 발표 모두 충실하지 않았다.

나. 채점 기준표 개발 예시 ②

중학교 1학년은 자유학기제(자유학년제) 운영으로 성적이 산출 되지 않으나, 매 시간(주제)마다 과정중심평가를 실시하거나, 자기성찰평가, 동료 평가, 교사 평가 등 다양한 주체에 따른 평가를 실시한다. 매 시간(주제)마다의 과정중심평가는 학생들의 성장과 발달을 위해 꼭 필요한 일이지만, 채점 기준표 개발에 드는 노력과 시간이 만만치가 않다. 뿐만 아니라 평가의 주체가 다양하다보니 채점 기준표 작성에 어려움이 있다.

프로젝트 수업의 과정중심평가 역시 학습의 전체 과정에서 다양한 주체가 평가에 참여하므로 개발해야 할 평가 항목이 많고, 그에 따라 채점 기준표 개발에 많은 시간이 걸린다. 이를 보완하기 위해서는 채점 기준을 평가 척도 상-중-하 단계로 나누어 구체적으로 서술하지 않고, 각 평가 척도의 수준별 최상의 채점 기준을 서술하여 성취한 정도에 따라 상-중-하로 구분하여 개발할 수도 있다.

다음은 각 평가 척도의 수준별 최상의 성취 수준을 서술하여 성취한 정도에 따라 상-중-하로 구분하여 개발한 중학교 1학년 과학 '생물다양성 보전을 위한 활동 방법을 제안하는 프로젝트' 수업을 위한 계획, 수행, 발표에 대한 채점 기준표의 예시이다.

1) 프로젝트 계획 채점 기준표

단원	III. 생물의 다양성 3. 생물다양성 보전			교과	과학
학습 과제	생물 다양성 보전을 위한 활동 방법을 제안하는 프로젝트				
평가 유형	프로젝트				
평가 준거	모둠별로 생물 다양성 보전을 위한 활동 방법을 제안하는 프로젝트를 계획할 수 있다.				

평가 과제	평가 요소	채점 기준	평가 척도 상	평가 척도 중	평가 척도 하	평가 주체
주제망 그리기로 모둠 주제 선정	주제 선정	주제망 그리기와 그룹핑을 통해 탐구 문제에 아주 적합한 주제를 선정하였다.				교사 평가
	의사소통, 협동력	원만한 의사소통과 협력으로 계획을 수행하였다.				모둠 내 동료 평가
	토의를 통한 소주제 결정	토의에 적극 참여하여 소주제를 결정하였다.				모둠 내 동료 평가
정보 탐색 및 자료 수집 계획의 타당도	계획의 타당성	정보 탐색 및 자료 수집 계획이 타당하였다.				교사 평가
과제 활동을 위한 역할 분담의 효율성	효과적인 역할 분담	배려와 소통의 과정을 통하여 각자에게 적합한 역할을 분담하였다.				교사 평가

2) 프로젝트 수행 채점 기준표

단원	Ⅲ. 생물의 다양성 3. 생물다양성 보전		교과	중학교 1학년 과학			
학습 과제	생물 다양성 보전을 위한 활동 방법을 제안하는 프로젝트						
평가 유형	프로젝트						
평가 준거	모둠별로 생물 다양성 보전을 위한 활동 방법을 제안하는 프로젝트를 수행할 수 있다.						
평가 과제	평가 요소	채점 기준		평가 척도			평가 주체
				상	중	하	
자료조사 및 종합 분석 정리	조사 내용의 타당성	다양한 매체를 활용하여 주제에 적합한 내용을 조사하였다.					교사 평가
	조사 내용의 분석 및 정리	모둠원이 조사한 자료를 분석하여 정리하였다.					교사 평가
결과물 제작	교과 역량 (과학적사고력)	창의적이고 융합적인 사고를 하였다.					모둠 내 동료 평가

3) 프로젝트 발표 채점 기준표

프로젝트 발표 평가에서 제안 내용의 창의력, 교과 역량(과학적 문제해결력), 발표 태도(참여)에 대한 평가는 모둠 간 동료 평가와 교사 평가를 동시에 실시한 경우이다. 이는 교사의 주관적 평가를 배제하기 위해 교사와 학생 평가를 종합하여 평가한 채점 기준표〈예시〉이다.

단원	Ⅲ. 생물의 다양성 3. 생물다양성 보전		교과	중학교 1학년 과학			
학습 과제	생물다양성 보전을 위한 활동 방법을 제안하는 프로젝트						
평가 유형	프로젝트						
평가 준거	모둠별로 생물다양성 보전을 위한 활동 방법을 제안하는 프로젝트를 발표할 수 있다.						
평가 과제	평가 요소	채점 기준		평가 척도			평가 주체
				상	중	하	
수행 결과물	제안 내용의 완성도	제안 내용이 주제와 적합하고 결과물의 완성도가 높았다.					교사 평가
	제안 내용의 창의성	생물다양성 보전을 위한 제안 내용이 참신하고 실천 전략이 구체적이었다.					모둠 간 동료 평가, 교사 평가
	교과역량 (과학적 문제 해결력)	합리적 의사결정에 의하여 모둠이 참여하고 발표 하였다.					모둠 간 동료 평가, 교사 평가
발표	전달력 (참여)	모둠원이 모두 참여하여 설득력 있게 발표하여 학생들의 호응을 받았다.					모둠 간 동료 평가, 교사 평가

다음은 개발한 채점 기준표를 토대로 모둠 내 동료 평가, 모둠 간 동료 평가, 교사 평가에서 실제 활용한 평가 활동지의 〈예시〉이다.

① 모둠 내 동료 평가 채점 기준표

평가 단계	평가 요소	채점 기준	평가 척도(상, 중, 하)		
			상	중	하
프로젝트 계획	토의를 통한 소주제 결정	토의에 적극 참여하여 소주제를 결정하였다.			
	의사소통, 협동력	원만한 의사소통과 협력으로 계획을 수행하였다.			
프로젝트 수행	교과 역량(과학적 사고력)	창의적이고 융합적인 사고를 하였다.			

우리 모둠에서 가장 배울 것이 많았던 best 모둠원을 뽑아주세요.

배운 내용	역할	이름

② 모둠 간 동료 평가 평가 채점 기준표

평가 단계	평가 요소	채점 기준	평가 척도(상, 중, 하)					
			1모둠	2모둠	3모둠	4모둠	5모둠	6모둠
프로젝트 발표	제안 내용의 창의성	생물다양성 보전을 위한 제안 내용이 참신하고 실천 전략이 구체적이었다.						
	전달력 (참여)	모둠원이 모두 참여하여 설득력 있게 발표하여 학생들의 호응을 받았다.						
	교과 역량 (과학적 문제 해결력)	합리적 의사결정에 의하여 모둠이 참여하고 발표하였다.						

우리 학급의 모둠에서 가장 배울 것이 많았던 best 모둠을 뽑아주세요.

모둠명	배운 내용

③ 교사 평가 및 피드백

모둠명	이름	평가 단계	평가 요소	채점 기준	평가 척도 상	평가 척도 중	평가 척도 하	개별 피드백
	○○○	프로젝트 계획	주제 선정	주제망 그리기와 그룹핑을 통해 탐구 문제에 매우 적합한 주제를 선정하였다.				
			계획의 타당도	정보 탐색 및 자료 수집 계획이 타당하였다.				
			책임감	배려와 소통의 과정을 통하여 각자에게 적합한 역할을 분담하였다.				
		프로젝트 수행	조사 내용의 타당성	다양한 매체를 활용하여 주제에 적합한 내용을 조사하였다.				
			조사 내용의 분석 및 정리	모둠원이 조사한 자료를 분석하여 정리하였다.				
		프로젝트 발표	제안 내용의 완성도	제안 내용이 주제와 적합하고 결과물의 완성도가 높았다.				
			제안 내용의 창의성	생물다양성 보전을 위한 제안 내용이 참신하고 실천 전략이 구체적이었다.				
			전달력	모둠원이 모두 참여하여 설득력 있게 발표하여 학생들의 호응을 받았다.				
			과학적 문제해결력	합리적 의사결정에 의하여 모둠이 참여하고 발표 하였다.				
	○○○	프로젝트 계획	주제 선정	주제망 그리기와 그룹핑을 통해 탐구 문제에 매우 적합한 주제를 선정하였다.				
			계획의 타당도	정보 탐색 및 자료 수집 계획이 타당하였다.				
			책임감	배려와 소통의 과정을 통하여 각자에게 적합한 역할을 분담하였다.				
		프로젝트 수행	조사 내용의 타당성	다양한 매체를 활용하여 주제에 적합한 내용을 조사하였다.				
			조사 내용의 분석 및 정리	모둠원이 조사한 자료를 분석하여 정리하였다.				
		프로젝트 발표	제안 내용의 완성도	제안 내용이 주제와 적합하고 결과물의 완성도가 높았다.				
			제안 내용의 창의성	생물다양성 보전을 위한 제안 내용이 참신하고 실천 전략이 구체적이었다.				
			전달력	모둠원이 모두 참여하여 설득력 있게 발표하여 학생들의 호응을 받았다.				
			과학적 문제해결력	합리적 의사결정에 의하여 모둠이 참여하고 발표 하였다.				
모둠 전체 피드백								

5. 채점 기준표 점검 사항

교육부와 한국교육과정평가원에서는 과정중심평가를 위한 채점 기준 점검 사항을 다음과 같이 제시하고 있다.

- 채점 기준이 성취기준에서 요구하는 도달 목표에 맞게 제시되었는가?
- 채점 기준이 학생의 인지적, 정의적 성장과 발달 과정을 파악할 수 있도록 제시되었는가?
- 채점 기준은 학생의 결과 산출 혹은 응답 수준을 변별할 수 있도록 작성되었는가?
- 채점 기준에는 평가 과제 유형에 적절한 평가 요소, 척도, 세부 내용 등이 제시되었는가?
- 채점 기준을 미리 학생 및 학부모에 안내하였는가?

교과별 과정중심평가 채점 기준표

C-프로젝트 수업연구소 **우치갑**, 경기 신곡중학교 **이영옥**
경기 민락중학교 **양혜인**, 경기 능동고등학교 **이보라**, 경기 신곡중학교 **진연자**

1. 도덕과 과정중심평가 채점 기준표

경기 신곡중학교 이영옥

대상 학년	중학교 1학년
과목	도덕
관련 단원	Ⅰ. 자신과의 관계　5. 행복한 삶
프로젝트 주제	'행복한 사람들에게는 비밀이 있다' (총 8차시)

가. 교육과정 성취 기준

교육과정 성취기준		평가 기준
[9도01-04] 본래적 가치에 근거한 삶의 목적 추구가 도덕적으로 정당화될 수 있음을 도덕 공부를 통해 이해하고, 자신의 삶의 목적을 도덕적 이야기로 구성할 수 있다.	상	본래적 가치에 근거한 삶의 목적 추구가 도덕적으로 정당화될 수 있음을 도덕 공부를 통해 설명할 수 있고, 자신의 삶을 돌아보며 삶의 목적에 관해 이야기할 수 있다.
	중	본래적 가치에 근거한 삶의 목적 추구가 도덕적으로 정당화될 수 있음을 도덕 공부를 통해 파악할 수 있고, 자신이 경험한 사례를 들어 삶의 목적에 관해 이야기할 수 있다.
	하	본래적 가치에 근거한 삶의 목적 추구가 도덕적으로 정당화될 수 있음을 도덕 공부를 통해 생각해 볼 수 있고, 삶의 목적에 관해 이야기해 볼 수 있다.

교육과정 성취기준		평가 기준
[9도01-05] 행복한 삶을 위해 좋은 습관과 건강의 필요성을 설명하고, 정서적 건강과 사회적 건강을 가꾸기 위한 방안을 제시하고 실천 의지를 함양할 수 있다.	상	행복한 삶을 위한 좋은 습관과 건강의 관계를 설명하고, 정서적 건강과 사회적 건강을 가꾸기 위한 구체적 방법을 제시하고 적극적으로 실천한다.
	중	행복한 삶을 위한 좋은 습관과 건강의 관계를 파악하고, 정서적 건강과 사회적 건강을 가꾸기 위한 방법을 제시하고 실천한다.
	하	행복한 삶을 위한 좋은 습관과 건강의 관계를 생각해 보고, 정서적 건강과 사회적 건강을 가꾸기 위한 방법을 제시하고 실천을 다짐한다.

나. 평가 준거 설정

가) 1~3차시의 프로젝트 수업 평가 준거

- 행복한 삶의 의미와 조건을 제시하고, 좋은 습관과의 관계를 설명할 수 있다.
  (관련 교육과정 성취기준: [9도01-04]/[9도01-05])

나) 4~8차시의 프로젝트 수업 평가 준거

- 행복한 삶을 사는 사람이 추구하는 가치와 태도를 조사하여, 신체적·정서적·사회적 건강과 행복한 삶의 관련성을 발표할 수 있다.
  (관련 교육과정 성취기준: [9도01-04]/[9도01-05])

다. 1~3차시 모둠 내 동료 평가 채점 기준표

평가 요소	채점 기준			평가 척도 (상(3), 중(2), 하(1))		
	상(3)	중(2)	하(1)	모둠원1	모둠원2	모둠원3
주제망 그리기	행복한 삶의 의미와 조건을 다양하게 제시하였으며, 모둠원의 의견을 수용적인 태도로 경청하며, 조율하고, 정리하였다.	행복한 삶의 의미와 조건을 다양하게 제시하였으며, 모둠원의 의견을 경청하며 정리하였다.	행복한 삶의 조건을 제시하였으며, 모둠원의 의견을 경청하였다.			
갈등 해결	삶 속에서 발생하는 가정, 친구 간의 갈등의 원인의 요인과 하위 요소와의 관련성을 구체적으로 연결 짓고, 바람직한 해결방안을 제시하였으며, 모둠의 의견을 적극적으로 수렴하였다.	삶 속에서 발생하는 가정, 친구 간의 갈등의 원인의 요인과 하위 요소를 연결 짓고, 해결방안을 제시하였으며, 모둠의 의견을 수렴하였다.	삶 속에서 발생하는 가정, 친구 간의 갈등의 원인과 해결방안을 제시하며 모둠 활동에 참여하였다.			

평가 요소	채점 기준			평가 척도 (상(3), 중(2), 하(1))		
	상(3)	중(2)	하(1)	모둠원1	모둠원2	모둠원3
좋은 습관	모둠원의 의견을 수용적인 태도로 경청하며, 행복을 위한 좋은 습관을 제시하고, 좋은 점, 나쁜 점. 흥미로운 점 등을 구분하여 제시하였다.	모둠원의 의견을 수용적인 태도로 경청하며, 행복을 위한 좋은 습관을 제시하고, 좋은 점, 나쁜 점. 흥미로운 점 중 2가지를 제시하였다.	행복을 위한 좋은 습관을 제시하고, 좋은 점, 나쁜 점. 흥미로운 점 중 1가지를 제시하였다.			

라. 1~3차시 교사 평가 채점 기준표

평가 영역	평가 요소	채점 기준	평가 척도		
			상(3)	중(2)	하(1)
주제망 그리기	내용 구성	행복의 의미와 조건의 도출된 내용들을 유목화하여 연관성 있는 핵심어로 정리하였다.			
	창의성	다양한 아이디어로 참신한 의견을 제안하고, 도출된 아이디어를 융합 및 정리하였다.			

평가영역	평가 요소		채점 기준	평가 척도		
				상(3)	중(2)	하(1)
개인평가	좋은 습관 (PMI)	행복한 습관	행복을 위한 습관의 좋은 점, 나쁜 점, 흥미로운 점을 구체적으로 제안할 수 있다.			
		경청	모둠원들의 의견을 경청하며 의견을 수용하였다.			
모둠평가	좋은 습관 (PMI)	행복한 습관	행복을 위한 습관의 좋은 점, 나쁜 점, 흥미로운 점을 구분하여 제시할 수 있다.			
		협력성	모둠원 간 다양한 의견을 조율하였다.			

평가영역	평가 요소		채점 기준	평가 척도		
				상(3)	중(2)	하(1)
개인평가	행복 개념 지도	내용의 충실성	행복의 정신적, 물질적 가치의 조건, 행복을 나타내주는 사례, 질문, 문장 만들기를 완성하였다.			
		의사소통	모둠원들의 의견을 존중하며 의견을 수용하였다.			
모둠평가	행복 개념 지도	완성 및 창의성	행복개념지도를 유의미하게 작성하였으며, 창의적으로 시각적 표현을 하였다.			
		협력성	다양한 의견을 나누며 협력적으로 행복개념지도를 시각적으로 완성하였다.			

2. 영어과 과정중심평가 채점 기준표

경기 민락중학교 **양혜인**

대상	중학교 1학년
단원명	Lesson 3 Wisdom in Stories Lesson 4 Small Things, Big Differences
프로젝트 수업 주제	세상을 바꾸는 민락특공대 (총 8차시)

가. 교육과정 성취기준

1) 말하기 영역

교육과정 성취기준		평가 기준
[9영02-04] 일상생활에 관한 방법과 절차에 대해 설명할 수 있다.	상	일상생활에 관한 문제의 해결 방법과 절차에 대해 다양하고 적절한 어휘와 정확한 언어 형식을 활용하여 자세하게 설명할 수 있다.
	중	일상생활에 관한 문제의 해결 방법과 절차에 대해 적절한 어휘와 언어 형식을 활용하여 대략적으로 설명할 수 있다.
	하	일상생활에 관한 문제의 해결 방법과 절차에 대해 도움이 되는 자료나 예시문을 참고하여 부분적으로 설명할 수 있다.

2) 읽기 영역

교육과정 성취기준		평가 기준
[9영03-08] 일상생활이나 친숙한 일반적 주제의 글을 읽고 일이나 사건의 원인과 결과를 추론할 수 있다.	상	일상생활이나 친숙한 일반적 주제의 길고 복잡한 글을 읽고, 사실 정보와 맥락 정보를 바탕으로 일이나 사건의 원인과 결과를 정확하게 추론할 수 있다.
	중	일상생활이나 친숙한 일반적 주제의 글을 읽고, 사실 정보를 바탕으로 일이나 사건의 원인과 결과를 대략적으로 추론할 수 있다.
	하	일상생활이나 친숙한 일반적 주제의 짧고 단순한 글을 반복하여 읽고, 단순한 사실 정보를 바탕으로 일이나 사건의 원인과 결과를 부분적으로 추론할 수 있다.

3) 쓰기 영역

교육과정 성취기준	평가 기준	
[9영04-03] 일상생활에 관한 그림, 사진, 또는 도표 등을 설명하는 문장을 쓸 수 있다.	상	일상생활에 관한 그림, 사진, 또는 도표 등을 설명하는 문장을 다양하고 적절한 어휘와 정확한 언어 형식을 활용하여 세부 내용이 자세하게 드러나도록 쓸 수 있다.
	중	일상생활에 관한 그림, 사진, 또는 도표 등을 설명하는 문장을 적절한 어휘와 언어 형식을 활용하여 세부 내용이 대략적으로 드러나도록 쓸 수 있다.
	하	일상생활에 관한 그림, 사진, 또는 도표 등을 설명하는 문장을 주어진 어휘와 예시문을 참고하여 세부 내용이 부분적으로 드러나도록 쓸 수 있다.

나. 평가 준거 설정

1) 1~3차시의 프로젝트 수업 평가 준거

- 다양한 사회문제/환경문제의 예시를 활용하여 주제망을 완성할 수 있다.
- 영어 단어를 활용하여 사회문제/환경문제와 관련된 쌍비교 분석 토의와 워드 클라우드를 제작할 수 있다.
  (관련 성취기준: 9영04-03)

2) 4~5차시의 프로젝트 수업 평가 준거

- 사회문제/환경문제와 관련된 글을 읽고 피쉬본으로 원인을 찾아 해결책을 제시할 수 있다.
  (관련 성취기준: 9영03-08)

3) 6~7차시의 프로젝트 수업 평가 준거

- 사회문제/환경문제의 해결을 다짐하고 타인의 해결을 촉구하는 명령문 문장을 활용하여 캠페인 포스터를 제작하여 캠페인 활동을 할 수 있다. (관련 성취기준: 9영04-04, 9영04-03, 9영02-04)

4) 8차시의 프로젝트 수업 평가 준거

- 캠페인 포스터 만들기 프로젝트 수행 후에 자신의 배움을 성찰하는 글을 쓸 수 있다.
  (관련 성취기준: 9영04-04)

다. 1~3차시 모둠 내 동료 평가 채점 기준표

평가 요소	채점 기준	배점	평가 척도(각 항목 당 1-3) (해당되는 점수에 체크하시오.)		
			모둠원1	모둠원2	모둠원3
주제망 그리기 (관련 교과역량: 공동체 역량, 지식정보처리 역량)	환경문제나 사회문제의 예시를 15개 이상 찾아 관련성을 기준으로 적절히 분류하여 주제망을 완성하는데 크게 기여하였다.	3			
	환경문제나 사회문제의 예시를 10~14개 찾아 관련성을 기준으로 적절히 분류하여 주제망을 완성하는데 기여하였다.	2			
	환경문제나 사회문제의 예시를 9개 이하 찾아 관련성을 기준으로 분류하여 주제망을 완성하는데 부분적으로 기여하였다.	1			
쌍비교 분석 토의 (관련 교과역량: 공동체 역량, 지식정보처리 역량, 자기관리 역량)	환경문제나 사회문제의 우선순위를 정하는 쌍비교 분석 토의에 적극적으로 참여하였고 특정 문제를 선택한 이유를 적설하게 설명하였다.	3			
	환경문제나 사회문제의 우선순위를 정하는 쌍비교 분석 토의에 참여하였고 특정 문제를 선택한 이유를 부분적으로 설명하였다.	2			
	환경문제나 사회문제의 우선순위를 정하는 쌍비교 분석 토의에 참여하여 여러 문제 중 특정 문제를 더 중요하다고 선택하였다.	1			
워드 클라우드 (관련 교과역량: 공동체 역량, 지식정보처리 역량, 자기관리 역량)	모둠별로 선정한 환경문제나 사회문제와 내용상 관련된 단어를 25개 이상 찾아 영어 단어로 정확하게 번역하였고, 이를 활용한 워드 클라우드를 제작에 적극적으로 참여하였다.	3			
	모둠별로 선정한 환경문제나 사회문제와 내용상 관련된 단어를 20~24개를 찾아 영어 단어로 적절히 번역하였고, 이를 활용한 워드 클라우드를 제작에 참여하였다.	2			
	모둠별로 선정한 환경문제나 사회문제와 내용상 관련된 단어를 19개 이하를 찾아 영어 단어로 번역하였고, 이를 활용한 워드 클라우드 제작에 부분적으로 참여하였다.	1			
총 계					

3. 수학과 과정중심평가 채점 기준표

경기 능동고등학교 **이보라**

단원	수학과제연구 - Ⅱ. 과제탐구 실행 및 평가(2015)
대상	고등학교 3학년
프로젝트 주제	내 인생의 첫발, 어디가 좋을까?

가. 교육과정 성취기준

1) 조사, 이해하기 영역

교육과정 성취기준		평가 기준
[12수과02-01] 수학과 관련된 여러 가지 현상에서 탐구 주제를 선정하고 탐구 문제를 구체화할 수 있다.	상	수학과 관련된 여러 가지 현상에서 탐구 주제를 선정하고 적합한 탐구 문제를 구체적으로 제시하며, 그 이유를 설명할 수 있다.
	중	수학적으로 탐구 가능한 주제의 특징을 알고 탐구 문제를 구체화할 수 있다.
	하	수학과 관련된 여러 가지 현상에서 탐구 주제를 찾을 수 있다.

2) 분류, 구별하기, 공학적 도구 활용하기 영역

교육과정 성취기준		평가 기준
[12수과02-02] 선행 연구를 검토하고 적절한 탐구 방법을 찾아 탐구 계획을 수립할 수 있다.	상	선행 연구를 검토하고 적절한 탐구 방법을 찾아 탐구 계획을 수립하고, 그 이유를 설명할 수 있다.
	중	선행 연구를 검토하고 적절한 탐구 방법을 찾아 탐구 계획을 수립할 수 있다.
	하	선행 연구를 검토하고 적절한 탐구 방법을 찾을 수 있다.

3) 추론, 판단하기 영역

교육과정 성취기준		평가 기준
[12수과02-03] 탐구 계획에 따라 탐구를 수행할 수 있다.	상	탐구 계획에 따라 탐구를 체계적으로 수행하고, 탐구 결과를 정리하여 산출물을 만들고 논리적으로 발표하며, 탐구 과정과 결과를 반성 및 평가할 수 있다.
[12수과02-04] 탐구 결과를 정리하여 산출물을 만들고 발표할 수 있다.	중	탐구 계획에 따라 탐구를 수행하고, 탐구 결과를 정리하여 산출물을 만들고 발표할 수 있다.
[12수과02-05] 탐구 과정과 결과를 반성 및 평가할 수 있다.	하	탐구 계획에 따라 탐구를 수행할 수 있다.

나. 평가 준거 설정

1) 1차시 프로젝트 수업 평가 준거

- 자신의 진로와 수학과 관련된 여러 가지 현상에서 더블버블형 비주얼씽킹을 이용하여 탐구 주제의 주제망을 완성할 수 있다.
- 객관적 통계자료와 관련 도서를 통해 탐구 문제를 구체화할 수 있다.
  (관련 교육과정 성취기준: [12수과02-01])

2) 2차시 프로젝트 수업 평가 준거

- 관련 선행 연구를 검토하고 선정된 주제의 문제를 해결하기 위해 적용가능한 수학적 개념을 찾을 수 있다.
- 문제해결을 위해 적용가능한 적절한 탐구 방법을 찾아 탐구 계획을 수립할 수 있다.
  (관련 교육과정 성취기준: [12수과02-02])

다. 3~5차시 모둠 내 동료 평가 채점 기준표

평가 요소	채점 기준	배점	평가 척도 (각 항목 당 1~3)		
			모둠원 1	모둠원 2	모둠원 3
주제 선정 비주얼씽킹 (모둠 결과물) 문제해결 창의성 사고 의사소통 역량	구체적이고 논리적인 주제 선정 의견을 3가지 이상 제시하여 모둠에 기여하였고 상대의 의견을 경청하고 성실하게 자신의 책임을 다하며 수학적으로 연결하여 주제를 선정하는 과정 중에 열정을 보이며 주제망을 완성하였다.	3			
	구체적이고 논리적인 주제 선정 의견을 2가지 제시하여 모둠에 기여하였고 상대의 의견을 경청하고 성실하게 자신의 책임을 다하며 수학적으로 연결하여 주제를 선정하는 과정 중에 열정을 보이며 주제망을 완성하였다.	2			
	구체적이고 논리적인 주제 선정 의견을 1가지 이하를 제시하여 모둠에 기여하였고 상대의 의견을 경청하고 성실하게 자신의 책임을 다하며 수학적으로 연결하여 주제를 선정하는 과정 참여하여 주제망을 완성하는데 노력하는 모습을 보였다.	1			

평가 요소	채점 기준	배점	평가 척도 (각 항목 당 1~3)		
			모둠원 1	모둠원 2	모둠원 3
프로젝트 계획서 (모둠 결과물) 협업적 문제 해결역량	문제의 조건과 주제를 잘 연결하여 실행 과정상의 의견을 잘 제시하고 문제 해결 과정에서의 창의적인 사고로 수학적 개념을 3가지 이상 제시하고 그 개념을 설명할 줄 알아서 해결 단계를 적용하는 방법을 제시하였다.	3			
	문제의 조건과 주제를 잘 연결하여 실행 과정상의 의견을 잘 제시하고 문제 해결 과정에서의 창의적인 사고로 수학적 개념을 2가지 제시하고 개념을 이해하고 있으나 해결 단계를 실제 적용하기는 다소 어려워하였다.	2			
	문제의 조건과 주제를 잘 연결하여 실행 과정상의 의견을 잘 제시하고 문제 해결 과정에서의 창의적인 사고로 수학적 개념을 1가지 이하 제시하고 해결 단계를 정리하였다.	1			

- 진로 희망의 문제를 해결 방안을 탐구 계획에 따라 탐구를 수행할 수 있다.
- 진로 희망 분야의 내재되어 있는 문제점을 해결하기 위한 탐구 결과를 정리하여 영상물을 제작하고 발표하며, 탐구 과정과 결과를 반성 및 평가할 수 있다.
(관련 교육과정 성취기준: [12수과02-03] / [12수과02-04] / [12수과02-05])

라. 1~5차시 모둠 간 동료평가 채점 기준표

주제	채점 기준(평가내용)	배점	평가척도(각 항목 당 1-3)		
			모둠원 1	모둠원 2	모둠원 3
프로젝트 결과물 협업적 문제 해결역량	독창적이고 수학적으로 유의미한 주제를 제시하고 적절하고 타당한 수학적 개념을 연결하였으며 그 이유를 제시하여 모두의 공감을 얻었고 수학적 논리와 연결성이 보이는 해결 방법을 제시하여 결과물의 완성도가 높았다.	3			
	독창적이고 수학적으로 유의미한 주제를 제시하고 적절하고 타당한 수학적 개념을 연결하였으나 이유나 근거를 부분적으로 일부분만 제시하였으나 수학적 논리와 연결성이 보이는 해결 방법을 제시하여 결과물의 완성도를 높이기 위해 노력한 모습이 보였다.	2			
	독창적이고 수학적으로 유의미한 주제를 제시하고 적절하고 타당한 수학적 개념을 연결하였으나 이유나 근거를 정확하게 제시하지 못했며 수학적 논리와 연결성이 보이는 해결 방법을 제시하려 노력하고 비록 완성도가 다소 떨어지나 결과물을 완성하였다.	1			

주제	채점 기준(평가내용)	배점	평가척도(각 항목 당 1~3)		
			모둠원 1	모둠원 2	모둠원 3
발표력 의사소통역량	2가지 이상의 수학적 개념을 포함하여 결과물을 완성하고 개념과 프로젝트 결과물과의 연결성, 연결성의 근거를 타당하고 논리적으로 정확하게 설명하였다. 또한, 모둠의 역할 분담을 적절히 배분하여 모둠의 참여를 독려하였다.	3			
	1가지 이상의 수학적 개념을 포함하여 결과물을 완성하고 개념과 프로젝트 결과물과의 연결성, 연결성의 근거에 대하여 일부분만 타당하고 논리적으로 설명하였다. 또한, 모둠의 역할 분담을 적절히 배분하여 모둠의 참여를 독려하였다.	2			
	수학적 개념을 포함하여 결과물을 완성하고 개념과 프로젝트 결과물과의 연결성만을 설명하고 그 이유나 근거를 설명하는 것은 어려워하였다. 그러나, 모둠의 역할 분담을 적절히 배분하여 모둠의 참여를 독려하였다.	1			

마. 1~5차시 교사 평가 채점 기준표

차시	평가 제출물	평가 요소	채점 기준	평가 척도		
				상	중	하
1	주제 선정 비주얼씽킹 (모둠 결과물)	주제 제시의 적절성	주제 선정 시 진로 희망과 관련한 방향을 잘 제시하였다.			
		창의·융합적 사고역량	희망 진로에 대한 전문성이나 도달 방안, 문제점 인식 등에 관해 자료를 분석하였다.			
		의사소통 역량 과제해결을 위한 방향 제시	결론에 이르는 과정을 위한 수학적 개념을 적용가능한 수학적 개념을 잘 제시하고 제시한 수학적 개념이 논리적이고 타당하며 문제 상황을 수학적으로 나타내고 분석하여 결론을 도출하고 상황에 맞게 해석하였다.			
2	프로젝트 계획서 (모둠 결과물)	과제에 대한 문제의식 과제수행의 적절성	희망 진로 속에 내재된 문제를 파악하고 제시하고 희망 진로에 대한 전문적인 지식과 간접 경험을 통한 진로에 대한 자신의 인식 개선방안을 제시하였으며 희망 진로 도달 계획을 수립하였다.			
		창의·융합적 사고역량	독창적인 수학적 개념을 적용하였고 수학적으로 유의미한 해결방안을 구체적이고 설득력 있게 제시하고 있다.			
		기능 및 태도 역량	모둠 활동에 모둠원이 계획서 작성을 위하여 세부적으로 계획하였다.			

차시	평가 제출물	평가 요소	채점 기준	평가 척도 상	중	하
3	프로젝트 운영 일지 및 보고서 작성 (모둠 결과물)	과제수행의 적절성	수학을 통한 진로 희망을 정확하게 분석하였고 계획한 풀이 과정을 수행하고 검증 및 반성을 통하여 해결 방법을 찾는 과정을 보였다.			
		협업적 문제해결역량 및 의사소통역량	수학적 개념을 적절히 적용하고 있으며 균형있는 책임 분담과 상호작용을 통해 집단적으로 문제를 해결하였고 수학적으로 유의미한 해결방안을 구체적이고 설득력 있게 제시하였다.			
4 ~ 5	영상물 발표 (모둠 결과물)	과제수행의 적절성	수학을 통한 진로희망을 정확하게 분석하고 영상물을 제작하였고 2개 이상의 수학적 개념을 포함한 영상물을 제작하였다.			
		협업적 문제해결력 및 의사소통역량	독창적인 수학적 개념을 적용하였고 수학적으로 유의미한 해결전략을 영상으로 표현하였으며 모둠의 구성원으로 책임 분담과 상호작용을 통해 집단적으로 문제해결을 수행하였다.			

4. 과학과 과정중심평가 채점 기준표

경기 신곡중학교 **진연자**

대상	중학교 2학년
단원명	2 전기와 자기
프로젝트 수업 주제	디자인씽킹 기법을 활용하여 전기와 자기 프로토타입 제작하기(13차시)

가. 교육과정 성취기준

1) 마찰이나 정전기 유도

교육과정 성취기준		평가 기준
[9과09-01] 물체가 대전되는 현상이나 정전기 유도 현상을 관찰하고 그 과정을 전기력과 원자 모형을 이용하여 설명할 수 있다.	상	마찰이나 정전기 유도에 의해 물체가 대전되는 과정을 전기력과 원자 모형을 이용하여 설명할 수 있다.
	중	물체를 마찰하면 전자의 이동에 의해 대전됨을 알고, 인력과 척력을 구분하여 설명할 수 있다.
	하	마찰시켜 대전된 두 물체 사이에 전기력이 작용함을 설명할 수 있다.

2) 저항, 전류, 전압 사이의 관계

교육과정 성취기준		평가 기준
[9과09-03] 저항, 전류, 전압 사이의 관계를 실험을 통해 이해하고, 일상생활에서 저항의 직렬연결과 병렬연결의 쓰임새를 조사하여 비교할 수 있다.	상	저항, 전류, 전압 사이의 관계를 알고, 저항의 직렬연결과 병렬연결의 특징과 일상생활에서의 쓰임새의 차이를 비교할 수 있다.
	중	실험을 통해 저항, 전류, 전압 사이의 관계를 이끌어낼 수 있다.
	하	전기 회로에서 저항에 걸리는 전압과 저항에 흐르는 전류를 측정할 수 있다.

3) 전자기력

교육과정 성취기준		평가 기준
[9과09-04] 전류의 자기 작용을 관찰하고 자기장 안에 놓인 전류가 흐르는 코일이 받는 힘을 이용하여 전동기의 원리를 설명할 수 있다.	상	코일을 이용하여 간이 전동기를 제작할 수 있고, 코일이 회전하는 방향과 빠르게 회전할 수 있는 조건을 찾을 수 있다.
	중	자기장 내에서 전류가 흐르는 도선이 받는 힘의 방향을 찾을 수 있고, 힘의 크기에 영향을 주는 요인을 찾을 수 있다.
	하	전류가 흐르는 도선 주위에 자기장이 생기며, 자기장 내에서 전류가 흐르는 도선은 힘을 받음을 말할 수 있다.

나. 평가 준거 설정

1) 1~5차시의 프로젝트 수업 평가 준거

- 과학적 원리가 잘 반영된 또는 실생활에서 유용한 프로토타입 제작을 위한 아이디어를 도출할 수 있다.
- 성공적인 프로토타입 제작을 위하여 필요한 그림(회로도), 과학적 원리, 활용 가능성 등을 포함하여 아이디어 캔버스에 아이디어를 구체화할 수 있다.

2) 6~11차시의 프로젝트 수업 평가 준거

- 과학적 원리가 잘 반영된 또는 실생활에 유용한 프로토타입을 제작할 수 있다.

3) 12~13차시의 프로젝트 수업 평가 준거

- 제작한 프로토타입에 활용된 과학적 원리, 유용한 기능, 일상생활에서 활용 등을 발표(설명)할 수 있다.

다. 채점 기준표

평가 요소 관련 교과 역량	채점 기준	배점	평가 척도		
			모둠원 1	모둠원 2	모둠원 3
아이디어 과학적 사고력	고안한 아이디어가 과학적 원리가 잘 반영되고, 새로운 상황에 적용, 다른 아이디어와 결합되는 등 창의적이다. 아이디어의 이해를 돕는 그림 또는 회로도가 포함되었다.	5			
	고안한 아이디어에 과학적 원리가 잘 반영되었고, 아이디어의 이해를 돕는 그림 또는 회로도가 포함되었다.	3			
	고안한 아이디어가 실생활에서 활용할 수 있는 아이디어이며, 아이디어의 이해를 돕는 그림 또는 회로도가 포함되었다.	1			
프로토타입 과학적 탐구능력 과학적 문제 해결력	프로토타입이 새로운 상황에 적용 또는 실생활에 유용하게 활용할 수 있는 등 창의적인 요소가 포함되었으며, 작동이 가능하며 디자인의 완성도가 높다. 제작 과정에서 지속적으로 아이디어를 수정하고 보완하였다.	5			
	프로토타입이 디자인이 정교하고, 작동이 잘 되어 완성도가 높으며, 제작 과정에서 지속적으로 아이디어를 수정하고 보완하였다.	3			
	작동이 가능한 프로토타입을 제작하였으며, 제작 과정에서 아이디어를 수정하고 보완하였다.	1			
자기 평가 과학적 참여 및 평생 학습 능력	자신이 속한 모둠의 프로토타입을 객관적으로 평가하고, 프로젝트 활동에서 자신이 잘한 점, 어려웠던 점, 향상된 능력과 기능을 이유를 포함하여 구체적으로 서술하였다.	3			
	자신이 속한 모둠의 프로토타입을 객관적으로 평가하고, 프로젝트 활동에서 자신이 잘한 점, 어려웠던 점, 향상된 능력과 기능을 이유를 포함하여 서술하였다.	2			
	자신이 속한 모둠의 프로토타입을 평가하고, 프로젝트 활동에서 자신이 잘한 점, 어려웠던 점, 향상된 능력과 기능을 이유를 포함하여 서술하였다.	1			
발표 및 경청 의사소통 능력	발표 시 자신의 생각을 과학적 근거를 바탕으로 조리있게 말하였으며, 다른 모둠의 발표를 듣고 평가지에 투자 이유, 핵심 내용 등을 포함하여 꼼꼼하게 작성하였다.	3			
	발표 시 자신의 생각을 조리있게 말하였으며, 다른 모둠의 발표를 듣고 평가지에 투자 이유, 핵심 내용 등을 포함하여 꼼꼼하게 작성하였다.	2			
	발표 시 자신의 생각을 차분하게 말하였으며, 다른 모둠의 발표를 듣고 평가지를 작성하였다.	1			

프로젝트 수업 평가 계획 세우기

● ● ●

C-프로젝트 수업연구소 **우치갑**, 경기 신곡중학교 **이영옥**

　수업을 설계할 때는 교과를 통해 학생들이 어떤 역량을 키워야 하는가를 염두에 두고 성취기준과 교과서 내용을 분석하게 된다. 성취기준은 학생들이 교과 학습을 통해 성취해야 할 지식, 기능, 태도를 담고 있으므로 성취기준을 분석한다는 것은 학생들이 무엇을 알아야 하고 어떤 역량을 가져야 하는지를 파악하는 것이다. 뿐만 아니라 성취기준 분석을 통해 교사는 무엇을 어떻게 가르치고 평가할 것인지 수업을 설계한다.
　프로젝트 수업은 학습 내용을 삶의 문제와 관련지어 깊이 있게 학습하여 영속적이고 전이 가능한 배움을 갖도록 하거나 유연하고 폭넓은 사고력을 갖도록 하는 데 목적이 있다. 그러므로 각 교과의 성취기준 및 교육내용과 관련지어 학습이 일어나도록 경험을 설계하고, 경험을 통해 각 교과에서 목표로 했던 배움이 일어났다는 것을 어떻게 확인할 것인지를 계획함으로써 학습의 효과를 높일 수 있다.
　학생의 변화와 성장의 대한 인지적, 정의적 능력을 프로젝트 수행 과정에서 다각도로 평가해야 한다. 이때 프로젝트 수업을 설계할 때와 마찬가지로 단원 선정 및 주제 선정을 위한 교육과정을 재구성하기 위한 성취기준을 분석해야 하며, 무엇을 평가할 것인가에 대한 평가계획을 수립해야 한다.

1. 평가 계획

　학기 초에 교육과정, 수업, 평가 일관성에 따른 평가 계획을 수립하는 것으로서, 성취기준에 근거한 평가 요소, 평가 방법, 평가 시기 등의 계획을 세우는 것이다.

2. 프로젝트 수업 평가의 흐름

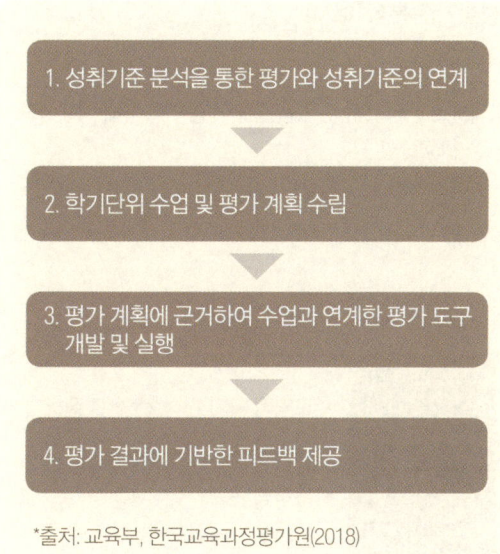

성취기준 분석을 통한 평가 계획 수립

- 성취기준은 교수·학습과 평가의 실질적인 근거가 됨.
- 평가 계획은 반드시 교육과정 성취기준에 근거하여 수립되어야 함.
- 교육과정-교수·학습-평가가 일관성을 갖추려면 교육과정 성취기준에 기반을 두고 교수·학습 및 평가가 이루어져야 하므로 성취기준 분석이 프로젝트 수업 평가의 중요한 첫 단계임.
- 성취기준에 근거한 타당한 평가를 하려면, 성취기준을 분석하여 이에 도달하기 위한 과정에서 필요한 능력을 평가 요소로 구체화함.
- 정해진 성취기준과 평가 요소를 가장 적합하게 평가할 수 있는 평가 방법을 선정함.

*출처: 교육부, 한국교육과정평가원(2018)

3. 프로젝트 수업 평가 계획 수립 과정

단계	내용
성취기준 분석 (평가 계획 수립)	• 학생들이 배워야 할 학습 요소에서 평가 요소 찾기 • 기능 요소 분석으로 평가 요소 찾기 • 교과 역량을 평가할 수 있는 평가 요소 찾기
평가 요소 선정	• 한 개의 성취기준이 한 개의 평가 요소로 선정되기도 함 • 여러 개의 성취기준이 한 개의 평가 요소로 선정되기도 함
평가 방법 선택 (평가 도구)	• 성취기준에 근거한 교수-학습과 연계한 평가방법 선택(프로젝트) • 채점 기준표 작성
평가 시기 선정	• 평가는 수업 중에 이루어짐 • 시기는 교수-학습과정 전개 계획에 따름

4. 프로젝트 수업을 위한 성취기준 분석

중학교 1학년 도덕 교과 성취기준 분석 (예시)

성취기준

[9도01-04]
본래적 가치에 근거한 삶의 목적 추구가 도덕적으로 정당화될 수 있음을 도덕 공부를 통해 이해하고, 자신의 삶의 목적을 도덕적 이야기로 구성할 수 있다.

[9도01-05]
행복한 삶을 위해 좋은 습관과 건강의 필요성을 설명하고, 정서적 건강과 사회적 건강을 가꾸기 위한 방안을 제시하고 실천 의지를 함양할 수 있다.

↓ 분석 / ↓ 분석

내용 (학습 요소)
가치의 종류, 바람직한 가치, 가치있는 삶, 삶의 목적, 바람직한 삶, 도덕 공부의 목적, 행복의 의미, 조건, 행복한 삶, 좋은 습관, 건강한 삶, 정서적·사회적 건강, 회복탄력성

기능 (행동 특성)
- 도덕적 자기 인식, 존중, 조절하기
- 회복탄력성, 건강한 마음가꾸기
- 도덕적 근거와 이유 제시하기
- 타인의 도덕적 요구인식 및 수용할 수 있는 능력 (의사소통 능력)

↓ 분석 / ↓ 분석

- 본래적 가치의 의미 이해
- 도덕적 삶의 이유
- 행복한 삶/건강한 행복
- 좋은 습관
- 정서적 건강, 사회적 건강

- 자신의 삶의 목적과 도덕적 삶의 이유 제시
- 가치있는 삶의 의미 파악하기
- 도덕적 삶의 목적과 행복한 삶의 관계 파악하기
- 행복한 삶을 위한 건강한 마음 가꾸기
- 정서직 사회적 건강한 삶의 방안 제시하기/실천하기

교과 역량
자기존중 및 관리 능력
도덕적 사고능력

교과 역량
자기존중 및 관리 능력
도덕적 대인관계 능력
도덕적 의사소통 능력

교수·학습의 방향	평가 계획

• 자신의 진정한 삶의 목적(행복한 삶)을 찾아가는 길에 발생하는 갈등상황
  - 가족 간, 친구 간의 갈등의 원인 찾기(피쉬본)
• 행복 마인드맵 & 행복한 삶을 위한 좋은 습관 찾기(PMI)
• **행복을 위해 어떻게 살아야 하다.**
  - 행복한 사람들의 비밀찾기(프로젝트)
	• 자신의 인생관 찾기(자기성찰 평가)
	• 문제 상황에서 도덕적 신념 파악하기 (도덕적민감성 개인 평가)
	• 피쉬본/PMI – 개인 평가/동료 평가
	• **프로젝트 수행평가 - 개인/모둠 평가**

5. 프로젝트 수업 평가 계획 수립하기

가. 프로젝트 수업 전 선수학습(핵심 가르치기)단계

프로젝트 수업 전 성취기준에 근거하여 학생들에게 교과 관련 지식(학습 요소)을 배우고 익히는 단계가 필요하다. 왜냐하면 프로젝트 수업 역시 성취기준에 도달하기 위한 다양한 교수-학습방법 중 가장 적합한 방법으로 선정한 것이기 때문이다. 즉, 학생들이 스스로 계획을 세우고 조사 탐구과정을 거쳐 결과를 발표해 나가는 과정에서 놓치지 않아야 할 핵심 교과 내용을 프로젝트 활동 전에 충분히 학습해야 한다. 이 학습의 과정 또한 교사 강의식 수업보다는 학생의 사고력을 이끌고, 배움으로 연결 짓기 위해 다양한 학생 참여형 수업 방법을 적용할 수 있다.

자신의 삶의 목표와 소중한 가치를 이해하는 방법으로 중학교 도덕과 수업에서 도덕적 딜레마 상황을 선택하고 결정하는 활동과 도덕적 갈등의 원인을 '피쉬본 활동'을 계획하여 실행하였으며, 이를 통해 갈등의 상황에서 도덕적 신념이 어떻게 작용하는지를 추론하는 과정에서 도덕적 신념의 실천 의지 정도를 평가하기 위해 자기성찰평가, 모둠 내 동료 평가, 교사 평가를 실시하였다.

또한 행복한 삶을 위해서는 건강한 습관을 가지는 것이 중요함을 이해하기 위해 'PMI 활동'을 계획하여 모둠 활동으로 각자의 다양한 의견을 제시하고 조율하는 상호작용 요소와 행복한 습관으로 선정된 아이디어의 좋은 점, 나쁜 점, 흥미로운 점을 파악하는 과정에서 도덕적 의사소통 능력과 도덕적 사고력을 평가할 수 있는 자기성찰평가, 모둠 내 동료평가, 교사 평가를 실시하였다.

1) 자신의 인생관 찾기(자기성찰평가)

평가 요소	채점 기준	평가 척도		
		상(3)	중(2)	하(1)
인생관/가치	인생관의 의미를 이해하고, 자신이 추구하는 가치의 이유를 설명할 수 있다.			
도덕적 성찰	자신의 인생관에 대해 깊이 있는 성찰을 하였다.			

2) 도덕적 신념 파악하기(교사 평가 - 개인 평가)

평가 요소	채점 기준	평가 척도		
		상(3)	중(2)	하(1)
도덕적 신념	도덕적 신념의 중요성을 설명하고, 선택할 수 있다.			
책임감	자신의 신념에 대해 도덕적 확신이 있다.			

3) 갈등의 원인 찾기(피쉬본)

가) 자기성찰평가

평가 요소	채점 기준	평가 척도		
		상(3)	중(2)	하(1)
책임감	다양한 아이디어를 제시하고, 활동을 완성하였다.			

나) 모둠 내 동료 평가

평가 요소	채점 기준	평가 척도(상3,중2,하1)			
		가	나	다	라
상호존중	모둠원의 의견을 수용적인 태도로 경청하며, 갈등의 원인을 제시하였다.				

다) 교사 평가 (개인/모둠 평가)

	평가 요소	채점 기준	평가 척도		
			상(3)	중(2)	하(1)
개인평가	도덕적 추론	도덕적 갈등의 원인을 하위요소를 제시할 수 있다.			
	존중	모둠원들의 의견을 존중하며 의견을 수용하였다.			

	평가 요소	채점 기준	평가 척도		
			상(3)	중(2)	하(1)
모둠평가	도덕적 추론	도덕적 갈등의 원인의 요인과 하위요소를 파악할 수 있다.			
	의사 소통	모둠원 간 서로의 의견을 수렴하였다.			

4) 행복한 삶을 위한 좋은 습관 찾기(PMI)

가) 자기성찰평가

평가 요소	채점 기준	평가 척도		
		상(3)	중(2)	하(1)
창의력	다양한 아이디어를 제시하고, 활동을 완성하였다.			

나) 모둠 내 동료 평가

평가 요소	채점 기준	평가 척도(상3,중2,하1)			
		가	나	다	라
의사소통	모둠원의 의견을 수용적인 태도로 경청하며, 좋은 습관의 좋은 점, 나쁜 점, 흥미로운 점 등을 제시하였다.				

다) 교사 평가 (개인/모둠 평가)

	평가 요소	채점 기준	평가 척도		
			상(3)	중(2)	하(1)
개인 평가	행복한 습관	행복을 위한 습관의 좋은 점, 나쁜 점, 흥미로운 점을 제안할 수 있다.			
	경청	모둠원들의 의견을 경청하며 의견을 수용하였다.			

	평가 요소	채점 기준	평가 척도		
			상(3)	중(2)	하(1)
모둠 평가	행복한 습관	행복을 위한 습관의 좋은 점, 나쁜 점. 흥미로운 점을 분석할 수 있다.			
	협력성	모둠원 간 다양한 의견을 조율하였다.			

나. 프로젝트 계획 단계

프로젝트 수업의 첫 과정인 계획 단계에서 평가는 주제망 그리기, 주제 선정을 위한 토의, 프로젝트 수행 계획서 수립으로 계획-실행하였다. 프로젝트의 주제 선정을 위한 브레인스토밍-'주제망 그리기 활동'에서는 다양한 아이디어와 창의적인 아이디어를 제시하는 과제 수행에서의 책임감과 모둠원의 생각을 수용하는 의사소통을 하는가를 자기성찰평가와 동료 평가로, 주제와의 연관성과 유목화, 아이디어 정리요소를 교사 평가로 실시하였다.

모둠의 프로젝트 주제 선정 토의 과정에서는 모둠원 간 상호존중하며 의사소통하고 있는가와 타당하고 합당한 주제를 선정하고 있는가에 대한 평가를 자기성찰평가, 모둠 내 동료 평가, 교사 관찰 평가를 실시하였다. 프로젝트 수행 계획서 수립 단계는 프로젝트 수업의 전 과정에서 가장 중요한 단계이다. 스스로 계획 수립에 참여하였는가를 평가하는 자기성찰평가와 조사탐구를 위한 역할분담이 모둠 내에서 효과적으로 이루어졌는가를 모둠 내 동료평가로, 계획서 수립에서 탐구과제에 대한 세부적인 요소와 주제 파악의 정도를 교사 평가로 계획하고 실행하였다.

1) 주제망 그리기

가) 자기성찰평가

평가 요소	채점 기준	평가 척도		
		상(3)	중(2)	하(1)
책임감	다양한 아이디어를 제시하고, 유목화 활동을 완성하였다.			

나) 모둠 내 동료 평가

평가 요소	채점 기준	평가 척도(상3,중2,하1)			
		가	나	다	라
의사 소통	모둠원의 의견을 수용적인 태도로 경청하며, 조율하고 정리하였다.				

다) 교사 평가 (개인/모둠 평가)

평가 요소	채점 기준	평가척도		
		상(3)	중(2)	하(1)
내용 구성	도출된 내용들을 유목화하여 연관성 있는 핵심어로 정리하였다.			
창의력	다양한 아이디어로 참신한 의견을 제안하고, 도출된 아이디어를 융합 및 정리하였다.			

2) 주제 선정 토의 및 결정

가) 자기성찰평가

평가 요소	채점 기준	평가척도		
		상(3)	중(2)	하(1)
존중·경청	친구들의 의견을 적극적으로 존중하며 경청하였다.			

나) 모둠 내 동료 평가

평가 요소	채점 기준	평가 척도(상3,중2,하1)			
		가	나	다	라
의사 소통 협동력	서로 존중하면서 의견을 귀담아 듣고 의논하여 합의점을 도출하였다.				

다) 교사 평가 (개별/모둠 평가)

평가 요소	채점 기준	평가 척도		
		상(3)	중(2)	하(1)
주제의 타당성	대주제의 범주 안에서 적합하고 의미 있는 주제를 제안하였다.			
의사 소통	모둠원 간 토의하여 참신한 주제에 합의하였다.			

3) 프로젝트 수행 계획서 수립

가) 자기성찰평가

평가 요소	채점 기준	평가 척도		
		상(3)	중(2)	하(1)
참여도	계획서 수립을 위한 아이디어를 적극적으로 제시하였다.			

나) 모둠 내 동료 평가

평가 요소	채점 기준	평가 척도(상3, 중2, 하1)			
		가	나	다	라
책임감	정확한 주제 탐구를 위해 조사탐구 활동의 역할을 효과적으로 분담하였다.				

다) 교사 평가 (개인/모둠 평가)

평가 요소	채점 기준	평가 척도		
		상(3)	중(2)	하(1)
주제의 적절성	주제를 파악하고 모둠 주제를 선정한 이유를 제시하였다.			
계획의 체계성	모둠의 조사내용을 구체적이고 세부적으로 제시하였다.			
책임감	모둠원의 역할 분담을 공정하게 세부적으로 수립하였다.			

다. 프로젝트 수행단계

프로젝트 수행단계는 프로젝트가 본격적으로 실행되는 단계이다. 이때 자기성찰평가와 동료 평가를 통해 학생들 스스로의 책임감과 역할 수행의 성실성을 독려할 수 있다. 또한 교사는 수행의 과정을 관찰을 통해 학생 개개인의 수행 정도와 모둠원 상호 간의 협력적 관계, 문제해결력을 피드백 할 수 있으며, 수행 결과물 제작 활동을 통해 주제 탐구 및 자료 조사의 적절성과 완성도, 협동성과 자기존중 및 관리 능력, 대인관계 능력, 의사소통 능력, 도덕적 사고 능력 등 교과 역량 요소까지 평가에 반영할 수 있다.

1) 프로젝트 주제 탐구 및 자료 조사

가) 자기성찰평가

평가 요소	채점 기준	평가 척도		
		상(3)	중(2)	하(1)
책임감	활동 과정에서 주어진 역할에 대하여 과제 수행을 적극적으로 하였다.			

나) 모둠 내 동료 평가

평가 요소	채점 기준	평가 척도(상3, 중2, 하1)			
		가	나	다	라
책임감	주제를 정확히 이해하기 위해 관련 내용을 스스로 찾아 보며 필요한 내용을 정리하였다.				

다) 교사 평가 (개인/모둠 평가)

평가 요소	채점 기준	평가 척도		
		상(3)	중(2)	하(1)
과제 수행의 적절성	신뢰성 있는 다양한 출처에서 목적에 맞는 정보를 수집하여 주제에 적합한 유의미한 자료를 제시하였다.			
문제해결력	개인의 조사 자료를 분석하고, 모둠 간 의견을 조율·수렴하여 주제와 연결 지어 자료를 정리하였다.			
상호작용	개인의 조사 자료를 모둠원과 공유하고, 자료를 종합하였다.			

2) 프로젝트 수행 결과물 제작

가) 자기성찰평가

평가 요소	채점 기준	평가 척도		
		상(3)	중(2)	하(1)
책임감	맡은 역할을 수행하고 자신의 역할을 스스로 해결하였다.			

나) 모둠 내 동료 평가

평가 요소	채점 기준	평가 척도(상3,중2,하1)			
		가	나	다	라
책임감	주제를 정확히 이해하기 위해 관련 내용을 스스로 찾아 보며 필요한 내용을 정리하였다.				

다) 교사 평가 (개인/모둠 평가)

평가 요소	채점 기준	평가 척도		
		상(3)	중(2)	하(1)
내용의 충실성	주제에 합당한 행복의 키워드를 파악하고 행복의 메시지를 제시하였다.			
	조사내용을 바탕으로 행복을 위한 실천방안을 제시하였다.			
창의력	주제에 맞게 창의적이며 완성도가 높다.			
협동력	모둠원들의 역량을 파악하고, 공평하게 역할을 분담하여 완벽하게 수행하였다.			

라. 프로젝트 발표 및 평가

프로젝트 발표 및 평가의 단계에서 가장 중요한 요소는 자신들이 조사한 내용을 주제와 관련성을 지어 필요한 자료를 수집하고, 이를 바탕으로 전반적인 구성을 설계한 후 내용을 알기 쉽게 제작하였는가와 발표 제작 영역과 발표 영역으로 나누어 평가 계획을 수립할 수 있다.

따라서 발표 제작 영역에서는 수행 결과물의 주제 연관성과 완성도를 높여 체계적, 창의적으로 가독성 있게 표현했는가의 요소를 평가할 수 있다. 발표 영역에서는 조사 탐구한 내용을 이해하고 있는가와 전달력 있게 발표하였는가, 주제에 충실한가 등 프로젝트 과제 수행의 핵심 요소를 모둠 간 동료평가를 추가하여 상호 교차 평가할 수 있도록 하며, 교사는 적절한 피드백을 통해 학습 목표 자체를 보다 적절하고 의미 있게 학생들의 배움이 구성될 수 있도록 한다.

가) 프로젝트 발표 자료 제작

① 자기성찰평가

평가 요소	채점 기준	평가 척도		
		상(3)	중(2)	하(1)
책임감	자신의 역할을 책임감 있게 수행하였다.			

② 모둠 내 동료 평가

평가 요소	채점 기준	평가 척도(상3,중2,하1)			
		가	나	다	라
책임감	자신의 의견을 적절히 전달하며, 모둠 활동에 적극적으로 참여하여 과제의 완성도를 높였다.				

③ 교사 평가 (개인/모둠 평가)

평가 요소	채점 기준	평가 척도		
		상(3)	중(2)	하(1)
구성 및 내용	주제에 맞게 내용이 충실하고 완성도가 높았다.			
창의력	참신하고 창의적으로 표현하였다.			
협동력	의견을 경청하고 의논하여 합의점을 도출하였다.			

나) 프로젝트 발표

① 자기성찰평가

평가 요소	채점 기준	평가 척도		
		상(3)	중(2)	하(1)
전달력	자신의 생각을 적극적으로 표현하였다.			

② 모둠 내 동료 평가

평가 요소	채점 기준	평가 척도(상3,중2,하1)			
		가	나	다	라
의사소통	자신의 의견을 적절히 전달하며, 모둠 활동에 적극적으로 참여하여 과제의 완성도를 높였다.				

③ 모둠 간 동료 평가

평가 요소	채점 기준	평가척도(상3,중2,하1)							
		1	2	3	4	5	6	7	8
구성 및 내용	발표 내용의 구성 및 순서가 논리적이고, 중심 내용을 강조하였다								
전달력	적절한 예시와 사례를 제시하여 효과적으로 전달하였다.								

④ 교사 평가 (개별/모둠 평가)

평가 요소	채점 기준	평가척도(상3, 중2, 하1)							
		1	2	3	4	5	6	7	8
구성 및 내용	발표 내용을 적절하게 요약하여 효과적으로 전달하였다.								
창의력	결과물이 신선하고 독창적이며 상상력이 풍부하였다.								
전달력	적절한 예시와 사례를 제시하여 효과적으로 전달하였다.								

마. 과정중심평가를 위한 평가 방법의 활용

과정중심평가의 과제는 지식, 기능, 태도의 종합적 특징이 드러나도록 다양한 평가 방법을 활용하는 것이 바람직하다.

교사뿐만 아니라, 학생도 평가의 주체가 될 수 있도록 교사 평가, 자기성찰평가, 동료 평가 등 다양한 평가 방법을 활용하면 학생의 성장과 변화를 더욱 잘 관찰할 수 있으며, 평가의 신뢰도 또한 높일 수 있다.

피드백은 평가결과를 토대로 학생 측면에서는 인지와 행동의 교정을 위해 제공하는 정보(성적표 포함)을 말하며, 교사 측면에서는 수업을 개선하기 위해 제공하는 정보이다. 즉, 피드백은 평가 결과로 드러난 학생의 지식, 기능, 가치, 태도에 관해 제공하는 정보이다.

바. 과정중심평가 Tip

1) 개인 평가

프로젝트 수업에서는 학생들의 활동이 다양하고 많기 때문에 프로젝트 수업의 평가 전체 배점(20점)을 정하고 개인별 평가(10점), 모둠별 평가(10점) 배점으로 나눈 후 개인 평가는 활동별로 각 평가 영역별 평가 기준에 따라 평가척도는 상-하 또는 상-중-하로 각 활동 영역별 (0점~3점) 배점의 기준을 정하는 것이 평가하는 것이 좋다.

2) 모둠 평가

프로젝트 수업에서는 개인별 과제 수행뿐만 아니라 모둠의 협력적 과제 수행을 통해 의사소통 능력과 협력적 문제해결 능력을 키울 수 있도록 수업 디자인을 해야 한다. 모둠원이 협력적으로 산출물을 도출했는지 과정과 결과(산출)를 평가할 수 있도록 개인 평가뿐만 아니라 모둠별 평가 요소도 만들어야 한다. 교사는 학생들이 협의하고, 자료를 탐색하고, 산출물을 만들어 내는 과정을 관찰하고, 기록하며 평가하는 것이 필요하다.

모둠 평가 시에는 모둠원이 협력적으로 과제를 수행했는지와 결과물에 대한 피드백을 줄 수 있는 평가가 함께 이루어져야 한다. 또한 모둠 내 동료 평가와 모둠 간 동료 평가를 점수에 반영할 것인가도 고민해야 한다. 학생들에게 평가를 하도록 하지만 점수 반영보다는 학생 활동을 독려하고, 교과세특 기록 시 유의미한 자료로 활용할 수도 있다.

3) 학급별 평가

개인 및 모둠 평가지를 각각 낱장으로 가지고 학생 30여 명을 평가하려고 하면 평가지만 해도 학급별로 40여 장을 가지고 다니며 채점을 해야 한다. 그래서 한 장에 학급별 평가지를 만들어 그때그때 활동 내용이나 활동지를 평가하도록 한다. 〈예시 학급별 평가지 (채점표 교사용)〉

평가 기준표를 한쪽 면에 붙여 수시로 확인하며, 학급별 채점표를 만들어 한 장에 개인별 영역과 모둠별 영역을 분류하고, 평가 영역별 채점 기준에 의거하여 1점에서 4점으로 채점하여 합산하면 편리하다. (프로젝트는 여러 활동을 종합적으로 평가해야 하므로 한 항목에 너무 큰 배점을 주게 되면 하나의 프로젝트에 배점이 30점 이상이 되기 때문에 한 항목에 5점 이하 배점이 좋다.)

각 영역별 평가 중 학생의 특이사항이 있으면 비고란에 특징만 간단히 적어두어, 교과세특 기록이나 개별 피드백을 해줄 때 활용하면 좋다.

학급별 평가지(채점표, 교사용)

학번	개인 평가					모둠 평가			합계 (20)	비고 (특이사항)
	주제망 (1)	자료 조사 (3)	자료 제시 (1)	협력 참여도 (3)	신문 만들기 (2)	결과물 도출 (2)	결과물 구성 (4)	결과물 발표 (4)		
1. 000										
2. 000										
3. 000										

프로젝트 수업 평가 요소와 채점 기준

C-프로젝트 수업연구소 **우치갑**, 대구 화원중학교 **이지영**, 경기 분당고등학교 **신윤기**
경북 동산여자중학교 **장영희**, 경기 신곡중학교 **진연자**, 경기 민락중학교 **양혜인**

1. 프로젝트 수업 평가 요소(공통)

평가 요소	채점 기준
경청	• 친구들의 의견과 발표를 주의 깊게 경청하였다. • 친구들의 의견에 적극적으로 존중하고 경청하였다.
존중, 공감	• 자기와 친구들의 의견 차이를 인정하고 존중하였다. • 모둠활동에서 친구가 성취감을 느끼도록 잘 도왔다. • 친구들의 입장을 이해하며 공감하는 태도를 가졌다. • 친구들의 의견에 주의를 기울이고 공감하는 태도를 가졌다.
배려	• 모둠원들에게 양보하고 타협하면서 협력하는 태도를 가졌다. • 친구들의 의견을 존중하고 배려하면서 모둠활동에 참여하였다. • 상대방의 감정이나 상황을 배려하며 공손하고 바른 태도로 의사소통에 참여하였다.
협동력	• 구성원으로서 양보하고 타협하면서 협력하였다. • 서로 존중하면서 의견을 경청하고 의논하여 합의점을 도출하였다. • 서로 존중하면서 의견을 귀담아 듣고 의논하여 합의점을 도출하였다.
책임감	• 역할 분담에서 자신의 역할을 책임감 있게 수행하였다. • 활동과정에서 주어진 역할에 대하여 과제수행을 적극적으로 하였다. • 역할 분담에서 자신의 역할을 책임감 있게 수행하고 합리적인 의견을 제시하였다.

2. 프로젝트 계획하기

가. 주제망 그리기

평가 요소	채점 기준
책임감	자신의 역할을 구체적으로 알고, 다양한 아이디어를 주체적으로 해석하고 분류하여 유목화 활동을 완성하였다.
의사소통	모둠원의 의견을 수용적인 태도로 경청하며 조율하고 정리하였다.
협동력	브레인스토밍 활동으로 주제에 대한 의미를 구성한 후 서로의 다양성을 존중하고 상호협력적인 태도로 활동을 완성하였다.
창의력	새롭고 참신한 의견을 제안하고, 도출된 아이디어를 융합 및 정리하였다.
내용 구성	• 도출된 내용들을 유목화하여 연관성 있는 핵심어로 정리하였다. • 모둠원들과의 활발한 협의를 바탕으로 유목화 및 주제망의 내용을 완성하였다. • 브레인스토밍 활동에 적극 참여하였으며, 도출된 내용들을 유목화하여 연관성 있는 핵심어로 정리하고 모둠의 주제를 선정하였다.

나. 소주제 선정 (토의 및 결정)

평가 요소	채점 기준
소주제 선정	• 서로 존중하면서 의견을 경청하고 의논하여 합의점을 도출하였다. • 토의에서 친구의 의견을 경청하고, 해결 방안을 탐색할 때 다른 사람의 의견을 존중하였다. • 친구들의 의견을 들은 후 상대의 의견을 요약하고 그에 대한 자신의 의견을 조리 있게 말했다.

다. 프로젝트 수행 계획세우기

1) 조사해야 할 내용 및 자료 수집 계획하기

평가 요소	채점 기준
조사 내용	주제 선정 이유를 잘 진술하였고 조사해야 할 내용을 바르게 선정하였다.
자료 수집 계획	• 주제를 분석 후 관련 자료를 찾아 조사할 수 있는 계획을 수립하였다. • 주제를 분석 후 무엇을 조사하고 무엇을 알고자 하는지 계획을 수립하였다.

2) 프로젝트 활동을 위한 역할 분담

평가 요소	채점 기준
협동력 (역할 분담)	• 모든 모둠원들의 역량을 파악하고 공평하게 역할을 분담하였다. • 정확한 주제 탐구를 위해 조사 탐구 활동의 역할을 효과적으로 분담하였다.

3. 프로젝트 수행하기

가. 주제 탐구 활동(조사 내용 정리 및 종합, 분석하기)

평가 요소	채점 기준
내용정리, 종합하기, 분석하기	• 신뢰성 있는 다양한 출처에서 목적에 맞는 정보를 수집하였다. • 자료를 분류, 분석하여 모둠원들에게 공유하였다. • 조사한 자료를 종합하여 정확하게 이해하고 분석하였다. • 주제를 탐구하고 사실적인 다양한 자료를 찾아 조사하였다. • 자료를 합리적으로 분석하고 이해하여 모둠원들에게 논리적으로 설명하였다. • 주제를 정확히 이해하기 위해 관련 내용을 스스로 찾아보며 필요한 내용을 정리하였다.

나. 과제 활동의 역할 수행 (책임감)

평가 요소	채점 기준
협동력 (역할 수행)	• 활동 과정에서 주어진 역할에 대하여 과제 수행을 적극적으로 하였다. • 맡은 역할을 완벽하게 수행하고 동료의 도움 없이 맡은 일을 스스로 해결하였다. • 역할 분담에서 자신의 역할을 책임감 있게 수행하고 합리적인 의견을 제시하였다.

다. 프로젝트 결과물 제작하기

평가 요소	채점 기준
협동력 (결과물 제작하기)	• 공평하게 역할을 분담하고 역할을 완벽하게 수행하였다. • 서로 존중하면서 의견을 경청하고 의논하여 합의점을 도출하였다. • 모든 모둠원들의 역량을 파악하고 공평하게 역할을 분담하여 수행하였다.

4. 프로젝트 발표하기

가. 수행 결과물(산출물)

평가 요소	채점 기준
창의력 (수행 결과물)	• 수행 결과물의 창의적 표현력이 우수하다. • 수행 결과물이 참신하고 창의적으로 표현되었다. • 수행 결과물이 주제에 맞게 창의적이며 완성도가 높다. • 수행 결과물이 체계적이며 창의적인 방법으로 잘 표현하였다. • 수행 결과물의 모든 아이디어가 새롭고 독특하며 기발하였다. • 다각도로 분석하여 참신한 아이디어를 산출한 수행 결과물이었다.

나. PPT 발표

평가 요소	채점 기준
구성 및 내용	• 발표 내용을 적절하게 요약하여 효과적으로 전달하였다. • 발표 내용의 구성 및 순서가 논리적이고, 중심 내용을 강조하였다. • 수행 과제를 명확히 이해하고 발표 내용을 짜임새 있게 구성하였다. • 발표 내용들이 주제에 어긋나지 않고 짜임새 있게 연결되어 있다.
전달력	• 적절한 예시와 사례를 제시하여 효과적으로 전달하였다. • 다양한 시각적 자료를 활용하여 효과적으로 전달하고, 흥미를 유발하였다.

프로젝트 수업 평가 시
어려움과 해결책

C-프로젝트 수업연구소 **우치갑**
경기 관양고등학교 **고영애**, 대구 화원중학교 **이지영**

1. 프로젝트 수업 과정에서의 평가, 학생 성장을 돕는 평가? 공정한 평가?

가. 프로젝트 수업 과정에서의 평가 시 걸림돌과 디딤돌

1) 개인 점수와 모둠 점수의 비율 조정

모둠 활동으로 진행되는 프로젝트의 경우 수업 과정에서 다양한 학생들의 모습을 볼 수 있다. 예를 들면, 참여를 거의 하지 않는 무임승차 학생, 자신의 역할만 하는 학생, 혼자서 모든 것을 다하려는 학생, 개별 활동은 열심히 하되 모둠 활동은 최소한으로만 하는 학생 등이 있다. 따라서 학생들의 반응과 활동 정도에 따른 점수 부여와 모둠 안에서 협력할 수 있는 평가 환경을 조성해야 한다. 이에 개인 점수와 모둠 점수의 비율이 중요하다고 볼 수 있다. 그러나 실제 이 비율을 어떻게 정해야 할까에 대해서는 고민이 많다.

모둠 점수의 비율이 너무 높을 경우 무임승차자의 문제, 그리고 열심히 참여한 정도와 수업 태도에 따른 차등 점수 부여가 어렵게 되어 불만이 생기게 된다. 반면, 개인 점수의 비율이 너무 높을 경우 협력적 문제해결 역량을 키우는 프로젝트 수업이라는 의미가 흐려진다. 또한 개인 활동만 열심히 참여하고 모둠 활동은 적당히 하는 개인주의적인 모습이 나타난다. 그렇다고 일률적으로 5:5의 비율로 정하는 것이 정답이라 볼 수도 없다. 결국 프로젝트 수업의 주제, 목적, 방향 등을 고려하여 개인 점수와 모둠 점수의 비율을 정해야 한다.

처음 프로젝트 수업으로 수행 평가를 진행했을 때 15점 만점에서 모둠 점수는 10점, 개인 점수는 5점으로 정하였다. 프로젝트 수업은 모둠원 간의 협력이 가장 중요하다고 생각했기 때문에 모둠 점수의 비중을 높여 협력할 수 있도록 하고 싶었다. 그런데 모둠 구성이 무작위 뽑기로 구성된 상태였기 때문에 협력을 하여도 드림팀으로 구성된 모둠을 따라갈 수 없는 상황이 생겼다. 이에 모둠 점수의 간격을 최소화하였더니 협력하여 열심히 수업에 참여한 모둠과 그렇지 않은 모둠 간의 격차가 미미하였고, 개인 점수도 영향력이 적게 되는 결과가 생겼다.

이에 두 번째 프로젝트 수업에서는 개인 점수를 10점, 모둠 점수를 5점으로 하였다. 프로젝트 수업 과정에서 개별 활동을 확인할 수 있는 부분을 좀 더 확보하여 평가를 하였다. 학생들은 본인들이 한 만큼 점수가 나왔다고 생각했다. 좀 더 공정한 평가라고 생각한 것이다. 그러나 '프로젝트 수업과 평가를 통해 학생들의 성장을 도왔는가?'에 대한 의문이 들었다. 협력하며 함께 토론하면서, 함께 문제를 해결하면서 서로 성장할 수 있는 기회를 주고 싶고 이를 확인하는 평가를 해야 한다는 목표는 멀어진 것이다.

세 번째 프로젝트 수업에서는 프로젝트의 주제, 목적, 방향을 더 깊이 있게 생각하였다. 이번 프로젝트의 주제는 무엇인가, 목적을 어디에 두어야 하는가, 교과 역량을 키우기 위해 어떤 방향으로 가야하는가 등의 질문을 가지고 평가 기준을 세웠다. 이에 따라 개인 점수와 모둠 점수의 비율을 정했다. 물론 모든 학생들을 만족시키는 평가는 없다. 그러나 학생의 성장을 도우면서 공정함을 유지할 수 있는 평가로 한 걸음 갈 수 있었다.

2) 과정과 결과에 대한 점수 비율 조정

프로젝트 수업은 최소 4차시 이상으로 진행하게 되고 그 과정과 결과물까지 평가해야 한다. 프로젝트 과정에 대한 평가와 프로젝트 결과물에 대한 평가의 점수 비율을 정하는 것도 어렵다. 프로젝트는 과정도 중요하고 결과 또한 중요하기 때문이다. 프로젝트 과정과 결과에 대한 점수 비율은 개인 평가와 모둠 평가와도 연결된다. 따라서 개인 평가와 모둠 평가 요소를 정할 때 프로젝트 과정과 결과가 포함되도록 정하는 것이 좋다.

먼저 프로젝트 수업 과정에 대한 평가는 개인 평가와 모둠 평가에 모두 반영되어야 한다. 즉, 개인 평가와 모둠 평가 요소에 프로젝트 수업 과정에 대한 평가가 포함되어야 한다는 것이다. 프로젝트 수업이 진행되는 동안 거의 매 차시 개인 평가 또는 모둠 평가가 이루어지게 된다. 매시간 이루어지는 평가에서 양과 질 모두를 평가하는 것은 쉽지 않다. 특히, 여러 반에서 수업을 하는 교과일 경우 매시간 평가를 한다는 것은 매우 부담스러운 일이 된다.

그래서 프로젝트 수업 과정에 대한 개인 평가는 양과 질을 모두 고려하되, 공정성에 좀 더 무게를 두고 평가한다. 학생들이 점수에 대해 이의 제기시 충분히 설명할 수 있어야 하기 때문이다. 또한 프로젝트 수업 과정에 대한 모둠 평가는 주로 시간 안에 모둠 과제를 완성하였는가에 초점을 둔다. 모둠 활동의 질은 과정이 아닌 결과에서 주로 확인하되, 과정에서는 모둠원의 참여도, 협력도 등을 확인할 수 있도록 과제 완성 정도를 확인한다. 이렇게 평가를 진행하면 교사의 부담이 조금이라도 줄어드는 효과가 생긴다. 단, 프로젝트 수업 과정에서 동료 평가와 교사 평가를 모두 활용해야 한다. 교사가 확인하지 못한 부분을 동료 평가로 보완할 수 있게 된다. 프로젝트 수업 과정은 교사의 관찰 평가와 과정에서 제출하는 활동지를 중심으로 하여 평가를 하되, 자기성찰평가와 모둠 내 동료 평가를 참고하여 개별 참여와 모둠 참여 평가 항목에서 "+와 - 를 하는 방법"을 사용해도 된다.

프로젝트 수업 결과에 대한 평가는 동료 평가(모둠 간 평가)와 교사 평가를 병행하는 것이 좋다. 즉, 교사 평가 그리고 모둠 간 동료 평가를 고려하여 점수화하는 방법이다. 단, 그 비율을 어느 정도로 해야 하는지는 고민거리로 남아 있다. 이때 동료 평가는 개인마다 자신의 모둠을 제외한 다른 모든 모둠을 평가하게 한다. 그리고 그 점수를 모두 합하여 A, B, C의 등급을 정한다. 지금까지는 동료 평가(모둠 간 평가), 교사 평가를 50:50으로 점수화하였다. 한 모둠에 대한 동료 평가(모둠 간 평가)의 등급과 교사가 평가한 등급을 모두 고려하여 평가를 한다. 대부분 교사의 평가와 학생들의 평가는 일치하는 경우가 많다. 학생들은 생각보다 공정하게 평가한다. 단, 교사 평가와 학생들의 동료 평가의 등급이 불일치하는 경우, 학생들의 판단을 우선시한다. 그러나 학생들은 외적으로 드러나는 면을 지나치게 강조하고 내용적인 면을 간과할 수 있으므로 교사는 이를 확인하여 최종 점수를 주는 것이 좋다.

이 경우에도 평가의 공정성과 신뢰도를 높이기 위해 그리고 학생들의 성장을 돕기 위해 프로젝트 수업 과정과 결과를 어느 정도 비율로 정해야 하는지에 대한 교사들의 합의가 무엇보다 중요하다. 그리고 학생들에게 동료 평가를 하게 하는 것은 평가를 하는 사람의 입장에서 객관적으로 바라보게 하는 능력을 키울 수 있고, 프로젝트를 하면서 중요한 것이 무엇인지 다시 한번 생각하게 하는 시간이 될 수 있기 때문이다.

3) 복합적인 평가에 대한 부담

프로젝트 수업에 대한 평가는 개별 활동과 모둠 활동, 그리고 과정과 결과물에 대한 평가와 자기성찰평가, 동료 평가, 교사 평가가 복합적이면서도 다각적으로 이루어져야 한다. 다른 분야의 수행평가에 비해 고려해야 할 요소가 많고 복잡하게 느낄 수 있다. 또한 1차시의 평가가 아닌 지속성을 지닌 평가이기 때문에 학생뿐만 아니라 교사가 느끼는 부담감도 상당하다고 볼 수 있다.

그렇기 때문에 개인 평가와 모둠 평가 그리고 과정 평가와 결과 평가를 입체적으로 고려하여 평가 요소와 항목을 정해야 한다. 이 경우 과정과 결과에 대한 평가 요소와 항목을 먼저 정하고, 그런 뒤 이를 다시 개인 평가와 모둠 평가로 구분하는 방식을 사용한다.

따라서 이런 부담감을 감소시키기 위해서는 선택과 집중이 중요하다. 어떤 부분을 중요시 하고, 어느 부분까지 평가할 것인가에 대해 충분히 시간을 가지고 동료 교사들간 협의를 통해 사전에 결정해야 한다. 그리고 실제 프로젝트 수업과 평가를 진행하면서 나타나는 문제점은 추후에 진행할 프로젝트 수업과 평가에 반영할 수 있도록 메모를 하는 것이 좋다.

4) 결시자에 대한 점수 부여

프로젝트 수업 및 평가는 1차시로 진행되지 않고 2차시 이상의 장기간으로 진행되는 경우가 많다. 이 과정에서 결시자가 생기게 될 때, 결시자에 대한 점수 부여 방법을 고민해야 한다. 왜냐하면 다른 수행평가와는 달리 모둠 활동에 대한 점수가 부여되기 때문이다. 모둠 활동의 과정에서 토론하고 합의하고, 끊임없는 의사결정과 협력의 과정에 대한 평가를 해야 한다. 따라서 그 활동에 일부 참여했다 하더라도 동일한 모둠 점수를 부여할 수 없다. 불참한 횟수에 따른 점수 부여 방법, 추가 활동에 대한 대안 등에 대한 고민이 필요한 것이다.

4시간에 걸친 프로젝트 수업과 평가를 진행할 때, 예를 들어 1회 결시시 2페이지 이상 보고서 작성하기, 2회 결석시 4페이지 이상 보고서 작성하기 등으로 대체하는 방법이 있다. 또한 해당 프로젝트 수업에 3회 이상 결석한 학생들을 대상으로 방과 후에 남긴 후, 이들로만 구성한 새로운 모둠을 만들어 협력과 참여도를 볼 수 있는 과제를 제시하여 관찰하고, 개인 보고서를 작성하여 제출하는 방법도 있다.

나. 프로젝트 수업 과정에서의 평가를 위한 Tip

프로젝트 수업을 시도하는 데에도 여러 가지 현실적인 어려움이 많은데, 프로젝트 수업의 평가는 더 많은 어려움이 있다. 처음부터 완벽한 평가는 없다. 여러 번의 경험이 공정한 평가와 부작용을 최소한 평가를 만들 수 있다고 생각한다.

프로젝트 수업 과정에서의 평가를 위해 학생들의 특징, 프로젝트의 특징 등을 고려하여 평가 기준을 세우는 것이 필요하다. 예를 들어 성적 산출의 부담이 많은 학교는 개인 평가를 강화하는 방향으로 하는 것이 성적 산출 후 부작용을 줄일 수 있다. 이렇게 했을 때 모둠 구성에 대한 부담감도 줄일 수 있다. 그리고 모둠 점수의 급간을 최소화 하는 것도 하나의 방법이 된다. 모둠원으로 인해 자신이 피해를 보는 것이 아니라 함께 할 때 혼자하는 것보다 더 나은 결과를 얻을 수 있다는 경험을 할 수 있다.

그리고 프로젝트 수업 과정에서 매 차시 해야 할 분명한 과제 제시와 활동지 작성은 평가를 보다 용이하게 도와준다. 이때 개인 평가는 작성한 활동지의 양과 질(내용)을 모두 평가하며, 모둠 평가는 과제 완성 여부 정도만 확인하는 방법을 사용할 수 있다.

프로젝트 수업 결과에서의 평가는 프로젝트 수업 결과물, 발표, 질의 응답 등을 평가 요소로 하였을 때, 다각적인 면에서 확인할 수 있다. 수업 결과물이 시각적으로 잘하였어도 내용이 부실할 경우 발표 과정 그리고 질의 응답시간에 드러날 수 있다. 특히, 질의 응답은 발표하는 모둠의 목소리를 경청하게 만들며, 비판적 사고력을 향상시킬 수 있는 기회가 된다. 이때 단어의 뜻을 묻는 단순한 질문은 질의에 해당하지 않는 것으로 하며 문제점 제기를 중심으로 하도록 안내한다.

마지막으로 프로젝트 수업 시 사전에 수업 안내문, 결과물 제작 안내문, 평가 안내문 등이 필요하다. 이와 같은 다양한 안내문은 학생들에게 프로젝트 수업에 참여할 때 내비게이션과 같은 것이다. 어떤 과정에서, 어떤 과제를, 어떻게 완성해야 하는지에 대해 명확히 알고 진행할 때 수업에 대한 참여는 물론 평가에 대한 이의 제기는 줄게 된다.

프로젝트 수업 학생 안내문

고1 통합사회

인권단체 설립하기 프로젝트

우리는 국가인권 위원회 소속 인권 문제 해결을 위한 단체의 설립 준비팀으로서 어떻게 하면 인권 침해를 받는 사회적 약자들을 위하여 인권 문제를 해결하는 데 도움이 되는 적극적이고 실현가능한 방안을 실천하는 단체를 만들 수 있을까?

1. 국내 및 국외 인권 문제 조사
2. 해결하고 싶은 인권문제 설정
3. 인권문제 해결을 위한 단체 설립
4. 인권단체의 설립 배경 및 목표, 활동 계획 명확히 하기
5. 단체 로고 제작 및 단체 활동 내용을 구체적으로 명시하기
6. 메인 홈페이지 형식으로 제작하기

1차시 주제망 작성을 통한 프로젝트 주제 선정 (핸드폰 필요)

1. 수행평가를 위한 모둠편성
2. 주제망 그리기 – 다양한 구체적인 인권문제(국내/세계) 나열하고 인권침해 대상별로 분류
3. 해결하고 싶은 인권문제 정하기(테마 선정-가치 그래프)-시급성, 심각성을 중심으로
4. HMW(How might we……?) 질문만들고 생각해보기
   * 과제 : 국내 그리고 세계 인권 침해 사례 각각 3개와 해결방안 3개 이상 조사해 오기
   (A4 3-4페이지, 글씨 크기 10, 줄간격 120, 각 인권침해 사례 사진 3개 포함)- 개별점수에 반영

2-3차시 주제망 작성을 통한 프로젝트 주제 선정 (핸드폰 필요)

1. 자료 조사 및 자료 분석-개인 평가에 반영

인권 침해		
인권 침해 사례	국내(1)	
	국내(2)	
	세계(1)	
	세계(2)	
해결 방안	(1)	
	(2)	
	(3)	

2. 모둠별 활동 - 모둠 평가에 반영

가. 프로젝트 수행 계획서 작성하기

나. 단체 설립 제안서

명칭			
설립 배경 및 목표			
로고 (의미 설명)			
인권 침해 사례			
활동내용(5 전략) -새롭개 등장한 인권 반드시 2개 포함)		보장 인권	구체적인 인권	활동 내용
	1			
	2			
	3			
	4			
	5			

- 단체의 핵심 가치 정하기(3가지 가치 정하기→ 로고 제작)
- 활동 목표(단체 설립이유, 다양한 인권 침해 사례 포함할 것, 비전과 사명)
- 활동 방향-구체적인 인권, 새로 대두된 인권 포함, 인권보장을 위한 구체적인 방안(활동내용)

3. 인권 단체 메인 홈페이지 제작하기 (핸드폰 필요)
- 별도의 안내문 배부

4차시 발표하기

* 모둠 간 동료 평가
* 교시 평가(모둠 평가)

2. 프로젝트 수업 지속의 힘과 성공의 열쇠는 평가!

가. 프로젝트 수업은 평가로 평가된다

1) 평가의 어려움

자유학기제를 넘어 이제는 자유학년제가 시행되고 있다. 중학교 1학년 수업에서 프로젝트 수업을 부담 없이 할 수 있겠구나 싶어 다른 학교의 교사에게 가볍게 질문했다.

"자유학년제라 점수 부여가 없으니 평가에 대한 부담은 덜 하시죠?", "저희는 그렇지도 않아요. 서술형으로 수업 활동에 대해 평가해 보냈는데도 이런 평가를 왜 받게 되었는지 설명해 달라는 학부모 요청도 있는걸요."

우리 교사들이 직면하는 평가의 근본적인 어려움은 무엇일까? 학교에 대한 신뢰의 흔들림, 교사의 전문성에 대한 존중 부족 등으로 교사는 평가 후 설명에 설명을 추가해야 하는 부담을 느끼는 부분이 분명히 존재한다. 우리는 이미 전문성을 확보하고 교육 현장에 섰지만 수업과 평가를 통해 신뢰성과 전문성을 확고하게 해야 함을 잊지 말아야 한다. 각각의 수업 활동들이 훌륭했다고 자부하더라도 평가와 의미 있게 연결되지 못한다면 어떤 프로젝트 수업이든 성공했다고 인정받기 어렵기 때문이다. 프로젝트 수업에서 평가의 어려움은 다양성과 지속성에 있다고 생각한다. 자기성찰평가, 동료 평가(모둠 내, 모둠 간), 교사 관찰 평가 등을 프로젝트 과정 중에 지속적으로 실시해야 한다. 또한 과정만을 평가하는 것이 아니라 산출물(결과물) 평가도 병행해야 한다. 즉, 프로젝트 수업의 과정도 평가해야 하지만 최종 결과물도 평가해야 하는 것이다. 그렇기 때문에 교사들은 프로젝트 수업 전에 이 모든 평가에 대해 계획하고 정리해 두어야 한다.

2) 수업 철학에서 시작하는 체계적인 수업 설계와 안내

평가에 대한 어려움을 해결하기 위해서는 밑바탕에서 해답을 찾을 수밖에 없다. 가장 중요한 것은 교사의 수업 철학이다. 자신의 수업 철학을 바탕으로 세부 핵심 사항(성취기준, 프로젝트 수업 주제, 활동 내용, 평가 등)을 마련하고 수업 설계를 해야 한다. '이 단원을 왜 가르치려고 하는가', '무엇을 가르치고 싶은가'에 대한 질문의 답이 교사에게 있어야 한다. 대략적이라도 무엇을, 왜 가르쳐야 하는지 계획한 후에 세부 사항을 구체적이고 체계적인 절차에 따라 설계해야 한다. 체계적인 수업 설계가 되지 않았다면 여러 차시에 걸쳐 이루어지는 프로젝트 수업 진행 자체가 어렵다. 그래서 매 차시의 수업 활동, 평가 준비, 피드백 계획 등을 꼼꼼히 준비하는 것이 좋다. 흔들림 없는 수업 설계를 통해 평가는 신뢰성, 타당성을 확보할 수 있고 학생들에게 의미 있는 학업 성취의 기쁨을 줄 수 있다. 또, 프로젝트 수업 전에 학생들에게 프로젝트 수업 안내문을 함께 읽고 전체적인 과정을 인지하도록 하는 활동은 꼭 필요하다. 이때, 과정중심평가가 이루어진다는 것을 정확하게 안내하고 산출물 평가에 대해서도 함께 안내한다. 평가 안내문을 따로 만들어 학생들에게 제시하는 것도 좋은 방법이다. 전체적인 프로젝트 과정이 평가와 유기적으로 관련되어 있음을 여러 번 반복하여 안내해야 한다. 그래서 수업이 평가로, 평가가 수업으로 자연스럽게 연결되어 학생들이 그 속에서 평가의 의미를 깨달을 수 있도록 하는 과정이 필요하다.

중학교 국어과 프로젝트 수업 평가 안내문

"양반전 풍자 뉴스 대본 제작" 프로젝트 평가 안내

1. 프로젝트 활동 평가 안내

프로젝트 시작과 함께 차시별로 자기성찰평가, 동료 평가, 교사 평가가 실시됩니다. 평가와 관련된 사항을 숙지해 두시기 바랍니다.

2. 프로젝트 과정 중 평가 계획

평가 형태		평가 시기	평가 내용	평가척도 (항목별)
자기성찰평가		매 차시	하브루타 활동(고전 작품 읽고 질문 만들기, 짝 활동 및 모둠활동을 통해 최종 질문, 새로운 질문 만들기)	상 / 중 / 하
			토의 활동(주제 정하여 모둠 토의하기)	
			풍자뉴스 대본 제작을 위한 계획, 모둠 만평 만들기, 풍자 뉴스 대본 제작하기(실제)	
모둠 내 동료 평가		3, 5, 7 차시 후	양반전 풍자 뉴스 대본 제작하기 프로젝트 산출물 완성 후 모둠 활동 평가	10 / 8 / 6
모둠 간 동료 평가		8치시 후	모둠별 산출물 발표 및 공유 시간 후 모둠 간 동료 평가	10 / 9 / 8
교사 평가	개인 평가	매 차시	활동 내용에 따른 체크리스트 활용 및 서술 평가	체크리스트
	모둠 평가	모둠 활동 시	활동 내용에 따른 체크리스트 활용 및 서술 평가	체크리스트

* 산출물(결과물) 평가에 대한 안내는 추후 공지함.

3. 평가 반영

① '양반전 풍자 뉴스 대본 제작 프로젝트(전체 수행평가 중 15% 반영)'는 과정 평가, 산출물 평가 2가지 영역으로 평가합니다. 평1, 평2는 과정 평가에 들어가며 불성실하게 작성 시 수행 과정을 이수했다고 보기 어려우니 제시된 평가 항목에 맞게 평가하면 됩니다.

② 자기성찰평가, 모둠 내 동료 평가, 모둠 간 동료 평가, 교사 평가는 모두 평가에 포함되며 평가 결과는 전체 학습 수행 및 협력적 의사소통 항목에 일부 반영됩니다.

나. 프로젝트 수업 채점 기준표

학생들에게 채점 기준표를 제시하는 것은 매우 중요하다. 프로젝트 과정 중에도 채점 기준표에 맞게 평가할 수 있도록 안내해야 하며, 학생들에게 그 의미를 이해시키는 과정이 우선되어야 한다. 채점 기준표는 크게 두 가지로 나눌 수 있다.

1) 자유학년제의 프로젝트 수업 평가

과정을 평가하는 채점 기준표(자기성찰평가, 동료 평가, 교사 평가), 프로젝트 수업의 최종 결과물을 평가하는 채점 기준표가 필요하다. 점수화와 상관이 없는 학년이므로 상-중-하로 척도를 나누어 평가하거나 구체적인 점수를 제시하는 방법 중 자유롭게 선택하면 된다. 프로젝트 수업 전 프로젝트 안내와 함께 평가 관련 사항을 안내해야 한다. 또, 구체적인 활동에 들어가기에 앞서 채점 기준표를 제시하면 활동 전체의 흐름과 활동의 핵심 내용을 인지시킬 수 있다. 점수화가 되지 않는 평가라 하더라도 가볍게 생각해서는 안 된다. 성취기준과 관련하여 학생 활동을 준비하고 학생 활동 결과 성취기준에 어느 정도 도달했는지를 지속적으로 평가하고 점검·조절해야 한다.

2) 점수 산정이 필요한 학년의 프로젝트 수업 평가

프로젝트 수업 평가와 관련하여 우리가 좀 더 주목해야 하고 부담이 되는 학년은 점수화가 되어 성적 산출이 필요한 경우일 것이다. 자유학년제 프로젝트 수업 평가와 마찬가지로 과정을 평가하는 채점 기준표와 최종 결과물을 평가하는 채점 기준표가 필요하다. 하지만 채점 기준표 작성 시 차시마다 모든 평가(자기성찰평가, 동료 평가 등)를 꼭 실시해야 한다는 부담을 가질 필요는 없다. 점수 산정이 필요한 학년의 프로젝트 수업 평가를 좀 더 세분화하여 살펴보도록 하겠다.

① 자기성찰평가

수업 과정의 평가에서 자기성찰평가는 가능하면 차시마다 실시하는 것이 좋다. 자신의 활동을 스스로 돌아보며 점검하는 시간은 다음 활동에도 영향을 끼치고 학생의 자기 성장을 확인하는 데 좋은 자료가 되기 때문이다. 자기성찰평가의 경우 평가 척도를 굳이 점수화할 필요는 없다. 자기성찰평가는 자신의 성장을 돌아보는 평가이므로 상-중-하의 평가 척도를 사용하여 수업 활동에 얼마나 적극적이고 성실히 임했는가를 점검하는 정도로 활용한다. 자신에 대해 무조건 긍정적이거나 혹은 부정적인 경우를 방지하기 위해 구체적인 근거를 제시하여 서술형 문항으로 정리해 보도록 하는 것도 좋다. 이는 교사 관찰 평가와 비교해 볼 수 있는 자료가 될 수도 있고 학생들의 개별 활동을 확인하는 자료로 사용할 수 있다.

② 모둠 내 동료 평가

모둠 내 동료 평가의 경우 수행 과제로 나누어 2-3회 평가하거나 성취기준과 관련한 핵심적인 활동 종료 후 실시하여 프로젝트 수업의 평가 자료로 활용해도 무리가 없다. 교과마다 수업 시수가 다르고, 맡아야 하는 학급의 수에 차이가 있다. 평가 문항이 너무 많을 경우 평가 시간 확보 등에 어려움이 있을 수 있다. 이때에는 담당 학급 수와 교과 배당 시수에 따라 적절하게 1문항 혹은 1-2문항으로 개수를 제한하여 평가 문항을 제시하는 것이 좋다. 성취기준에 따른 핵심 내용을 담은 1-2문항이면 동료 평가로 충분하다. 또, 서술형 문항을 1문항 정도 추가하여 수업 활동에 적극적이고 협력적인 모둠원, 칭찬할 만한 모둠원을 선정하고 그 근거를 제시할 수 있도록 하는 것도 좋다. 이런 방식을 반복하면 평가 시 학생들의 성숙한 참여를 유도하는 데 도움이 된다.

③ 모둠 간 동료 평가

모둠 간 동료 평가에서는 모둠 활동 시에 일어났던 역동 등에 대해서는 평가하지 않고 단지 결과물을 통한 발표 등으로 평가가 이루어진다. 모둠 활동 속에서 모둠 기여도가 다를 수 있으므로 모둠 간의 격차가 큰 경우 열심히 활동한 학생들에게 불만과 역차별의 문제를 유발할 수 있다. 이때에는 평가 항목의 점수 간격을 3-4점 이상으로 두지 않는 것이 좋다. 평가 항목의 점수 배점 간격을 1-2점 정도로 좁게 한다면 모둠 내 기여도가 높은 학생이 다른 모둠과의 격차에서 불리한 상황을 줄여줄 수 있다. 특히 모둠 간 동료평가의 경우 결과물과 결과물 발표 과정을 평가한다. 당연히 결과물을 발표하는 과정(발표 태도, 결과물 자체의 의미, 과정 설명 등) 역시 평가에 영향을 미친다. 그렇기 때문에 근거 자료를 모아두어야 한다. 학생들이 자신의 점수에 대해 문의하거나 필요한 경우 교사가 평가를 재확인할 수 있도록 발표 장면은 따로 동영상 촬영을 해두는 것이 좋다.

④ 교사 평가(관찰 평가)

프로젝트 활동 과정 중 교사 관찰 평가는 피드백 자료로 활용하는 것도 좋은 방법이다. 개인 활동과 모둠 활동을 모두 관찰하여 평가해야 하므로 핵심 항목의 개수를 선정하여 적절하게 적용하는 것이 바람직하다. 학생의 상태를 간단하게 정리하여 필요한 경우 학생에게 자신의 활동을 수정하고 개선할 수 있는 기회로 활용해 보는 것도 의미가 있기 때문이다. 최종 산출물에 대한 교사 평가의 경우 채점기준표 작성에 많은 신경을 써야 한다. 채점 기준의 항목들이 핵심 내용을 담고 있는지, 성취기준과 관련되어 학생 성장을 파악할 수 있는가에 중점을 두어야 한다. 결국 프로젝트 평가에서도 가장 영향력이 있는 것은 교사 평가이기 때문이다.

다. 프로젝트 수업과 평가는 계속되어야 한다

프로젝트 수업은 1회성 수업이 아니다. 프로젝트 수업에는 교육과정 재구성으로 선택한 여러 개의 성취기준과 적어도 6-8차시의 수업 기간이 필요하다. 물론 저마다 생각은 다르겠지만 학생들의 의미 있는 성장, 활동하는 수업으로 역량을 키우는 교실로 만들어가기 위해 프로젝트 수업을 실시하고 있지 않을까 한다. 그런데 프로젝트 수업에서 평가에 대한 어려움과 학습자들의 불만이 높다면 이 수업을 지속적으로 할 수 있을까?

프로젝트 수업의 지속성과 성공의 열쇠는 결국 평가에 있다. 평가에 대한 고민은 비단 프로젝트 수업에만 국한되었던 것은 아니다. 지금까지 우리 교육 현장은 수업과 평가에서 평가에 더 많은 비중을 두었던 것도 사실이다. 다시 생각해보면 수업을 했으니 학생들의 이해와 성취, 성장을 확인하는 것은 그만큼 중요하다는 뜻이기도 할 것이다.

프로젝트 수업에서 평가에 대한 고민을 푸는 방법은 고민을 하는 방법밖에 없다고 생각한다. 무슨 궤변이냐 할 수 있겠지만 계속해서 신뢰도 있는 평가, 타당성 있는 평가에 대해 고민할 때 결국 그 해답을 찾을 수 있을 것이기 때문이다. 고민하는 교사, 배우는 교사, 연구하는 교사만이 교사의 자율성과 전문성에 대해 가볍게 생각하는 이들의 공격을 막아낼 수 있다.

제6장

프로젝트 수업 제대로 하기

01. 프로젝트 수업 절차
02. 프로젝트 준비하기
03. 프로젝트 계획하기
04. 프로젝트 수행하기
05. 프로젝트 발표하기
06. 성찰하기

프로젝트 수업 절차

C-프로젝트 수업연구소 **우치갑**, 경기 신곡중학교 **이영옥**
대구 화원중학교 **이지영**, 충남 청양중학교 **소은숙**

1. 구성주의와 프로젝트 수업

가. 구성주의(Constructivism)

PBL의 이론적 배경으로는 구성주의로 세 가지 요소가 있다. 첫 번째는 경험을 통해 배우고 환경을 통해서 배운다. 같은 것을 배워도 자기가 처한 환경은 다른 사람들과 다를 수 있다. 그래서 어떻게 학습을 하는지 이해하는 것이 중요하다. 두 번째는 배움의 목적이다. 혼란이나 갈등이 생기면 우리는 무엇이 이를 초래하는지 문제가 무엇인지 알아내고 싶어 한다. 세 번째는 협상이다. 사회적인 의미에서의 협상이다. 각자가 이해하는 세상은 다를 수 있지만, 모두가 이해할 수 있는 의미를 위해 협상을 할 수도 있다.

학생들에게 아무리 똑같은 것을 주더라도 학생들은 학생마다 각각 이해 틀이, 그 모양이, 특성이, 내용이 다르기 때문에 받아들이는 것이 다르다. 그래서 학생들은 각각이 갖고 있는 이해 틀이 다르기 때문에 똑같은 사진 한 장을 주더라도 다르게 이해한다.

*일부 자료 출처: EBS의 '21세기 교육 패러다임, 세계의 PBL'-1부 PBL 교육

나. 프로젝트 수업 (Project Based Learning: PBL)

PBL은 1960~70년대 미국에서 등장한 구성주의에 바탕을 둔 교수법이다. PBL은 실제적이고 복잡한 질문, 문제, 과제 등을 집중적으로 탐구함으로써 학습자가 지식과 기술을 배우는 교수법이다(BIE : Buck Institute for Education). PBL은 "계획과 설계, 문제 해결, 의사 결정, 결과물 생성, 결과 공유 등으로 이루어진 복잡한 과업이다(Mergendoller, Markham, Ravitz, & Larmer, 2006).

2. 프로젝트 수업의 효과

프로젝트 수업은 학습방법에서 '자기 주도성', 수업과정에서 '삶의 맥락과 관련된 실제적인 내용', 학습결과에서 '최종 결과물(산출물)'이라는 세 가지의 속성을 포함한다.

프로젝트 수업의 효과는 ① 학생들의 자기 주도적 학습 능력 신장, ② 생활 주변의 경험과 직접 관련된(실제성) 지식 형성, ③ 사회적 기술(social skills) 즉, 협력, 책임감, 의사소통 능력, 관계 형성 능력, 의사결정 능력의 향상, ④ 문제해결력, 비판적 사고력, 창의력 향상이다.

이러한 프로젝트 수업의 효과를 이끌어내기 위해서는 명확한 수업 목표 설정, 프로젝트 수업 진행을 위한 충분한 사전 정보 수집, 다양한 의사소통 방법 제공, 협력적 과제 해결을 위한 모둠 활동지 제작, 학습 과정에 대한 비계(스캐폴딩) 제시 등과 같은 교사의 수업 역량이 요구된다.

3. 프로젝트 수업의 절차

프로젝트 수업 단계	활동 내용
1. 프로젝트 준비하기	가. 모둠 구성 나. 프로젝트 수업 소개 및 안내 　● 프로젝트 수업 안내문 다. 프로젝트 수업 평가 계획 안내
2. 프로젝트 계획하기	가. 모둠원 역할과 활동 방법 안내 　● '모둠 활동시 말하고, 듣고, 질문하기' 안내문 나. 모둠별 주제 선정 　1) 주제망 그리기(브레인스토밍, 써클맵, 마인드맵) 　2) 주제망 그리기를 통해 탐구할 주제 선정하기 다. 프로젝트 수행 계획세우기 　1) 프로젝트 결과물의 제작 방법 안내 (결과물 유형별 제작 안내문) 　2) 주제 조사 안내 (정확한 탐구를 위한 조사자료 안내문) 　3) 조사해야 할 내용 및 자료 수집 계획하기 　4) 프로젝트 활동을 위한 역할 분담 라. 프로젝트 계획 단계 평가하기 　● 자기성찰평가, 동료 평가, 교사 평가

프로젝트 수업 단계	활동 내용
3. 프로젝트 수행하기	**가. 주제 탐구 활동** 　　1) 개별 활동 (자료 조사하기) 　　2) 모둠 활동 (조사 내용 정리 및 종합, 분석하기) **나. 프로젝트 결과물 제작하기** 　　1) 결과물의 유형별 제작 방법 안내 　　2) 결과물의 평가 요소 및 채점 기준 제시 　　3) 결과물 제작 협의하기 　　4) 결과물 제작 계획하기 　　5) 결과물 제작하기 **다. 프로젝트 수행단계 평가하기** 　　• 자기성찰평가, 동료 평가, 교사 평가
4. 프로젝트 발표하기	**가. 발표 관련 사전 안내** 　　• 발표 시나리오 작성 안내 **나. 발표 자료 제작하기** 　　• 발표 자료(PPT) 제작 안내 **다. 발표하기** 　　• 프로젝트 과정, 결과 발표 **라. 프로젝트 결과물 및 발표 단계 평가하기** 　　• 모둠간 동료 평가, 교사 평가
5. 성찰하기	성찰 일기 작성하기 　　1) 수행 과정 성찰하기 　　2) 수행 과정 공감 나누기

프로젝트 준비하기

C-프로젝트 수업연구소 **우치갑**, 경기 신곡중학교 **이영옥**
대구 화원중학교 **이지영**, 충남 청양중학교 **소은숙**

1. 모둠 구성

모둠이란 함께 문제를 파악하고 탐구하여 해답을 찾기 위한 모임이라 할 수 있다. 프로젝트 수업은 모둠별로 수행되며 협력적 모둠학습을 통해 학습자 간 서로 배움이 일어나도록 모둠학습으로 구성하는 것이 더 의미가 있다.

가. 모둠 구성 방법

모둠 구성 방법은 다양하다. 교사가 번호별, 성별, 주제별, 학습 수준별로 활동에 맞게 적절히 나눈 후 제시하는 방법이 일반적이다. 그러나 모둠의 크기와 구성은 수업 내용, 교실 환경, 학생 수준 등 여러 가지 여건에 따라 달라질 수 있다. 이처럼 모둠 구성 방법이 규격화된 것은 아니므로 여러 차례 다양한 시도를 통해 수업에 적절한 모둠을 구성할 수 있다.

나. 교사 중심 모둠 구성

교사가 학생들의 성별, 수준(성적), 성격, 친밀도(관계) 등을 고려하여 구성한다.

다. 학생 중심 모둠 구성

교사가 모둠장만 선정하고, 모둠장이 모둠원을 구성하는 방식이다.

라. 주제 중심 모둠 구성

관심 주제가 같은 학생들끼리 모둠을 구성한다. 단, 모둠마다 인원의 수가 다를 수 있다. 어떤 한 주제에 몰리거나, 주제보다는 친한 친구들끼리 모이는 경우도 발생하므로 경우에 따라 교사의 숨은 개입이 필요하다.

모둠 활동 참고 자료

본 책의 「제4장 프로젝트 수업을 위한 모둠 활동」 페이지를 읽어보세요.

> 페이지 212 - 01. 모둠 활동 Log-In, 모둠 구성을 통한 살아 숨 쉬는 교실 만들기
> ①모둠구성, ②무임승차방지를위한모둠활동수업사례
>
> 페이지 217 - 02. 이기적인 '나'에서 이타적인 '우리'로 성장하는 모둠 활동
> ①모둠구성어떻게하면좋을까, ②모둠구성원각자의역할을제시해주기
>
> 페이지 228 - 04. 'NGT와 다중투표'로 모둠이름 정하기
> ①모둠이름을특색있고다양하게짓기 ②기법과다중투표활용하기

2. 프로젝트 수업 소개 및 안내

첫 시간에 제공되는 「프로젝트 수업 안내문」은 학생들이 앞으로 프로젝트 수업 6~8차시 동안에 자신들이 무엇을 할 것인지, 어떻게 해야 하는지에 대한 방향성을 알려 준다. 안내문을 통해 학생들은 어떤 활동을 하는지, 평가는 어떻게 받는지, 준비할 것은 무엇인지 등에 대해 구체적으로 이해할 수 있다.

가. 프로젝트 수업 안내

「프로젝트 수업 안내문」에는 하나의 프로젝트가 진행되는 시간별, 내용별로 수행해야 할 활동들로 모두 구성되어 있다.

프로젝트 수업 안내문으로 교사와 학생은 프로젝트 수업의 한 차시, 한 차시를 의미 있게 보낼 수 있다. 또한, 프로젝트 수행 과정 중에 준비해야 할 것이 무엇(활동지, 활동 도구)이며, 학생들이 과제를 수행해야 할 것이 무엇인지에 대한 흐름을 자세히 알려준다. 그래서 프로젝트 수업이 시작될 때 반드시 프로젝트 수업 안내문을 제시해야 한다.

프로젝트 수업 안내문은 프로젝트 활동 시 학생들에게 자신과 모둠의 위치, 수행 등을 수시로 확인하고 인지할 수 있는 기회를 제공한다.

나. 프로젝트 수업 평가 계획 안내

교사는 평가의 방향과 전개는 평가 설계를 통해 미리 상상할 수 있으나 학생은 수업의 전개와 평가의 의도, 방법 등은 교사의 설명만으로는 이해하기가 어렵다.

프로젝트 수업의 첫 시간에 제공되는 「프로젝트 수업 평가 안내문」을 통해 학생들은 평가 방법, 채점 기준, 평가 척도 등을 정확하게 인지하고 평가를 준비할 수 있다. 그래서 매 차시별 자기성찰평가, 동료 평가, 교사 평가 등을 정확하게 안내해야 한다.

학생들에게 수업과 평가의 의도, 계획, 과정, 결과물 등을 정확하게 인지하고 성취기준에 도달할 수 있게 한다.

프로젝트 수업 및 평가 안내문 참고 자료

본 책의 「제1장 설레는 프로젝트 수업이야기」 페이지를 읽어보세요.

> **페이지 91 - 09.** 상상과 기대를 현실로 바꿔 줄 로드맵, 프로젝트 수업 및 평가 안내문
> ① 프로젝트 수업 및 평가 안내문의 필요성
> ② 교과별 프로젝트 수업 안내문
> ③ 교과별 프로젝트 수업 평가 안내문
>
> **페이지 111 - 10.** 프로젝트 수업의 첫 단추 끼우기
> ① 교실에서 프로젝트 수업 시작하기
> ② 프로젝트 수업: 1차시 수업 개별 활동 및 모둠 활동

3. 중학교 국어과 프로젝트 수업 안내문

함께! 앎과 삶을 채우는 국어 수업	『양반전』 풍자 뉴스 대본 제작 프로젝트 학생 안내문	생각은 새롭게! 소통은 막힘없이!
프로젝트 형태 및 수업 차시	'개별 활동+모둠활동'으로 이루어진 총 8차시 프로젝트	
성취 기준	[9국05-09] 자신의 가치 있는 경험을 개성적인 발상과 표현으로 형상화한다.	

안녕? ○○중학교 학생 여러분, 나는 이번에 여러분이 공부할 '양반전'의 작가 박지원이란다. 이 작품 속에 드러난 개성적인 발상과 표현 의도를 제대로 파악해 주면 좋겠구나. 작품 속 사회와 지금 사회의 모습도 비교해 보고, 새롭게 작품을 표현해서 재창조 해주면 고맙겠어. 그러기 위해서는 다음과 같은 과정이 필요하단다. 바로 작품 읽고 질문 만들기, 좋은 질문 선택하고 모둠 활동하여 새로운 질문 작성하기, 토의하기, 풍자 대본 제작을 위한 계획 작성하기, 풍자 대본 제작하기, 평가하기 활동이지.

모둠별로 의논하여 함께 활동지를 완성할 수 있도록 하고, 결과물과 과정을 함께 평가하니 유의하도록 하렴. 자기성찰평가와 동료 평가, 특히 선생님이 뒤에서 교사 관찰 평가를 함께 실시하니 잘 알아두어라. 활동지와 결과물을 수합하여 수행평가에 반영할 예정이니 이번 프로젝트가 더 의미 있을 것 같구나.

1~2차시 '양반전' 읽고 질문 만들기
1. 수행평가를 위한 모둠편성
2. '양반전' 읽고 질문 만들기
   개별 질문 만들기, 모둠 질문 선정하기, 모둠 토의할 새로운 질문 선정하기

3차시 토의 대본 작성하기
1. 최종 선정된 모둠 질문으로 토의 대본 작성하기
2. 모둠별 역할 선정하여 토의하기

4차시 양반전 풍자뉴스 대본 제작 계획서 작성하기
1. 공통과제, 선택과제 확인하기
2. 적절하게 역할 분담하기
3. 표지, 소감(뒤표지) 구상하기
   * 공통코너: 사건취재, 시청자연결, 토의, 만평, 추천노래
     선택코너: 모둠선택으로 정한 자유 코너
   * 앞표지, 뒤표지(소감란) 포함 총 8면

5차시 모둠별 만평 작성하기
1. 모둠별 협의를 통해 만평 작성하기
2. 마지막 칸(새로운 생각)을 대본 제작에 활용하기- 새로운 풍자물 창작

6-7차시 풍자뉴스 대본 제작하기 실제
1. 역할 분담한 대로 코너 작성하기(뉴스 대본의 형식에 맞도록)
2. 완성 후 고리를 받아 제출하기

8차시 프로젝트 산출물 발표 및 평가하기
1. 모둠별 발표
2. 모둠 내, 모둠 간 동료평가

4. 중학교 과학과 프로젝트 수업 평가 안내문

평가 안내	**프로젝트 수업 평가 안내문** 3. 생물다양성 보전 이야기 ⇨ 생물다양성 보전을 위한 활동 방법 제안하기	반 :　번호 :　모둠: 이름 :

1. 다음은 프로젝트 수업에 대한 평가 자료입니다. 평가에 대한 정보를 통해 프로젝트 과정에서 어떤 내용의 평가가 이루어지는지를 안내합니다.
2. 일부 내용은 평가의 목적을 위해 모둠 내 동료 평가와 교사 평가가 동시에 이루어집니다.
3. 평가 결과는 주로 피드백을 통한 여러분과 선생님의 성장을 위해 쓰여 집니다.
4. 프로젝트 단계에 따른 평가는 다음과 같습니다.

단계	평가 과제	평가 요소	채점 기준	평가 척도 상	중	하	평가 주체
프로젝트 계획	주제망그리기로 모둠 주제 선정	주제선정	주제망 그리기와 그룹핑을 통해 탐구 문제에 아주 적합한 주제를 선정하였는가?				교사 평가
		의사소통, 협력	원만한 의사소통과 협력으로 계획을 수행하였는가?				모둠 내 동료 평가
		토의를 통한 소주제 결정	토의에 적극 참여하여 소주제를 결정하였는가?				모둠 내 동료 평가
	정보탐색 및 자료수집 계획의 타당도	계획의 타당성	정보 탐색 및 자료 수집 계획이 타당하였는가?				교사 평가
	과제활동을 위한 역할 분담의 효율성	효과적인 역할 분담	배려와 소통의 과정을 통하여 각자에게 적합한 역할을 분담하였는가?				교사 평가
프로젝트 수행	자료조사 및 종합 분석 정리	조사 내용의 타당성	다양한 매체를 활용하여 주제에 적합한 내용을 조사하였는가?				교사 평가
		조사 내용의 분석 및 정리	모둠원이 조사한 자료를 분석하여 정리하였는가?				교사 평가
	결과물 제작	교과역량	창의적이고 융합적인 사고를 하였는가?				모둠 내 동료 평가
프로젝트 발표	수행 결과물	제안 내용의 완성도	제안 내용이 주제와 적합하고 결과물의 완성도가 높은가?				교사평가
		제안 내용의 창의성	생물다양성 보전을 위한 제안 내용이 참신하고 실천 전략이 구체적이었는가?				모둠 간 동료 평가, 교사 평가
		교과역량 (과학적 문제해결력)	합리적 의사결정에 의하여 모둠이 참여하고 발표 하였는가?				모둠 간 동료 평가, 교사평가
	발표	발표 태도 (참여)	모둠원이 모두 참여하여 설득력 있게 발표하여 학생들의 호응을 받았는가?				모둠 간 동료 평가, 교사 평가

프로젝트 계획하기

C-프로젝트 수업연구소 **우치갑**
경기 신곡중학교 **이영옥**, 충남 청양중학교 **소은숙**

교육과정 성취기준 분석과 학생의 흥미를 반영한 실제적인 프로젝트 주제가 선정되었다면 모둠별로 어떤 주제로, 어떻게 과제를 수행할 것인지, 어떤 내용으로 구성할지, 각자 맡을 역할과 분야는 무엇인지, 준비해야 할 것이 있다면 무엇인지에 대해 논의하여 프로젝트 수행을 위한 계획서를 작성해야 한다.

이때 교사는 프로젝트의 주제를 이해하고 해결하기 위한 과제에 대해 구체적으로 다시 한번 안내해 주는 것이 좋다. 물론 프로젝트 준비 단계에서 프로젝트 수업에 대한 안내서를 제시하였지만, 모둠원이 조사-탐구-해결해야 할 주제를 어떤 것으로 선정해야 할지, 무엇에 대한 프로젝트 활동인지 명확하게 이해되도록 반복적인 안내가 필요하다. 교사의 안내는 프로젝트의 성공과 실패가 좌우될 프로젝드 수행 계획서를 작성하는데 길잡이가 되기 때문에 무엇을 해야 하는 과제인지에 대해 재안내하도록 한다.

1. 모둠원 역할과 활동 방법 안내

학생들은 모둠 활동에서 협력에 대한 기본 기술의 이해와 부족으로 인해 어려움을 겪는 경우가 많다. 모둠 활동이 의미 있는 활동이 되기 위해서는 보다 체계적이고 분석적인 모둠 활동이 이루어져야 하며, 이를 위해서는 모둠 협력기술이 필요하다.

'그냥 하면 되는 협력'이 아니라 '알고 있는 협력'이 되도록 학생들에게 모둠 활동 시 모둠원의 역할과 모둠 활동 방법을 자세히 제시한다. 또한, 학생들에게 모둠 협력기술과 관련된 「모둠 활동 시 말하고, 듣고, 질문하기」라는 학생 안내문을 1장씩 나누어 준다.

• 모둠 활동 참고 자료

본 책의 「제4장 프로젝트 수업을 위한 모둠 활동」 페이지를 읽어보세요.

> 페이지 222 - 03. 모둠 활동 시 말하고, 듣고, 질문하기
> ① 모둠 활동의 모둠원 역할
> ② 모둠 활동 시 활동 방법

2. 모둠별 주제 선정

가. 주제망 그리기

프로젝트 수업에서 학생들이 주제를 파악하는 일은 프로젝트 수행과정에서 가장 중요한 일이다. 프로젝트 활동에 들어가기 전 프로젝트 계획 단계에서 모둠 주제 선정을 위한 '주제망 그리기'는 주제와 관련된 특성, 속성이나 주제와 연관된 유사성이나 상이성을 분류하고 통합함으로서 유목화하는 것으로 주제와 관련된 학습 내용들을 의미 있게 조직하여 망을 구성하는 것이다.

프로젝트 수업이 본격적으로 진행되는 단계로 학생들이 프로젝트 주제와 관련된 다양한 아이디어를 확산시킬 수 있도록 주제망 그리기를 한다. 이 단계를 통해 학생들은 합의를 거쳐 결정된 주제를 중심으로 학습 내용을 선정·조직하고, 모둠의 프로젝트의 목표를 선정할 수 있다.

학생들은 주제망 그리기를 통해서 프로젝트 주제에 대한 이해와 관련 교과의 활동 그리고 조사하거나 탐구해야 할 내용의 범위를 알게 된다. 교사는 주제망 그리기에 앞서서 학생들에게 주제망 그리기 「예시」를 보여 주면서 어떻게, 어떤 방법으로 주제망을 그려야 하는지 반드시 설명해야 한다. 또한 학생들에게 무엇에 대한 주제망 그리기를 하는 것인지 자세한 안내가 필요하다.

나. 주제망 그리기 방법

1) 브레인스토밍을 활용한 주제망 그리기

'주제'하면 떠오르는 것을 생각나는 대로 작성하는 것이다. 이때 브레인스토밍은 좋고 나쁨, 옳고 그름의 판단을 보류하고, 질보다는 양, 누구나 자유롭게 생각나는 대로 아이디어를 발산하는 것이다. 이때 의견을 활발하게 나눌 수 있도록 편안하고 안전한(어떤 말을 해도 수용될 수 있다는) 분위기를 조성하고, 모둠원 서로가 적극적으로 협력하도록 하는 것이 중요하다. 단, 주제를 중심으로 생각을 발산할 수 있도록 이끌어가는 것이 중요하다.

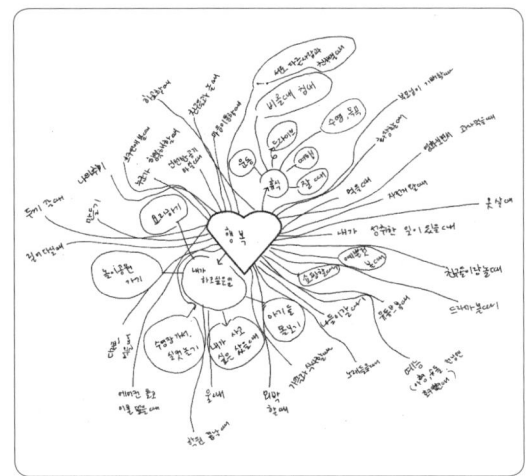 

'행복한 사람' 주제로 브레인스토밍 주제망 그리기를 한 활동 결과물

2) 서클맵을 활용한 주제망 그리기

주제에 대한 아이디어를 서클맵을 통해 발산할 수도 있다. 서클맵은 가운데 원에 탐색 주제를 쓰고 바깥 원에 주제와 관련된 정보나 생각들을 쓰는 구조화된 맵의 한 종류이다. 서클맵을 활용할 때에도 브레인스토밍 방법과 같이 많은 양의 정보를 제시하는 것과 프로젝트의 대주제와 프로젝트 과제와 관련된 유의미한 의견을 제시하는 것이 모두 중요하다. 브레인스토밍과 차이가 있다면 브레인스토밍이 많은 양을 활동지에 순서 없이 무작위로 작성하여 유목화의 단계를 다시 거치는 정리 과정을 거쳐야 한다면, 서클맵은 주제와 관련된 정보나 생각을 쓰고, 그와 연관된 내용을 연결 지어 작성하기 때문에 유목화 과정이 보다 쉽다고 할 수 있다.

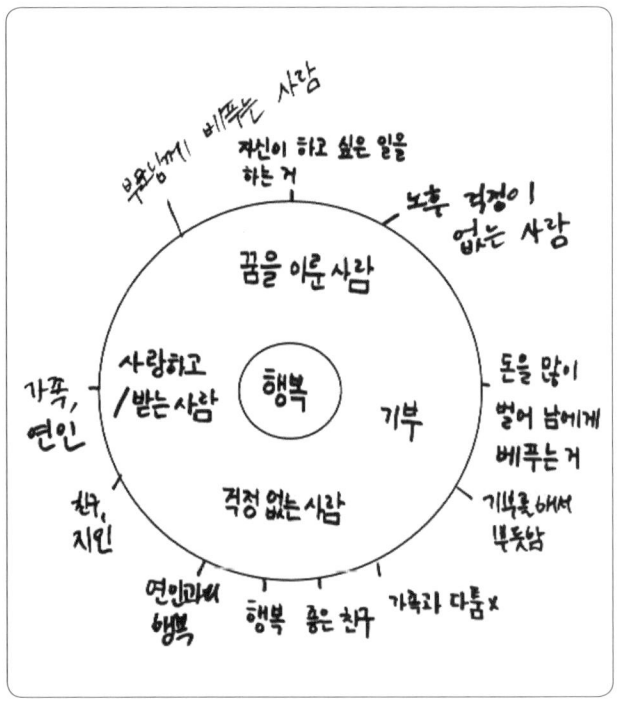

'행복한 사람' 주제로 서클맵 주제망 그리기를 한 활동 결과물

3) 마인드맵 활용 주제망 그리기

생각 그물은 마음속에 지도를 그리듯이 주요 줄거리와 내용을 이해하며 정리하는 방법이다. 마인드맵은 주제에 대한 아이디어를 유목화하면서 생각의 그물망을 작성한다고 할 수 있다.

마인드 맵 활용 주제망 그리기 절차
① 종이의 중심에서 시작한다.
② 중심 단어에서 주가지로 연결한다.
③ 주가지의 끝에서 부터 부가지로 연결한다.
④ 그리고 부가지의 끝에서 세부가지를 연결한다.
⑤ 가지는 구부려서 흐름있게 만든다
  * 각 가지당 하나의 키워드만을 사용한다.

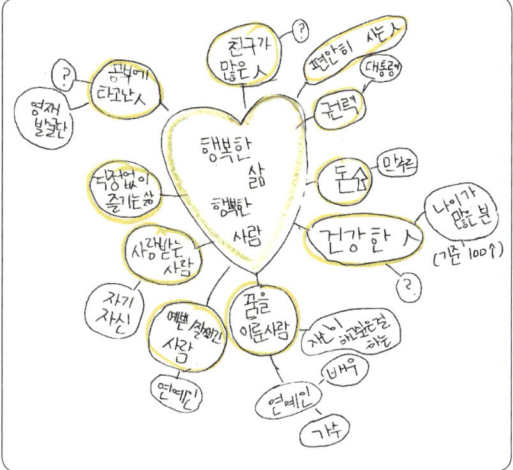

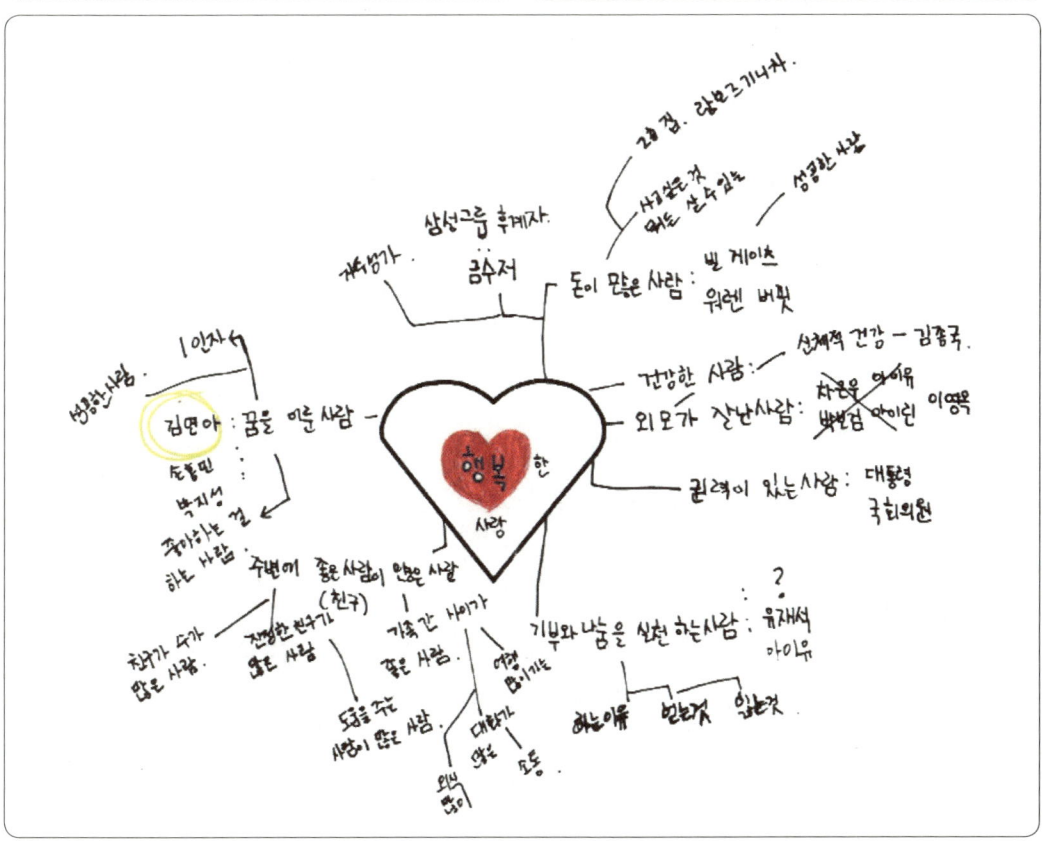

대주제: 행복의 비밀코드를 찾아라! (행복한 삶) 마인드맵 주제망 활동 결과물

다. 주제망 그리기를 통해 탐구할 주제 선정하기

프로젝트의 주제가 모든 모둠의 동일 과제로 제시되었다면 특별히 모둠 주제를 따로 선정할 필요가 없다. 하지만 대주제에 따른 하위 주제를 선정하여 모둠별로 다른 내용의 프로젝트를 수행하는 경우라면 모둠원들은 어떤 주제를 다룰 것인가에 대해 다양한 방법으로 논의하여 결정할 수 있다.

학생들은 프로젝트의 대주제를 인지하여 다양하고 유의미한 아이디어를 제시하고, 유목화하는 주제망 그리기 활동을 우선 실시해야 한다. 상호 협력적인 모둠 활동을 통해 탐구 주제를 선정하도록 하며 교사 또한 성취기준과 프로젝트 목적에 맞는 주제가 선정될 수 있도록 모둠별 피드백을 줄 수 있다.

1) 주제망 그리기 활동과 유목화 활동을 통해 모둠의 소주제를 선정할 수 있다.

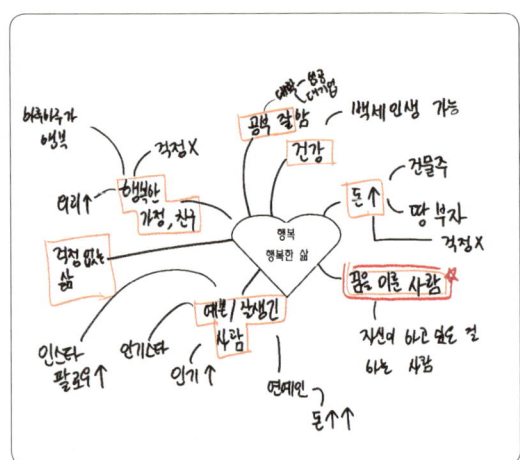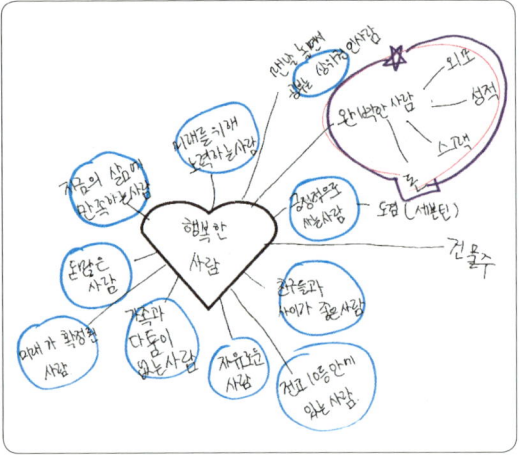

대주제: 행복의 비밀코드를 찾아라! (행복한 삶) 모둠 주제 선정을 위한 주제망·유목화 활동 결과물
모둠이 선정한 소주제: '꿈을 이룬 삶' / '완벽한 사람(삶)'

2) 연꽃기법(만다라트) 활동을 통해 대주제와 관련된 모둠별 소주제를 선정할 수 있다.

대주제: 행복의 비밀코드를 찾아라! (행복한 삶) 모둠 주제 선정을 위한 연꽃기법 활동 결과물
모둠이 선정한 소주제: '나눌 수 있는 삶' / '자기가 하고 싶은 일을 하는 삶- 성취한 삶'

3) 서클맵을 활용하여 가운데 대주제를 쓰고 연관된 내용들을 적은 후 유목화하여 모둠의 소주제를 선정할 수 있다.

이후 대주제에 대한 주제망 그리기에서 나온 다양한 정보와 생각들을 유사성에 따라 분류하여 그룹핑을 하고, 분류한 그룹에 제목을 붙인 후 모둠별로 가장 관심 있는 주제를 선정한다.

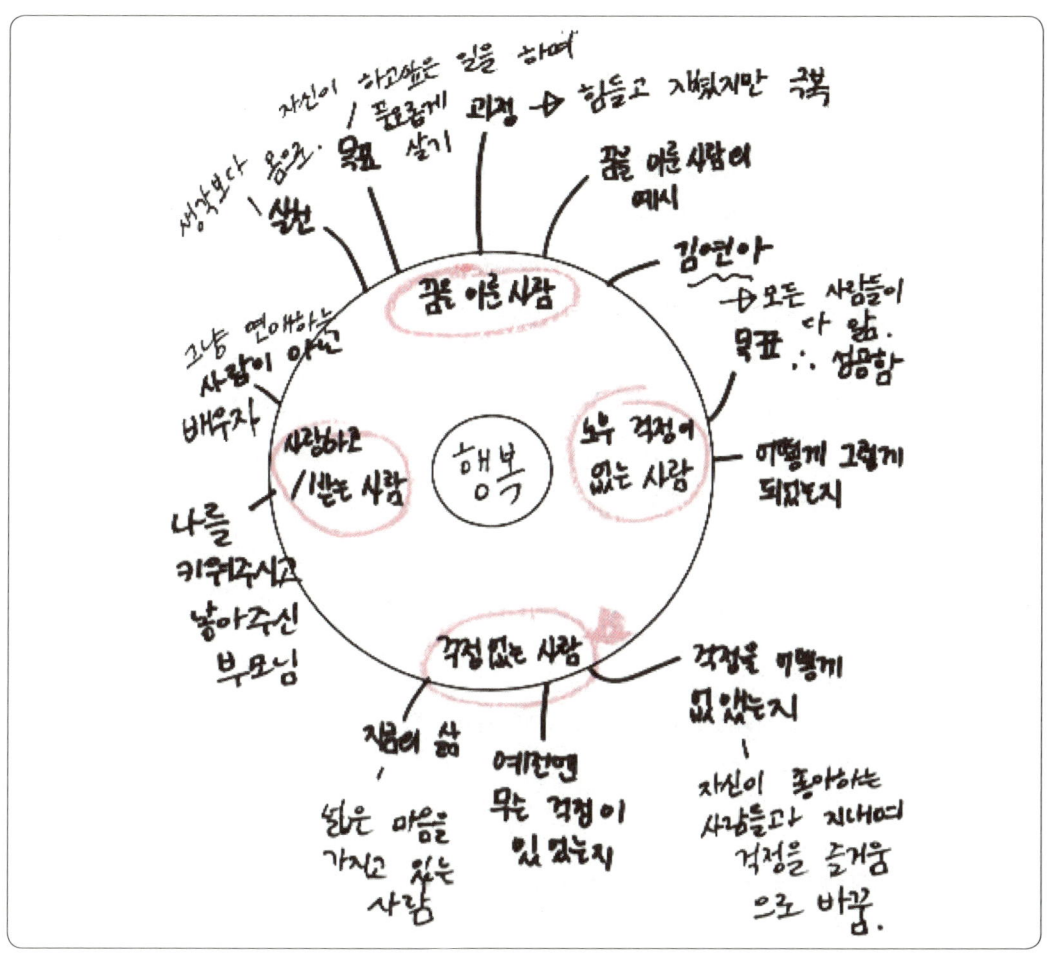

대주제: 행복의 비밀코드를 찾아라! (행복한 삶) 모둠 주제 선정을 위한 서클맵 활동 결과물
모둠이 선정한 소주제: '걱정이 없는 삶'

• 주제망 그리기 참고 자료

본 책의 「제1장 설레는 프로젝트 수업 이야기」 페이지를 읽어보세요.

> **페이지 43 - 06. 성공적인 과제 수행을 위한 주제망 그리기**
> ① 주제망 그리기   ② '카드 뉴스만들기 프로젝트' 주제망 그리기 이야기

3. 프로젝트 수행 계획 세우기

프로젝트 수행 계획을 세우는 것은 학생들이 앞으로 어떤 방향과 방법으로 프로젝트 수업을 진행할 것인가에 대한 지침을 마련한다는 측면에서 중요하다. 프로젝트 주제에 담긴 다양한 의미를 이해하고 분석하는 과정을 통해 최종적인 프로젝트 산출물을 어떻게 제작할 것인지에 대한 전반적인 계획이 수립될 수 있도록 교사가「프로젝트 결과물의 제작 방법 안내」와「정확한 탐구를 위한 자료 조사 안내」를 통해 방향을 제시한다.

가. 프로젝트 결과물의 제작 방법 안내 (결과물 유형별 제작 안내문)

프로젝트 수행 계획단계에서 결과물을 어떻게 만들 것인지, 어떻게 내용을 담아 구성하는지에 대한 '프로젝트 결과물의 제작 방법 안내문'을 학생들에게 배부하여 자료 구성과 제작의 방향에 대한 프로젝트 활동 계획 수립에 도움을 줄 수 있다. 즉, 모둠원들이 조사한 내용들을 어떻게 연결지어 구성해야 하는지, 결과물을 어떻게 만들 것인지, 어떤 내용을 담아 구성하는지 등을 활동 계획을 세우기전에 자세하게 안내하여 프로젝트 수행의 방향을 제대로 수립하도록 한다. 결과물의 유형에 대해서도 구체적으로 안내하여 성취기준과 주제에 적합한 결과물을 완성할 수 있도록 한다. 결과물의 평가 요소, 채점 기준을 명확하게 제시하면 학생들은 더욱 프로젝트 수행을 통해 무엇을 알게 되고, 확인해야 하는지를 정확하게 알 수 있다.

- 프로젝트 결과물의 제작방법 안내문 참고 자료

본 책의「제1장 설레는 프로젝트 수업 이야기」페이지를 읽어보세요.

> 페이지 65 - 07. 상상력과 창의성의 산물 프로젝트 결과물 완성하기
> ① 프로젝트 결과물 유형 안내 ② 프로젝트 결과물 교과별 실천사례

나. 주제 조사 안내 (정확한 탐구를 위한 자료 조사 안내문)

프로젝트 수업에서는 일반적으로 학생들이 모둠별 소주제에 대한 정보를 수집하고 분류하여 모둠별 토론을 통해 과제를 해결하고 결과물을 제작하기 위한 프로젝트 수행 계획서를 수립한다.

학생들은 주제 분석을 위한 자료를 찾기 위해 인터넷을 활용하기도 한다. 인터넷 검색을 통해 프로젝트 주제와 관련된 전반적인 이해와 실태 분석 자료를 찾아 정리할 수 있다. 하지만 프로젝트 주제가 광범위하여 학생들이 주제와 관련성이 떨어지는 자료를 찾아 오히려 주제를 이해하고 파악하는 데 어려움을 겪기도 한다.

프로젝트 수행 계획 수립을 위해 주제 관련 자료를 찾을 때 자료 검색 범위가 너무 넓으면 학생들은 학습 방향을 잃게 되고 활동에 흥미를 갖지 못할 수도 있다. 그래서「정확한 탐구를 위한 자료 조사 안내문」을 통해 프로젝트 주제에 대해 탐구하고 학습하는데 필요한 다양한 자원들을 쉽게 찾아 조사할 수 있도록 한다.

1) 과학과 자료 조사 안내문 (소은숙 선생님)

가) 프로젝트 주제: 생물다양성 보전을 위한 활동 방법 제안 프로젝트

나. 자료 조사 안내

웹 사이트	자료 화면	조사 활동
1. 국가 생물 다양성 정보 공유 체계 (http://www.kbr.go.kr/index.do)		생물다양성 협약의 목적과 내용 등 생물자원 통계 멸종 위기 야생 생물 생태계 교란 생물
2. 국립생물자원관 한반도의 생물다양성 (https://species.nibr.go.kr/index.do)		국가 생물종 목록 우리나라에서 지정한 멸종 위기 야생종 철새 정보 등
3. 유튜브 영상 자료 검색	유튜브 사이트에서 주제별, 분야별로 동영상을 검색하여 활용함	주제에 따른 검색
4. 생물다양성 보전 및 이용에 관한 법률 검색		국가생물다양성전략 등 생물다양성 및 생물자원의 보전 국가생물다양성센터 등 외래생물 및 생태계교란 생물 관리 등

2) 사회과 자료 조사 안내문 (고영애 선생님)

가) 프로젝트 주제: "어서와~ 한국 문화는 처음이지!" 문화 탐방 프로그램 작성하기 프로젝트

나) 자료 조사 안내

연번	웹사이트	수준	자료 화면
1	위키 백과 https://ko.wikipedia.org	하	
2	에듀넷·티-클리어 www.edunet.net	하	
3	문화재청 모바일 https://www.cha.go.kr	중	
4	국가문화유산포털 www.heritage.go.kr	상	
5	한국국제문화교류진흥원 KOFICE kofice.or.kr	상	

3) 수학과 자료 조사 안내문 (이보라 선생님)

가) 프로젝트 주제: 사회·문화와 함께하는 융합형 통계 프로젝트

나) 자료 조사 안내 통계자료 조사편

조사	[자료 조사] 통계청 등의 기관의 객관적이고 신뢰할 수 있는 자료를 조사하여 통계치를 산출해 봅시다.		
사이트	통계청	국가통계포털(KOSIS)	국토교통 통계누리
통계 자료 찾기	국가통계 발전을 선도하며 신뢰받는 통계생산으로 각 경제 주체에게 유용한 통계정보 제공 http://kostat.go.kr/portal/korea/index.action	국내 국제 북한의 주요 통계를 한 곳에 모아 이용자가 통계를 한 번에 찾을 수 있도록 제공하는 One-Stop 통계 서비스 http://kosis.kr/index/index.do	국토교통분야 주요 통계를 한 곳에 모아 원하는 통계자료를 찾을 수 있도록 제공 http://stat.molit.go.kr/portal/main/portalMain.do
분석 하기	조사한 자료를 이용하여 평균, 분산, 표준편차 등의 통계치를 구해 보고 결과를 이용하여 그래프로 표현해 봅시다.		
사이트	통그라미	이지통계	이지그래프
통계 분석 하기	조사한 자료를 통계 프로그램을 이용하여 분석하기		
	http://tong.kostat.go.kr/front/main/main.do	http://www.ebsmath.co.kr/easyTong	http://www.ebsmath.co.kr/easyGraph
프로 그램	엑셀	지오지브라	알지오매쓰
통계 분석 하기	조사한 통계자료를 계산을 통해 결과치를 얻어 분석하고 그래프를 그려 시각적으로 표현해 보자.		
	Excel 프로그램	https://www.geogebra.org/	https://www.algeomath.kr/main.do

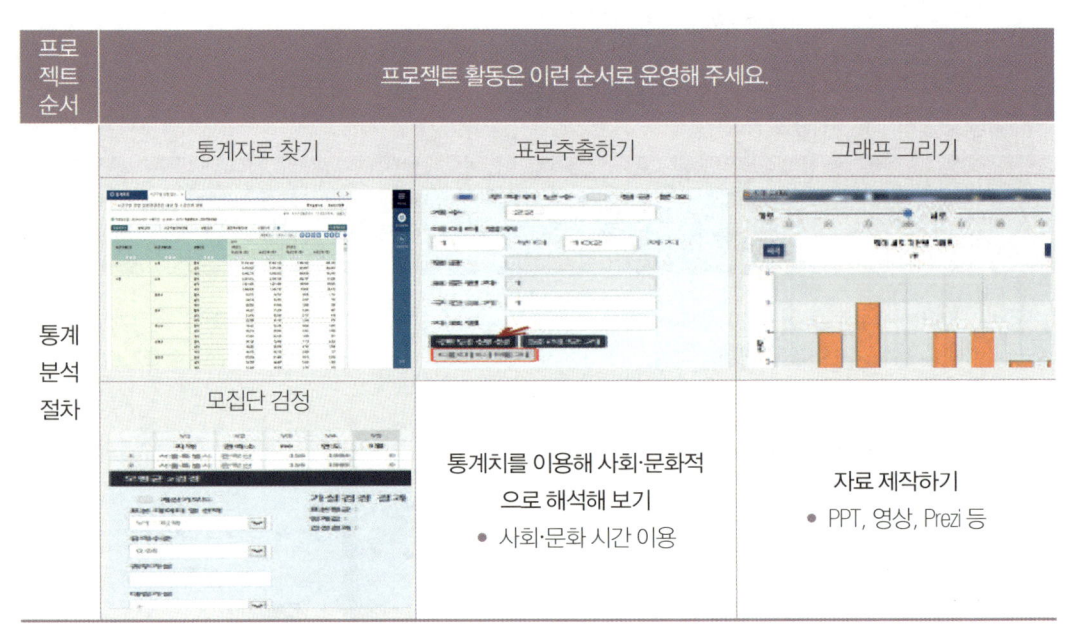

다. 조사해야 할 내용 및 자료 수집 계획하기

프로젝트 수업에서 학생의 입장에서 가장 까다롭고 어려운 단계 중 하나는 모둠 주제에 대한 수행 계획을 수립하는 단계이다. 모둠별로 프로젝트 수행 계획서를 잘 수립해야 프로젝트 탐구를 수행할 때 방향을 잃지 않고 프로젝트 활동의 목적지까지 잘 도착할 수 있다.

각 교과와 단원의 특성에 따라 수행 계획서에 필요한 구성 요소들은 다를 수 있다. 프로젝트 수업의 경우 교사가 수행 과제를 부여할 수도 있지만 학생 주도형으로 진행할 수도 있다. 특히 학생 주도형으로 프로젝트 수업을 진행할 경우 모둠별로 가장 관심 있는 소주제를 선정하여 프로젝트를 수행할 수 있다는 장점이 있다. '조사해야 할 내용 및 자료 수집 계획하기'는 모둠원들이 주제를 왜 선정했는지, 주제를 탐색하기 위해 어떤 내용으로 구성할 것인지, 어떤 자료를 탐색해야 하는지, 어떻게 과제를 수행할 것인지, 각자 맡을 역할과 분야는 무엇인지, 준비해야 할 것은 무엇인지에 대해 구체적으로 협의하는 첫 과정이다.

1) 교사가 프로젝트 수행 계획서에 들어갈 기본 과제를 부여하는 경우

주제 탐색을 위한 자료를 선정하고 탐색할 때 교사가 직접 탐구 과제를 제시해 주는 것이다. 이 경우 처음 프로젝트를 시작하는 선생님이나 학생들에게는 가장 무난하며 실패를 최소화하고 프로젝트의 목적을 유의미하게 수행할 수 있다. 교사가 과제 내용에 포함되어야 할 요소를 1~2개 정해주고 그 외 일부 내용은 모둠이 자율적으로 정하는 조합형도 가능하다.

2) 학생들이 주도성을 가지고 프로젝트 수행계획서를 작성하는 경우

먼저 과제를 정확하게 파악하는 것이 제일 중요하다. 교사는 학생들이 무엇을 해야 하는지 과제를 인지할 수 있도록 안내해야 한다. 또한, 모둠의 학생들은 모둠의 주제를 통해 궁금하거나 알고 싶은 내용에 대해 각자 질문을 만들어서 모둠원 간의 자연스러운 질문과 대답을 통해 관심의 영역을 넓히고 새로운 호기심을 가지도록 한다. 이렇게 모둠원 간 의견을 나누고 공유함으로써 프로젝트의 목적과 과제 해결을 충족시킬 수 있는 내용을 선정할 수 있다. 이때에도 교사의 과제 안내서를 확인하도록 하여 학생들이 탐구해야 할 주제의 목적과 결과물에 담을 내용을 선택하는 길잡이가 될 수 있도록 한다. 다양한 정보를 찾아볼 수 있도록 정보 검색 자료를 안내해 주는 것도 좋다. 적절한 피드백을 통해 학생 주도적 프로젝트에서 소홀할 수 있는 학습 요소를 충분히 담아내도록 한다.

- 기본적인 프로젝트 수행 계획서의 구성 내용

> 가) 모둠 주제 (조사 주제 정하기) 나) 주제 선정의 이유   다) 분석 방향
> 라) 모둠 역할 분담(내가 조사해야 할 소주제) 마) 조사 대상과 방법
> 바) 조사 도구(조사표 또는 질문지) 제작   사) 결과물 발표 형식

가) 모둠 주제(조사주제 정하기)

모둠이 조사 탐구할 주제명을 정한다. 단순히 학습주제로 정할 수도 있지만 모둠의 주제도 매력적으로 정하도록 하면 흥미를 돋을 수 있다.

예시) 꿈이 있는 삶/스트레스 없는 삶

나) 주제 선정의 이유

모둠이 주제를 선정한 이유를 생각해 보는 것이다. 모둠원들은 자신들이 선정한 주제를 통해 무엇을 전달하고 싶은지 구체화하여 막연했던 모둠의 주제를 분명하게 정리할 수 있다.

예시) ① 사회의 많은 약자들 중에 다문화 가족을 선정한 이유: 한국으로 이민와서 존중받지 못하고 인권을 보호받지 못하며 사는 다문화 가족들이 점점 늘고 있어 진정한 인권 보호에 대해 탐구하고 싶다.
② 빈곤층을 선정한 이유: 일상생활 및 여가 생활도 이어가기 힘든 계층이라 사회적 약자라는 생각이 들어 빈곤층에 대해 다양하게 알아보고 싶다.

다) 분석 방향 또는 세부 추진 내용(조사해야 할 내용)

분석의 방향은 프로젝트에서 구체적으로 조사해야 할 내용을 담는 요소이기 때문에 교사가 성취기준, 프

로젝트의 목적과 주제 등 핵심을 놓치지 않도록 제시해 주어야 할 나침반 같은 요소라고 할 수 있다. 주제와 목적에 따라 분석 방향(조사 내용의 요소)을 다양하게 제시해 줄 수 있다.

> 1. 무엇을 조사해야 하나?
> 2. 조사를 통해 모둠이 무엇을 알고자(얻고자)하나?
> 3. 조사할 요소가 주제와 어떤 연관성이 있나?)
>   또는 (문제의 특성 / 이 문제로 나타난 상황, 현상이나 심각성 / 과제가 구체적으로 내 삶에 어떤 부분에서 고민이 되고 심각한지와 어떻게 되기를 희망하는지 등) 교사가 안내한 분석의 방향(조사해야 할 내용)을 이해하고, 모둠원들이 서로 의견을 제시하면서 조사하고 싶은 내용을 조율하며 계획을 수립한다.

라) 모둠 역할 분담(내가 조사해야 할 소주제)

분석 방향 또는 세부 추진 내용(조사해야 할 내용)에서 프로젝트 수행을 위한 자료 조사 계획서가 구체적으로 수립되었다면 누가, 무엇을 맡을 것인가에 대한 모둠원 간의 협의가 필요하다.

마) 조사 대상과 방법

조사할 내용에 따라 설문을 해야 할 특정 대상이나, 지역, 현상을 정하고, 조사 방법도 문헌 조사, 인터넷 검색 자료, 통계 자료, 온라인 설문, 직접 설문, 인터뷰 등을 정하는 것이다.

바) 조사 도구

인터넷 도구, 도서, 설문 등으로 설문을 할 경우나 인터뷰를 해야 할 경우는 질문지를 만드는 것도 포함한다.

사) 결과물 발표 형식

보고서, PPT, UCC, 신문, 캠페인 등 다양한 결과물을 모둠별로 자율적으로 선정할 수 있다.

라. 프로젝트 수행을 위한 역할 분담

모둠 편성 및 역할 분담 정하기 시간으로 모둠원 모두가 참여할 수 있도록 역할을 분명하게 제시하여 팀원 전체가 프로젝트를 통한 교육 효과를 극대화할 수 있도록 해야 한다. 이때 교사는 '공정성'과 '책임성'에 대해 안내하여 모둠 활동이 협력적이고 원활하게 이루어지도록 도움을 주도록 한다.

학생들이 각자의 관심 영역을 중심으로 역할 분담하는 것도 중요하지만, 학생들의 수행 능력에 따라 배려하며 협력을 해야 하는 것도 중요하다. 프로젝트는 각자의 수행 결과를 모아 그에 대한 피드백을 통해 자료를 종합하여 하나의 완성품이 나오는 과정임을 강조한다. 또한, 반드시 1인 1역할 이상을 수행해야 하며, 분담한 역할에 대해서도 서로 협력할 때 더욱 완성도 높은 자료가 산출될 수 있음을 안내한다.

마. 교과별 프로젝트 수행 계획서 사례

1) 도덕과 프로젝트 수행 계획서 (이영옥 선생님)

프로젝트 주제: '행복사람의 비밀코드 찾기 – 행복 나눔' 프로젝트 수행 계획서

'행복사람의 비밀코드 찾기 – 행복 나눔' 프로젝트 계획서	
학년 반 모둠명:	
프로젝트 수행 계획 세우기	
모둠원 이름:	
1. 행복 나눔 프로젝트 주제	
2. 목적(선정의 이유)	
3. 세부추진 내용 (조사해야 할 내용) • 왜? • 무엇을? • 어떻게? • 누가? (국내, 국외) • 삶의 모습, 신념 등	
4. 결과물 발표 형식	
5. 전달하고 싶은 메시지	
모둠 역할 분담	모둠원 (학번/이름)	역할

2) 사회과 프로젝트 수행 계획서 (고영애 선생님)

프로젝트 주제: 인권 문제 해결을 위한 인권단체 만들기 프로젝트

활동유형	모둠 활동	소속	1학년 반	모둠원 (학번-이름)	
탐구 주제	프로젝트 수행 계획서				

모둠명	
단체 명칭	
설립 배경 및 목표	

역할 분담		모둠장						
	자료 수집	분야	단체 핵심 가치	단체 설립 이유	인권침해 사례	활동방향	새롭게 필요한 인권
		담당자 (학번-이름)					
		내용					
		제안서 제작					
		발표					

3) 수학 프로젝트 수행 계획서 (이보라 선생님)

프로젝트 주제: 내 인생의 첫발, 어디가 좋을까?

모둠 활동지2	내 인생의 첫발, 어디가 좋을까?	반 :
	주제는 정확하게, 운영계획은 구체적이고 체계적으로 작성해 주세요.	모둠명 :

1	주제(제목)						
2	주제 선정 협의	학번					
		이름					
		진로희망					
		의견제시					
3	주제 선정 의도(이유)	진로·진학 요소					
4	적용된 수학적 개념, 내용 등	단원명			개념		
		수학내용 및 설명 (2가지 이상)					
5	프로젝트 내용 및 운영 계획 (구체적으로 기재)						
6	자료 유형				촬영 장소		

모둠 구성	학번	이름	담당 역할
모둠장			
모둠원			

바. 프로젝트 계획 단계 평가하기

자기성찰평가, 동료 평가, 교사 평가

1) 주제망 그리기 영역

① 자기성찰평가

평가 요소	채점 기준	평가 척도		
		상(3)	중(2)	하(1)
책임감	다양한 아이디어를 제시하고, 유목화 활동을 완성하였다.			

② 모둠 내 동료 평가

평가 요소	채점 기준	평가척도(상3,중2,하1)			
		가	나	다	라
의사 소통	모둠원의 의견을 수용적인 태도로 경청하고, 조율하고, 정리하였다.				

③ 교사 평가 (개인/모둠 평가)

평가 요소	채점 기준	평가 척도		
		상(3)	중(2)	하(1)
내용 구성	도출된 내용들을 유목화하여 연관성 있는 핵심어로 정리하였다.			
창의력	다양한 아이디어로 참신한 의견을 제안하고, 도출된 아이디어를 융합 및 정리하였다.			

2) 주제 선정 토의 및 결정 영역

① 자기성찰평가

평가 요소	채점 기준	평가 척도		
		상(3)	중(2)	하(1)
존중, 경청	친구들의 의견을 존중하며 경청하였다.			

② 모둠 내 동료 평가

평가 요소	채점 기준	평가 척도(상3,중2,하1)			
		가	나	다	라
의사 소통	서로 존중하며 의견을 경청하고 의논하여 합의점을 이끌어 내었다.				

③ 교사 평가 (개인/모둠 평가)

평가 요소	채점 기준	평가 척도		
		상(3)	중(2)	하(1)
주제의 타당성	대주제의 범주 안에서 적합하고 의미있는 주제를 제안하였다.			
의사 소통	모둠원 간 토의하여 참신한 주제에 합의하였다.			

3) 프로젝트 수행 계획서 작성 영역

① 자기성찰평가

평가 요소	채점 기준	평가 척도		
		상(3)	중(2)	하(1)
책임감	계획서 수립을 위한 아이디어를 적극적으로 제시하였다.			

② 모둠 내 동료 평가

평가 요소	채점 기준	평가 척도(상3,중2,하1)			
		가	나	다	라
책임감	정확한 주제탐구를 위해 조사·탐구 활동의 역할을 효과적으로 분담하였다.				

③ 교사 평가 (개인/모둠 평가)

평가 요소	채점 기준	평가 척도		
		상(3)	중(2)	하(1)
주제의 적절성	주제를 파악하고 모둠 주제를 선정한 이유를 제시하였다.			
계획의 체계성	모둠의 조사내용을 구체적이고 세부적으로 제시하였다.			
책임감	모둠원의 역할을 공정하게 세부적으로 수립하였다.			

프로젝트 수행하기

· · ·

C-프로젝트 수업연구소 **우치갑**, 경기 신곡중학교 **이영옥**

1. 주제 탐구 활동

• 중학교 도덕과 수업 사례(이영옥 선생님)

프로젝트 주제: '사회적 약자의 인권 보호' 프로젝트

차시	단계	교수 · 학습 활동	활동자료
6-8 차시	도입	**본 차시 프로젝트 활동 안내하기** • 선정된 모둠의 주제 탐구 프로젝트 활동 안내	프로젝트 수업 안내문
	전개	프로젝트 수행 계획서에 따른 역할 수행하기 • 분야별 관련 자료 수집 분석하기(도서실 활용 및 인터넷 검색) • 모둠끼리 검토하여 적합한 내용 정리하기 • 사회적 약자를 위한 정책, 제도, 기관 등 조사 탐구하기 개별 조사 내용 종합 및 발표 자료 제작하기 랜덤워드로 사회적 약자를 위한 해결방안 모색하기 • 베스트 해결 방안 선정하여 구체적 방안 제안하기	모둠 활동지① 프로젝트 수행 계획서 모둠 활동지② 개인 자료 수집 모둠 결과물 ③ 발표자료 제작 모둠 활동지④ 액션러닝(랜덤워드)
	정리	자신의 활동 평가하기, 모둠 평가	개인 평가, 동료 평가

가. 개별 활동(자료 조사, 정리하기)

1) 자료 수집하기

모둠별로 프로젝트 수행 계획서가 수립되면 역할 분담에 따라 모둠원들은 개별적으로 모둠별 소주제에 대한 정보를 수집하고 분류하며 모둠별 토론을 통해 과제를 준비한다. 주제의 탐구 자료를 찾기 위해 인터넷을 활용한다.

학생들은 주제와 관련된 탐구 자료를 수집하고, 종합하고, 분석하여, 자료를 정리할 수 있지만, 자료를 검색하고 정리하는데 때론 어려움을 겪게 된다. 그래서 학생들은 교사가 프로젝트 계획 단계에서 안내했던 「정확한 탐구를 위한 자료 조사 안내문」을 활용하여 주제와 관련된 다양한 자원들을 쉽게 찾아서 조사할 수 있다.

학생들에게 자료를 찾는 시간을 줄 경우 모둠별 1~2개의 휴대폰을 사용하도록 할 수도 있고, 학교 도서관이나 정보실(컴퓨터실)을 이용할 수 있다. 특히, 학교도서관을 활용 시 사서 교사에게 사전에 주제를 알려주어 관련 도서를 준비해주면, 시간도 단축될뿐더러 도서관 활용 협업 수업이 가능해 더 의미가 있다. 이 단계에서는 개인이 조사한 내용을 바탕으로 모둠원들의 자료를 점검하고, 차후에 각 모둠이 해야 할 과제와 부족한 부분을 찾아 자료를 보완하도록 한다.

모둠별 토론

관련 자료 수집

중학교 도덕과 자료수집을 위한 개별 활동 결과물 ①

'사회적 약자 탐구' 프로젝트 수업 (개별 활동)

1학년 3반 이름:김*영

사회적 약자 탐구 포트폴리오	자료 수집하기(개별)

모둠원 이름: 서*동, 김*영, 이*숙, 민*순

모둠별 소주제	다문화 이민자를 위한 정책, 법, 제도는 무엇이 있을까?
내가 조사해야 할 소주제 (모둠 주제와의 연관성)	다문화 이민자를 위한 정책: 정책 종류 중(어디서, 누가, 누구에게)에 대해 조사했다.
내가 찾아 본 자료	다문화 이민자들을 위해 문화적 적용을 할 수 있는 프로그램과 국가나 시민이 하고 있는 여러 곳에서 받을 수 있는 인권 보호 정책에 대해 조사했다.
내가 찾은 자료 핵심 내용 적기 (3가지 이상)	1. 다문화 이민자를 위한 다문화 가족 지원 센터 • 결혼 이민자를 위한 가족상담 및 교육 부모 자녀를 위한 한국어 교육을 한다. 2. 국제결혼 피해 상담 및 구조 • 국제결혼 중개업체의 불법적인 영업행위로 인해 피해를 입었을 때 각종 상담과 피해 구조 및 법률 지원 서비스를 제공해 준다. • 이민자를 위한 정책에는 이민자를 위한 인권보호와 문화적 적응을 할 수 있게 프로그램을 만들어서 시민과 국가와 교육부가 지원하도록 한다.

자기성찰평가	채점 기준	A	B	C
	나는 자료수집 활동해서 주제와 관련된 자료를 조사했다.	O		
	나는 모둠원들과 협력적으로 프로젝트 자료수집 활동에 참여했다.	O		

모둠원 역할 평가	모둠원 (학번/이름)		모둠원 역할 평가(A-B-C)
		서*동	A
		이*숙	B
		민*순	A

* 자료수집 개별 활동지에 「자기성찰평가, 모둠원 평가」를 추가했다.

중학교 도덕과 자료수집을 위한 개별 활동 결과물 ②

'청소년 문화' 프로젝트 수업 (개별 활동)

1학년 7반 이름:김*동

청소년 문화 포트폴리오	자료 수집하기(개별)
모둠원 이름: 김*동, 박*영, 이*숙, 홍*영	
모둠별 소주제	연예인이 청소년 문화에 미치는 영향은 무엇인가?
내가 조사해야 할 소주제 (모둠 주제와의 연관성)	연예인이 청소년 문화 형성에 얼마나 영향을 미치는가?
조사 도구 제작 (설문지 작성 등)	[설문 질문] 1. 연예인이 청소년의 문화에서 어떤 부분에 영향을 미친다고 생각하나요? 2. 연예인에게 얻는 좋은 영향은 무엇이라고 생각하나요? 3. 연예인으로 인한 악영향, 역효과는 무엇이라고 생각하나요?
내가 찾아 본 자료 목록	네이버, 구글, 인터넷 신문, 선생님이 주신 자료
내가 찾은 자료 핵심 내용 적기 (3가지 이상)	1. 연예인은 대중성을 가지는 공인이기 때문에 이 사실 자체가 청소년을 포함한 사람들의 문화 형성에 영향을 미친다. 2. 대중성을 가지는 공인 중 일부는 곡, 음악을 만드는 아티스트이고, 일부는 청소년의 여가 중 영화를 책임지는 배우이다. 영화와 음악 등으로 세상을 통해 소비되기 때문에 이 문화는 곧 모방성이 풍부한 청소년에게 빠르게 전달된다. 3. 연예인 중 아이돌의 경우는 주 소비자층이 청소년이기 때문에 아이들이 이상적 욕구를 충족시키는 대상이 아이돌, 곧 연예인이라고 할 수 있다.
앞으로 우리 모둠의 해야 할 과제	각자 조사한 소주제를 어떻게 기사화하고 통합할 것인가 생각해야 한다.

중학교 도덕과 자료수집을 위한 개별 활동 결과물 ③

'행복한 사람의 비밀코드 찾기' 프로젝트수업 (개별 활동)

모둠명: 1모둠짱　　1학년 9반　　이름: 김*영

포트폴리오-1	자료 수집하기 (개인 활동 1)
	모둠원 이름: 김*영, 정*제, 손*름, 박*민
1. 모둠 주제	자신의 이상형과 결혼한 사람
2. 내가 조사 해야 할 소주제	첫사랑인 이상형과 결혼한 연예인 부부에 대하여
3. 조사 내용	○○○ - 영화배우이기도 하지만 예능감도 매우 뛰어나서 이렇게 데뷔이후에 큰 사랑을 받고 있다고 합니다. 1976년생. 부인은 ○○○인데 작사가라고 합니다. 아내의 미모도 정말 아름다우며 나이가 ○○○이랑 동갑이라고 함. 만　남 - 첫사랑과 결혼에 골인한 그는 고1때 아내를 첨 만났고, 고2때부터 교제를 시작하면서 사랑을 키웠던 것. 그의 아내는 처녀 시절로 다시금 돌아간다면 연애를 많이 해보고 싶다며 하지만 결혼은 ○○○과 하고 싶다고 말하면서 남편에 대한 사랑을 드러냈다고 함. 13년 열애 끝에 첫사랑과 결혼한 고교 동창생과 결혼한 부부이 러브스토리! ○○○ 씨는 "고등학교 때 남편의 인기가 많았는지?"란 질문에 "인기 없었죠!"라고 답했고, "누가 먼저 좋아했냐"는 질문에도 "신랑이 저를 계속해서 따라 다녔죠"라고 답했다. 첫사랑이자 고교동창인 아내와 13년 열애 끝에 결혼한 ○○○은, 자신은 아내가 유일하게 만난 사람이며 아내가 출산 후 살찐 모습이 여전히 예쁘다며 애정을 과시했고, 아내 역시 "남편이 결혼해줬을 때가 가장 감동 받았을 때"라고 밝혀 미소를 자아냈다. ○○○ 씨는 한 방송프로그램에 출연해 지금까지 만난 여자는 아내 한사람뿐이라며, 또한, 그는 아내가 좋은 이유를 자신이 아무리 스타가 되어도 그냥 나는 나일 뿐이라며 나를 제일 많이 알고 있는 사람이어서 라고 전하며 사랑을 과시했다고 한다.
4. 자료 출처	출처: 네이버, 구글 등 인터넷 자료, 머니OOO방송
5. 느낀점 (알게 된 사실)	자신의 이상형과 결혼한 사람이 생각보다 매우 적다는 것을 알게 되었다. 이상형과 결혼한 연예인 부부를 보며, 그 사람의 여러 가지 조건이 아니라 그냥 나를 좋아하고 선택해줘서 사랑하고 결혼한 사람들이 행복한 것이라고 느꼈다.

중학교 도덕과 자료수집을 위한 개별 활동 결과물 ④

'행복한 사람의 비밀코드 찾기' 프로젝트 수업 (개별 활동)

모둠명: 노네임   1학년 8반   이름: 박*하

포트폴리오-1	자료 수집하기 (개인활동 1)
모둠원 이름: 류*연, 송*연, 박*하, 홍*의	
1. 모둠 주제	꿈을 이룬 사람
2. 내가 조사해야 할 소주제	○○○의 삶 / 꿈과 관련된 노래
3. 조사 내용	○○○ - 1915. 11. 25. ~ 2001. 3. 21. 학력: 통천○○ 소학교 1998년 6월, ○○○ 회장이 1000마리의 소떼를 몰고 방북하였다 1946년 ○○자동차수리공장 설립 / 1947년 ○○토건사 설립 1950년대자 ○○동차수리공장과 ○○토건사를 합병 ▶ ○○건설 설립 ○○○ 회장의 어린 시절 설립회사 회사 설립 계기 ○○○ 회장은 실향민으로 세계적인 기업을 이룬 최고 경영자가 되었다. 1915년에 출생하여 어린 시절부터 가난해서 어린아이일 때 가난을 벗어나고자 17세 때 현재 북한지역인 강원도 통천군 아산리의 고향집에서 부친의 소 판 돈 70원을 몰래 들고 가출한 실향민으로 북쪽에서 남쪽으로 내려와 열심히 일을 하면서 여러 회사들을 설립함. 영국에 가서 조선소를 지을 돈을 빌렸다는 이야기나 둑으로 활용해 서산간척지 공사를 한 일, 88 서울올림픽 유치에 큰 역할을 한 일 등 많다. 특히 ○○○ 회장은 나중에 소 천마리를 자신의 고향인 북쪽에 기부한다. 그의 나이 83세로 1998년 6월 16일 소 떼 1000마리를 몰고 판문점을 넘어 방북하였다. 방북 날 오전 ○○○ 회장은 "한 마리의 소가 1,000마리의 소가 돼 그 빚을 갚으러 꿈에 그리던 고향산천을 찾아간다."고 그 감회를 밝힘. ○○○ 회장 삶의 어록 '잠깐의 시련일 뿐이지 실패라고 생각하지 마라. 내가 진정으로 원하는 일을 하고 있으면 그건 성공이야.', '길이 어디 있는지 모른다면 길을 직접 찾으면 되고 길이 보이지 않는다면 직접 길을 닦으면 되지.', '불가능하다고? 이봐 해봤어?' 꿈과 관련된 노래 꿈꾸지 않으면 //- 네모의 꿈
4. 자료 출처	출처: 네이버, 구글 등 인터넷 자료, 머니000방송
5. 느낀 점(알게 된 사실)	자신의 꿈을 위해 도전하고 끊임없이 노력하는 사란은 성공할 것이며, 만족감을 느끼므로 행복한 삶을 살았다고 할 수 있다. 특히 자신의 고향에 소를 기부할 수 있는 꿈을 이룬 삶을 살았다면 뿌듯할 것 같다.

2) 자료 정리하기

자료 정리하기 과정은 개별로 자료 조사 및 수집한 내용에 추가로 보완한 자료를 가지고 자신의 주제를 모둠의 주제와 연관 지어 정리하도록 한다. 각자 자신이 조사한 내용을 프로젝트 수업의 의도에 합당하게 방향성을 잡고 유의미하도록 제시해야 함을 강조한다.

조사한 내용과 모둠의 주제에 대한 자기 생각을 근거 자료를 통해 반드시 작성하도록 하여 단순히 자료 수집을 위한 프로젝트가 아님을 강조한다.

중학교 도덕과 자료 정리를 위한 개별 활동 결과물 ①

'청소년 문화' 프로젝트 수업 (개별 활동)
1학년 7반 이름:

청소년 문화 포트폴리오	자료 정리하기
모둠원 이름: 김*동, 박*영, 이*숙, 홍*영	
모둠 소주제	연예인이 청소년 문화에 미치는 영향은 무엇인가?
내가 조사한 소주제	연예인이 청소년 문화 형성에 얼마나 영향을 미치는가?

내가 조사한 자료 정리 (모둠 주제와 연관 시어 정리 - 신문의 한 기시의 내용으로 정리해 보기)

연예인은 청소년이 가진 이상과 욕구를 충족해 주는 사람이다. 대중매체를 통해 보이는 연예인은 항상 완벽해 보이기 때문에 청소년들이 모방하고 싶어 한다. 그래서 연예인은 청소년의 문화에 큰 영향을 주고 있다.

그 예로 「연예인」에 직업의 종류가 다양한데 음악을 만들어 세상에 내놓는 프로듀서와 가수 그리고 주 소비자층이 청소년인 아이돌, 영화, 드라마로 소비되는 배우, 운동선수 개그맨, 패션모델 등이 있다.

그 연예인의 패션 스타일, 자주 찾는 물건 등이 우리들에게 소비되거나, 그 연예인이 참여한 드라마 그 자체가 학생들의 어가 생활에서 큰 영향을 미친다.

모둠 소주제와 나의 소주제를 연결하여 주장하는(설득하는) **글쓰기**

연예인은 청소년 문화에 큰 영향을 미치지만 긍정적인 부분만 있는 것은 아니다. 연예인이 대중매체를 통해 보이는 모습은 완벽해 보여서 연예인과 비교하여 자신은 그렇지 못한 경우에 자존감이 떨어지거나 외모의 기준이 연예인이 된다. 결국 외모 지상주의로 이어질 가능성이 높다. 사람은 항상 완벽할 수 없다는 것을 인정하고 외적인 면에만 집중하는 청소년들의 잘못된 인식을 바로잡으려는 노력이 필요하다.

중학교 도덕과 자료 정리를 위한 개별 활동 결과물 ②

'행복한 사람의 비밀코드 찾기' 프로젝트 (개별 활동)

모둠명: 1모둠짱 1학년 9반 이름: 김*영

포트폴리오 - 2	자료 정리하기 (개별)
모둠원 이름: 김*영, 정*제, 손*름, 박*민	
모둠 소주제	자신의 이상형과 결혼한 사람은 행복할까?
내가 조사한 소주제	첫사랑인 이상형과 결혼한 연예인 부부에 대하여

내가 조사한 자료 정리(모둠 주제와 연관지어 정리 - 신문의 한 기사의 내용으로 정리해 보기)

내가 조사한 자신의 이상형과 결혼한 사람은 ○○○이다. 영화배우이기도 하지만 예능감도 매우 뛰어나서 이렇게 데뷔 이후에 꾸준히 사랑을 받고 있다. 부인은 ○○○ 씨인데 첫사랑과 결혼에 골인한 그는 고1 때 아내를 처음 만났고, 고2 때부터 교제를 시작하면서 사랑을 키웠다고 한다. ○○○의 아내는 처녀 시절로 다시 돌아간다면 연애를 많이 해보고 싶지만 결혼은 ○○○과 하고 싶다고 말하면서 남편에 대한 사랑을 드러냈다.

○○○ 씨도 지금까지 만난 여자는 아내 한사람뿐이라며, 또한, 그는 아내가 좋은 이유를 자신이 아무리 스타가 되어도 그냥 나는 나일 뿐이라며 나를 제일 많이 알고 있는 사람이어서 라고 전하며 사랑을 과시했다고 한다. 또 "아내가 좋은 이유 중 하나는 내가 평범할 때 봤기 때문이다"라며 "내가 아무리 스타가 돼도 그냥 나는 나일 뿐이다. 나를 잘 알고 있는 사람"이라고 밝혀 주위를 훈훈하게 했다.

또한 ○○○ 씨의 아이들은 아들 하나 귀여운 딸 두 명이 다 이쁘고 잘 자라서 방송에서도 화목한 가정의 모습을 자주 보인다. 아이들을 보니 ○○○ 씨가 얼마나 자신의 가정을 소중하게 생각하고 아이들을 사랑스럽게 키우는지 알게 되었다.

모둠주제와 나의 소주제를 연결하여 주장하는(설득하는) 글쓰기

인간은 사회적 동물이다. 혼자 살기 어려운데 자신의 이상형과 결혼한다면 자신이 원하는 사람과 평생 행복하게 살 수 있다면 행복할 것 같기 때문이다. 그 예시로 첫사랑이자 이상형과 결혼한 ○○○ 씨가 있습니다. ○○○ 씨 부부는 다시 태어나도 서로와 결혼하겠다고 하며 사랑을 과시했고, 둘 사이에 1남 2녀의 자녀와 평범하면서도 항상 밝게 생활하는 것을 보면서 이렇게 이상형 결혼한다며 행복한 삶을 살 수 있다고 생각합니다. 그런데 이상형과 결혼을 한다고 하더라도 모두 행복한 것은 아닌 것 같고, 두 사람이 서로를 노력하고 이해하면서 살아가야 계속 결혼 생활을 유지할 수 있다는 것을 알게 되었습니다.

중학교 도덕과 자료 정리를 위한 개별 활동 결과물 ③

'행복한 사람의 비밀코드 찾기' 프로젝트(개별 활동)

모둠명: 노네임   1학년 8반   이름: 박*하

포트폴리오 -2	자료 정리하기 (개별)
모둠원 이름: 류*연, 송*연, 박*하, 홍*의	
모둠 소주제	꿈을 이룬 사람
내가 조사한 소주제	○○○ 회장의 삶 / 꿈과 관련된 노래

내가 조사한 자료 정리 (모둠 주제와 연관 지어 정리 - 신문의 한 기사의 내용으로 정리해 보기)

내가 조사한 자신의 꿈을 이룬 사람인 ○○○ 회장의 어린 시절 설립회사 회사 설립 계기이다. ○○○ 회장은 실향민으로 세계적인 기업을 이룬 최고 경영자가 되었다. 어린 시절부터 가난해서 어린아이일 때 가난을 벗어나고자 17세 때 고향집에서 부친의 소 판 돈 70원을 몰래 들고 가출한 실향민으로 북쪽에서 남쪽으로 내려와 열심히 일을 하면서 여러 회사를 설립한다.

특히, 자신의 어린 시절 돈을 훔친 것과 고향의 어려움을 살리기 위해, 그리고 우리나라 남북 교역의 물꼬를 트기 위해 그의 나이 83세로 소 천마리를 이끌고 자신의 고향인 북쪽에 간다. 방북 날 오전 ○○○ 회장은 "한 마리의 소가 1,000마리의 소가 돼 그 빚을 갚으러 꿈에 그리던 고향산천을 찾아간다."고 한 말에서 그의 꿈이 이루어졌음과 그것에 얼마나 감동했을지가 느껴졌다.

○○○ 회장의 어록 중에 '잠깐의 시련일 뿐이지 실패라고 생각하지 마라. 내가 진정으로 원하는 일을 하고 있으면 그건 성공이야', '길이 어디 있는지 모른다면 길을 직접 찾으면 되고 길이 보이지 않는다면 직접 길을 닦으면 되지', '불가능하다고? 이봐 해봤어?'라는 끊임없이 노력해서 우리나라의 제1 기업을 세운 꿈을 이룬 분이라고 할 수 있다.

모둠 주제와 나의 소주제를 연결하여 주장하는(설득하는) 글쓰기

나는 ○○○ 회장이 꿈을 이뤘다고 생각한다. ○○○ 회장의 신념이 생명이 있는 한 실패는 없다. 실패를 맞으면 그대로 절망에 빠지는 것이 아니라 다시 일어나고 싶어 하는 사람이 되어야 한다. 자신이 목표하는 '꿈'은 자신이 행복하기 위해 목표로 잡는 것이다. 그 목표를 이루기 위해 자신의 생각과 마음을 다잡아 노력하는 삶의 자세가 필요하다.

나. 모둠 활동(조사 내용 정리 및 종합, 분석하기)

각 모둠 구성원이 역할 분담을 통해 자료를 수집한 후 내용을 모둠원들에게 공유한다. 모둠에서 유의미한 자료를 선정하고 이를 모둠 주제와 연결 짓기 위해, 공유와 상호 검증의 과정을 거쳐 자료를 분류하고 분석하여 수정·보완 작업을 한다. 학생들은 모둠 협의를 통해 조사 자료의 출처, 정확도를 점검해야 하고, 정확하지 않은 자료들은 수행 결과물 제작 시 반영하지 않아야 한다. 또한, 학생들이 개별 활동을 통해 수집한 자료들을 공유하거나 항목별로 관련 정보를 유목화하는 것도 중요하다.

자료수집 과정이 끝나면 반드시 모둠별로 수집한 자료를 정리하고 분류하는 절차를 통해 관련 내용을 정리한다. 협업 과정에서 문제를 해결하는데 필요한 방향이나 방법을 논의하여 수집된 정보를 어떻게 활용할 것인지, 관련 정보를 분석하고 어떤 방향으로 보완할 것인지를 결정한다. 모둠별로 수집된 자료는 분석을 통해 함축된 정보로 정제되어 프로젝트의 최종 결과물에 반영된다.

모둠 활동에서 많은 학생들은 정보를 탐색하고, 수집하고, 분류하는 방법과 절차에 익숙하지 못하기 때문에 자료 생성과정에서 어려움을 겪는다. 그래서 교사가 활동 과정을 지속적으로 관찰하고 좀 더 정교한 절차를 거치도록 학생들에게 활동 방법을 구체적이고 자세하게 안내해야 한다. 학생들이 검증되지 않은 인터넷 자료나 단편적인 정보를 검색하지 않도록 잘 안내하는 것도 중요하다.

교사는 지속적으로 학생들의 정보 탐색 및 분석, 종합하는 과정을 점검하고 정제된 정보를 바탕으로 산출물을 제작하도록 유도해야 한다. 또한 모둠에서 다른 모둠원들이 수정할 수 있는 부분을 지적해주거나 보완해야 할 방향을 제시하여 상호 점검 이루어질 수 있는 활동의 분위기를 조성해야 한다.

- 중학교 도덕과 프로젝트 수업 '교수-학습 방향' 사례

> - 인간존중과 인권의 의미를 세계인권선언과 연결 지어 이해할 수 있다. (서클맵, 보석맵 토의 활동)
> - 다양한 사회적 약자를 찾아 하나를 선정하여 프로젝트 계획서를 작성할 수 있다. (액션러닝-랜덤워드)
> - 사회적 약자의 어려움을 해결을 위한 방안을 제시할 수 있다. (프로젝트 문제해결학습)
>
> 사회적 약자의 고통을 레미제라블 이야기에서 공감하고, 어떤 도움과 제도, 지원이 필요한지를 모둠별 문제해결 방안을 모색하는 것에서 출발하여 우리 사회의 많은 사회적 약자가 누구인지, 그들의 어려움과 고통이 무엇인지, 그들을 위한 정책과 지원이 무엇인지를 파악하고, 우리가 할 수 있는 일을 공감과 배려의 실천적 자세를 가지도록 하였다.
> 또한 프로젝트는 사회적 약자에 여성 인권을 포함하여 양성평등의 가치도 인권의 맥락에서 이해하도록 자료 찾기 안내문을 제시했다.

2. 프로젝트 결과물 제작하기

가. 프로젝트 결과물 유형 제작 방법 안내

이미 프로젝트 준비하기 단계의 「프로젝트수업 안내문」에서 프로젝트 결과물 유형을 학생들에게 안내했지만 결과물의 유형별 제작 방법을 구체적을 자세하게 안내한다.

- 프로젝트 결과물의 제작 방법 안내문 참고 자료

본 책의 「제1장 설레는 프로젝트 수업 이야기」 페이지를 읽어보세요.

> 페이지 65 - 07. 상상력과 창의성의 산물 프로젝트 결과물 완성하기
> ① 프로젝트 결과물 유형 안내 ② 프로젝트 결과물 교과별 실천사례

나. 결과물의 평가 요소 및 채점 기준 제시

결과물의 평가 요소, 채점 기준을 명확하게 제시하여 학생들이 프로젝트를 통해 무엇을 알게 되고, 확인해야 하는지 명확히 알 수 있도록 한다. 채점 기준표 작성에 참고할 평가 요소와 채점 기준을 소개한다.

1) 내용의 충실성
수행 결과물의 내용이 수행 주제에 충실하다.

2) 창의력
① 수행 결과물의 창의적 표현력이 우수하다.
② 수행 결과물이 참신하고 창의적으로 표현되었다.
③ 수행 결과물이 주제에 맞게 창의적이며 완성도가 높다.
④ 수행 결과물이 체계적이며 창의적인 방법으로 잘 표현되었다.
⑤ 수행 결과물의 모든 아이디어가 새롭고 독특하며 기발하다.
⑥ 다각도로 분석하여 참신한 아이디어를 산출한 수행 결과물이었다.

다. 결과물 제작 계획 및 제작하기

프로젝트 수업에서 결과물은 주제와 관련된 수행 결과물을 의미한다. 프로젝트 수업은 학생들이 프로젝트 과제를 수행하면서 단순히 무엇을 학습하고 기억하는 것이 아니라 무언가를 산출하게 하는 것이다. 프로젝트 수업의 출발과 마지막 과정까지 학생들이 협력적이고 적극적으로 참여하고 각자의 역할 수행을 통해 결과물을 완성할 수 있도록 계획하고 제작한다.

교사는 프로젝트 수업 진행 시 학생들이 모든 과정에서 참여하고, 결과물을 제작하는데 어떻게 기여하

는 지를 세심하게 살펴야 한다. 또, 프로젝트 결과물 제작 과정에서 일부 학생만 참여하는 일이 없도록 협업 과정을 면면히 관찰한다. 관찰을 통해 학생들이 역할 분담에 대한 책임을 다할 수 있도록 개인별, 모둠별로 피드백을 강화한다.

'사회적 약자의 인권 보호' 프로젝트 결과물 - 중학교 도덕과 수업 (이영옥 선생님)

3. 프로젝트 수행단계 평가하기

1) 자기성찰평가

채점 기준	평가 척도		
	상(A)	중(B)	하(C)
나는 자료 수집 활동에서 주제에 맞는 자료를 조사했다.			
나는 모둠원들과 협력적으로 프로젝트 활동에 참여했다.			

2) 모둠 내 동료평가 ①

채점 기준	① 정보를 탐색하여 주어진 과제를 해결하였다. ② 다양한 자료 및 주제에 적합한 자료를 제시하였다. ③ 자신의 맡은 역할을 성실하게 수행하였고 협력적이었다.	
모둠원 역할 평가	모둠원(학번/이름)	동료평가 상(A) – 중(B) – 하(C)

3) 모둠 내 동료평가 ②

평가 요소	채점 기준			평가 척도(3-2-1)		
	상(3)	중(2)	하(1)	모둠원1	모둠원2	모둠원3
사회적 약자 자료수집 및 해결방안 제시 (3점)	사회적 약자의 고통과 어려움을 공감하였으며, 약자를 보호하는 다양한 정책 및 기관 등 유의미한 자료를 탐색하여 정리하였고, 사회적 약자의 인권을 보호하는 창의적이고, 참신한 다양한 방안을 제안하여 과제의 완성도를 높이는데 기여하였다.	사회적 약자의 고통과 어려움을 공감하였으며, 약자를 보호하는 다양한 정책 및 기관 등 유의미한 자료를 조사하여 제시하였으며, 사회적 약자를 위한 해결 방안을 제안하였다.	사회적 약자의 고통과 어려움을 이해하고, 사회적 약자에 대한 정책 또는 기관이나 시설을 조사하였다.			
협력 및 참여도 (3점)	모둠원과 적극적으로 협력하여 자료를 조사하고, 작성하였으며, 과제의 완성도 높이는데 적극적으로 참여하여 가독성 있게 표현하였다.	모둠원과 협력하여 자료를 조사하였으며, 과제를 완성하는 맡은 역할을 하였다.	모둠 활동에 참여하였으나, 자료수집 및 과제수행이 다소 미흡하였다.			
합계						

4) 학급별 평가지

평가 요소		채점 기준	평가척도(점수)			
개인 평가	도덕적 지식	인권의 의미를 도덕적 맥락에서 이해하였다.	0	1	2	
	도덕적 사고 능력	인권 침해사례와 세계인권선언을 적절하게 연결하였다.	0	1	2	
		인권 침해를 해결하기 위한 방안을 제안하였다.	0	1	2	
	상호작용	상호협력적으로 의사소통하며, 과제의 완성도를 높이는데 기여하였다.	0	1	2	
	정보 탐색 및 문제 해결 능력	정보를 탐색하여 문제를 해결하였다.	0	1	2	3
	자료 조사	객관적 자료 및 유의미한 자료를 제시하였다.	0	1	2	3
	방안 제시	창의적이고 실행 가능한 해결방안을 제시하였다.	0	1	2	3
	결과물제작 및 발표	자신의 맡은 역할을 성실하게 수행하고, 가독성 있게 과제를 제작하여 발표하였다.	0	1	2	3

평가 요소		채점 기준	배점	1 모둠	2 모둠	3 모둠	4 모둠	5 모둠	6 모둠	7 모둠	8 모둠
모둠 평가	결과물 구성	다양한 자료를 제시하였으며 가독성 있게 구성하였다.	2								
	결과물 발표	결과물의 내용을 이해하고, 전달력 있게 발표하였다.	3								
	합계										

5) 학급별 평가지(채점표, 교사용)

평가 요소 학번 이름	개인 평가								모둠 평가		합계 (25)	비고 (특이 사항)
	인권 의미 (2)	인권 침해와 인권 선언 (2)	인권 침해 해결 방안 (2)	상호 작용 (2)	정보 탐색 (3)	자료 조사 (3)	방안 제시 (3)	결과물 제작 발표 (3)	수행 결과물 구성 (2)	수행 결과물 발표 (3)		
1.000												
2.000												
3.000												

프로젝트 발표하기

C-프로젝트 수업연구소 **우치갑**
대구 화원중학교 **이지영**, 경기 관양고등학교 **고영애**

프로젝트 발표는 '프로젝트 수업의 꽃'으로 그동안 수행한 모든 과정을 발표하면서 최종 결과물(산출물)을 공개하는 시간이다. 발표는 프로젝트 수업에서 가장 중요하고 핵심이 되는 부분으로, 모둠별로 준비한 PPT 시각자료를 순서대로 발표한다.

학생들은 모둠별 발표 과정을 통해 자신의 프로젝트뿐만 아니라 다른 모둠의 프로젝트에서 더 많은 것을 배우고 공감한다. 이때, 모둠별 발표 과정에서「모둠 간 동료 평가, 교사 평가」를 함께 진행하도록 한다.

1. 발표 관련 사전 안내

가. 발표 시나리오 작성 안내

프로젝트 발표 활동은 각 모둠의 프로젝트 활동 결과물에 대한 설명을 설득력 있게 전달하는 활동이다. 발표 시나리오 작성을 안내하여 학생들이 PPT 시각자료로 전체 학생들에게 프레젠테이션 발표를 잘할 수 있도록 한다.

나. 발표 시나리오 내용 구성

1) 발표 시나리오는 모둠 활동 결과물에 대한 설명을 체계적이고 명료하게 전달할 수 있도록 구성한다.
2) 발표 시나리오 내용 구성은「탐구의 주제, 동기, 목적, 과정, 결과」순으로 프로젝트 수행 활동 결과물의 '핵심 내용'을 요약한「텍스트, 사진, 그림, 영상」의 PPT 자료로 구성한다.

2. 발표 자료(PPT) 제작하기

가. 프로젝트 결과물 발표 자료(PPT)
모둠원이 함께 또는 각자 조사한 텍스트 자료, 정보, 사진, 영상 등을 구조적으로 연결하여 PPT에 배치하는 활동 자료이다.

나. 발표 자료(PPT) 제작 안내
'모둠별 발표 자료(PPT) 제작 방법 안내문'을 학생들에게 배부하여 PPT 제작과 발표의 방향에 도움을 주도록 한다. 프로젝트 활동 결과물의 형식에 대해서도 구체적으로 제시해 주면 학생들이 프로젝트 결과물 발표 활동의 완성도를 높일 수 있다.

- 모둠별 프로젝트 결과물 발표 자료 제작 안내문

> 1. 모둠별로 모둠원들이 각각 조사한 자료 및 통계적으로 처리한 작업을 PPT로 제작한다.
> 2. 보고서의 형식을 갖춰야 하며, 사진, 그림, 영상 등을 넣어 자유롭게 제작한다.
> 3. 내용은 탐구 주제를 근거(도구)자료를 활용하여 자료를 분석한 부분이 포함되어야 한다.
> 4. 모둠의 수행과제와 관련된 주장하는(설득하는) 글쓰기가 포함되어야 한다.

- 모둠별 프로젝트 결과물 발표 PPT 제작 방법 안내문

> 1. 텍스트 구성
>   - 제목은 간결하면서도 눈에 잘 띄게 표현한다.
>   - 본문은 핵심 요소를 전달할 수 있도록 한다.
> 2. 글자체
>   - 각이 진 고딕체, 헤드라인, 울릉도M 등을 사용한다.
> 3. 글자체의 크기
>   - 제목은 40~60 포인트로 한다.
>   - 부제목은 20~28 포인트로 한다.
>   - 본문은 16~20 포인트로 한다.
> 4. 색상
>   - 하나의 슬라이드에 여러 가지 색상을 쓰지 않는다.
>   - 핵심 내용을 표기할 때는 원색보다 한 톤 낮은 색을 사용한다.
> 5. 슬라이드
>   - 슬라이드 1장에 하나의 주제만을 담아야 한다.
>   - 슬라이드 1장에 이미지는 보통 1장 또는 최대 2장 정도 배치한다.
>   - 텍스트는 되도록 한 슬라이드에 3줄 정도 짧은 「캐치프레이즈」방식으로 구성한다.
> * 글자체 및 크기 등은 하나의 예시이므로 모둠에서 가장 적절한 것을 선택하여 활용한다.

3. 발표하기

가. 모둠별로 프로젝트 과정 및 결과를 발표한다. 발표할 때는 정확하고 큰소리로 발표하며, 말끝을 흐리지 않으며, 주머니에 손 넣기, 짝다리 등 예의 없는 행동은 하지 않는다.
나. 모둠의 발표 내용을 공유함으로써 학습자 간 Teaching과 Learening이 동시에 일어나는 활동이므로 경청해야 한다.
다. 발표는 짧고 간결하게 하되, 내용을 그대로 읽는 것보다 스토리텔링의 방식으로 전달하는 것이 좋다.
라. 모둠별 발표 활동은 프로젝트 수업에서 가장 중요한 수업 활동이기 때문에 '프로젝트 모둠별 PPT 자료 발표 활동 안내문'을 제작하여 모둠별로 1장씩 배부해야 한다.

• 프로젝트 모둠별 PPT 자료 발표 활동

발표 안내문 예시

1. OOO 모둠의 발표를 시작하겠습니다.
2. 저의 모둠은 OOO(모둠명)이며 모둠원은 OOO, OOO, OOO, OOO입니다.
3. 저의 모둠의 프로젝트 주제는 'OOO'입니다.
4. 주제 선정 이유는 (동기) ~이며, OOO한 목적으로 주제를 탐구하였습니다.
5. 우리_____ 내용으로 조사하여 수행 활동을 했습니다. (발표 목차 제시)
   먼저 1.~~~~~, 2.~~~~~~~~~
   * 핵심내용을 중심으로 텍스트, 사진, 영상 등의 자료를 활용하여 발표하도록 한다.
6. 이상 OOO 모둠의 발표를 마치겠습니다.
   *발표 시 ①로 시작하고, 마무리는 ⑥으로 마치도록 한다.

4. 프로젝트 결과물 및 발표 단계 평가하기

가. 모둠 간 동료 평가

1) 프로젝트 수업 발표 단계

평가 요소	채점 기준	배점
구성 및 내용, 전달력	준비한 결과물을 친구들이 이해하기 좋게 발표 내용을 적절하게 요약하여 효과적으로 전달하였다.	2
창의력	수행 결과물의 아이디어가 독창적이고 새롭고 독특하며 기발하였다.	2

2) 중학교 사회과 프로젝트 수업 발표 단계

평가 요소	채점 기준			평가 척도(3-2-1)							
	상(3)	중(2)	하(1)	모둠1	모둠2	모둠3	모둠4	모둠5	모둠6	모둠7	모둠8
내용의 충실성 (3점)	선정한 주제를 깊이 있고 체계적으로 조사하여 내용이 알차고 풍부하였으며, 모둠에서 탐구한 대중문화에 대해 새롭게 알게 되어 유익하고 의미 있었다.	선정한 주제를 인터넷 검색하여 다양한 정보를 제공하였으며 모둠에서 탐구한 대중문화에 대해 흥미를 가질 수 있었다.	선정한 주제를 탐구 활동으로 이어가는데 다소 어려움을 겪었으며 결과물의 내용이 빈약하였다.								
전달력, 창의력 (3점)	동영상이나 프리젠테이션으로 재구성한 결과물이 설득력 있고 창의적인 표현 방법과 발표자의 진지한 태도에서 큰 호응을 얻었다.	모둠에서 완성한 결과물의 내용은 알차고 흥미로웠으나 표현 방법 및 발표자의 태도가 미숙하거나 어색하였다.	결과물의 내용이 다소 빈약하거나 발표 태도가 소극적이어서 호응을 얻지 못하였다.								

3) 고등학교 사회과 프로젝트 수업 발표 단계

평가 요소	채점 기준	평가 척도 (잘함: A, 보통: B, 부족함: C)							
		1모둠	2모둠	3모둠	4모둠	5모둠	6모둠	7모둠	8모둠
내용의 충실성, 전달력	인권문제 해결을 위한 구체적이고 타당한 활동을 제시하였고, 가독성이 뛰어난 인권단체 메인 홈페이지를 완성하여 설득력 있게 발표하였다.								

나. 교사 평가

평가 요소	채점 기준	평가 척도	
		2	1
내용의 충실성, 전달력	인권문제와 관련된 문제의식을 잘 담고 있는 다양한 해결 방안을 설득력 있게 발표 및 질의응답을 하였다.		

평가 요소	채점 기준	배점	1모둠	2모둠	3모둠	4모둠	5모둠	6모둠	7모둠	8모둠
결과물 완성	모둠원이 협력적으로 수행 결과물을 주제에 맞게 완성하였다.	2								
결과물 구성	수행 결과물을 구조화하여 창의적으로 작성하였고, 발표자료를 전달력 있게 창의적으로 잘 표현하였다.	2								
결과물 발표	결과물을 적절한 예시와 사례를 제시하여 효과적으로 발표했다.	2								

성찰하기

C-프로젝트 수업연구소 **우치갑**
대구 화원중학교 **이지영**, 경기 신곡중학교 **이영옥**

우리는 평소에도 '성찰'이라는 말을 종종 사용한다. 학생들에게 자신을 성찰하는 자세가 필요하다고 훈화하기도 하고 수업 장학 후 교사모임에서 수업 성찰 과정을 거치기도 한다. 성찰(省察)이란 자신의 일을 반성하며 깊이 살핀다는 뜻으로 지난 일을 돌아보며 정리하는 시간을 가지는 것을 의미한다.

프로젝트 수업 과정은 여러 차시의 수업으로 구성되어 있기 때문에 학생들이 지난 활동을 전체적으로 돌아보며 정리하는 시간이 필요하다. 그렇기 때문에 프로젝트 수업의 마무리 단계에서 '성찰 일기'를 작성하는 활동을 해보는 것이 중요하다. 학생들은 성찰 일기를 작성해 보며 지난 활동을 되새겨볼 수 있으며, 프로젝트 수업의 핵심 내용을 한번 더 기억해 보고 정리할 수 있다. 또 활동 중 의미가 있었던 것, 보충해야 할 부분 등을 찾아보고 다음 프로젝트 수업에 대한 준비를 할 수 있다.

1. 성찰 일기(Reflective Journal)

성찰 일기는 학생들이 프로젝트 활동 중 좋았던 점과 힘들었던 점, 자신이 경험한 성공과 실패는 무엇인지, 무엇을 배웠는지, 수업과 연계하여 더 배우고 싶은 것은 무엇인지, 배운 것을 어떻게 실생활에 적용할 것인지 정리하는 것이다. 즉, 프로젝트 수업을 통해 경험했던 활동들을 돌아보며 자신의 생각을 글로 표현해 보는 활동이다. 성찰 일기는 학생들이 프로젝트 활동을 진행하는 데 있어 부족한 부분이 무엇이고, 그것을 어떻게 개선할 것인가에 대한 자신들의 성찰적 활동(학습 내용, 수업 과정, 교사와 학생에 대한 자신의 생각, 느낌, 경험)을 글로 표현해보는 활동이다.

2. 성찰 일기를 쓰는 형식

성찰 일기를 쓰는 형식은 구조화된 형식과 비구조화된 형식으로 구분된다. 학생 수준 및 활동 내용, 상황에 맞게 선택하여 사용할 수 있다.

가. 구조화된 형식

구조화된 형식은 학생들이 성찰할 수 있도록 안내하고 도움을 줄 수 있는 간단한 질문들로 구성된다. 서술형이 아니므로 프로젝트 수업 종료 후 학생들의 부담과 작성 시간을 줄일 수 있다. 교사는 학생들이 수업을 통해 알아야 할 핵심적인 사항을 질문 형태로 제시해야 한다.

구조화된 형식의 성찰 일기 사례 (중학교 도덕과)

평가영역	활동 내용	상	중	하
프로젝트 준비도	프로젝트 수행을 위한 사전 지식 및 자료 준비 및 자료 조사가 철저히 이루어졌는가?			
프로젝트 이해도	학습 목표 도달을 위한 프로젝트의 내용을 충분히 이해하고 자료를 탐색하였는가?			
프로젝트 참여도	자신의 역할을 충실히 수행하였으며, 모둠원 간 서로 협력하며 의견을 나누었는가?			

나. 비구조화된 형식

비구조화된 형식의 성찰 일기는 용어 그대로 구조화되지 않은, 형식이 정해지지 않은 자료를 제공하는 것이다. 이 경우 성찰 일기의 내용이 매우 다양하게 전개될 수 있다는 장점은 있으나, 글쓰기 능력이 뛰어난 학생들과 글쓰기 자체를 어려워하는 학생들 간 성찰 수준의 차이가 나타날 수 있다는 것을 유의해야 한다. 하지만 비구조화된 형식의 성찰 일기는 구조화된 형식의 성찰 일기보다 유의미한 과정과 결과를 얻을 수 있다. 학생들이 직접 자신의 활동을 돌아보며 정리하고 서술해 보며 수업을 정리할 수 있고, 반성할 수 있는 계기가 되기 때문이다. 교사 역시 학생들의 성찰 일기를 통해 학생들의 다양한 생각을 엿볼 수 있고 수업 과정과 활동에 대한 학생 피드백을 받는 기회가 될 수 있다.

비구조화된 형식의 성찰 일기 사례 (중학교 도덕과)

1. 프로젝트 활동 중 나는 모둠을 위해 무엇을 열심히 하였으며, 모둠 활동 과정에서 느낀 점은 무엇인가요?

2. 프로젝트 활동 중 좋았던 점, 힘들었거나 아쉬웠던 점은 무엇인가요?

- 좋았던 점:
- 힘들었던 점:
- 아쉬웠던 점:

3. 성찰 일기에 포함되어야 할 내용

성찰 일기는 크게 학습 내용(content)과 학습 방법(process)에 관한 성찰로 구분된다. 성찰 일기는 프로젝트 활동을 통해 어떤 내용을, 어떤 과정을 통해 배웠는지에 대한 내용이 포함되어야 한다.

학습 내용 - 내용 (content)	학습 방법 - 과정 (process)
프로젝트 수업에서 무엇을 알게 되었나?	어떤 과정을 통해 자기주도학습이 이루어졌나?
프로젝트 수업에서 가장 즐거웠던 점은?	프로젝트 수업을 통해 새롭게 알게 된 점은?
배운 내용을 실생활 어떻게 적용할 수 있을까?	프로젝트 수업 전과 수업 후의 나의 변화한 모습은 무엇인가?

4. 교과별 성찰 일기 사례

가. 영어과 성찰 일기 (양혜인 선생님)

세상을 바꾸는 민락특공대			
프로젝트 수업 8차시	성찰일기 쓰기		나는 세상의 빛이다! 나는 변화의 주체이다!
	민락특공대 대원 1학년 ____반 ____번 깊이 생각하는_____		

* 성찰(reflection): 자신이 한 일을 되돌아 보는 과정이다.

1. 프로젝트 활동들을 되돌아보자!

프로젝트를 끝낸 후 자신의 배움을 진지하게 되돌아보는 반성의 시간을 가져보자!

① 프로젝트 활동에서 무엇을 배웠습니까? (내용)	
② 어떤 과정을 통해 배웠습니까? (방법)	
③ 프로젝트 활동에서 나에게 부족한 부분은 무엇이었나요? 개선하려면 어떻게 해야 할까요? (반성)	
④ 실제 나의 생활과는 어떤 관련이 있을까요? 실제 나의 생활에 어떻게 적용할 수 있을까요? (적용)	
⑤ 프로젝트 활동에서 배운 점을 하나만 적는다면 무엇인가요? (일반화)	
⑥ 프로젝트 활동에서 나의 기여도는 어땠나요? 어떤 점에 기여를 했나요?	

2. 민락특공대 프로젝트 활동에서 느낀 점을 영어로 한번 써보자!

위의 6항목의 내용이 모두 한 줄 이상씩 들어가도록 영어로 번역해보자! 민락특공대 친구들 파이팅!

나. 사회과 성찰 일기 (고영애 선생님)

고등학교 1학년 통합사회 프로젝트 성찰 일기

1. 프로젝트 활동 중 가장 힘들었던 것은?

개별활동	모둠활동

2. 프로젝트 활동을 통해 어떤 변화된 점은? 향상된 교과 역량은?

변화된 점	향상된 교과 역량

*사회교과 역량 : 비판적 사고력 및 창의성, 문제 해결 능력과 의사 결정 능력, 자기 존중 및 대인 관계 능력, 공동체적 역량, 통합적 사고력

3. 프로젝트 활동을 통해 더 심화하여 탐구해 보고 싶은 내용이 있다면?

4. 프로젝트 활동을 통해 지금 당장(now and here) 실천할 수 있거나 앞으로 실천해야겠다고 생각하는 것은?

다. 도덕과 성찰 일기 (이영옥 선생님)

도덕 I 프로젝트 성찰 일기

"행복한 사람에게는 비밀이 있다!" 프로젝트 성찰 일지

학년 (   )반 (   )번 이름:(   )

단원	I.자신과의 관계, 4. 삶의 목적, 5. 행복한 삶	프로젝트명	'행복의 비밀코드를 풀어라' 프로젝트			
평가 영역	활동 내용			상	중	하
프로젝트 준비도	프로젝트 수행을 위한 사전 지식 및 자료 준비 및 자료 조사가 철저히 이루어졌는가?					
프로젝트 이해도	학습목표 도달을 위한 프로젝트의 내용을 충분히 이해하고 자료를 탐색 하였는가?					
프로젝트 참여도	자신의 역할을 충실히 수행하였으며, 모둠원 간 서로 협력하며 의견을 나누었는가?					

1. 프로젝트 활동을 통해 교과와 관련된 알게 된 사실이나 흥미로운 점, 배운 점이 있다면 무엇일까요?

2. 프로젝트 활동을 하면서 좋았던 점, 힘들었거나 아쉬웠던 점은 무엇일까요?
   - 좋았던 점
   - 힘들었던 점
   - 아쉬웠던 점

3. 프로젝트 활동을 하면서 나는 모둠을 위해 무엇을 열심히 하였으며, 모둠활동 과정에서 느낀 점은 무엇 일까요?

4. 프로젝트 활동을 성공적으로 수행했다면 그 이유는, 실패했다고 생각됐다면 그 이유는 무엇일까요?

5. 강의식 수업이나 다른 수업 방법이 아닌 프로젝트 수업으로 진행했기에 알게 된 사실이나 좋은 점이 있다면 무엇일까요?

6. 프로젝트 활동을 통해 자신에게서 발견한 능력이나, 스스로에게 해주는 격려의 말을 자유롭게 서술해 보세요.

라. 수학과 성찰 일기 (이보라 선생님)

프로젝트 활동 전과 활동 후의 나의 수업 활동들을 되돌아보자!

성찰 일기	내 인생의 첫발, 어디가 좋을까?	학번 :
	자신의 발전을 위해 나를 되돌아 보자!	이름 :

프로젝트 활동 전과 활동 후의 나의 수행 활동들을 되돌아보자!
나에게 있어 수학이란 무엇일까? 프로젝트 활동을 통해 무엇을 깨달았을까?

① 프로젝트 활동을 통해 수학 내용 중 무엇을 배웠습니까? (수학개념, 기호, 공식, 활용방법 등)	탐구 활동 문제를 해결하는 과정 중에 사용한 수학적 내용 등
② 프로젝트 활동 중 결과물을 찾는 과정 속에서 내가 배운 것은 무엇일까요? (수학뿐 아니라 난 ○○○를 배웠다.)	연구(탐구)하는 방법, 친구와 의사소통하는 방법, 나의 의견을 주장하는 방법 등
③ 프로젝트 활동에서 나에게 아쉬운 부분은 무엇이었나요? (완벽한 나에게도 부족한 부분이 있다.)	(모둠 활동 시) (개별 활동 시)
④ 개선하려면 어떻게 해야 할까요?	

성찰 일기	내 인생의 첫발, 어디가 좋을까?	학번 :
	자신의 발전을 위해 나를 되돌아 보자!	이름 :

⑤ 실제 나의 생활과는 어떤 관련이 있을까요? 실제 나의 생활에 어떻게 적용할 수 있을까요?	
⑥ 수학 프로젝트 활동을 친구들에게 소개한다면 뭐라고 말할 수 있을까요?	
⑦ 나에게 있어서 프로젝트 수업과 강의식 수업의 차이는?	
⑧ 나의 수업참여도는? (강의식 수업 중 참여도와 프로젝트 수업 시 참여도는?)	
⑨ 이 말만큼은 전하고 싶다. (하고 싶은 말)	

마. 과학과 성찰 일기 (소은숙 선생님)

평가 및 피드백	프로젝트 성찰 일기	반 :　번호:　모둠
	3. 생물다양성 보전 이야기 ⇨ 생물다양성 보전을 위한 활동 방법 제안하기	이름 :

학습목표	생물다양성 보전을 위한 활동 방법을 제안하는 프로젝트를 계획할 수 있다. 생물다양성 보전을 위한 활동 방법을 제안하는 프로젝트를 수행할 수 있다. 생물다양성 보전을 위한 활동 방법을 제안하는 프로젝트를 발표할 수 있다.

1. '생물다양성 보전을 위한 활동 방법 제안하기' 프로젝트 활동을 통해서, 친구와 선생님에게서 피드백 받은 내용을 적어보세요.

   • 친구에게서 받은 피드백 :

   • 선생님에게서 받은 피드백 :

2. '생물다양성 보전을 위한 활동 방법 제안하기' 프로젝트 활동을 돌아보며, 다음의 내용을 토대로 성찰일기를 써보세요.

   • 우리 모둠이 선택한 탐구 주제는 무엇이고, 어떻게 해결하였는지 소개하여 보자.

   • 이번 프로젝트 활동에서 가장 즐거웠던 점은?

   • 이번 프로젝트 활동에서 가장 힘들었던 점과 극복 방법은?

   • 이번 프로젝트 활동을 통해 새롭게 알게 된 점은?

   • 이번 프로젝트 활동에서 가장 아쉬웠던 점은?

   • 프로젝트 활동 전과 활동 후의 나의 변화한 모습은 무엇인가?

제7장

프로젝트 수업 기록하기

01. 교과 세부능력 및 특기사항 기록(1)
02. 교과 세부능력 및 특기사항 기록(2)
03. 교과 세부능력 및 특기사항 제대로 기록하기
04. 교과별 프로젝트 수업 교과 세부능력 및 특기사항 기록 사례

교과 세부능력 및 특기사항 기록(1)

C-프로젝트 수업연구소 **우치갑**
대구 화원중학교 **이지영**, 경기 민락중학교 **양혜인**

1. 교과 세부능력 및 특기사항 기록하기

가. 학교생활기록부에 기록되어야 할 학교 교육의 내용은 '학생이 무엇을 어떻게 배우고 성장했는가 하는 과정' 즉 '학생중심'으로 기술해야 한다. 세부 내용으로 '교과 학습 내용 및 지적 성장 내용'을 기술한다.

나. 학습활동을 통해 학생의 학업 역량, 지적탐구 역량, 자기주도 학습 능력, 의사소통 능력, 창의성, 공동체 의식, 협력, 참여도 등의 특성과 강점이 잘 드러날 수 있는 내용을 기술한다.

다. 객관적 사실에 근거하여 학생의 개별적인 특성과 역량을 관찰하여 공동체에 기여하는 협력 정신, 지적 호기심과 깊이 있는 탐구 능력을 기술한다.

라. 다양한 학습활동에서 학생의 과제 수행 과정 그리고 변화되어가는 모습(성장 과정)을 찾아서, '태도' 보다 '능력(역량변화)'에 대한 내용을 기술해야한다.

2. 교과 세부능력 및 특기사항 기록 사례

[중학교 국어]
건의문의 특성을 이해하고, '후문 옆 자투리 공간에 자전거 보관소 설치'라는 합리적 인 해결 방안이 담긴 건의문을 설득력 있게 작성하였으며, 자전거로 통학하는 학생들의 불편을 해소하기 위해 주변 학교의 사례를 분석하는 능력을 보여 줌. '학교 수업 공개의 날'의 경험을 소설로 표현하면서 자신의 생각을 맥락에 맞게 정돈된 언어로 잘 표현함. 나아가 자신의 고민을 소설 속 인물인 '나'의 갈등으로 재구성하여 해결책을 모색하는 등 능동적인 자세로 문제를 해결하려는 태도가 돋보임. *출처: 교육부(2017). 2017 학교 생활기록부 기재 개선방안

교과 세부능력 및 특기사항 기록(2)

C-프로젝트 수업연구소 **우치갑**
대구 화원중학교 **이지영**, 경기 민락중학교 **양혜인**

1. 교과 세부능력 및 특기사항 기록하기

가. 성취기준에 따른 성취수준의 특성, 학습활동 참여도 및 태도 (성장과 변화), 활동 내용 등을 기술한다.
나. '교과 학습 내용'의 경우, 해당 학생이 특별히 관심을 가졌거나 탁월한 능력을 보여준 '학습 내용의 일부분 (특정 단원, 특정 작품, 특정 개념 등)'을 진술하며, 진술한 내용을 판단할 수 잇는 구체적인 증거를 함께 제시해야 한다.
다. '지적 성장 내용'의 경우, 수업으로 인한 긍정적인 변화를 수업 〈전 - 중 - 후〉를 고려하며 학생의 눈에 띈 변화와 성장을 기술해야 한다.
라. 수업한 내용에 대한 '지적호기심'이 일어나서 학생이 자율적으로 탐구한 내용도 기록한다.

2. 교과 세부능력 및 특기사항 기록 사례

[중학교 도덕]
  '자신과의 관계'와 '타인과 나' 단원을 재구성한 탐구 수업에서 '자기존중과 타인존중'을 연꽃기법을 활용하여 다양한 모둠의 의견을 모았음. 바람직한 인생관 표현하기에서 자화상 그리기와 잡지를 활용하여 자신의 정체성을 정립하고 어떻게 살 것인가에 대해 진솔하게 맥락있는 글쓰기를 했음. 멀티 플로우맵을 활용하여 폭력의 유형과 그 위험성에 대해 조사 탐구하여 구체적인 사례를 찾아 친구들의 공감을 이끌어 냄.

교과 세부능력 및 특기사항 제대로 기록하기

C-프로젝트 수업연구소 **우치갑**
대구 화원중학교 **이지영**, 경기 민락중학교 **양혜인**

학생의 활동은 눈에 보여지는 활동내용을 객관적으로 구체적인 증거를 제시해야하고, 교사의 주관적인 기술 내용은 학생의 활동을 기반으로 교사가 주관적인 생각을 관찰과 활동 결과물에 근거하여 기술해야 한다.

1. 토론 활동의 구체적인 증거를 제시한 사례

가. 유전자 치료의 찬반 토론에서 찬성 입장 패널로 참석하여 유전병의 원인과 치료 방법을 말하며, 유전병으로 고통 받는 환자들의 사례를 통해 유전자 치료의 필요성에 대해 주장함. 이후, 토론에서 사용한 자료와 자신의 주장을 한 단계 발전시킨 글을 학교 신문에 기고함. 이를 통해 학생의 과학적 사고력과 사회적 참여 능력이 향상됨.

나. 유엔기후변화협약 모의 당사국 총회 활동에서 개발도상국의 기업가 역할을 맡아 토론에 참여함. 이 과정에서 선진국과 후진국의 기업가와 따로 만나 회의를 하는 참신한 발상으로 기업가들의 다양한 의견을 수렴하였고, 전체 토론에서는 환경운동가의 의견을 경청하면서도 국가의 경제성장이라는 반론을 기업가 입장에서 논리적으로 전개함으로써 과학과 사회의 유기적 관계에 대해 생각해보게 됨.

다. '환경과 화학'을 주제로 진행한 모둠별 발표에서 발표자를 맡아 '엔트로피와 환경 파괴'라는 주제로 열역학 제 2법칙 관점에서 환경 파괴 현상을 분석함. 엔트로피 증가 속도를 줄이기 위한 방안으로 화석연료의 소비를 줄이고 신재생에너지 사용이 시급함을 제안하는 등 열역학 관점에서 환경 문제를 정확하게 이해하고 있음.

* 자료출처: 2018학도 중고등학교 학교생활기록부 작성요령 (2018, 교육부)

2. 구체적인 증거가 담긴 활동내용을 제시한 사례

[과학] 생활 속에서 다른 물질 위에 뜨거나 가라앉는 성질을 이용한 예로 헬륨이 든 풍선은 뜨고 입으로 분 풍선은 가라앉는 현상을 찾아 밀도의 개념을 이용해 설명하였고, 혈액의 구성과 하는 일에 대해 적혈구는 어머니, 백혈구는 아버지로 비유한 독창적인 과학시를 작성함.

[과학] 생활 속에서 다른 물질 위에 뜨거나 가라앉는 성질을 이용한 예로 헬륨이 든 풍선은 뜨고 입으로 분 풍선은 가라앉는 현상을 찾아 밀도의 개념을 이용해 설명하였고, 혈액의 구성과 하는 일에 대해 적혈구는 어머니, 백혈구는 아버지로 비유한 독창적인 과학시를 작성함. 사람의 소화 과정 UCC 만들기 활동에서는 종이를 잘게 찢는 과정으로 소화과정을 비유하는 아이디어를 제시하는 등 창의력이 돋보이고 과학적 개념을 다른 분야에 융합하는 능력이 뛰어남.

[기술·가정] '양말을 이용한 인형 만들기' 활동에서 직접 개구리 도안을 만들어 소품을 창의적으로 제작함. 개구리의 눈, 코, 입을 박음질로 자연스럽게 표현하였고, 앞뒷면을 버튼홀 스티치로 연결할 때 눈에 띄지 않는 부분에 창구멍을 내고 솜을 넣어 완성하는 독창성을 보임. 기본적인 교량의 트러스 구조의 특징과 모양을 정확히 그림으로 표현하여 설명하고, 한정된 재료를 이용하여 용도에 따라 기능적이고 참신한 디자인으로 매우 안정된 모형교량을 완성함.

[도덕] 인간의 존엄성 실현을 위해 긴급 구호물자 지원과 직업 훈련 등 구체적인 대안을 포함한 '절대빈곤층 생계 우선 지원에 관한 조례안'을 작성함으로써 사회 정의의 관점에서 사회를 성찰하는 안목을 보여줌. 사소한 오해로 다툰 후 화해하지 못하고 전학을 간 친구를 용서하고 미움이 사라진 경험을 진솔하게 표현한 성찰 일기를 작성함으로써 용서의 범위와 가치에 대한 이해를 심화하고 삶에 적용함. 토머스 모어의 유토피아를 노동 시간 문제와 관련지어 심화 탐구한 결과를 '6시간 노동으로 가족과 더불어 저녁 있는 유토피아 실현'이라는 참신한 정책 홍보 문구로 표현하여 친구들의 호응을 이끌어 냄.

* 자료출처: 2018학도 중고등학교 학교생활기록부 작성요령 (2018, 교육부)

3. 교과역량이 뛰어남을 구체적인 증거를 제시한 사례

지구계 구성요소에 관한 토의에서는 자신의 배경 지식을 활용하여 갯벌과 습지 생태에 대한 이야기를 제시하며 모둠원들의 말문을 틔우고, 학습주제로 자연스럽게 연결시켜 토의를 이끌어감. 미래 1인 가구의 정원을 구상하는 제안서에서 '냉장 꽃 화분'이라는 독창적인 아이디어를 과학적 근거를 들어 제시하는 등 과학적 사고력이 뛰어남.

* 자료출처: 2018학도 중고등학교 학교생활기록부 작성요령 (2018, 교육부)

교과별 프로젝트 수업
교과 세부능력 및 특기사항 기록 사례

C-프로젝트 수업연구소 **우치갑**, 경기 분당고등학교 **신윤기**

1. 중학교 국어교과 프로젝트 수업 (대구 화원중학교 이지영)

'양반전'은 풍자가 잘 드러난 고전소설이다. 작가의 표현 의도를 제대로 파악하기 위해 학습 내용을 단계적으로 준비하고 개별 및 모둠활동으로 수업을 계획하였다. 작품 읽고 질문 만들기, 좋은 질문 선택하고 모둠 활동하여 새로운 질문 작성하기, 토의하기, 풍자 대본 제작을 위한 계획 작성하기, 풍자 대본 제작하기, 평가하기 활동으로 총 8차시로 수업을 진행하였다. 이번 프로젝트 수업은 소설 내용에 대한 파악을 바탕으로 하여 뉴스 대본 제작이라는 과제를 창의적으로 해결하는 것이다. 1, 2차시 수업에서는 질문 만들기를 통해 소설의 내용을 보다 깊이 있게 이해할 수 있도록 지도하였다. 이후 토의 내용과 과정을 대본으로 작성하여 모둠별 피드백과 협의를 거쳐 수업 과정을 완성하였다.

1) 주제: 「양반전」 풍자 뉴스 대본 제작 프로젝트
2) 성취기준: [9국05-09] 자신의 가치 있는 경험을 개성적인 발상과 표현으로 형상화한다.

3) 교수-학습의 방향

- 고전 작품을 통해 풍자의 의미를 파악할 수 있다.
  (고전 작품 읽고 질문 만들기, 짝 활동 및 모둠 활동을 통해 최종 질문, 새로운 질문 만들기)
- '양반전' 속 풍자내용을 파악하여 작품 속 사회와 현재 사회의 모습을 비교할 수 있다.
  (주제 정하여 모둠 토의하기)
- 풍자적 요소를 활용하여 새로운 형식으로 표현할 수 있다.
  (풍자 뉴스 대본 제작을 위한 계획, 모둠 만평 만들기, 풍자뉴스 대본 제작하기)

4) 교과세특 기록

①풍자의 표현 방법과 의미를 이해하여 '양반전'에 대한 풍자 뉴스 대본을 제작하는 프로젝트에서 ②다양한 질문을 통해 작품에 대한 이해력을 높여 모둠 토의 시 의미 있는 질문을 제안하여 대본을 작성하였고 ⑤우리 사회의 문제를 고전과 연결하여 풀어봄으로써 모둠원들에게 긍정적인 피드백을 받음. ③모둠원과의 협력을 이끌어 내기 위해 솔선하는 자세로 모둠 활동에 참여하였으며, 자신의 역할뿐만 아니라 도움이 필요한 경우 적극적으로 조력함.②모둠별 만평 제작 활동 시 다양한 의견을 제시하여 모둠원들에게 아이디어를 제공하고 이를 바탕으로 대본 제작 활동에 함께 참여함. 프로젝트 과정에서 ②④사건 취재 코너를 맡아 정선 양반이 환곡을 갚지 못해 양반 신분을 파는 현장을 취재한 대본을 참신하게 작성함. ⑥프로젝트 참여 소감 작성 활동에서 작품 속 부도덕한 양반들의 모습을 통해 자신이 미래에 큰사람, 영향력 있는 사람이 되면 약한 사람을 괴롭히지 않고 돕는 리더가 되어야겠다는 생각을 표현하며 문학 작품을 통해 사회와 자신을 바라보는 안목을 키움.

[교과세특의 세부 내용 분석]
① 교과 수업의 기반이 된 수업 ② 문제해결력 및 의사결정력 발견
③ 의사소통 및 협업능력을 가지고 배움에 참여 ④ 정보 활용 능력 발견
⑤ 창의적 사고력과 전달력(동료 평가로 확인) ⑥ 비판적 사고력 성장
⑦ 리더십 발휘와 촉진자 역할

2. 중학교 영어교과 프로젝트 수업 (경기 민락중학교 양혜인)

프로젝트 수업은 총8차시로 진행되었다. 1~3차시에는 학생들이 다양한 사회문제와 환경문제를 탐색하여 한 가지를 선택하고, 선정한 문제와 관련된 영어 어휘를 찾아 워드클라우드를 만드는 활동으로 진행하였다. 4~5차시는 학생들이 찾은 정보와 교사가 제시한 영어 기사를 읽고 문제의 원인과 해결책을 피쉬본으로 도식화하는 활동을 하였다. 6~7차시는 문제 해결의 의지를 보여주는 선서식과 포스터를 완성하였다.

1) 주제: 사회문제/환경문제의 해결을 촉구하는 캠페인 포스터 만들기 (세상을 바꾸는 민락 특공대)
2) 성취기준

[9영02-04] 일상생활에 관한 방법과 절차에 대해 설명할 수 있다.

[9영03-08] 일상생활이나 친숙한 일반적 주제의 글을 읽고 일이나 사건의 원인과 결과를 추론할 수 있다.

[9영04-03] 일상생활에 관한 그림, 사진, 또는 도표 등을 설명하는 문장을 쓸 수 있다.

[9영04-04] 개인 생활의 경험이나 계획에 대한 문장을 쓸 수 있다.

3) 교수-학습의 방향

- 영어 단어를 활용하여 사회문제/환경문제를 소개하는 워드 클라우드를 제작할 수 있다.
 (사회문제/환경문제와 관련한 영어 단어 찾기, 중요순으로 분류하기, 관련 영어 단어로 워드 클라우드 만들기)
- 사회문제/환경문제와 관련된 글을 읽고 피쉬본으로 원인을 찾아 해결책을 제시할 수 있다.
 (사회문제/환경문제의 원인과 해결책을 소개하는 긴 글 읽기, 주요 내용 파악하여 정리하기, 피쉬본으로 사회문제/환경문제의 원인과 해결책을 도식화하기)
- 사회문제/환경문제의 해결을 다짐하고 타인의 해결을 촉구하는 명령문 문장을 활용하여 캠페인 포스터를 제작하여 캠페인 활동을 할 수 있다.
 (사회문제/환경문제의 해결을 다짐하는 미래 시제 문장 쓰기, 다짐문 선서식하기, 사회문제/환경문제의 해결을 촉구하는 명령문 문장 쓰기, 명령문 문장을 활용하여 캠페인 포스터 만들기, 캠페인 활동으로 문제의 명령문 문장 외치기)
- 캠페인 포스터 만들기 프로젝트 수행 후에 자신의 배움을 성찰하는 글을 쓸 수 있다.
 (프로젝트 수업 전 과정에 대한 성찰 일지 쓰기)

4) 교과세특 기록

사회문제나 환경문제를 선정하여 문제의 해결을 촉구하는 포스터를 만들고 캠페인 활동을 하는 프로젝트 활동에서 사이버 폭력을 주제로 선정함. '사이버 스토킹', '자살' 등 사이버 폭력의 단면이나 그로 인해 파생되는 문제들을 표현하는 영어 단어를 찾고 이를 중요도에 따라 분류한 것을 활용하여 사이버 폭력의 심각성을 한 눈에 보여주는 워드 클라우드를 휴대폰을 쥔 손 모양으로 창의적으로 제작함. 사이버 폭력의 원인과 해결책을 소개하는 영문 기사를 모둠원들과 함께 읽고 사이버 폭력의 가해자는 주변의 의미 있는 어른들로부터 적절한 관심을 받지 못했기 때문에 생겨난다는 점과 이를 해결하기 위해 사이버 폭력 문제를 보고해야 한다는 점을 파악하여 영어 문장으로 서술함. 선서식을 통해 모둠원과 조사한 해결책 내용과 조동사를 활용한 미래 시제 문장을 쓰고 말하면서 사이버 폭력 문제를 해결하고자 하는 강한 의지를 보였으며, 타인의 문제 해결을 촉구하는 명령문 문장을 정확하게 서술함. 모둠원과의 협력으로 휴대폰을 들고 울고 있는 피해자 그림과 명령문으로 제시된 해결책을 담은 사이버 폭력 근절 캠페인 포스터를 제작하였고, 이때 캠페인 포스터의 배치를 결정하고 밑그림을 그리는 역할을 주도적으로 수행함. 급식실 앞에서 20분간 캠페인 활동을 진행하며, 서술한 명령문 문장을 정확한 발음으로 외쳐 사이버 폭력 문제에 대한 학우들의 관심을 환기함. 리더십을 가지고 모둠 활동을 주도하되 다른 모둠원의 의견을 경청하고 지지하는 등 협력적인 분위기를 형성한 점이 인상적이었음.

3. 중학교 도덕교과 프로젝트 수업 (경기 신곡중학교 이영옥)

프로젝트 수업은 대단원 Ⅲ. 사회·공동체와의 관계의 중단원 1. 인간존중의 내용으로 01 인간 존엄성과 인권이 소중한 이유는 무엇인가? 02. 사회적 약자를 어떻게 대할 것인가? 03. 양성평등을 어떻게 실천할 것인가? 세 개의 소단원으로 구성된 인권과 사회적 약자의 문제를 다루는 수업이다. 사회적 약자에 여성 인권을 포함하여 양성평등의 가치도 인권의 맥락에서 이해하도록 디자인했다.

실제 진행한 결과, 사회적 약자의 고통과 어려움을 이해하고, 자신들이 생각해 내는 많은 해결방안들이 현재 우리나라에서 사회적 약자를 위한 정책과 지원에 들어있다는 것과 다양한 사람들과 단체가 다양한 방법으로 그들에게 도움을 주고 지원해 주고 있다는 것을 알게 되었다.

1) 주제: 사회적 약자의 인권보호 프로젝트
2) 성취기준
    [9도03-01] 인간 존엄성과 인권, 양성평등이 보편적 가치임을 도덕적 맥락에서 이해하고, 타인에 대한 사회적 편견을 통제하여 보편적 관점에서 모든 인간을 인권을 가진 존재로서 공감하고 배려할 수 있다.
3) 교수-학습의 방향

- 인간존중과 인권의 의미를 세계인권선언과 연결지어 이해할 수 있다. (써클맵 토의 활동)
- 다양한 사회적 약자를 찾아 하나를 선정하여 프로젝트 계획서를 작성할 수 있다. (액션러닝 - 랜덤워드)
- 사회적 약자의 어려움을 해결을 위한 방안을 제시할 수 있다. (프로젝트 문제해결학습)

4) 교과세특 기록

①②사회적 편견과 차별에 의한 사회적 약자를 보호하기 위한 다양한 노력과 실천방안을 모색하는 사회적 약자의 인권보호 프로젝트에서 빈곤층의 고통과 아픔 주제로 경제적 측면뿐만 아니라 여가활용을 통한 자아실현도 어렵다는 점을 제시하여 공감을 얻었음. ③빈곤층이 사회적 약자임을 사람들이 그들을 다르게 보는 따가운 시선으로부터 생계유지의 어려움, 교육적 의료혜택의 불평등이 있음을 설득력 있는 발표로 친구들의 공감을 얻음. ④⑤프로젝트 자료수집 과정에서 보건복지부 및 의정부시청 홈페이지, 복지로 등 다양하고, 신뢰성 있는 검색 사이트에서 자료 검색을 하여 '기초수급자' 및 '취약계층'을 위한 정부의 사회적 약자를 위한 보호 정책 및 제도를 찾았으며, 그 의미를 이해하고 완성도 높은 과제 수행 및 발표를 위해 모둠원 간 협력적으로 의사소통을 함. ⑥사회적 약자를 도와야 하는 이유를 아무리 개인의 잘못으로 인해 노숙자가 되었더라도 인간의 최소한의 권리는 인간이라며 누구나 보호받아야 한다는 보편적 가치임을 설득력 있게 논술하였음. ⑦중학생의 입장에서 따뜻한 관심과 무시하지 않는 마음가짐을 가지는 것이 우선 시 되어야 한다는 실천적 자세가 돋보임.

[교과세특의 세부 내용 분석]
① 교과 수업의 기반이 된 수업   ② 도덕적 사고역량
③ 도덕적 대인관계 역량   ④ 협력적 문제해결력 및 정보 활용 능력
⑤ 의사소통 능력 및 의사결정 능력   ⑥ 도덕적 공동체 의식
⑦ 촉진자 역할

4. 중학교 사회교과 프로젝트 수업 (경기 양오중학교 유희선)

프로젝트 수업은 기후와 관련된 3개 단원을 재구성하여 다양한 기후에 따른 자연환경의 차이와 생활모습의 특징을 연결해보고, 모둠에서 여행하고 싶은 지역을 선정한 후 그동안 배운 내용을 토대로 가상의 여행을 떠나보는 수업이다. '배움을 찾아 떠나는 여행' 프로젝트 수업에서는 3개 단원의 성취기준을 중심으로 개별학습과 모둠 협력수업을 병행하였고, 개별 활동지와 모둠 활동지도 따로 만들어서 작성하도록 했다. 계획-수행-결과 단계마다 자기성찰평가와 동료 평가를 실시했으며 교사는 사회파일을 점검하거나 모둠활동 순회 때 관찰한 개개인의 역량과 참여도를 평가했다.

1) 주제: 배움을 찾아 떠나는 여행 프로젝트 수업
2) 성취기준

[9사(지리)02-01]기온과 강수량 자료를 분석하여 이를 기준으로 세계 기후 지역을 구분하고, 인간 거주에 적합한 기후 조건에 대해 논의한다.

3) 교수-학습의 방향

- 세계의 다양한 기후와 지형을 이해할 수 있다.
  (기후 그래프 작성, 영상 자료 스토리텔링, 씽킹 맵과 비주얼씽킹으로 배움 정리)
- 다양한 자연환경을 반영한 특색있는 문화를 설명할 수 있다.
  (스마트 폰 활용 프로젝트 수업, 여행지 선정하여 조사 활동, 랜드마크로 그림 엽서 제작)
- 여행 보고서를 발표할 수 있다.
  (모둠 토론, 스토리보드 작성, 경청 피드백, 엽서에 여행 감상문 작성)

4) 교과세특 기록

①기후 관련 단원을 재구성한 '배움을 찾아 떠나는 여행' 프로젝트 수업에서 ②다양한 기후지역의 특징을 비주얼씽킹으로 잘 표현하며 ③짝과 하브루타 활동을 통해 개념 이해와 사례를 정확히 이해하고 스마트폰을 활용해 조사지역의 정보를 열심히 수집함. ④주제 문장과 사진을 놓고 풀어가는 조각퍼즐 맞추기 활동에서 모둠원들과 협력하여 묻고 답하며 그 지역에 대한 정보를 넓혀감. ⑤모둠토론에서 아이디어를 많이 제공하고 자기 의견을 명확히 제시하며 ⑥교사의 설명에 집중하고 친구들의 발표를 잘 듣고 근거를 들어 따뜻하게 피드백을 해줌. ⑦모둠원 간의 갈등을 잘 중재하며 모둠이 좋은 결과를 만들어내는데 리더십을 발휘함.

[교과세특의 세부 내용 분석]
① 교과 수업의 기반이 된 수업   ② 창의적 사고력
③ 정보 활용 능력   ④ 협력적 문제해결력
⑤ 의사소통 능력 및 의사결정 능력   ⑥ 자기관리 능력 및 비판적 사고력
⑦ 러더십 발휘 및 촉진자 역할

5. 고등학교 통합사회교과 프로젝트 수업 ①(경기 관양고등학교 고영애)

프로젝트 수업은 다양한 문화권의 특징을 조사하고 정리한 후, 관심이 가는 문화권의 고등학생을 초청하여 특정한 테마(주제)로 우리나라의 문화를 소개하고, 초청한 문화권의 문화를 소개받을 수 있는 문화체험 2박 3일 프로그램을 구상하도록 하였다.

1) 주제: "어서와~ 한국 문화는 처음이지!" 문화 탐방 프로그램 작성하기 프로젝트
2) 성취기준

[10통사07-01] 자연환경과 인문환경의 영향을 받아 형성된 다양한 문화권의 특징과 삶의 방식을 탐구한다.

[10통사07-02] 문화 변동의 다양한 양상을 이해하고, 현대사회에서 전통문화가 갖는 의의를 파악한다.
[10통사07-03] 문화적 차이에 대한 상대주의적 태도의 필요성을 이해하고, 보편 윤리의 차원에서 자문화와 타문화를 성찰한다.

3) 교수-학습의 방향

- 문화의 의미와 다양한 문화권의 특징을 파악할 수 있다. (써클맵, 비주얼클라우드)
- 문화변동의 다양한 양상을 이해하고 구체적인 사례를 조사하고 정리할 수 있다. (트리맵)
- 문화탐방을 위한 프로그램 제안서를 제작할 수 있다.
  (쌍비교 분석(PCA), 합리적 의사결정 모형, 인포그래픽)
- 문화상대주의의 필요성과 전통문화의 의의를 정리할 수 있다. (모둠 토론)

4) 교과세특 기록

①다양한 문화권의 특징, 우리나라 문화변동에 대한 이해, 상대주의적 태도를 바탕으로 한 문화 탐방 프로그램 제안서를 작성하는 프로젝트에서 ②전지적 축제 시점이라는 독창성, 다양성, 흥미성을 갖춘 문화탐방 프로그램 제안하고 ⑤⑥창의적이고 비판적인 사고력을 바탕으로 가독성있게 표현한 인포그래픽의 결과물과 설득력 있고 공감을 이끌어 내는 발표로 친구들의 지지를 받음. 프로젝트 수행 과정에서 ②④다양한 정보를 활용하여 크리스트교의 영향을 받은 유럽문화권의 특징과 우리나라 문화 변동의 사례 중 머드축제, 눈꽃축제, 벚꽃축제를 조사하여 분석하여 문화에 대한 높은 이해력을 드러냄. 그리고 ②문화 탐방의 테마를 결정하는 과정에서 흥미도, 내용의 다양성을 기준으로 모둠원과 토의 토론을 통해 합리적으로 의사를 결정하고 ⑤⑥비판적인 사고력과 창의적인 사고력을 바탕으로 프로그램에 들어갈 적절한 사례를 선정하려는 모습을 보임. 또한 ③모둠원과의 협력을 이끌어 내기 위해 모둠원들의 의견에 적극적으로 격려하고 시시해 주는 말인을 자주 하였으며, ⑦방향성을 잃지 않도록 안내함은 물론, 프로젝트를 주도하는 유연한 리더의 모습이 두드러짐. ①②문화 상대주의적 태도의 관점에서 축제라는 테마에 대한 유럽문화권의 맥주축제, 치즈축제, 튤립축제, 와인축제 등의 내용을 분석하면서도 우리의 전통 문화인 강릉 단오제에 대한 소개와 문화 변동 속에서도 우리에게 전통문화가 주는 의미를 찾으려는 노력을 함. ③⑦주도적인 역할을 하되 모둠원이 함께하는 협력적 분위기를 조성하는 모습이 매우 인상적이었음.

[교과세특의 세부 내용 분석]
① 교과 수업의 기반이 된 수업 ② 문제해결력 및 의사결정력 발견
③ 의사소통 및 협업능력을 가지고 배움에 참여 ④ 정보 활용 능력 발견
⑤ 창의적사고력과 전달력 (동료 평가로 확인) ⑥ 비판적 사고력 성장
⑦ 러더십 발휘와 촉진자 역할

6. 고등학교 통합사회교과 프로젝트 수업 ② (경기 관양고등학교 고영애)

프로젝트 수업은 총5차시로 진행하고 수업시간에 모든 활동이 이루어지도록 하였다. 일반계 고등학교 학생들이라 너무 많은 시간을 프로젝트 수업에 할애하기에는 부담감이 크다. 이에 압축하여 활동을 하고 자료 수집은 미리 과제로 제출하여 자료 수집을 위한 시간을 감소시켰으며 수업시간을 최소화로 진행할 수 있었다. 자료 수집의 유무 및 사전에 과제로 준비한 자료를 바탕으로 개인 보고서를 작성하게 하여 개인 평가를 하였으며, 이 보고서가 모둠 활동의 중요한 자료로 사용하여 최종 정책 제안까지 이어지도록 프로젝트 수업을 진행하였다.

1) 주제: 환경 문제 해결을 위한 정책 제안서 작성하기 프로젝트
2) 성취기준
   [10통사02-03] 환경 문제 해결을 위한 정부, 시민 사회, 기업 등의 다양한 노력을 조사하고 개인적 차원의 실천 방안을 모색한다.
3) 교수-학습의 방향

- 다양한 환경 문제를 파악할 수 있다. (환경문제 조사 브레인스토밍, 미래 문제 해결 프로그램(FPSP)
- 다양한 환경 문제 해결 방안을 조사·분석, 하나를 선정하여 프로젝트 계획서를 작성할 수 있다. (쌍 비교 분석)
- 환경 문제 해결을 위한 정책 제안서를 제작할 수 있다. (모둠 토론, 비주얼씽킹)

4) 교과세특 기록
①환경문제 해결을 위한 다양한 노력과 실천방안을 모색하는 환경문제해결을 위한 정책제안서를 작성하는 프로젝트에서 ②대기오염을 해결하기 위한 금요일과 공휴일 특별 버스비 할인이라는 현실적이고 구체적인 정책을 제안하고 ③창의적인 사고력을 바탕으로 설득력 있고 공감을 이끌어 내는 발표로 친구들의 지지를 받음. 프로젝트 과정에서 ②④다양한 정보를 활용하여 정부, 시민사회, 기업 등의 다양한 노력을 조사하여 분석은 물론, 타당하고 구체적이며 설득력인 정책을 가독성 있게 표현함. 또한 ⑤모둠원과의 협력을 이끌어 내기 위해 모둠원들의 의견에 적극적으로 격려하고 지지해 주는 발언을 자주 하였으며, ②정책의 효과를 조사하기 위해 버스비를 할인하는 날에 대한 대중교통 사용량의 분석, 통계에 적극 협조해야 한다는 기업이 해야 할 노력의 방향에 대해 적극적으로 의견을 제시하는 등 ③⑦주도적인 역할을 하되 모둠원이 함께하는 협력적 분위기를 조성하는 모습이 매우 인상적이었음. 또한 ⑥다른 모둠의 정책제안서에 대해 예산상의 문제를 제기하는 등 구체적이며 분석적인 질문 제기하는 비판적 사고력이 성장한 모습을 보임.

[교과세특의 세부 내용 분석]
① 교과 수업의 기반이 된 수업
② 문제해결력 및 의사결정력 발견
③ 의사소통 및 협업능력을 가지고 배움에 참여
④ 정보 활용 능력 발견
⑤ 창의적사고력과 전달력 (동료 평가로 확인)
⑥ 비판적 사고력 성장
⑦ 러더십 발휘와 촉진자 역할

7. 고등학교 수학교과 프로젝트 수업 (경기능동고등학교 이보라)

3학년 학생들에게 지금 현재의 최대 관심과 수학을 연결지어 수학적인 사고를 확장하고 수학의 필요성과 유용성을 인식할 수 있도록 프로젝트 주제를 선정하고 수업을 구성하였다. 프로젝트 수업은 1차 지필평가가 끝나는 시점에서 5차시로 진행하고 수업시간에 모든 활동이 이루어지도록 하였다. 1차시에는 주제 선정과 계획서 작성 및 제출, 2차시부터는 자유로이 장소를 옮겨가며 제작물을 작성 및 활동일지 작성 제출, 3차시에는 영상물 촬영 및 편집 완료, 4차시부터 5차시까지는 프로젝트 결과물 제출 및 발표로 진행하였다. 또한, 매 차시별 제출물과 결과물, 수업 중 관찰평가 등을 통해 정량평가를 진행하고 동료평가와 관찰평가 등을 통해 정의적 평가를 진행하였다.

1) 주제: 내 인생의 첫발, 어디가 좋을까?
2) 성취기준

   수학연습10111, 10121, 10211, 10311, 10411, 10511, 10611, 10711, 10712, 10811, 10812, 10911, 11011, 11012 . 집합, 명제, 함수, 수열, 지수와 로그, 수열의 극한, 함수의 극한과 연속, 다항함수의 미분법과 적분법, 경우의 수, 확률, 통계의 개념을 이해하고, 이를 표현할 수 있다.

3) 교수-학습의 방향

   - 자료를 통해 자신의 진로에 대한 정보를 파악할 수 있다. (진로와 관련된 주제탐구 브레인스토밍)
   - 진로 희망과 관련된 자료를 조사·분석하여 모둠별 소주제를 선정하고 계획서를 작성할 수 있다.
   - 프로젝트 활동일지를 작성하고 프로젝트 결과물(수학 영상물)를 제작할 수 있다.
     (모둠 토론, 보고서 작성, 결과물(영상물) 완성)

4) 교과세특 기록

① 희망진로와 관련한 다양한 자료들을 분석하여 그 속에 사용되고 있는 수학적 개념들을 찾고 사용되고 있는 원리와 방법에 대한 탐구활동인 '내 인생의 첫발!, 어디가 좋을까?' 프로젝트 활동에서 '영화를 패러디한 의상디자인에서의 황금분할과 착시도형'이라는 주제를 선정하여 활동함. ②시각 디자이너, 영상 디자이너,

캐릭터 디자이너를 꿈꾸는 모둠원들이 디자인에 가장 많이 사용되고 있는 '황금분할과 황금비의 원리'는 사람들로 하여금 안정감을 느낄 수 있도록 하는 심리적 요소를 지니고 있어 일상 생활속에 많은 부분에서 적용되고 있으며 '착시도형과 도형의 이동'은 단순하지만 변화를 통해 창의적인 패턴을 만들 수 있음에 대한 영상물을 제작하여 수학의 유용성과 실용성에 대해 제안하고 발표하였으며, ⑤창의적이고 융합적인 아이디어로 수학의 유용성에 대한 동료들의 공감을 이끌어 내는 발표활동을 함. ③⑦모둠원들의 의견을 수용적이고 공감적인 태도로 듣고 적극적으로 토론하는 활동을 통해 최선의 결과를 이끌어 내는 리더의 모습을 보임. 뿐만 아니라 모둠원들이 편한 마음으로 의견을 제시할 수 있도록 끊임없이 호응하고 격려하는 민주시민의 자세를 보이는 등 매우 인상적인 모습을 보임. 또한 ⑥다른 모둠의 희망 진로·진학 연계 프로젝트 활동에 대한 발표 시에도 구체적이며 분석적인 질문 제기하는 비판적 사고력이 성장한 모습을 보임.

[교과세특의 세부 내용 분석]
① 교과 수업의 기반이 된 수업　　② 문제해결력 및 의사결정력 발견
③ 의사소통 및 협업능력을 가지고 배움에 참여　　④ 정보 활용 능력 발견
⑤ 창의적사고력과 전달력 (동료평가로 확인)　　⑥ 비판적 사고력 성장　　⑦ 러더십 발휘와 촉진자 역할

8. 중학교 과학교과 프로젝트 수업 (경기 신곡중학교 진연자)

1) 주제: 디자인씽킹 기법을 활용하여 전기와 자기 프로토타입 제작하기
2) 성취기준

[9과09-01] 물체가 대전되는 현상이나 정전기 유도 현상을 관찰하고 그 과정을 전기력과 원자 모형을 이용하여 설명할 수 있다.

[9과09-03] 저항, 전류, 전압 사이의 관계를 실험을 통해 이해하고, 일상생활에서 저항의 직렬연결과 병렬연결의 쓰임새를 조사하여 비교할 수 있다.

[9과09-04] 전류의 자기 작용을 관찰하고 자기장 안에 놓인 전류가 흐르는 코일이 받는 힘을 이용하여 전동기의 원리를 설명할 수 있다.

3) 교수-학습의 방향

- 사고 및 실험 과정을 통하여 마찰전기, 정전기 유도 현상, 옴의 법칙, 전자기력을 이해할 수 있다.
  (마찰전기 및 정전기 유도 실험 아이디어 고안하기, 영상을 이용하여 전동기의 원리 이해하기)
- 전기와 자기의 과학적 원리가 잘 반영된 실생활에 유용한 프로토타입을 제작할 수 있다.
  (실생활에 적용할 아이디어 고안하기, 구체화하기, 프로토타입 제작하기, 아이디어 수정 및 보완하기)
- 발표, 투자, 평가지 작성, 발표회 과정을 통하여 프로젝트 활동 전반을 스스로 반추할 수 있다.
  (프로토타입 발표하기, 프로토타입 투자하기, 평가지 작성하기, 발표회)

4) 교과세특 기록

①우수한 과학적 사고력을 바탕으로 전자기력을 활용한 시각장애인을 위한 지팡이를 제작하는 창의적인 아이디어를 고안하였으며, ⑥구조 및 기능을 상세하게 표시한 그림으로 모둠원의 이해를 도움. ②③지팡이에 쿠션이 있는 커다란 바퀴를 달아 안정성을 높였으며, 초음파 센서의 인식 범위와 위치로 인하여 지팡이가 제대로 기능을 하지 못할 때 프로그램을 수정하였고, 초음파 센서 위치를 적절히 바꿈. ③지팡이의 전력 공급을 원활하게 하기 위하여 손잡이 부분에 보조배터리를 장착하여 구조적·기능적으로 우수한 프로토타입을 제작함. ④⑥프로토타입 제작 시 모둠원의 역할을 명확하게 분배하여, 모둠 활동이 원활하게 돌아갈 수 있게 하였으며 어려운 부분(아두이노 프로그래밍)을 자신이 맡아 스스로 해결하려고 노력하고 솔선수범하는 모습을 보임. 문제가 발생하였을 때 당황하지 않고 해결 방법을 차근차근 생각하며 이를 모둠원과 논의하여 해결해나가는 모습이 매우 인상적이었음. ⑤분명한 어조의 발표 태도와 완성도 있는 프로토타입으로 학급에서 가장 우수한 프로토타입으로 선정되는데 큰 역할을 함. ⑥학급 구성원에게 프로그래밍 된 새로운 형식의 프로토타입으로 아이디어를 구현하는 새로운 방법을 제시해줌으로써 과학의 유용성을 경험하고, 탐구 활동에 대한 시각을 넓혀줌. 프로젝트 활동을 통하여 모둠원이 하나의 프로토타입을 만드는데 있어 ⑦역할 분배 및 수행의 중요성을 알고, 협업을 통하여 프로토타입을 완성하는 과정에서 집단지성을 경험함으써 ⑧지식을 재구성하여 문제를 해결하고 의미를 구성해가는 과학적 탐구능력의 신장을 이루어냄.

[교과세특의 세부 내용 분석]
① 교과 수업을 기반으로 한 과제 수행의 적절성   ② 사고의 유연성
③ 과학적 문제해결력 발견   ④ 러더십 발휘 및 역할 수행
⑤ 과학적 참여 및 의사소통능력   ⑥ 모둠 및 학급 구성원에 대한 기여
⑦ 협업 및 집단지성 경험   ⑧ 과학적 탐구능력 신장

제8장

교과별 프로젝트 수업 사례

01. 교과별 프로젝트 수업 사례   02. 교과별 프로젝트 수업 사례 자료 받기

교과별 프로젝트 수업 사례

C-프로젝트 수업연구소 **우치갑**

프로젝트 수업은 학생들이 모둠별로 스스로 주제를 선정하여 계획, 자료 조사 및 분석, 결과물 도출, 발표 등을 수행한다는 것은 다양한 핵심 역량과 교과역량을 함양하는데 매우 의미있는 수업이다.

프로젝트 수업은 시작 단계부터 교사의 철저하고 체계적인 수업 설계가 무엇보다도 필요하다. 그러나 프로젝트 수업을 시도하기에는 여러 가지 현실적인 어려움이 많다. 누구나 해보지 않은 것을 처음으로 시도하는 도전은 쉽지 않지만 수업 과정을 거치면 교사와 학생이 함께 조금 더 성장한 자신을 만날 수 있다. 선생님들이 수업 실천에 도움이 될 수 있는 각 교과별 프로젝트 수업 사례를 소개한다.

1. 국어 (대구 화원중학교 이지영)

가. 주제: '양반전' 풍자 뉴스 대본 제작 프로젝트

나. 결과물: 풍자 뉴스 대본

다. 교수-학습의 방향

- 고전 작품을 통해 풍자의 의미를 파악할 수 있다.
  (고전 작품 읽고 질문 만들기, 짝 활동 및 모둠 활동을 통해 최종 질문, 새로운 질문 만들기)
- '양반전' 속 풍자내용을 파악하여 작품 속 사회와 현재 사회의 모습을 비교할 수 있다.
  (새로운 질문을 바탕으로 주제 정하여 모둠 토의하기)
- 풍자적 요소를 활용하여 새로운 형식으로 표현할 수 있다.
  (풍자뉴스 대본 제작을 위한 계획, 모둠 만평 만들기, 풍자 뉴스 대본 제작하기)

2. 영어 (경기 민락중학교 양혜인)

가. 주제: 세상을 바꾸는 민락특공대 (사회문제/환경문제의 해결을 촉구하는 캠페인 포스터 만들기)
나. 결과물: 캠페인 포스터
다. 교수-학습의 방향

- 영어 단어를 활용하여 사회문제/환경문제를 소개하는 워드 클라우드를 제작할 수 있다.
  (사회문제/환경문제와 관련한 영어 단어 찾기, 관련 영어 단어를 중요도에 따라 분류하기, 관련 영어 단어로 워드 클라우드 만들기)
- 사회문제/환경문제와 관련된 글을 읽고 피쉬본으로 원인을 찾아 해결책을 제시할 수 있다.
  (사회문제/환경문제의 원인과 해결책을 소개하는 긴 글 읽기, 주요 내용 파악하여 정리하기, 피쉬본으로 사회문제/환경문제의 원인과 해결책을 도식화하기)
- 사회문제/환경문제의 해결을 다짐하고 타인의 해결을 촉구하는 명령문 문장을 활용하여 캠페인 포스터를 제작하여 캠페인 활동을 할 수 있다.
  (사회문제/환경문제의 해결을 다짐하는 미래 시제 문장 쓰기, 다짐문 선서식하기, 사회문제/환경문제의 해결을 촉구하는 명령문 문장 쓰기, 명령문 문장을 활용하여 캠페인 포스터 만들기, 캠페인 활동으로 문제의 명령문 문장 외치기)
- 캠페인 포스터 만들기 프로젝트 수행 후에 자신의 배움을 성찰하는 글을 쓸 수 있다.
  (프로젝트 수업 전 과정에 대한 성찰 일지 쓰기)

3. 수학 (경북 영주 동산여자중학교 장영희)

가. 주제: "나도! 스타강사" 프로젝트
나. 결과물: 실생활 속 부등식 문제 상황에 따른 영상 제작하기
다. 교수-학습의 방향

- 학교에서 경험할 수 있는 부등식의 수학적 요소의 주제의 문제를 해결하고, 이에 어울리는 문제 상황 및 이야기 상황을 만들 수 있다.
  (생활 속 부등식 문제 모둠별로 해결하기, 개인별 주제 제시하기, 개인별 주제에 따른 모둠별 의견을 묻고 모둠 주제 정하기, 생활 속 문제 상황 만들기, 만들어진 이야기 상황을 시각화하기)
- 영상제작을 위한 스토리 보드를 작성할 수 있다. (스토리 보드 작성하기, 역할 분담하기)
- 실생활 속 부등식 문제 상황에 따른 영상을 제작할 수 있다.
  (각자의 역할에 따른 영상 촬영하기, 스토리 보드에 따른 영상 편집하기, 모둠별 영상 시청하면서 문제 해결하기, 다른 모둠의 영상 속 수학적 오류 찾기)

4. 수학 (경기 능동고등학교 이보라)

가. 주제: 내 인생의 첫발, 어디가 좋을까?
나. 결과물: 수학 영상물 제작하기
다. 교수-학습의 방향

- 자료를 통해 자신의 진로에 대한 정보를 파악할 수 있다. (진로와 관련된 주제탐구 브레인스토밍)
- 진로 희망과 관련된 자료를 조사, 분석하여 모둠별 소주제를 선정하고 프로젝트 계획서를 작성할 수 있다.
- 프로젝트 활동 일지를 작성하고 프로젝트 결과물(수학 영상물)를 제작할 수 있다. (보고서, 영상물 완성)

5. 수학 (경기 능동고등학교 이보라)

가. 주제: 수학으로 세상을 바라보다
나. 결과물: 보고서
다. 교수-학습의 방향

- 다양한 사회 불평등 구조 문제를 파악할 수 있다. (사회문화적 불평등 조사 브레인스토밍)
- 사회 불평등 구조 문제를 조사, 분석하여 주제를 선정하고 프로젝트 수행 계획서를 작성할 수 있다.
- 프로젝트 활동 일지를 작성하고 보고서를 작성할 수 있다. (모둠 토론, 보고서 작성)

6. 수학 (경기 능동고등학교 이보라)

가. 주제: 「학교 문제 확률로 해결해요!」 프로젝트
나. 결과물: 보고서
다. 교수-학습의 방향

- 다양한 문제 상황을 이해하고 이를 해결할 수 있다. (타지아 게임 활동)
- 수학적 확률, 통계적 확률, 조건부 확률의 개념을 설명할 수 있다. (짝과 하브루타 토론, 프로젝트 주제 해결모둠토론, 계획서, 운영일지, 보고서 작성)

7. 사회 (경기 양오중학교 유희선)

가. 주제: 배움을 찾아 떠나는 여행 프로젝트 수업
나. 결과물: 여행 보고서
다. 교수-학습의 방향

- 세계의 다양한 기후와 지형을 이해할 수 있다.
  (기후 그래프 작성, 영상 자료 스토리텔링, 씽킹맵과 비주얼씽킹으로 배움 정리)
- 다양한 자연환경을 반영한 특색있는 문화를 설명할 수 있다.
  (스마트폰 활용 프로젝트 수업, 여행지 선정하여 조사활동, 랜드마크로 그림엽서 제작)
- 여행 보고서를 발표할 수 있다.
  (모둠 토론, 스토리보드 작성, 경청 피드백, 엽서에 여행 감상문 작성)

8. 사회 (경기 관양고등학교 고영애)

가. 주제: 환경 문제 해결을 위한 정책 제안서 작성하기 프로젝트
나. 결과물: 정책 제안서
다. 교수-학습의 방향

- 다양한 환경 문제를 파악할 수 있다.
  (환경문제 조사 브레인스토밍, 미래 문제 해결 프로그램(FPSP))
- 다양한 환경 문제 해결 방안을 조사·분석, 하나를 선정하여 프로젝트 수행 계획서를 작성할 수 있다.
  (브레인 라이팅, 쌍 비교 분석(PCA)
- 환경 문제 해결을 위한 정책 제안서를 제작할 수 있다.
  (모둠 토론, 비주얼 씽킹)

9. 사회 (경기 관양고등학교 고영애)

가. 주제: "어서와~ 한국문화는 처음이지!" 문화탐방 프로그램 만들기 프로젝트

나. 결과물: 인포그래픽

다. 교수-학습의 방향

- 문화의 의미와 다양한 문화권의 특징을 파악할 수 있다. (써클맵, 비주얼클라우드)
- 문화변동의 다양한 양상을 이해하고 구체적인 사례를 조사하고 정리할 수 있다. (트리맵)
- 문화탐방을 위한 프로그램 제안서를 제작할 수 있다.
  (쌍 비교 분석(PCA), 합리적 의사결정 모형, 인포그래픽)
- 문화상대주의의 필요성과 전통문화의 의의를 정리할 수 있다. (모둠 토론)

10. 사회 (경기 관양고등학교 고영애)

가. 주제: 인권 문제 해결을 위한 인권단체 만들기 프로젝트

나. 결과물: 인권 단체 홈페이지

다. 교수-학습의 방향

- 인권의 의미, 변화양상, 확장 사례를 파악할 수 있다. (강제결합법, 헥사활동, 게임활용)
- 다양한 인권 문제를 파악할 수 있다. (브레인라이팅)
- 다양한 인권 문제 중 하나를 선정하여 인권 단체 설립 제안서를 작성 작성할 수 있다.
  (가치 그래프, HMW 질문만들기)
- 인권 문제 해결을 위한 인권단체 홈페이지를 창의적으로 제작할 수 있다. (모둠 토론, 비주얼씽킹)

11. 도덕 (경기 신곡중학교 이영옥)

가. 주제: 사회적 약자의 인권보호 프로젝트
나. 결과물: 보고서
다. 교수-학습의 방향

- 인간존중과 인권의 의미를 세계인권선언과 연결지어 이해할 수 있다. (써클맵, 보석맵 토의 활동)
- 다양한 사회적 약자를 찾아 하나를 선정하여 프로젝트 계획서를 작성할 수 있다. (액션러닝-랜덤워드)
- 사회적 약자의 어려움을 해결을 위한 방안을 제시 할 수 있다. (프로젝트 문제해결학습)

12. 과학 (경기 신곡중학교 진연자)

가. 주제: 디자인씽킹 기법을 활용하여 전기와 자기 프로토타입 제작하기
나. 결과물: 프로토타입 제작
다. 교수-학습의 방향

- 사고 및 실험 과정을 통하여 마찰전기, 정전기 유도 현상, 옴의 법칙, 전자기력을 이해할 수 있다.
  (마찰전기 및 정전기 유도 실험 아이디어 고안하기, 실험을 통하여 옴의 법칙 이해하기, 코일 그네를 이용하여 전자기력 방향 알아내기, 영상을 이용하여 전동기의 원리 이해하기)
- 전기와 자기의 과학적 원리가 잘 반영된 실생활에 유용한 프로토타입을 제작할 수 있다.
  (조사, 실험, 토론 과정을 통하여 전기와 자기의 과학적 원리를 실생활에 적용할 아이디어 고안하기, 아이디어 선택하여 구체화하기, 프로토타입 제작하기, 아이디어 수정 및 보완하기)
- 발표, 투자, 평가지 작성, 발표회 과정을 통하여 프로젝트 활동 전반을 스스로 반추할 수 있다.
  (프로토타입 발표하기, 프로토타입 투자하기, 평가지 작성하기, 발표회)

13. 과학 (충남 청양중학교 소은숙)

가. 주제: 생물다양성 보전을 위한 활동 방법 제안 프로젝트
나. 결과물: 제안서
다. 교수-학습의 방향

프로젝트 수업을 위한 사전 학습 단계
- 생물다양성이 감소하는 원인은 무엇일까?
- 생물다양성은 왜 중요할까?

프로젝트 수행 단계
- 생물다양성 보전을 위한 활동 방법 제안 프로젝트 수업

14. 기술 (대구 새론중학교 김장환)

가. 주제: DMZ 친환경 통일 전시관 제작 프로젝트
나. 결과물: 전시관 제작
다. 교수-학습의 방향

- 건설 기술과 관련된 문제점, 해결 방안, 아이디어를 분석하여 정리할 수 있다. (브레인스토밍, 마인드맵)
- 문제해결을 위한 학습해야 할 내용을 역할 분담에 따라 조사하고 공유할 수 있다. (브레인스토밍)
- 모둠에서 논의 결정된 내용에 따라 구상도를 그리고 스케치하여 제작도를 작성할 수 있다. (구상도, 스케치)
- 제작도에 따라 구조물을 제작하고 공유하여 평가할 수 있다. (발표, 평가)

교과별 프로젝트 수업 사례 자료 받기

1. 프로젝트 수업 사례 자료 목차

1. 국어: '양반전' 풍자 뉴스 대본 제작 프로젝트
2. 영어: 세상을 바꾸는 민락특공대
3. 수학: "나도! 스타강사" 프로젝트
4. 수학: 내 인생의 첫발, 어디가 좋을까?
5. 수학: 수학으로 세상을 바라보다
6. 수학: 「학교 문제 확률로 해결해요!」 프로젝트
7. 사회: 배움을 찾아 떠나는 여행 프로젝트 수업
8. 사회: 환경 문제 해결을 위한 정책 제안서 작성하기 프로젝트
9. 사회: "어서와~ 한국문화는 처음이지!" 문화탐방 프로그램 만들기 프로젝트
10. 사회: 인권 문제 해결을 위한 인권단체 홈페이지 만들기 프로젝트
11. 도덕: 사회적 약자의 인권보호 프로젝트
12. 과학: 디인씽킹 기법을 활용하여 전기와 자기 프로토타입 제작하기
13. 과학: 생물다양성 보전을 위한 활동 방법 제안 프로젝트
14. 기술: DMZ 친환경 통일 전시관 제작 프로젝트

2. 프로젝트 수업 사례 자료 다운받기

쌤동네 〈교육과정-수업-평가-기록의 일체화〉 채널을 방문하여 자료를 다운받는다.

- https://ssam.teacherville.co.kr/aabb@9647
- http://gg.gg/sss33

제 9 장

프로젝트 수업 중요 요소

01. 프로젝트 수업 이해하기
02. 프로젝트 수업 계획하기
03. 프로젝트 수업 안내하기
04. 프로젝트 수업 평가하기

프로젝트 수업 이해하기

C-프로젝트 수업연구소 **우치갑**
대구 화원중학교 **이지영**, 경기 민락중학교 **양혜인**, 세종시 고운중학교 **이경숙**

프로젝트 수업을 제대로 시작하려면 큰마음을 먹어야 한다. 계획부터 평가까지 밑그림을 미리 다 그려 놓고 시작해야 한다. 마음을 다잡고 준비 단계부터 평가까지 마무리해야 한다. 그 속에서 수정과 추가, 삭제의 과정이 다시 일어나기 때문에 교사가 거쳐야 하는 과정은 생각했던 것보다 더 많아질 수 있다. 프로젝트 수업은 수업 디자인이 매우 중요하고, 거의 모든 수업은 학생 참여 중심으로 이루어진다. 이는 다시 과정중심평가로 연결되므로 평가 계획까지 꼼꼼하게 준비해야 한다. 그래서인지 교사들은 '프로젝트 수업은 정말 어려워요.'라고 말하며 선뜻 시도하기를 주저한다. 하지만 프로젝트 수업 중요 요소(수업 이해, 계획하기, 안내하기, 평가하기)를 이해하면 누구나 다 잘할 수 있는 것이 프로젝트 수업이다.

프로젝트 수업은 기간이 정해져 있는 수업으로 일반적으로 총 6차시~8차시로 진행된다. 정해진 기간(차시)에 계획된 활동을 진행해야 하는 수업이므로 선·후 활동의 체계성, 연계성이 중요하다. 따라서 교사는 전체적인 흐름과 내용을 확실하게 분석하여 학생들에게 프로젝트 수행 과정마다 적절한 안내를 하는 역할을 해야 한다. 차시마다 수업, 평가, 결과물 제작, 발표 안내와 기록까지 프로젝트 수업을 위해 준비할 것이 정말 많다.

> '프로젝트 수업은 어떻게 하는 거예요?'
> '포스터는 그냥 색연필과 사인펜으로 그림을 그리게 하면 될까요?'
> '프로젝트 수업하는 데 6차시 이상이나 필요해요? 포스터는 2차시면 충분히 만들 수 있어요.'

프로젝트 수업이 학생 참여 중심 수업에 최적의 수업임을 누구나 알지만, 널리 적용되지 않는 이유는 많은 교사들이 프로젝트 수업이 무엇인지 잘 모르기 때문이다. 그래서 많은 선생님들이 프로젝트 수업을 잘못 적용하기도 한다. 결과물이 '포스터 작성하기'인 프로젝트 활동에서 짧은 차시로 단순하게 색연필과 사인펜으로 그림을 예쁘게 그리게 하는 것은 프로젝트 수업이 아니며, 다양한 디자인 요소를 가미하여 미적 가치를 더한 것도 학습 목표를 달성했다고 보기도 힘들다. 그 이유는 프로젝트 수업은 실제성 있는 과제를 통해 학생들의 배움을 구현하여 선정한 학습 목표를 달성하게 하는 수업이기 때문이다. 프로젝트 수업은 기간이 정해져 있어 계획한 차시(대체로 총 6차시~8차시) 안에 진행되는 것으로, 학생들의 학습 목표 달성에 걸림돌이 될 수 있는 오차나 오류를 최소화하는 것이 중요하다. 이는 성공적인 프로젝트 수업에는 교사의 철저한 수업준비가 무엇보다 필요함을 의미한다.

프로젝트 수업을 위한 철저한 준비는 교사들이 '학생들의 일일체험활동'을 준비하는 것에 비유할 수 있다. 학생들의 즐거운 체험활동을 준비하기 위해 담당 교사들은 체험 장소를 사전답사하여 체험 프로그램과 관련된 내용을 조사한다. 체험 프로그램의 내용과 진행 순서, 학생들의 예상 동선, 비상약 구비 여부, 비상구 위치 등 학생들이 교육적으로 의미 있고 안전한 체험활동을 하도록 만반의 준비를 다하는 것이다. 이후 사전답사 보고서를 작성하고 동학년 협의를 통해 '학생들의 일일체험활동' 계획을 조정한 후 계획서를 완성한다. 이 과정은 모두 원활한 일일체험활동을 위해 사전에 발생할 수 있는 문제를 최소한으로 줄이기 위한 것이다.

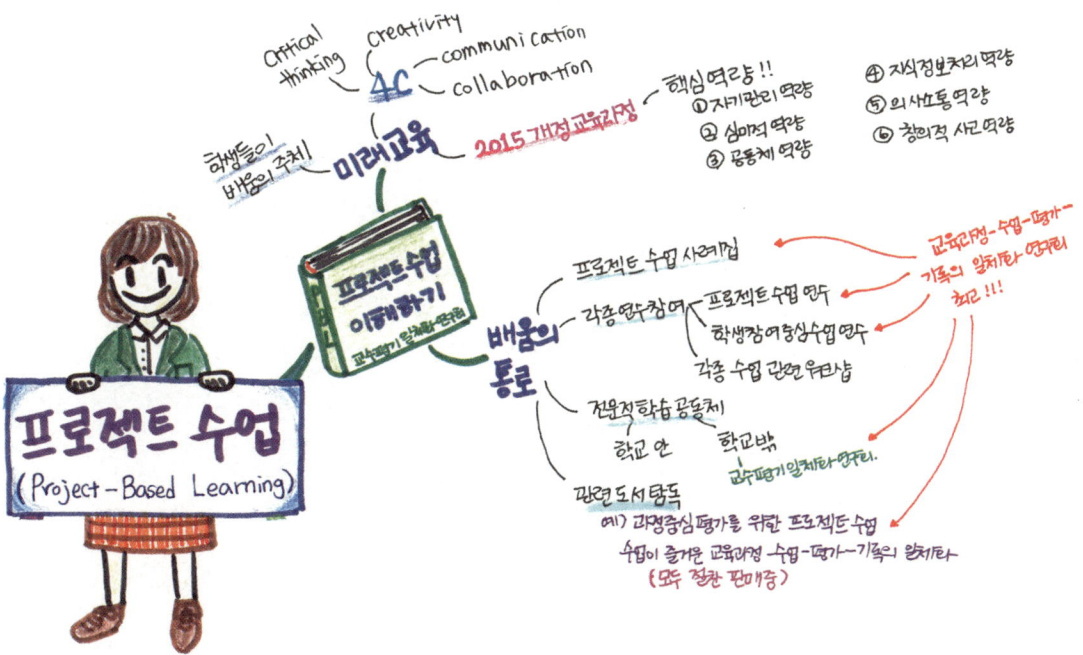

교사들이 '학생들의 일일체험활동' 계획을 철저하게 준비하는 것처럼 프로젝트 수업도 역동적인 수업 현장에서 발생할 수 있는 오차나 오류를 최소화하는 과정이 필요하다. 프로젝트 수업에서 나타나는 오차나 오류는 학생들로 하여금 학습 목표 달성을 위한 배움에 초점을 맞추는 것을 방해하기 때문이다. 교사들이 사전에 프로젝트 수업을 치밀하고 철저하게 계획한다면 충분히 오차나 오류를 충분히 최소화 할 수 있다.

프로젝트 수업에서 나타나는 오차나 오류는 학생들이 학습 목표 달성을 위한 배움에 초점을 맞추는 것을 방해한다. 교사들이 사전에 프로젝트 수업을 치밀하고 철저하게 계획한다면 충분히 오차나 오류를 충분히 최소화 할 수 있다. 그러기 위해서는 프로젝트 수업에 대해 구체적으로 이해하고 적용할 수 있어야 한다. 골프의 기본 규칙이나 경기 방식을 잘 이해하지 못하면 골프는 그저 값비싼 스틱으로 무거운 공을 때려 날려 보내는 것에 지나지 않는다. 그러나 골프의 경기 규칙을 알고 경험을 해보면 홀인원을 하고 왜 그렇게 기뻐하는지에 대해 이해할 수 있다. 교사와 학생이 즐겁고 행복한 프로젝트 수업도 이처럼 기본적인 지식과 이해가 무엇보다 필요하고 중요하다. 이런 과정이 선행되지 못한다면 프로젝트 수업은 속 빈 강정처럼 허우대만 멀쩡하고 실속 없는 수업이 될 수 있다. 교사와 학생이 모두 성장할 수 있는 프로젝트 수업의 홀인원을 만들기 위해 기본 이해를 바탕으로 프로젝트 수업을 설계해 보도록 하자.

프로젝트 수업을 배우는 방법에는 무엇이 있을까?

1. 프로젝트 수업 & 학생 참여 중심 수업 연수

주변에서 프로젝트 수업을 실제 해본 선생님들을 만나는 것이 쉽지 않기 때문에 프로젝트 수업 연수를 듣는 것도 좋다. 연수를 통해 교사들은 다른 교사들의 우수 프로젝트 수업 사례를 이해할 수 있는 기본적인 지식과 역량을 기를 수 있다. 또한 연수에서 실제 프로젝트 수업을 설계하고 운영해본 교사의 만남을 통해 자세한 수업 설계 및 운영 팁, 평가에서 시행착오를 줄이는 방법 등 프로젝트 수업에 실질적으로 도움이 되는 정보를 얻을 수 있다. 프로젝트 수업을 설계하기 위해 다양한 학생 참여 중심 수업 연수를 듣는 것도 매우 유익하다. 프로젝트 수업은 대부분 과제 수행을 위한 개별 활동, 모둠 활동들로 구성되어 있기 때문이다. 쌍비교분석법, 소크라틱 세미나, 5Why, 연꽃기법, 액션러닝을 포함한 다양한 학생 활동들을 연수로 배우는 과정에서 나만의 프로젝트 수업을 구상하기 위한 아이디어도 얻을 수 있다.

2. 프로젝트 수업 사례집 읽기

 프로젝트 수업이 무엇인지 막연하다면 먼저 프로젝트 수업 사례집을 살펴보면 좋다. 프로젝트 수업 의도가 무엇인지, 어떤 교육과정 성취기준을 선정하였고 어떻게 분석하였는지, 학습 목표는 어떻게 진술하였는지, 수업은 어떻게 설계하였는지, 평가는 어떻게 실시했는지, 프로젝트 과제 수행을 위한 활동 자료는 어떻게 만들었는지 등 정보를 프로젝트 수업 사례집에서 찾을 수 있다. 또한 수업 정보를 이해하기 위해 동교과 외에 타교과 사례도 함께 살펴보면 프로젝트 수업 설계를 위한 다양한 팁을 얻을 수 있을 뿐만 아니라 프로젝트 수업의 주제 선정에도 도움을 받을 수 있다.

3. 프로젝트 수업 관련 도서 탐독하기

 프로젝트 수업과 관련한 정보를 얻기 위해서 관련 도서를 곁에 두고 수업을 설계할 때마다 상시 참고하면 좋다. 프로젝트 수업이나 교육과정-수업-평가-기록의 일체화와 관련된 책은 저자의 모든 수업 노하우가 녹아있다. 관련 서적들을 참고하면 프로젝트 수업의 주제 아이디어를 얻을 수 있을 뿐 아니라, 교육과정 성취기준 분석, 수업 설계, 평가 설계와 관련한 제반 정보를 필요할 때마다 얻을 수 있다.

프로젝트 수업 계획하기

• • •

C-프로젝트 수업연구소 **우치갑**
대구 화원중학교 **이지영**, 경기 민락중학교 **양혜인**, 세종시 고운중학교 **이경숙**

1. 구체적인 프로젝트 수업 계획

프로젝트 수업에 대해 이해했다면 구체적인 수업 계획을 완성하기 위해 우리는 몇 가지 질문을 던져야 한다. '프로젝트 수업을 언제 실시할 것인가', '몇 차시로 구성할 것인가', '프로젝트 수업 주제와 그에 따른 결과물은 어떤 유형으로 할 것인가?' 등이 바로 그것이다. 교과서 단원을 면밀히 살피고 분석하여 프로젝트 수업에 적합한 내용을 찾고, 프로젝트 수업의 주제와 그에 따른 결과물 유형을 선정해야 하는 것이 프로젝트 수업 계획의 첫걸음이다. 프로젝트 수업 주제는 학생들의 적극적인 참여도를 좌우한다. 학생들의 호기심을 자극할 수 있는 재미있고 창의적으로 주제를 정하여 프로젝트 수업의 성공 가능성을 높이는 것이 중요하다.

프로젝트 수업을 실행할 교과 단원, 주제, 결과물을 선정한 후에는 프로젝트 수업 의도를 고민해야 한다. 프로젝트 수업 의도를 생각해보는 과정에서 교사는 내가 계획한 프로젝트 수업은 어떤 것인지, 왜 해야 하는지, 무엇을 가르치고자 하는지, 프로젝트 수업을 통해 학생들이 경험할 배움은 어떤 것인지, 핵심 내용 및 목표를 어떻게 달성할 수 있을지 등을 진지하게 고민하게 할 수 있다. 어떤 경우 수업 의도를 진지하게 생각해 보지 않고 바로 성취기준 분석이나 활동지 제작을 하기도 하는데 이런 경우 숲은 보지 못하고 나무만 보는 오류를 겪을 수 있다. 교사가 자신의 수업의 가치와 의미를 생각해보는 과정은 매우 중요하다. 자신의 수업에 대한 책무성, 가치 발견, 자신만의 수업이 가진 강점 등을 정리해보는 시간이므로 자세하게 적는 것이 부담스럽다면 간단하게라도 작성해 보는 것이 좋다.

2. 프로젝트 수업 설계를 위한 성취기준 분석하기

다음 단계는 성취기준 분석하기이다. 프로젝트 수업 또한 교과별 성취기준의 달성을 위한 수업이기 때문이다. 성취기준은 2-4개 정도 선정하는 것이 이상적이며 선정한 성취기준은 내용 요소와 기능 요소를 기준으로 분석할 수 있다. 프로젝트 수업은 다른 수업보다 차시가 많은 편이므로 교육과정 재구성을 통해 시간을 확보해야 진도에 대한 부담을 최소화 하여 해당 학기에 가르치고 배워야 할 부분을 충분히 가르칠 수 있다.

즉, 교육과정 재구성을 통해 관련 있는 성취기준 몇 가지를 묶어 프로젝트 수업을 구성하는 것이 효율적이다. 성취기준에서 내용과 기능 요소는 각각 교과 내용과 수업 중 학생들에게 기대되는 행동과 연결된다. 성취기준을 내용과 기능으로 분석한 것에 맞추어 교과 단원 또한 내용과 기능으로 구체적으로 나누어 볼 수 있으며, 프로젝트 수업을 통해 기를 수 있는 교과 역량도 반영할 수 있다. 성취기준 분석 단계의 마지막은 앞서 분석한 성취기준을 고려하여 교수-학습 방향, 즉 학습 목표를 정해야 한다. 성취기준 분석과 학습 목표를 통해 프로젝트 수업을 몇 개의 소주제로 구체화할 수 있고 단계를 구분할 수 있다.

3. 프로젝트 수업 차시를 각 단계에 맞게 배분하기

프로젝트 수업을 설계하는 일은 프로젝트 수업 차시를 각 단계에 맞게 배분하는 것이다. 프로젝트 수업의 기본적인 단계는 ①준비하기-②계획하기-③수행하기-④발표하기-⑤성찰하기의 다섯 단계이다. 교사는 이 기본 단계들을 숙지하고 총 6~8차시에 달하는 프로젝트 수업의 각 차시를 어떻게 분배할 것인지 고민해야 한다. 단계별 차시 분배 후에는 학생들에게 어떤 자료를 제공할 것인지, 학생 활동지(개별/모둠 활동지)를 어떻게 구성할 것인지, 각 차시마다 어떤 학생 참여 중심 수업을 적용할 것인지 계획해야 한다. 이를 위해서 다양한 학생 참여 중심 수업 기법들을 익혀 두는 것이 좋다. 활동을 통해 스스로 의미를 구성하는 것이 프로젝트 수업의 큰 가치이므로 다양한 수업 활동을 적용하여 학생들의 수업 참여도를 극대화 시키는 것이 필요하기 때문이다.

모든 수업은 정해진 시간이 있다. 필요에 따라 교사가 수업 안내 및 기본적인 설명을 해야할 시간, 개별 활동 시간, 모둠 활동 시간 등을 적절하게 배분하여 프로젝트 수업의 매 차시를 채워나가야 한다. 앞선 수업에서 지속적인 문제가 발생할 때 프로젝트 수업은 계획대로 진행하기 어렵다. 앞의 수업이 다음 차시에 계속 연결되고 영향을 주는 과정이 프로젝트 수업이므로 어떤 수업보다 체계적인 계획과 탄탄한 구성, 예상치 못한 상황에 대처할 수 있는 보다 노련한 수업 진행력이 필요하다. 이를 위해서는 철저한 수업 계획과 준비가 뒷받침되어야 한다. 다시 말하면 프로젝트 수업은 작은 오차들로 와르르 무너질 가능성이 있으므로 교사는 프로젝트 수업을 계획할 때 정해진 절차에 맞게 철저하게 준비하여 오차나 오류를 최소화해야 한다.

03

프로젝트 수업 안내하기

C-프로젝트 수업연구소 **우치갑**
대구 화원중학교 **이지영**, 경기 민락중학교 **양혜인**

1. 프로젝트 수업에서 교사는 안내자(Guide)의 역할을 수행한다

프로젝트 수업에서의 성공과 실패는 교사가 안내자의 역할을 제대로 수행했느냐에 달려있다고 해도 과언이 아니다. 교사는 능숙한 여행 가이드와 같은 역할을 해야 한다. 어느 지역을 여행할 때 여행지에 대해 박식한 지식을 갖추고 여행 일정을 체계적으로 계획한 가이드를 만나면 낯선 곳을 여행한다고 하더라도 두려움 없이 즐겁게 여행할 수 있다. 하지만 어설프게 여행객들을 안내하는 가이드를 만날 경우 여행 일정이 매번 뒤

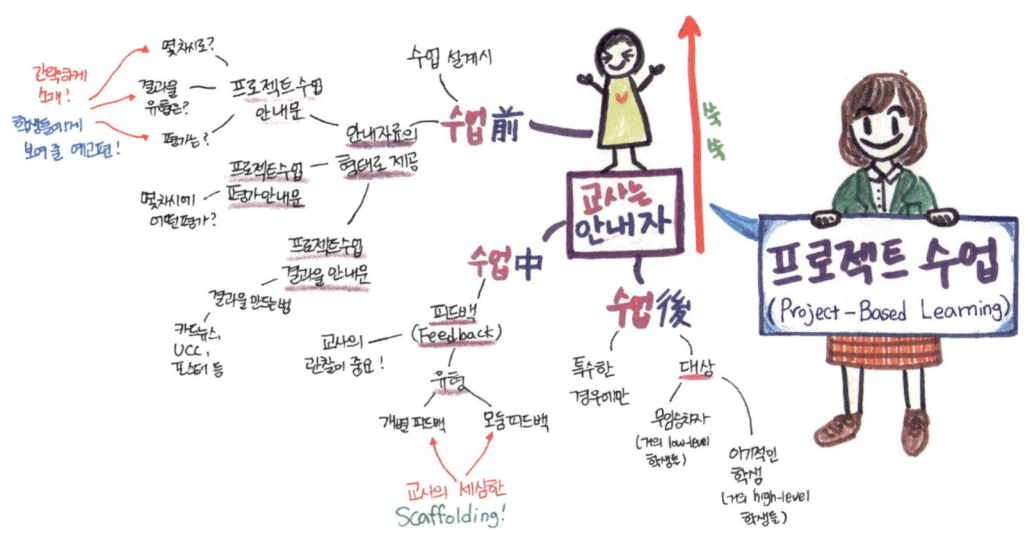

죽박죽 바뀌어 고달픈 경험을 할 수도 있다. 여행자들은 여행지에 관해 제한된 지식을 가지고 있으므로 여행 가이드의 안내에 많은 부분을 의지할 수 밖에 없다. 능숙한 여행 가이드처럼 교사도 프로젝트 수업 전문가로서 관련 지식이나 활동 진행 방법에 관해 학생들이 잘 이해할 수 있도록 안내자 역할을 잘 수행해야 한다. 프로젝트 수업의 성공과 실패는 교사가 안내자 역할을 제대로 수행하고 있는지에 달려 있다.

학생들이 계획된 프로젝트 과제의 수행을 잘하고 못하고는 교사가 프로젝트 수업 역량을 갖춘 안내자로서 역할을 제대로 수행하는지에 달려 있다. 이는 프로젝트 수업이 한 가지 주제를 여러 차시에 걸쳐 다루는 수업이고, 다양한 활동들로 구성된 각 차시의 수업이 사전에 계획한 대로 이루어져야 프로젝트 수업을 성공적으로 마칠 수 있기 때문이다. 예를 들어 45분 수업에서 교사의 설명 10분을 제외하고 학생 활동(개별, 모둠 활동) 시간은 고작 35분 정도일 것이다. 이 중 개별 활동에 10분을 할애하면 모둠 활동에는 25분이 할당된다. 만약 주어진 25분 안에 모둠 활동을 제대로 이끌지 못한다면 다음 단계의 수업에 차질이 생기며 여러 차시에 걸친 프로젝트 수업 계획이 와르르 무너지게 된다. 이렇듯 제한적인 시간 안에 학생들의 잠재된 역량을 최대한으로 끌어올려 모둠 활동을 성공적으로 수행하게 하고 다음 차시의 수업에도 차질을 빚지 않으려면 교사는 자세하고도 체계적으로 안내해야 한다. 능숙한 안내자 역할을 하기 위해 교사는 철저하게 준비하여 학생들의 수행과정을 자세히 안내해야 한다. 교사가 안내자의 역할을 잘 수행하려면 프로젝트 수업 역량이 높아야 가능한 일이다.

2. 교사의 안내자 역할은 계획된 안내와 계획되지 않은 안내로 세분화할 수 있다

계획된 안내는 프로젝트 수업을 설계하는 과정에서 제작하는 학생 안내문이다. 안내문에는 프로젝트 수업, 평가, 자료 조사, 결과물 제작 방법 등이 있다. 이러한 안내문은 학생들이 계획된 활동을 원활하게 수행하는 데 도움이 되는 정보를 담고 있다. 계획되지 않은 안내는 프로젝트 수업 활동 중에 교사가 학생들에게 제공하는 피드백을 의미한다. 학생들의 활동을 개별적으로 또는 모둠별로 관찰하여 학생들이 계획된 목표대로 활동을 원활하게 할 수 있도록 안내하는 것이다. 구체적으로 말하면 개별 활동을 진행할 때는 개별 활동지를 나누어주며 활동의 목표와 활동 시간은 얼마인지 안내하는 것을, 모둠 활동의 경우 활동 방법을 안내하고 모둠 내 협력을 격려하는 것을 의미한다. 학생들에게 피드백을 줄 때 교사는 철저하게 관찰자의 입장에서 학생들의 활동을 면밀하게 관찰하여 학생들의 역량을 최대한 끌어낼 수 있도록 자세하고도 구체적인 조언, 정보제공 등을 해야 한다. 많은 교사들이 무작정 학생들에게 자유롭게 선택권을 주는 것이 제대로 된 학생 참여 중심 수업에 기반한 프로젝트 수업이라고 오해하곤 한다. 하지만 프로젝트 수업은 학생들이 원하는 것을 선택하여 마음 가는 대로 하는 것이 아니다. 교사의 사전 계획과 자세한 안내가 없는 수업에서 대부분의 학생들은 혼란을 겪는다. 제대로 된 프로젝트 수업에서 학생들은 교사가 사전에 정한 계획 안에서 교사의 안내에 따르며 자기주도적인 학습 과정을 통해 자유롭게 창의력을 발휘한다. 이 과정에서 자연스럽게 학습 목표를 달성할 수 있어야 한다.

04

프로젝트 수업 평가하기

C-프로젝트 수업연구소 **우치갑**,
대구 화원중학교 **이지영**, 경기 민락중학교 **양혜인**, 세종시 고운중학교 **이경숙**

1. 프로젝트 수업 평가 중요성

 모든 일에 시작만큼 중요한 것이 마무리이다. 첫 단추를 잘 꿰어야 한다고 하지만 그것만큼 중요한 것이 마지막 단추이다. 누구나 신년 계획은 잘 세우지만 아무나 그 계획을 끝까지 실행하고 마무리하지는 못한다. 결실을 맺지 못한 계획에는 후회와 괴로움이 남는다. 프로젝트 수업도 마찬가지이다. 프로젝트 수업의 계획

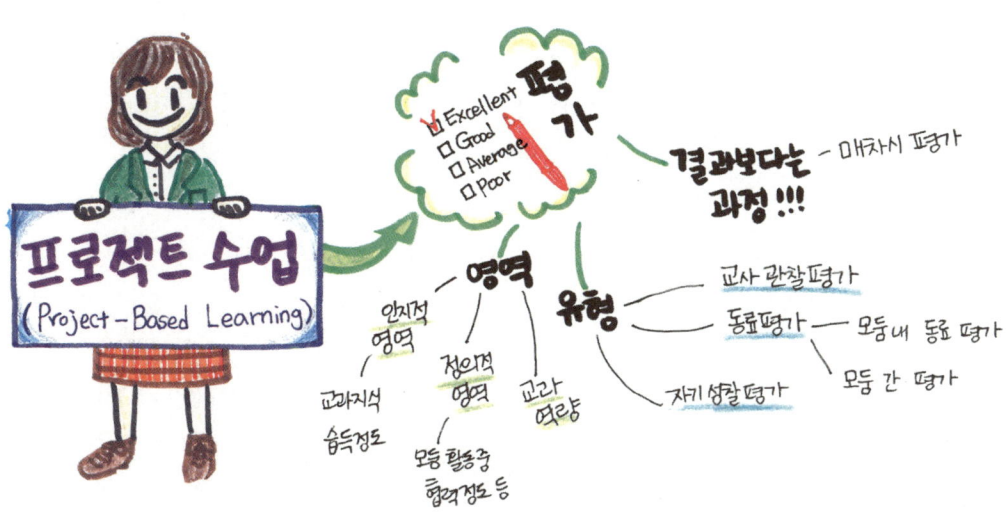

을 세워 수업까지 잘 진행했다 하더라도 마지막 단추인 평가에서 제대로 결실을 맺지 못한다면 전체 과정이 무의미해질 수 있다. 그만큼 평가가 중요하다는 것이다.

프로젝트 수업은 과정마다 중요하지 않은 것이 없지만 특히 평가에 무게를 두어야 한다. 프로젝트 수업의 핵심내용, 성취기준이 학생들의 인지적, 정의적 성장을 가져왔는지에 대한 평가는 명확해야 하고, 공정해야 하며, 신뢰성을 확보해야 한다. 프로젝트 수업은 과정중심평가를 실천하지 않고서는 완전한 마무리를 하기 어렵다. 그래서 과정중심평가에 프로젝트 수업이 적합하고 역으로 프로젝트 수업은 과정중심평가로 평가해야 한다. 프로젝트 수업을 안내할 때 평가에 대한 안내도 반드시 필요하다. 학생들은 자신의 활동이 어떤 기준에서 어떻게 평가되는지에 대해 명확하게 알고 싶어하며 알아야 한다. 평가 내용과 관련 사항을 학생들에게 먼저 제시했을 때 학생들이 수업에 임하는 태도, 활동에 임하는 자세가 달라진다.

2. 프로젝트 수업 평가 시기

프로젝트 수업에서 평가는 시기를 기준으로 크게 두 가지로 나눌 수 있다. 수업 활동 중에 이루어지는 평가와 수업 결과물(산출물) 평가가 그것이다. 프로젝트 수업은 수업 과정 속의 학생 활동을 그때그때 평가해야 한다. 또 프로젝트 수업의 마지막에 완성한 결과물(산출물)을 평가해야 한다. 이 두 가지 평가를 하기 위해서는 채점 기준표가 반드시 필요하다. 채점 기준표 작성은 무엇보다 구체적이고 핵심 내용을 담고 있어야 한다. 학생들이 프로젝트 수업을 통해 어떤 역량을 길러야 하는지, 성취기준에 도달했는지, 어떤 핵심 내용을 이해해야 하는지 등에 대해 명확하게 제시하고 적절한 수준으로 나누어야 한다. 채점 기준표를 잘 정리하고 준비하는 것이 프로젝트 수업의 성공과 실패를 나눌 기준이 될 수 있다는 것을 이해해야 한다. 하지만 과정 평가에서 매 차시마다 평가를 해야 한다는 부담을 가질 필요는 없다. 소주제 활동 별로 묶어 평가를 해도 좋고 교사가 필요한 차시에 평가를 하면 된다. 결과물(산출물) 평가는 학생들이 가장 중요하게 생각하는 평가라 할 수 있다. 이 때에도 채점 기준표가 중요함은 두말할 필요가 없다. 학생들은 흔히 '평가=결과물(산출물) 평가'라고 생각한다. 이는 과정중심평가가 아직 정착되지 않아 일어나는 문제로 교사가 학생들에게 평가에 대해 충분히 안내하여 인식을 변화시키고 이해시킬 수 있다.

3. 프로젝트 수업 평가 주체

프로젝트 수업 평가에서 평가는 평가 주체에 따라 교사 평가, 동료 평가, 자기성찰평가로 나눌 수 있다. 교사 평가는 수업 활동에서 두 가지의 의미를 가진다. 첫째는 학생들의 인지적, 정의적 능력을 모두 관찰하여 학생들이 어떤 성장을 이루어 가고 있는지 평가한다. 단순히 학생들의 수업 활동을 지켜보는 것이 아니라 학생들의 말과 행동을 통해 성취기준에 도달하는 과정을 관찰하는 것, 협업을 이루며 모둠 속에서 상호작용하는 모습을 관찰하는 것 모두를 포함한다. 둘째는 평가를 통해 학생들이 어려움을 겪는 지점, 오류를 겪는 과정을 보며 적절한 피드백을 주는 데 활용할 수 있다. 교사는 학생들의 활동에 도움을 주되, 주도하지 않고 교사 평가를 통해 학생들의 성장과 관련한 자료를 축적한다.

동료 평가는 모둠 내 동료 평가, 모둠 간 동료 평가 나눌 수 있다. 동료 평가를 하기 위해 학생들에게 채점 기준이 제시된 평가지를 배부하는 것이 좋다. 이때, 매 차시 평가지를 나누어주는 것이 아니라 한꺼번에 차시별 평가지를 배부하는 것도 좋은 방법이다. 단순하게 평가 척도를 상-중-하로 표시만 하는 것이 아니라 학생들에게 채점 기준을 제시하고, 왜 그렇게 생각하는지 이유를 함께 작성하게 하면 학생들이 평가하는데 도움을 줄 수 있다. 학생들이 인지적 능력과 함께 정의적 능력(의사소통, 협동력, 책임감 등)을 모두 평가할 수 있도록 해야 한다.

자기성찰평가는 자기가 스스로 자신의 활동을 돌아보는 것이다. 보다 객관적으로 자신을 평가할 수 있도록 평가지를 통해 정리할 수 있도록 한다. 자기성찰평가는 수업 정리에도 도움이 되므로 수업 내용과 자신의 활동을 함께 생각해 볼 수 있도록 평가지를 작성하면 좋다.

프로젝트 수업의 중요 요소

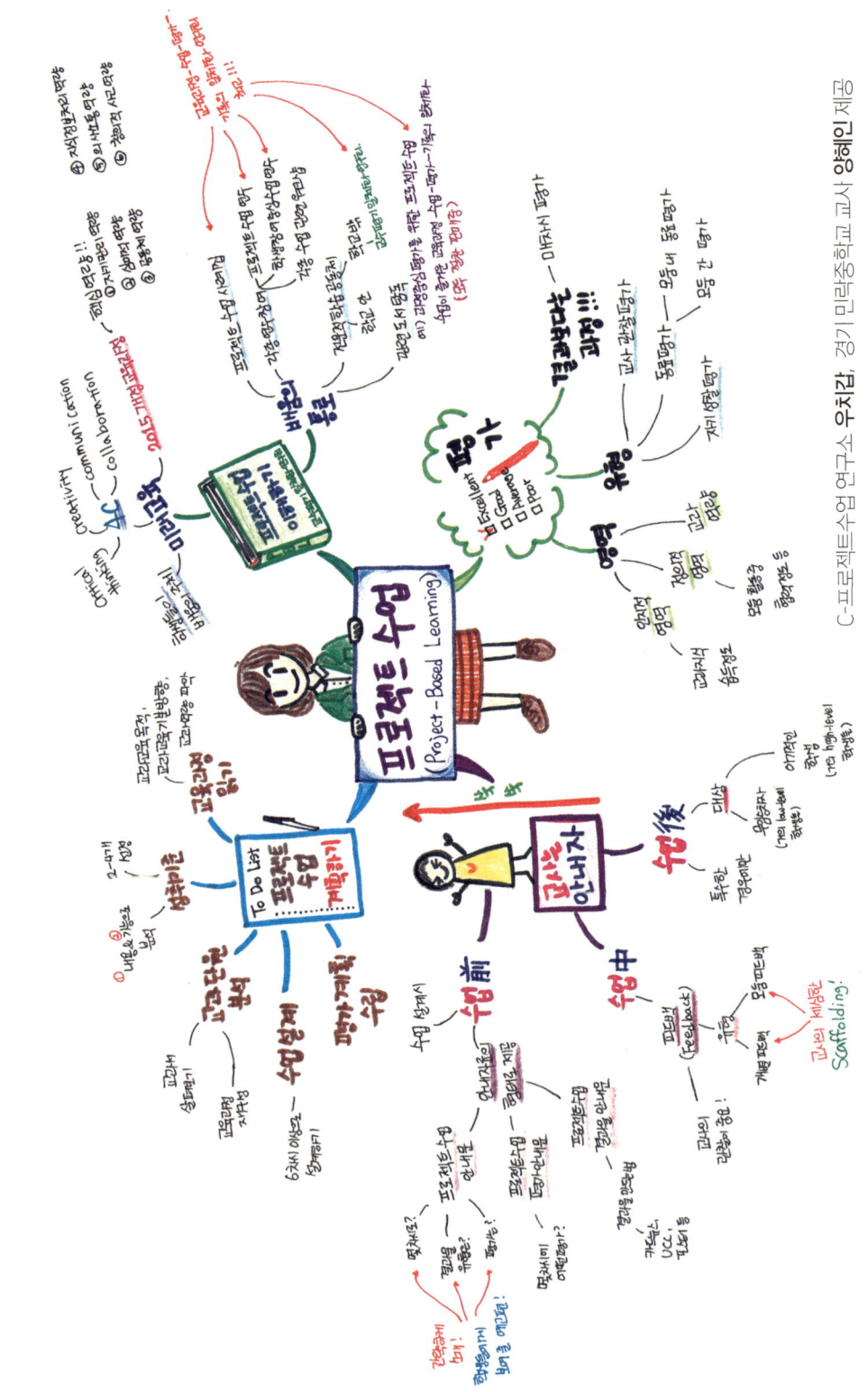

과정중심평가를 위한
프로젝트수업

초판 1쇄 발행 2020년 1월 28일
　2쇄 발행 2020년 11월 20일
지 은 이 우치갑, 이지녕, 앙헤인, 유희선, 이영옥, 고영애, 소은수,
　　　　　 이보라, 진연자, 장영희, 임성은, 신윤기, 김장환, 이경숙
펴 낸 이 김준희
편　 집 김형지
디 자 인 디자인 봄

펴 낸 곳 디자인 봄
출판등록 2018년 1월 19일
신고번호 제 2018-000005호
주　 소 경기도 성남시 분당구 삼평동 618, 412-B호
전　 화 031-607-8950~1
팩　 스 0504-349-8950

* 이 책에 실린 내용, 디자인, 이미지는 저작권법에 의하여 보호를 받는 저작물이므로 복제를 금지하며 모든 저작권은 디자인 봄과 저자에게 있습니다.
* 책 내용의 일부 또는 전체를 사용할 때는 디자인 봄과 저자 양측의 동의를 받아야 합니다.
* 이 도서의 국립중앙도서관 출판예정도서목록(CIP)은 서지정보유통지원시스템 홈페이지 (http://seoji.nl.go.kr)와 국가자료공동목록시스템(http://www.nl.go.kr/kolisnet)에서 이용하실 수 있습니다.(CIP제어번호 : CIP2020002688)